Robert Meister
Albert Anker und seine Welt

Albert Anker
und seine Welt

Briefe
Dokumente
Bilder

Herausgegeben von
Robert Meister

Zytglogge

«Ich will dir einen Liebestrank
verraten ohne Arznei, ohne Heilkräuter,
ohne den Zauber irgendeiner Giftmischerin:
wenn du willst geliebt werden,
so liebe.» (Hekaton von Rhodos)
Albert Anker an Julia Hürner
(am 26.12.1900 und 23.4.1903)

Meiner lieben Frau
in Dankbarkeit für alle Geduld
beim Werden dieses Buches,
unsern Kindern und Grosskindern
und allen Nachfahren Albert Ankers in Ins, Basel,
Genf und anderswo
zu freundlicher Erinnerung
an einen liebenden und weisen Menschen.

An seinem 150. Geburtstag
Bümpliz, den 1. April 1981
R. M.

3. Auflage 1983

Frontispiz: Albert Anker an seinem Atelierschreibtisch
(um 1880)

Alle Rechte vorbehalten
Copyright by Zytglogge Verlag Bern, 1981
Lektorat Willi Schmid
Druck und Einband Stämpfli + Cie, Bern
Printed in Switzerland
ISBN 3 7296 0134 2

Zytglogge Verlag, Eigerweg 20
CH-3072 Gümligen

Inhalt

Zum Geleit 9
Albert Anker und die Geschichte seines Lebens 10
Ursprünge 1831–1835 12
Vom Grossvater Rudolf Anker (1750–1817) 12
Die Eltern 12
Die Taufzeugen 14
Der Pfarrer 14

Jugendzeit in Neuenburg 1836–1848 15
Zeichenlehrer 15
Neujahrsbriefe 17
Leidvolles Jahr 1847 17
Militärische und anderweitige «Anregungen» im Konfirmanden-Unterricht 17

Von der Theologie zur Malerei 1849–1854 19
Zwischen Gehorsam und Gewissen 19
Frühes Zwiegespräch über Kunst 19
Studienzeit in Bern 1849–1852 21
Militärdienst 21
Studentenliebe 21
Der Schwimmlehrer 22
«Des ‹Vetters› Irrfahrten» 22
«Das Teuerste auf Erden» 23
‹Poesie et réalité› – Die Wette 24
Studium und Malerei in Halle 1852–1854 25
Charlotte Anker-Dardel in St-Blaise 25
Der Schicksalsbrief 28
«Eine Tante, die mich versteht...» 33

Paris – Ins 1854–1864 35
Studium der Künste 35
Die Weltstadt 35
Lehrzeit 36
Das ‹Livre de vente› und der Œuvre-Katalog 37
Von Paris in die Bretagne 38
Erster Erfolg in Paris – Aufenthalt im Schwarzwald 41
Krankheit und Tod des Vaters 46
Dr. Samuel Anker auf dem Sterbebett 46
Das Atelier in Ins 47
Wieder in Paris – François Ehrmann – Neue Pläne 47
Erste Italien-Reise 1861/1862 49
Kinder- und Bildersorgen 51
Albert de Meuron (1823–1897) 51
Probleme mit Kindermodellen – Stammtisch in Paris: Tagespolitik 52

Heirat – Inser Heim 1864–1866 54
1864: Heirat mit Anna Rüfly 54
«Aus uns Malern werden seltsame Ehemänner...» 54
Inser Alltag – Geburt von Louise 56
Rudolf Durheim (1811–1895) 56

Fayencemalerei 1866–1893 57

Ins – Paris – Ins 1867–1886 59
Familienfreude, Familienleid: 1867–1869 59
Entr'acte Musical 59
Rudolfs Tod 60
‹L'homme pauvre› und die ‹Arlesierin› 60
Deutsch-französischer Krieg – «Grossrätherey» 61
Emil 63
‹Pestalozzi in Stans› – Das ‹Mädchen mit der Kaffeetasse› 63
Die ‹Bourbakis› 63
Erholung im Bad Heustrich 64
Emils Tod 66
Wanderungen in der Provence 66
Geburt der zweiten Tochter Marie – Der ‹Schulspaziergang› 68
Trauer um das Mooswäldlein – Verzicht auf eine Kunstlehrerstelle in Bern 69
Fayence-Arbeit und Berner Politica 71
Tod der guten Tante Anna-Maria in Ins 72
Pfahlbauereien 72
Der ‹Seifenbläser› 73
Köstliche Zutaten: die Stilleben 73
Geldsorgen – «Die verrückten Jungen auf der andern Seite» 74
Inser wandern aus – Ein «wilder» Prediger im Dorf 74
Maurice 74
Vom alten Fuchs zum braven Bürger und Leimsieder 77
Ich beklage diese ganze Generation 78
Die Arbeit im Leben und Werk Albert Ankers 78
Die ‹Länderkinder› (1876) 79
Frau und Sohn im Bild der ‹Länderkinder› 82
Cécile 82
Um das Kunstmuseum und das Inselspital in Bern 82
Kunst und Politik 83
Ernte, Blitz und Donner zu Hause und in der Nachbarschaft 83
Schubladisierter Orden 84
Die gescheidten Neuenburger 84
Abschied von der ‹Turnstunde› und der ‹Genesung› 84
Die ‹Kleine Genesende› – Sorge und Freude um Kinderporträts im Elsass 85
Kleidertausch von Ins nach St-Blaise 86
Wandern, schreiben und zeichnen 87

Der ‹Blinde Organist›	87
Fahrt ins Tessin: Arbeitslast der Frauen	87
Sorgen um Maurice – Das Frühlingsbild Paul Roberts	88
‹Marie mit dem Blumenkranz›	90
Der Maler und das Wort	90
Dank für Freundeshilfe – Sehnsucht nach Rom und nach Ins	91
Kinderleiden an einer Grammatik – Grossvaterfreude	92
Albert Anker als Grossvater	93
‹Hohes Alter›	94
Traubenkur im Wallis – Rom, nicht mehr Paris!	94
Buch der Inser Aquarelle und Zeichnungen	94

Italien 1887
Reise nach Rom und Neapel	97

Nach Ins zurück 1887–1890
«Wie einfach wäre meine Theologie...»	99
Michelangelo, der Zerstörer – Fragwürdig gewordenes Paris	99
Warum keine religiösen Bilder?	100
‹Der Pilgerzug› 1888	100
Grösse und Grenze des einstigen Lehrers Charles Gleyre	101
Eine lange Freundschaft geht zu Ende	102
Sehnsucht nach Ravenna – Der deutsche Professor	103
Heimkehr	103
Die Küchlein der Jungfrau Maria	104
Kleine Kinder erfreuen mich...	105

Jeremias Gotthelf – Emmentaler Zeit 1889–1899 106
Der Künstler und sein Verleger	106
Die Gotthelf-Illustrationen	107
Briefwechsel zu einer Novelle Gotthelfs, die Anker illustriert hat	108
Albert Anker im Emmental	110
Arbeit bei Hitze und Gewittern	110
Die Freunde im Wasen – Langnaumarkt	111
Wie ein Vogel von Ast zu Ast	112
Zum Schluss Speckstücke und Gesalzenes	113
Tischgespräche über Unsterblichkeit und Tod	113
Bauernschicksal und Käse-Träume	114
Forellen – Micheli Schüpbach	115
Erfüllung des langgehegten Traumes: Ravenna!	115

Die Carnets 1895–1901
Inser Alltag	117
«Branter le tonneau» – «Euthanasia»	118
Über Politik und soziale Verhältnisse	119
Von der Lektüre Ankers	120
Fragen des Glaubens	121
Kunst gestern und heute	122

Portalban, Wimmis, Berlin und München 1891–1901 124
Ein guter Kunde, der zum Freund wird	124
Der gute Nachbar	124
«Wenn Kaiser Wilhelm wüsste»	124
«Mein lieber guter alter Hürner»	126
Vom Tod alter Freunde und dem Drängen der Jungen	127
Die Freundesfamilie im Brüttelenbad – Cheminées an Stelle von Raffael – Ausscheiden aus der eidgenössischen Kunstkommission	128
Weihnachtsbaum in der Kirche	129
Die ‹Armensuppe›	130
Goethe in Ins und sein Verhältnis zu Lavater	130
«... wo ich wie ein Seliger singe»	131
Erzählung vom messespendenden Atheisten	131
«Ach, könnte man so schön malen»	132
Sorgen um Marie in Neuenburg – Der «grosse Papst» in der Malerei	132
Ein verkannter Berner Maler – Keine unlautern Absichten als Kunstkommissionsmitglied	133
Michelangelo – Störefried und Mittler zwischen Gott und Menschen – Durheim gestorben	134
Krankheiten und Lektüre in der warmen Stube – Ich wäre glücklich ohne Bahn!	134
Wein für die Damen und eine Einladung – Anker in Solothurn	135
Bildbestellungen – Portalban – Ankenlehrplätze	136
Aquarellpapier wie die tannenen Hosen – «Ich bin Patriarch geworden»	136
Des Malers Freude und Leid mit den Schulen	137
Inser singen wie die Engelein – Ein denkwürdiger Tag und eine Dummheit, die doch gut endet	137
An Bundesrat Ruffy	138
Abschied von einem weiteren Neuenburger Künstlergefährten	138
Neuenburg, die gute Stadt – Güllimüggereien – Jury in Basel und München: undankbare Arbeit	139
Der Säugling in der Sicht eines liebenden Künstlers und Grossvaters	139
Keine Zeit für Spleengedanken – Diphterie in der Nähe	140
Es geht mir wie dem Annebäbi Jowäger – Religiöse Kämpfe – Die Sekten bereiten mir Freude	140
«In Sachen Hodler...»	141
Selbstkritik – Enkelinnen lernen zeichnen – Point d'honneur der Neuenburger	142

Ärger mit ‹Pfahlbauerinnen› – Der Mensch interessiert sich für den Menschen – Zum Burenkrieg	143
Man müsste einen Cerberus vor der Tür haben – Winterliche Lektüre – «Es war ein Mädchen in Treiten»	143
Wenn ich mit meinem Vater hätte reden können – Von der Berechtigung verrückter Versuche in der Malerei wie in religiösen Fragen	144
Die Besten müssen gehen – Mühe mit Modellen und Socken – Die ‹Kirchenfeldbrücke›, das grosse Ding	145
Die ‹Kinderkrippe auf der Kirchenfeldbrücke›	146
Bedenkliche Hitze – Lieber Homer als Nietzsche, mit seinem verhurscheten Zeug	147
Der Ehrendoktor	148
Da musste schon ein Welscher auf die Idee kommen – Niklaus Leuenberger – Ein gutes Buch wie Milch und Brot	148
Die Casa Borrani in Ascona	149
«Liebe, wenn du willst geliebt werden...» – Hürners lateinischer Gratulationsbrief	149

Schicksalsjahr 1901 — 151

Lieber wieder Grösseres anfangen – Die Zeit heilt alle Wunden	151
Deine geheimnisvolle Reise	151
Die neue Lehrerin – Der ‹Tod des Gerechten›: Was kommt unsere Regierung an?	153
Der Schlaganfall und seine Folgen	154
Bös getroffen – Die zwei Pfaffen in Basel	155
Viel Glück, guten Mut – Michelangelo und der Papst – Godets Meinung zur lateinischen Epistel	156

Letzte Inser Zeit 1901–1910 — 158

Ulrich Dürrenmatt bittet für einen jungen Maler	158
Das Berner Münster zum Trost – Dem alten Professor den Puls greifen – «Le petit allemand» und Ferienpläne	159
Über Theologen: So werde ich «grüseli» milde – Liebe Bergsteiger – Jungfraubahn und «altes Zeug»	160
Ein schweres Aufsatzthema! – Nicht mehr im Sinn zu sterben...	161
Wovon die Maler leben – Endlich der letzte Tag! – Von guter und fader geistiger Nahrung	162
Trost bei den alten Meistern	164
Die alte Frau	164
Ars longa, vita brevis	165
Die Byse ist gekommen – Das Bankett	165
Was wird nun aus Ihnen geschehen? – Ein Mann von unermesslicher Güte – Berns Unglück mit jungen Malern	166
Das nächste Mal Tingeltangel – Niklaus Leuenberger – Landschaft überschwemmt alles	167
Vom Wert alter Briefe – Die schwarze Spinne – Gefahrvolles Bergsteigen – Lob der Unverheirateten	168
Zeitung statt Bücher – Schaffensfreude in Paris – Ernsthafte Studien	169
Aquarelle und Mähdrescher – ‹Wilhelm Tell› im Bären: Die Stauffacherin	170
Vom ‹Tell› zur ‹Schöpfung› – Le cochon qui sommeille	170
Lehrplätz in Bern – Gastfreundschaft im Moos/Därstetten – Freude am Nichtstun – Längizyti	171
Berns Atmosphäre – Alte Kirchen und bernische Einfachheit, die flöten geht	172
Herzinnigstgeliebtes Fräulein	173
Freimaurer und Papst – Das Pferd in der Stube	174
Die Zeit der Aquarelle	175
Nicht zu empfehlen	176
Vom rechten Einrahmen und Geschmack	176
Um Photographien – Junge und alte Inser Modelle – Antikrampffeder und Schreibmaschine	177
Wenn ich nach Natur malen kann, bin ich glücklich	178
«Candidat fürs Paradies» – Die drei Bundesbrüder – Der März hat nachgemacht	179
Vom Verdingbub zum Professor – L'immense quantité de curés...	180
Der comfortabelste Ecken – Säbelrassler im Dorf – ‹Julian Apostata› – Wo man die Flöhe husten hört	180
«Solange ich ein Gleich kann rühren...» – Die Modelle fehlen mir – Wunderbares Gilet	181
Kinderbrei – Um Ankers Memoiren – Ein hartes Nein!	181
Der ‹Absinth-Trinker›	182
Es geht alles krumm zu – Mein alter Freund Ehrmann gestorben – Nach Natur malen bereitet mir Vergnügen, wie einst	183
Erasmus Künzle	184

Stimmen hernach 1911–1981 — 185

«Albert Anker, neuchâtelois»	185
«Herr Hoch, sofort das Buch zurück!»	185
Mitten drin in seinen Motiven	185
Genremalerei rehabilitiert	186
Ein Mensch, dem alles Menschliche nahegeht	186
...abseits den eigenen Weg	186
...mehr als nur harmloser Abklatsch	186
Wendung zur modernen Malerei	187
Vorliebe für das Friedvolle, Ruhige	187

Anliegen und Bitte — 188
Dank — 189

Skizzen auf einem aufgeschnittenen Briefumschlag aus den Neunzigerjahren.

Zum Geleit

Vor etlichen Jahren suchte der Direktor des Germanischen Nationalmuseums in Nürnberg in einem Brief an den «Bürgermeister der Stadt Ins» nach dem schriftlichen Nachlass des Malers Albert Anker. Er hätte gerne für seine Künstler-Kartothek eine Mikro-Kopie von Briefen und Carnets erstellt.

Ebenfalls vor geraumer Zeit schlug Fritz Wartenweiler vor, das französisch geschriebene Buch ‹Le peintre Albert Anker (1831–1910) d'après sa correspondance› zu übertragen, da es doch schade sei, dass das 1924 erschienene ausgezeichnete Werk so bald vergriffen war: die Romands hätten damals Anker zu schlecht gekannt, und bei den Deutschschweizern seien zu wenig Französischkenntnisse vorhanden gewesen.

Von zwei ganz verschiedenen Seiten her erkannte man also schon früh die Wichtigkeit des *geschriebenen* Werkes Ankers, und nun sind die beiden Anliegen eigentlich weitgehend erfüllt worden durch das vorliegende Buch von Pfarrer Robert Meister. Ja, und noch mehr: er hat selbst in intuitiver Forschung im Freundes- und Bekanntenkreis Ankers neue Briefe, Aquarelle und Zeichnungen entdeckt, sowie in Archiven und Bibliotheken weitere Zusammenhänge gefunden, die dem Bild des Malers eine abgerundete Tiefe und Wichtigkeit verleihen.

Es war ein beglückendes Erlebnis, das Werden und Gedeihen dieses Buches zu verfolgen, besonders für einen Menschen wie mich, der schon jahrzehntelang aufs engste verbunden ist mit Ankers Leben, Familie, Haus und Werk. In meinen kühnsten Träumen dachte ich an eine solche Arbeit über den Urgrossvater meines Mannes; es fehlten mir dazu zwar nicht die Liebe und das Interesse, wohl aber die theologischen, altphilologischen, geschichtlichen Grundlagen, die den Verfasser befähigten zu seiner Arbeit, und überdies ist er wie Albert Anker zweisprachig.

Ich persönlich schulde Robert Meister wie unserer Helferin Ruth Michel grossen Dank, dass sie mir beim Lesen und Sichten des geschriebenen Nachlasses Ankers so hilfreich zur Seite standen und durch Ordnen und Kopieren halfen, Briefe und Carnets sachgemäss zu schützen und zu erhalten. Unsere gemeinsame Arbeit könnte man unter ein Zitat von Goethe aus ‹Tasso› stellen:

Die Stätte, die ein guter Mensch betrat,
Ist eingeweiht; nach hundert Jahren klingt
Sein Wort und seine Tat dem Enkel wieder.

Anker-Begeisterte werden wie ich grosse Freude haben an diesem ausserordentlichen Bild von Anker und seiner Welt, an all den neuen Aspekten, die der Herausgeber ans Licht gezogen hat, und auch der Fachmann wird staunen, welch ein vielseitiger Freund und Zeitgenosse dieser Maler Albert Anker für seine Umgebung und sein Jahrhundert war.

Lidia Brefin-Urban

Albert Anker und die Geschichte seines Lebens

Durch die vielen Briefe des Künstlers zieht der Hauch einer herben, eigenwilligen Selbstkritik. In spätern Lebensjahren kann er von seinen Bildern sagen, sie seien «vieilleries», das heisst «altes, überlebtes Zeug». Mit Händen und Füssen wehrt er sich darum gegen eine Ausstellung dieser Bilder zu seinen Lebzeiten. Ehrungen sind ihm zuwider. An einer Kunstkommissionssitzung nimmt er einmal nicht teil, weil er einen Toast auf sein Wohl befürchtet. Vor dem siebzigsten Geburtstag löst er ein Generalabonnement, geht auf die Fahrt und entzieht sich allen Feiern. Umgekehrt aber setzt er sich für junge Künstler, ja für moderne Kunst überhaupt ein, auch wenn sie ihm nach einem von ihm nicht selten verwendeten Ausdruck «barock», das heisst in diesem Fall «seltsam, unverständlich» erscheint.

Da ihn der Neuenburger Historiker Philippe Godet um Erinnerungen an Künstler bittet, an deren Biographie er gerade schreibt, schickt Anker ihm gerne Notizen über seine Freunde. Doch ersucht er Godet, diese nicht über das Mass hinaus zu rühmen; der Biograph soll nüchtern auf dem Erdboden bleiben! Dies alles erklärt Albert Ankers Abneigung gegen eine Veröffentlichung seiner eigenen Memoiren. Zwar hat er an die tausend Briefe von Vorfahren, Verwandten, Freunden und Bekannten sorgfältig gebündelt und sie zusammen mit Dokumenten, die bis ins 17. Jahrhundert zurückgehen, in seinen Schreibtisch gelegt. Er bittet seine Tochter Marie, Denkwürdiges für später aufzubewahren. So liegt alles bereit; doch als Philippe Godet ihn ein Jahr vor seinem Tod bittet, ihm seine Lebensnotizen zuzustellen, ja ihm anbietet, zu ihm zu kommen, um seine Erinnerungen aufzuzeichnen, da sagt er entschieden Nein! Was interessiert die Leute sein Leben?

Wie Philippe Godet war es dem Basler Redaktor Gessler ergangen. Dieser hatte den Künstler zu Hause aufgesucht und ihn um seine Erinnerungen gebeten. Gessler schreibt:

«... Wir wissen nun von ihm selber, dass er eine Erzählung seines Lebens nicht wünscht. ‹Man soll die Biographie der Leute erst schreiben, wenn sie gestorben sind›, meinte er. Nun, wir wollen uns aufs Nötigste beschränken.» (A. Gessler, in: ‹Die Schweiz›, Jg. IV Nr. 8 1900)

Für die Planung des vorliegenden Buches haben auch wir uns «auf das Nötigste» beschränkt und aus den erreichbaren Quellen Bedeutsames auszuwählen versucht. An erster Stelle stehen hier des Künstlers eigene Briefe; bis jetzt liegen gegen achthundert – die meisten unveröffentlicht – vor, die sich an die Angehörigen, an Freunde und Bekannte richten. Ungefähr fünfhundert sind in französischer Sprache geschrieben, darunter beinahe alle an seine nächsten Angehörigen.

Albert Anker besuchte in Neuenburg die Schule; er hat dort die meisten Freunde gefunden. Auch seine Frau verbrachte ihre letzte Schulzeit in Neuenburg. Darum finden sich in Ankers Briefen Ausdrücke, in denen sich nur ein Neuenburger auskennt, und deshalb merkt man hie und da, dass Anker seine deutschen Briefe aus französischem Sprachgefühl heraus geschrieben hat.

Seiner zweiten Tochter, Marie Quinche-Anker, verdanken wir die schöne Briefsammlung ‹Le peintre Albert Anker d'après sa correspondance› (1924 im Verlag Stämpfli, Bern, erschienen). Soweit uns die Originale nicht zur Verfügung standen, entnehmen wir diesem Werk Briefzitate, dazu einige Abschnitte, in welche Marie Quinche eigene Erinnerungen einflicht. Frau Anna Anker hat kurz nach dem Tod ihres Man-

Stilleben, Neuer Wein und Kastanien (Œuvre-Katalog Nr. 454 (Ausschnitt)

nes den Pfarrer Albrecht Rytz um eine kleine Biographie gebeten und ihm dazu Briefe und Dokumente zur Verfügung gestellt. Rytz war mit dem Maler eng befreundet und hatte mit ihm Theologie studiert; so enthält sein Lebensbild ‹Der Berner Maler Albert Anker›, erschienen 1911, wichtige dokumentarische Hinweise, vor allem aus der Jugend- und Studentenzeit des Malers.

Schliesslich ist auch Emanuel Friedli, der Erforscher des Berndeutschen, im Ankerhaus zu Ins ein- und ausgegangen. Um 1912/13 hat ihm Frau Anker vieles erzählt, das er dann in sein Bärndütschbuch ‹Ins› aufgenommen hat. (Das Werk ist 1980 im Francke-Verlag neu erschienen.) Auf weitere wichtige Quellen (Livre de vente, Carnets, Œuvre-Katalog) gehen wir später näher ein. Zu den Quellen von Ankers Leben gehören natürlich alle seine Bilder, Skizzen und Zeichnungen. In ihnen begegnet uns ein sorgsam denkender, feinfühliger, liebender Mensch. Darum lassen wir die Briefe von Bildern und Zeichnungen begleiten, welche in die betreffende Schaffenszeit gehören und zuweilen in der Korrespondenz jener Tage erwähnt sind. Bewusst verzichten wir auf lange Kommentare; Albert Anker selber soll zu Wort kommen! So sind auch nur wenige Briefe von Angehörigen und Freunden wiedergegeben. (Diese Beschränkung «aufs Nötigste» kann uns nicht hindern, später einmal Versäumtes nachzuholen.)

Im Jahre 1903 schreibt Albert Anker in Anlehnung an eine Fabel von La Fontaine: «... Ich denke an alles, was ich noch gerne ausgeführt hätte und bedaure, nicht mit neuen Kräften von vorne anfangen zu können... Aber soll man betrübt sein? Man sollte zufrieden sein damit, dass man an diesem Bankett teilnehmen durfte, das seinen Reiz hatte. Der Gastgeber, der uns dazu empfing, wird uns auch in Zukunft mit Wohlwollen behandeln...» (an Davinet, 31. März 1903).

Albert Ankers Leben und Schaffen bietet sich uns Spätergeborenen selbst als ein reiches Bankett an. Es möchte mit Bedacht und liebevollem Verstehen respektiert und «genossen» sein...

R. M.

Ursprünge 1831–1835

Der Auszug aus dem Taufregister von Ins zeigt die eheliche Geburt des *Samuel Albrecht Anker* am 1. April und seine Taufe am 24. April 1831 an.

Seine Eltern: Samuel Anker, Rudolfs sel. Sohn, Tierarzt, Kirchmeyer, von und zu Ins
Marianna Gatschet, Abrahams sel. des alt Amtstatthalters und Arztes, von Ins

Die Taufzeugen: Matthias Anker, des Vaters Bruder
Ludwig Rossel von Biel
Jungfer Anna Maria Anker, des Vaters Schwester

Unterschrieben hat am 7. Wintermonat 1847 der Pfarrer des Orts: Franz Lüthardt.

Während uns der Taufzeuge Ludwig Rossel aus Biel später nicht mehr begegnet, lassen die andern Frauen und Männer uns ihre Rolle im Leben Albert Ankers bald einmal erkennen. Aus seinem Leben und Schaffen können wir diese Menschen sowenig wegdenken wie Pinsel und Palette aus seinen Bildern, wie die Feder aus seinem – noch kaum erfassten – reichen Briefwechsel.

Vom Grossvater Rudolf Anker (1750–1817)

wissen wir, dass er ein ausgezeichneter Tierarzt gewesen sein muss. Das bezeugen des Künstlers Notizen in seinem Schreibtisch. Auch Menschen ist der Tierarzt mit seinem Können beigestanden. Albert Anker hält in seinen Aufzeichnungen einmal das Folgende fest:

«Eine Frau von G. habe ein Kind nicht gebären können. Da haben der Grossvater und der Grossonkel die Frau aufgeschnitten und alles sei gut gegangen. Sie wurden dann nach Bern beschickt und mussten dort den Schnitt wiederholen. Der Sanitätsrath gab dann jedem 5 Dublonen.»

Im Jahre 1803 hat Rudolf Anker das mächtige Haus an der Müntschemiergasse erbaut, das mit einem der ersten Ziegeldächer in der Gegend bis in unsere Zeit seinen Nachfahren Obhut geboten hat. Im Atelier – der einstigen Strohbühne – hat einer von ihnen anno 1978 Rudolf Ankers Stock von der Wand genommen und ein kleines Bündel vom Knauf gelöst. Darin entdeckte er einen Zettel folgenden Inhalts (gekürzt):

«Auf Samstag, 22 Novembris 1817, des Morgens beim Frühstücken, erkrankte der Vater Rudolf Anker, Thierarzt, als verehrungswürdiger Greis im 67. Jahr seines Alters; eine grassierende Krankheit, ein gallichtes und nervöses Fieber war mit aller Heftigkeit in seinen durch Arbeit und Kummer schon geschwächten Körper eingeschlichen und brachte ihn nach einem fünftägigen sanft und mit Geduld überstandenen Leiden in Gottes Schoss, Mittwoch Abends um halberneun Uhr war es, als er hier im vordern Zimmer, umringt von Freunden und Freundinnen, Brüdern und Schwester und von vier hinterlassenen Kindern, und seiner auf dem Krankenbette liegenden Frau getrennt wurde... Er führte die Wohlfeilheit, in der er wandelte, oft seinen Kindern zum Exempel an. Der Stab war auf seiner Pilgerreise seit langen Jahren sein Reisegefährte und Stütze.

Ins, 4. Decembris 1817
Sl. Anker, Sohn»

Albert Anker hat seinen Grossvater persönlich nicht gekannt. Aber die Inser, sein Vater vor allem, werden ihm oft von diesem pflichtbewussten, hilfsbereiten und auch eigenwilligen Mann berichtet haben.

Die Eltern

Marianna Elisabeth (1802–1847) war die Tochter des Inser Arztes Gatschet. Ihr früher Tod hat den heranwachsenden Albert Anker sehr hart getroffen, um so mehr als er vier Monate zuvor den einzigen, heissgeliebten Bruder Rudolf (1828–1847) verloren hatte. In der liebevollen, freundlichen Art ihrer Mutter war den drei Kindern während allzu kurzer Zeit der nötige Ausgleich gegenüber der Kargheit des Vaters begegnet. Von ihrer Hand sind uns die folgenden Zeilen an die Tochter Louise (1837–1852) erhalten geblieben:

«Bleibe fromm und halte dich recht, dann wird Gottes Auge mit Wohlgefallen auf dich herabblicken und du kannst getrost und ruhig selber den Leiden und Widerwärtigkeiten dieses Erdenlebens entgegensehen.
   Von deiner dich liebenden Mutter
an deinem Geburtstage den 16. Juli 1845
M. Anker»

Aus der Lebensgeschichte anderer Künstler, z.B. Rembrandts und Renoirs oder der Neuenburger Freunde Ankers – Bachelin und Albert de Meuron, wissen wir etwas vom Einfluss der Mutter. Es ist zu vermuten, dass Albert Anker es in seiner Berufswahl und späteren Ausbildung leichter gehabt hätte, wäre ihm die Mutter noch zur Seite gestanden.

Matthias Anker (Kopie Albert Ankers nach einem Gemälde von David Sulzer aus dem Jahre 1838, Œuvre-Katalog Nr. 482

Anna Maria Anker, Zeichnung (Oktober 1852)

Samuel Anker (1790–1860) war nicht nur im Marktflecken Ins und im weiteren Seeland, sondern bis ins Neuenburgische hinein als ausgezeichneter Tierarzt bekannt. Dazu Emanuel Friedli in seinem Bärndütschband ‹Ins›:

«... Zeitweise half er auch kranken Menschen, doch war sein eigentliches Fach die Tierarznei. Er hat sich darin sogar berühmt gemacht. Mit Hilfe der akademischen Kuratel zu Bern hat er ein Buch drucken lassen: ‹Praktische Heilung des Bauchfellbruches des Ochsen›. ... Dabei war er ein Mann von viel Mutterwitz ... Eine vornehme Dame aus Neuenburg hatte ihm ein Hündlein gebracht, das nicht mehr zu fressen begehrte. Kein Stadtarzt finde ein Mittel dagegen ... Unser Anker stülpt einen umgekehrten Bottich über das Tierchen und gibt ihm nichts mehr zu fressen, bis es ihm rohe Rüben aus der Hand frisst. Dann lässt er der Frau melden: das Hündchen ist kuriert, Sie können es abholen. Sie erscheint in zweispänniger Kutsche und drückt ohne dessen Begehr dem Doktor eine schöne Geldsumme in die Hand ...» (Emanuel Friedli, ‹Ins› S. 362–363)

1831 wählten die Inser ihren Tierarzt ins Amtsgericht, und 1835 wurde er von der Neuenburger Regierung zum Kantonstierarzt berufen. Das elterliche Heimwesen übergab er Verwandten in Pacht und siedelte mit den Seinen nach Neuenburg über. (1852 ist Samuel Anker nach Ins zurückgekehrt.) Im geistig regen, für die Künste aufgeschlossenen Neuenburg konnte der Vater seinen Kindern eine vorzügliche Ausbildung zuteil werden lassen.

«Le petit allemand» ist einst der schüchterne kleine Inser Bube in seiner ersten Neuenburger Klasse tituliert worden. Rund fünfzig Jahre später schreibt ihm sein Freund Bachelin: «... Man sieht Dich nicht zu oft im Canton Neuenburg. Du scheinst dem Lande zu schmollen, das Dich als einen der Seinen beansprucht ...» (14. Oktober 1886).

Dr. Samuel Anker hat seinem Sohn den Weg zu neuenburgischer Geistigkeit und Weite, verbunden mit politisch-kultureller Eigenständigkeit ermöglicht. Ohne dass der Vater es beabsichtigte, fand Albert damit auch Zugang zur Malerei. Er respektierte den konservativ denkenden Mann in seiner herben Art, stand aber schon sehr früh auf der Seite der freiheitlich gesinnten Neuenburger. Als er nach dem Tod der Mutter zur weitern Ausbildung nach Bern übersiedelte, hat er seine Schwester Louise ihrer Freundin Anna Rüfly freundschaftlich empfohlen, um sie vor allzu harten Erziehungsgrundsätzen des Vaters in Schutz zu nehmen. Dies hat Samuel Anker grossherzig akzeptiert; er ist mit Anna Rüfly über den Tod der Tochter hinaus im Briefkontakt geblieben ...

Die Taufzeugen

Matthias Anker (1788–1863), Taufzeuge Ankers. Er hat sich zeit seines Lebens in eindrücklicher Weise nicht nur um sein Patenkind, sondern auch um seine eigenen Geschwister und deren Kinder gekümmert.

Im Jahre 1816 war er in Bern zum Lehrer an der Tierarzneischule und im Tierspital gewählt worden. Sein Lehramt hat er dort während 47 Jahren mit grösster Gewissenhaftigkeit ausgeübt. 1832 wurde er zum Professor, später zum Leiter der Bernischen Tierarzneischule ernannt.

Sehr früh erkennt Matthias Anker das zeichnerische Talent Alberts und ermuntert sein Patenkind im folgenden Brief, dazu Sorge zu tragen:

«Mein lieber Albrecht!

Die Zeichnung, die du mir neulich durch deinen lieben Vater zugeschickt hast, hat mich herzlich wohlgefreut, wofür ich dir sehr danke. Auch dem Rudolf danke ich verbindlich für die seinige und wünsche, dass Euch beiden nie der Muth und die Lust vergehen möge, den Theil der schönen Künste zu cultivieren. Insonderheit wirst du es mit deinem Talente dafür weit bringen, wenn du dasselbe auszubilden dich bemühst... Um dir ein kleines Zeichen der Zufriedenheit darüber zu geben, erhaltest du ein sogenanntes Schieberdruckli mit einigen zum Zeichnen nöthigen Kleinigkeiten. Benutze sie im neuen Jahr in bester Gesundheit, Zufriedenheit und ungetrübtem Eifer zur Vervollkommnung deiner Kenntnisse, das ist mein herzlicher Neujahrswunsch für dich...

Empfange du mit deinem lieb. Bruder viele herzliche Grüsse von mir und uns allen

Dein aufrichtiger Oncle und Götti
M. Anker

Bern, den 31. Dezember 1843»

Jungfer Anna Maria Anker (1798–1873), Taufzeugin Albert Ankers, ist als Kleinkind von einer Betreuerin fallengelassen worden. Längere Zeit vernahm niemand von diesem Unfall. So blieb ihr Rücken unheilbar gekrümmt, und sie musste ihren Kopf stets schräg halten. Dazu wieder Emanuel Friedli: «...So verkrümmt sah man sie mit dem Ridicule (Tragnetz) am Arm im Dorf ihre Kommissionen besorgen, sehr ernsthaft und exakt, dabei aber ungemein friedlich und leutselig. Aber niemand konnte sehen, wie eifrig sie betete und sich auf den Tod vorbereitete. Und wiederum: Wenn von Albert aus Paris ein Brief ankam ‹An Anker Beesi in meinem Haus Ins›, dann leuchtete es aus ihren klugen Augen noch einmal so freundlich und verklärt.» (E. Friedli, ‹Ins› S. 363–364)

Der Pfarrer

Franz Lüthardt (1792–1864) hat als Pfarrer von Ins die Taufe Albert Ankers bestätigt. Zwischen ihm und der Tierarztfamilie Anker-Gatschet existierten schon früh freundschaftliche Beziehungen. Sehr bald hat er das Zeichentalent Alberts erkannt und ihm die erste Farbschachtel seines Lebens geschenkt.

Den grössten Dienst erwies der Pfarrer aber seinem einstigen Täufling, als es in langen Stunden darum ging, dem Vater die Zustimmung zur Künstlerlaufbahn, damit den Verzicht auf den Pfarrerberuf seines Sohnes abzuringen. Lüthardt hat damals die lange Freundschaft mit dem beinah gleichaltrigen Vater zugunsten des Sohnes in die Waagschale gelegt. Der junge Anker hat ihm dies nie vergessen; es mag dazu beigetragen haben, dass er auch als Maler sein theologisches Interesse nie an den Nagel gehängt hat.

Jugendzeit in Neuenburg 1836–1848

Marie Quinche-Anker schreibt:

«Im Lauf des Jahres 1836 siedelte die ganze Familie, Eltern, die beiden Söhne und die Grossmutter in das Haus über, das im Winkel der Strassen ‹du Bassin› und ‹Saint-Maurice› liegt. Im Jahr darauf kam noch eine Tochter hinzu, Louise, welcher Alberts besondere Zuneigung galt. Sowie die Kinder mit dem Französischen vertraut waren, gingen sie zur Schule. Durch alle Klassen des humanistischen Gymnasiums folgten die Knaben mit andern Kameraden dem Unterricht. Diese wurden und blieben ihre treuen Freunde: Loertscher, der beste Freund Alberts, der Maler Bachelin, Cérésole, der künftige Bundespräsident, Paul de Meuron, Albert Borel, die Brüder Quinche, die Brüder Nicolas, Hunziker und viele andere... Schon zu jener Zeit nahmen Rudolf und Albert Privatstunden im Zeichnen bei Herrn Wallinger. Albert zeichnete bei jeder Gelegenheit: in der Schule, daheim und unterwegs. Mehr als einmal wurde er ertappt, als er die Fensterläden der Nachbarn bekritzelte... Die Sommerferien verbrachten die Brüder oft in Erlach, bei ihrem Onkel Dr. Rudolf Anker. Hier lernten sie frühzeitig schwimmen, den Sport, den sie beinah das ganze Jahr über oft mit Schwimmwettbewerben zusammen mit Freunden betrieben haben. Zeitweise wurde Albert so sehr durch die Zeichenstunden in Anspruch genommen, dass seine Schulleistungen erheblich abnahmen. Sein Vater war sehr betrübt, als im Frühlingsexamen sein Sohn mit Antworten ein grosses Durcheinander anrichtete. So ward Schluss mit den Zeichenstunden! Der verzweifelte Schüler eilte zum Lehrer. Dieser tröstete ihn, ermahnte ihn zu besserem Arbeiten und lud ihn zu Gratisstunden ein. Albert war glücklich wie ein König, verdoppelte seinen Fleiss, und im nächsten Jahr war der Vater wieder mit ihm zufrieden. So durfte das Kind mit ruhigem Gewissen zu seinem geliebten Lehrer Wallinger zurückkehren.

Anker erzählt selber: ‹Mit 15 Jahren bekam ich einen Preis im Zeichnen: ich hatte mit zwei Farbstiften eine Studie nach einem Totenschädel gezeichnet... Nun verachtete der Vater meine Kunst nicht mehr, die zunehmend mein Leben erfüllte...›

Ch. Herzig, ein Klassenkamerad Ankers, hat uns folgende Schulerinnerungen anvertraut: ‹Albert war ein guter Schüler, doch sein Name wurde im Temple-Bas nicht so oft vorgelesen, wie der seines Bruders, wenn jeweils die Schüler erwähnt wurden, die einen Preis gewonnen hatten... Sein Lehrer Moritz gab sich um ihn besonders Mühe, er hatte sein Talent erkannt. Regelmässig fielen ihm die Preise für das Zeichnen zu. Sein Zimmer, in dem wir oft zusammensassen, glich dem Atelier eines Künstlers... Dort zeigten uns Anker und sein Freund Loertscher ihre aquarellierten Gestalten und Karikaturen zu Homer... Ein anderer Schauplatz, in welchem Albert sich auszeichnete, war das Bad. Er schwamm wie ein Fisch...›.» (M. Quinche, a.a.O. S.8–11)

Die Zeichenlehrer

Der Neuenburger Literaturprofessor Philippe Godet (1850–1922) hat sich über *«Père Wallinger»* das Folgende berichten lassen:

«Für die Entschädigung von 3 Fr. im Monat erteilte Wallinger seine Zeichenstunden, daneben führte er seine Schüler in die Kunstgeschichte ein und wusste in ihnen einen göttlichen Funken der Begeisterung zu wecken. Eines Tages vernehmen Albert Anker und Bachelin zu ihrer Betrübnis, dass Wallinger nach St. Imier übergesiedelt sei.» (Ph. Godet, in ‹Art et Patrie: Auguste Bachelin› S.9)

Anker an Ph. Godet   25. Januar 1909

«... Da wollte ich Sie noch etwas fragen: hat eigentlich niemand etwas über *Vater Moritz* geschrieben? Sie wissen doch, wer er war, er gab seinerzeit Zeichenunterricht im Collège. Er war in St. Gallen geboren, wenn ich mich nicht irre, kam dann ins Welschland, ging später nach Italien. Im Jahre 1814 war er auf der Insel Elba und gab dort den Kindern der Kolonie, welche den Allmächtigen (Napoleon) dorthin begleitet hatte, Unterricht im Zeichnen und Aquarellieren. Er kannte auch die Charlotte von Leopold Robert. Er kam dann nach Neuenburg, denn er war sprachgewandt. Auch hat er mindestens eine Komödie verfasst. Hier noch eine Episode, für deren Wahrheit ich bürge: Eines Tages kommt er ins Steueramt mit 50000 Franken. Er sagt, er habe seine Zusammenstellungen überprüft und entdeckt, dass er seit Jahren zu wenig bezahlt habe. Sie nahmen ihm das Geld ab. – Das habe ich vom einstigen Finanzdirektor persönlich gehört...»

Skizzenbuch des Collégien Albert Anker (1844/45)

Neujahrsbriefe Albert Ankers an seine Eltern

Chers Parents!

Votre tendresse envers moi m'apprend naturellement que je puis contribuer par ma conduite à rendre votre sort heureux et vos jours paisibles. Je serais bien coupable si je me contentais de prier le ciel pour votre bonheur, sans me donner la peine d'y travailler. Recevez donc aussi l'assurance que tous mes efforts les plus constants tendent à ce but, et que je vous serai soumis jusqu'à mon dernier soupir.

Votre dévoué Albert Anker

Gleichzeitig hat er noch einen Brief in deutscher Sprache geschrieben:

Liebe Eltern! Mit dem jetzigen Jahreswechsel gedenke ich zugleich meiner Pflicht, Ihnen, theure Eltern, meinen herzlichsten Dank abzustatten für die vielen Wohltaten im verflossenen Jahr... Gott, von dem alle guten Gaben kommen, wolle Euch in seinen gnädigen Schutz nehmen... Er überhäufe Sie mit seinem besten Segen... Insonderheit verleihe er Ihnen, theure Eltern, dass die Saat, die Sie seither mit Mühe und Sorgfalt in unsere Herzen legten, dereinst schöne Früchte zur Reife bringen möge, die Sie auch mit vollem Recht von uns erwarten können... Dies ist der innigste Wunsch von Eurem Sie herzlich liebenden und dankbaren Sohn

Albrecht Anker

Neuenburg, den 31 décembre 1842.

(Diese Briefe sind von Zeichnungen des Elfjährigen begleitet.)

Leidvolles Jahr 1847

In mancher Beziehung war besonders dieses Jahr für Albert Anker tiefgreifend und erschütternd. Kurz nacheinander raubte ihm der Tod zunächst den Bruder, dann die Mutter.

Zum Tod des Bruders schrieb der Vater später:

1847 den 5. April
 starb mir mein theurer Sohn im 6. Monat seiner Studienzeit bey meinem Bruder, wo er sich mit Ruhm seiner Professoren den Studien der Medicin widmete, an einem Blutsturz durch die Lungen... Die frühe ausgezeichnete Geistesentwicklung dieses Knaben, seine besondere Anlage zur Bildung des Geistes, sowie die spätere starke Entwicklung seines Körpers bereitete dem jungen Greis früh das Ableben und so den Tod. Er sah denselben anrücken und zeigte seinen Todestag den Umstehenden einige Tage voraus an... Seine tief krank im Bett liegende Mutter sah er, mehrere Monate wieder von ihr entfernt, nie mehr, obschon beide einander sehr liebten...

Militärische und anderweitige «Anregungen» im Konfirmanden-Unterricht

In seiner Biographie von Auguste Bachelin berichtet Philippe Godet über den Unterricht, an dem Bachelin mit seinem Freund Anker teilgenommen hat:

«... Im Jahre 1847 besuchte Bachelin den Konfirmandenunterricht. Es war für ihn und seine Kameraden ein denkwürdiges Jahr: die Zeit des Sonderbundes und der Neuenburger Garde – wenig geeignet zur Besinnung im christlichen Unterricht! Dieser wurde innert acht Wochen erteilt. Erklang die Morgenglocke, so begaben sich die Schüler zum Gebet in den Temple-du-Bas, von dort ins Waisenhaus, wo ihnen der ehrwürdige Herr Droz von 9–11 Uhr seine Stunden gab. Da sass mitten drin ein Hörer, der wenig notierte, dafür allerlei in sein Heft zeichnete. Am 10. November 1847 hat Albert Anker seinen Freund Bachelin in sein Heft skizziert!» (Phil. Godet in ‹Art et patrie› S. 11–12)

Es ist nur *zu* begreiflich, dass Albert Anker in jenen aufgeregten Tagen auf die Idee verfiel, nicht nur die Gestalten Homers zu karikieren. Die Versuchung lag buchstäblich nahe, draussen exerzierende niedere und hohe Militärs darzustellen. Das entzückende Büchlein mit den Soldaten-Karikaturen zeigt, dass er sich durch nichts, auch nicht durch den Pfarrherrn oder die traurigen Familienereignisse jener Zeit vom Zeichnen und Malen hat ablenken lassen.

Aus dem Brief des Vaters zum ersten Abendmahl Alberts

Mein lieber Sohn!
 Gestern hast du auf die Geburtstagsfeier unseres theuren Welterlösers, auf dessen Namen du zwar nicht aus deiner freien Wahl, sondern als unmündiges und von christlichen Aeltern geborenes Kind getauft wurdest, dein Taufgelübde in einem nun weisern Alter vor einer christlichen, viel theilnehmenden Gemeinde, im Namen Jesu, Gott, dem Versorger seiner Angehörigen das feierliche Gelübde... abgelegt, diesen christlichen Glauben... wie du darauf unterrichtet wurdest, zu halten und demselben nachzuleben...

Auguste Bachelin, Zeichnung im Unterweisungsheft Albert Ankers (Foto Stucki, Ins)

Es fordert der Staat Dienste von euch, die alle sich darauf beziehen, dass ihr dasjenige treu erfüllet, was ihr gestern im Bekenntnis des Glaubens abgelegt, denn ohne dieses treu zu halten, würden auch die bürgerlichen Pflichten verletzt, und jeder Eid, den eine amtliche Stellung voraussetzt, wäre nicht mehr bindend als euer Gelübde.

Darum, mein Sohn, bereite dich, soviel du noch Zeit hast, würdig zu deiner heutigen Handlung, wozu dich Jesus Christus in Folge deines Glaubensbekenntnisses einladet, vor, und so oft du zu dieser Gnadentafel trittest, erinnere dich deiner Gelübde... Und denke oft, als Aufmunterung zu allem Guten und Überwindung des Bösen an das Beispiel deines geliebten Bruders und deiner geliebten Mutter, die beide mit Christi Geist beseelt, in seinem Trost und mit seinen Verheissungen von uns geschieden und in ein besseres Sein hinübergegangen sind.

Für die Haltung dessen und die Kraft dazu von oben, fleht und wünscht für dich dein getreuer Vater, an deinem ersten Communionstage
d. 26. December 1847

Samuel Anker

Von der Theologie zur Malerei 1849–1854

Zwischen Gehorsam und Gewissen

«Heile Welt» – «Gute alte Zeit» – «kleinbürgerliche Genremalerei», so und ähnlich urteilt vielleicht ein Sachverständiger oder der «Mann aus dem Volk», leicht abschätzig der eine, nostalgisch der andere, wenn er heute eine Ausstellung mit Werken Albert Ankers durchwandert. Dass hinter dem Schaffen Ankers viel Tragik und überwundenes Leid stehen, ist weithin unbekannt. Der Kulturhistoriker Hans Zbinden, dem wir zwei schöne ‹Berner Heimatbücher› über Albert Anker verdanken, schreibt:

«... Der Maler liebte grosse Worte nicht, und so wäre es vielleicht nicht nach seinem Sinn, von einer Tragik in seinem Leben zu sprechen. Und dennoch lässt uns ein tiefer Blick in sein Schicksal kaum einen Zweifel, dass dieses äusserlich ruhige, ganz der Arbeit hingegebene Dasein von einem inneren Zwiespalt zerrissen war...» (H. Z. in ‹Albert Ankers Lebenstragik›, ‹Der kleine Bund› 15. Juni 1951)

Die drei Anker-Porträts aus verschiedenen Epochen sprechen eine deutliche Sprache. Zuerst der fröhliche Student, dann das asketisch wirkende Profil des werdenden Künstlers und schliesslich ein von vielen Furchen durchzogenes Antlitz mit den tiefliegenden Augen des bald Achtzigjährigen. Am 26. Dezember 1900 schreibt er an Julia Hürner: «... Der Arzt von Erlach hat eine Photographie von mir gemacht, die von einer furchtbaren Wahrheit ist. Die Stirn, die Nase, Augen sind unübertrefflich, doch das Ganze ist ein verwittertes Ding, wie wenn ein Hagelwetter darüber gekommen wäre ...»

In Wellen sind «Hagelwetter» über Anker persönlich geraten. Solche «Hagelwetter» hat er aber auch in den politischen und wirtschaftlichen Umwälzungen vom 19. ins 20. Jahrhundert wachen Sinnes miterlebt. Das doch nur scheinbar «Pittoreske» und «Idyllische» mancher seiner Darstellungen täuscht ...

Frühes Zwiegespräch über Kunst

Auguste Bachelin (1830–1890) ist nach den Familienangehörigen der früheste Briefpartner Ankers. Ihr Briefwechsel birgt den Austausch von Gedanken über Kunst und Kultur, zeigt nebenbei, wie die Freunde einander später zur Darstellung historischer Themen von Ins nach Marin und St-Blaise mit der Ausleihe von Kostümen geholfen haben. In das Bild Bachelins ‹Heimkehr des Soldaten› hat Anker auf dessen Bitte sogar das Mädchen gemalt, das seinen Vater begrüsst. Schüchtern ersucht Bachelin ihn im Brief vom 17. Mai 1889 um Angabe der Kosten!

Bachelin hat sich um seine Neuenburger Heimat sehr verdient gemacht: durch seine heimatkundliche Tätigkeit, mit dem Einsatz zum Bau der Neuenburger Museen, schliesslich mit dem schönen, in St-Blaise spielenden Roman ‹Jean-Louis›.

Eindrücklich ist der Ernst, mit welchem die beiden Freunde schon als Gymnasiasten ihre Gedanken über die Kunst austauschen. Ankers ausführlichem Brief entnehmen wir, wie sehr sich der Achtzehnjährige der Kunst verpflichtet fühlte – als er sich noch auf ein anderes Studium vorzubereiten hatte.

Auguste Bachelin an Albert Anker

Neuchâtel, 11. Mai 1849

College und lieber Zofinger!

Du rätst mir, Ideale so zu malen, dass die Materie idealisiert wird – aber da erwähnst du eine Sache, der weder Raffael, noch Leonardo, Michelangelo und Veronese gewachsen waren, und du mutest es mir, Bachelin, zu! Da hegst du also noch einige Hoffnung für mich. Das freut mich, doch ... Die grösste Kunst ist es, die Kunst auszulöschen, nichts ist schöner als die Natur, – und doch gibt man nichts auf solche Gedanken. Rembrandt ist der König des Hell-Dunkels, alle seine Bilder sind schwarz, aber im Hintergrund ist eine Figur zu sehen, welche von einem übernatürlichen Glanz vergoldet zu sein scheint, – ist dies die Natur? Und Girardet malt Bäume mit Sienaerde und in rotgelber Erdfarbe, ist dies Natur? Und Decamps malt weisse Reflexe, wie sie die Daguerrotypien wiedergeben ... und Anker setzt schwarz neben weiss ohne Zwischentöne und Calame mit seinen ganz schwarzen Tannenhintergründen ... ist dies Natur? ... man kopiert nicht mehr die Natur – wahrhaftig: die Malerei wird untergehen, wenn sie nicht zu ihrer wahren Quelle zurückkehrt. Der Maler sollte sich mitten in die Felder begeben, dann würden sich ihm die schönsten Modelle darbieten, und er sollte sich nicht im Dunkel eines Ateliers verkalken lassen. Ich habe das erstere fest im Sinn ...

Selbstbildnis als Zofingerstudent 1849/50 (Œuvre-Katalog Nr. 386)

Albert Anker an Auguste Bachelin Bern, 9. Juni 1849

Mein lieber Bachelin,

... Wir hatten angefangen über die Kunst zu reden, und du hattest die Güte, mir darüber zwei Briefe zu senden auf die Dummheiten hin, welche ich dir im ersten Brief geschrieben hatte. Ich möchte versuchen, dir einigermassen darauf zu antworten und beginne mit der Frage: *Was ist die Kunst?* In erster Linie besteht die Kunst nicht in Nachahmung, sondern in zwei Punkten: zum ersten muss man sich in seinen Vorstellungen ein Ideal bilden, zum zweiten muss man dies Ideal den Augen der Mitmenschen darstellen, ihm eine Gestalt schaffen, welche unserem Schauen und Hören zugänglich wird. Nun möchte ich diese zwei Punkte ins Auge fassen, zunächst also das *Ideal*. Das Ideal muss sich in der Vorstellung des Künstlers bilden, muss sich in den Grenzen des Möglichen bewegen. Der Grund muss wohl die Natur sein, aber eine Natur, welche sich in der Vorstellung des Künstlers verwandelt hat. Auch wenn der Künstler nicht die Natur verwandeln wollte, so würde er es doch tun, ohne es besonders zu wollen. Gib zum Beispiel dieselbe Landschaft einem Calame, Salvator Rosa oder Claude Lorrain zu malen auf und achte doch gut auf das Ergebnis: ein jeder wird die Natur nach seiner Ansicht erfasst haben, das heisst, er wird sie darstellen, wie es seinem Sinnen entspricht oder auch einer momentanen Laune. Lass dieselbe Sache einen Corneille und Racine beschreiben, oder von Meyerbeer und Beethoven darstellen, so wirst du dich selber davon überzeugen, dass ich recht habe, nämlich dass ein jeder die Natur umwandelt. Natürlich kannst du mir antworten: dies ist rasch gesagt, aber ich kann doch ohne Ideal arbeiten, kann einen Baum, einen Kopf einfach kopieren. Darauf antworte ich dir, mein lieber Bachelin: auch wenn du dir in deinem Köpfchen kein Ideal gebildet hast, so hast du dennoch eins hineingelegt, du hast dir den Gegenstand, der vor deinen Augen stand, zum Ideal gemacht und er wurde es, indem er der Idee entspricht, welche du von einem Baum oder einem Kopf hast, das heisst, soweit er dir gefällt. Kannst du mir zustimmen? Ich freue mich, dein Urteil zu dieser Sache zu vernehmen. Antworte mir rasch. ...

Ich glaube, das Schöne, welches einen Künstler leiten soll bei seinem Werk und die Grundlage jedes künstlerischen Schaffens darstellt, besteht in der Harmonie zwischen dem Ideal des Künstlers und allen äussern Möglichkeiten, welche ihm zu dessen Darstellung zur Verfügung stehen. Sieh, Bachelin, ich hätte dir noch Einiges hierüber zu sagen. Nach allem, was ich dir sagte, setze ich die Natur, wie es schien, in den zweiten oder dritten Rang, als ob es am Ende nur das Ideal gäbe für mich. Aber du täuschest dich, wenn du das annimmst. Ich meine es folgendermassen: die Natur muss dem Ideal die Grundlage schaffen, ohne dies würde man dem Exzentrischen verfallen. Der Künstler muss lernen, seinem Ideal eine äussere Form zu geben, dazu vor allem geht man in die Ateliers, um von den Erfahrungen anderer zu profitieren. Wie der Dichter seine Sprache erlernt, das Mass seiner Verse, um sein Werk zu erschaffen, so muss der Maler, um sein Ideal zu verwirklichen, lernen, wie man den Pinsel führt, wie man die Farben setzt; er muss zeichnen können usw. usw. usw.

Das ist meine Ansicht. Du wirst mir sagen, mein lieber Anker, da erzählst du mir eine verflixt ausführliche Geschichte in Briefgestalt. Das stimmt, so wage ich auch nicht, sie wieder zu lesen, sonst falle ich in Ohnmacht. Da ist eine Teufelsunordnung, und doch glaube ich, dass ich in vielen Punkten mehr recht habe als du, du prosaischer Naturnachamer. Sollte ich die Zeit dazu finden, so möchte ich dies Thema weiter bearbeiten, das interessant ist und das heutzutage oft bearbeitet wird – und ich werde es euch zustellen. Ich habe da einige Fragen angeschnitten, die ich behandeln könnte und die es lohnen würden, zum Beispiel die Schönheit der Kunst und der Natur etc. etc. ... Darüber ein ander Mal mehr.

Bist du jetzt zufrieden? Anker

Albert Anker von seinem Freund François Ehrmann gezeichnet (Herbst 1861)

Studienzeit in Bern 1849–1852

In seinem Lebensbild ‹Albert Anker› schreibt Albrecht Rytz von seinem Freund und Mitstudenten:

«... Tief empfand Albert den Tod seines Bruders Rudolf. ‹Aus dem wäre etwas Tüchtiges geworden›, sagte er später oft, ‹*den* hättet ihr kennen sollen, *der* war mehr als wir alle›. Aus diesem Grunde fand es Albert ganz begreiflich, dass sein Vater den Wunsch aussprach, er, Albert, möchte nun die Theologie zu seinem Lebensberuf machen ... In Bern erhielt er ein zweites Heim in der Familie seines Oheims, des Veterinär-Professors Matthias Anker ... Als Mitglied des Zofingervereins, dem er schon als Gymnasianer am 11. Mai 1849 beitrat, wie es damals noch gestattet war, gewann er eine grosse Zahl von Freunden auch ausserhalb der Berner Sektion, mit welchen er zeitlebens freundschaftlich verbunden geblieben ist.» (A. Rytz, a. a. O. S. 5–6)

Albert Anker, Porträt von Wilhelm Steinhausen (1909)

In zwei Briefen hat Albert Anker sich über 50 Jahre später jener Zeit erinnert:

Militärdienst

«... Wir haben Militär im Dorf, Genietruppen, die aber nicht viel Wesens machen. Bei diesem Anlass dachte ich auch an meinen Militärdienst im Studentencorps. Ich habe Ihnen auch schon erzählt, wie ich einmal im Karzer war, und zwar mit Ihrem Vater; mir war eine Nacht diktiert, weil mein Gewehr nicht sauber war, ihm, weil er eine Übung geschwänzt hatte. Am Abend um 9 Uhr traten wir die Gefangenschaft an, nahmen Kerzen mit, eine Flasche Wein und ein nützliches Buch. Gegen 1 Uhr legten wir uns auf die Pritsche mit Decken, und um 6 Uhr wurden wir entlassen, gingen aber schnurstracks ins Bad ...» (an Julia Hürner, am 5. September 1905)

Studentenliebe

... Wir hatten es als Studenten übrigens wie die Engländerin, die bei uns war mit ihrem «Flirten». Sie sagte, sie habe immer drei oder vier Freunde, aber keinen Rechten; nun, drei oder vier ist gleich wie keinen und bedeutet völlige Freiheit. Ans Heiraten dachte man an den Zofingerbällen nicht, das war in grauer Ferne, deshalb hassten wir die Nicht-Studenten, die hie und da durch den Einfluss der Mütter auch an die Bälle kamen, weil dabei heiratsfähige und heiratslustige waren... Wir sahen in denselben Feinde, die uns die Mädchen abstahlen. Wenn ich daran denke, so mahnt mich unsere Manier an die, welche uns die Engländerin beschrieb, grosse Freiheit, aber wir hätten es als eine grobe Sünde betrachtet, wenn wir ein Frauenzimmer angerührt hätten, anders als ihr beim Kommen oder beim Abschied die Hand zu geben. Einen so grossen Platz in unserem Herzen hatte der Tabak und das Bier, auch das Schaffen nebenbei; weiter und näher beim Examen änderte es... (an Julia Hürner, Frühjahr 1900)

Der Schwimmlehrer

An die Herren Sterchi, cand. theol., und
Anker, stud. theol.
Schwimmlehrer der Realschule in Bern

Hochgeehrte Herren,
Nach Beendigung des Schwimmunterrichts fühlte sich die Direction gedrungen, Ihnen ihre volle Zufriedenheit mit den an den Tag gelegten Leistungen auszusprechen. Denn die bedeutende Zahl derjenigen Schüler, die schwimmen gelernt oder sich darin wesentlich vervollkommnet haben, lässt uns auf den Eifer und die Pflichttreue schliessen, womit Sie diesem Unterricht oblagen... Als Zeichen der Anerkennung Ihres Wirkens hat die Direction in ihrer heutigen Sitzung beschlossen, Jedem von Ihnen eine Gratifikation von 20 Franken auszurichten...

Mit Hochschätzung verharrt...

«Des ‹Vetters› Irrfahrten»

A. Rytz:

«... Zu Ankers nächsten Freunden gehörten vor allem die künstlerisch Begabten, so Adolf Güder, stud. med., A. Lörtscher, stud. theol., Gustav Roux, später Illustrator verschiedener Schriftsteller... Da ward in kleinem Kreise gezeichnet, gemalt, gegenseitig scharfe Kritik geübt und dadurch jeder im künstlerischen Streben gefördert. Die Herbstferien 1851 verwendete er zu einem Besuch in Paris, welcher ihm erhöhtes Verständniss für die Kunstschöpfungen alter und neuer Meister brachte.» (A. Rytz, a.a.O. S. 6–9)

Da der Pariser Aufenthalt zu Ankers künstlerischer Entwicklung mit beigetragen hat, geben wir hier seinen frühesten literarischen Beitrag leicht gekürzt wieder. Der studentische Übername «Vetter» wird uns als Ankers Pseudonym immer wieder begegnen: oft haben ihn Freunde und gute Bekannte mit «Vetter» angesprochen, wiewohl sie mit ihm nicht verwandt waren und auch nicht zum Zofingerverein gehörten.

...Es wurde einem meiner Freunde, einem jungen Schweizerkünstler, eine Kopie von Poussins Arkadien aufgetragen; er erkrankte aber, bevor die Arbeit vollendet war, und er bat mich, das Werk zu befördern, wenn nicht zu vollenden. Ich nahm nun den Pinsel zur Hand und copierte das durch die Zeit schon verblichene Gemälde. – In einer schönen Gegend Arkadiens kommen zwei Hirten zu einem Grabstein und entdecken unter dem Moos, welches das Denkmal bedeckt, diese einfachen Worte: ET IN ARKADIA EGO, die sie stillschweigend und ergriffen betrachten. Neben ihnen ist ein Reisender und seine Geliebte, die sich am Grabe aufhalten. Der junge Wanderer stützt ein Knie auf den Boden, lehnt das Haupt auf die Hand und wirft einen fragenden Blick auf die Gefährtin, die ihren Arm auf den Schultern ihres Gefährten hält. Auch sie hat die Tiefe dieser Inschrift ergriffen; mit Wehmuth blickt sie vor sich hin; sie lächelt, obschon eine Thräne in ihren Augen blinkt; sie fühlt, dass sie im Arkadien ihres Daseins ist, sie, die glücklich an der Seite ihres Gefährten durchs Leben wandelt, aber sie ahnt auch, dass alles vergänglich ist, dass dieses Arkadien vergeht, dass bald nur noch die Erinnerung daran bestehen wird, und dass das Loos des vor ihr Begrabenen vielleicht bald auch ihr eigenes Schicksal sein wird.

Ich begann nun meine Arbeit und copierte das Gemälde, anfangs doch ohne Freude, weil mir die ganze Composition noch unklar war. An der gleichen Arbeit sass auch ein junges Frauenzimmer, das, wie es im Louvre zu geschehen pflegt, aus den Werken der alten Meister schöpfte und sie studierte; doch war sie nicht wie die gewöhnlichen Künstlerinnen, die man dort antrifft, ein Mittelding zwischen Mann und Weib, das vom Manne nur die Pedanterie und von der Frau nur die Gefallsucht hat, sondern sie hatte ihr sanftes Wesen, das noch durch Leiden und Krankheit gesteigert war, ganz beibehalten. Dunkle Locken umfassten ihr Gesicht und ihr braunes Auge drang tief in die Seele ein; übrigens malte sie nicht mit grosser Leichtigkeit, allein, wenn ich schon mehr Sicherheit im Pinsel hatte, ahmte sie doch den Ausdruck der Figuren des Originals viel besser nach. Zum Glück hatte ich kein Palettenmesser, und sie keine gebrannte Sienaerde. Dieser Umstand brachte uns näher zusammen, und bald sprachen wir von dem Gegenstande, den wir vor uns hatten; sie hatte die Gestalt der Geliebten in ihrer Feinheit aufgefasst und ihr Gemüth unterlag dem Eindrucke fast, was ich aus ihren Äusserungen vernahm: «Welch ein hohes Ideal der Künstler vor sich hat! Die menschliche Seele durch ihre edelsten Triebe, durch das Schönheitsgefühl zur wahren Quelle alles Schönen zu führen, zu Gott zu erheben! Wie die Wehmuth dieses weiblichen Antlitzes, diese Sehnsucht nach dem ewigen ungetrübten Arkadien dem Geiste einen viel wärmeren Beweis des ewigen Lebens gibt als alles Geschriebene und Gesprochene! O, einen Tag, ja eine Stunde so zu verleben, und dann aufgehen ins Unendliche wie ein süsser Harfenton!»

Eines Morgens kam sie nicht mehr an ihren gewohnten Platz und auch die folgenden Tage blieb sie aus; eine Woche nachher sah ich eine Frau den Malerapparat meiner Nachbarin zum Saale hinaustragen; auf meine Fragen antwortete sie, dass ihre Tochter erkrankt sei und sich wegen dem Klima von Paris habe entfernen müssen. Von da an vernahm ich nichts mehr von ihr.

Als die Zeit meiner Abreise von Paris gekommen war und ich vom Louvre Abschied nehmen musste, war Poussins Arkadien das letzte Gemälde, das ich betrachtete. Mit Wehmuth verliess ich ein Bild, das mir meine eigene Lage darstellte, ich, der ich mich jetzt in meinem Arkadien befinde, in den schönsten Jahren meines Lebens, als Bürger der Hochschule, mitten in Studien, die mir liebgeworden, mitten unter Freunden, die mich achten und die ich innig liebe. Und wenn diese Zeit nicht dauern und schwere Schicksale über mich hereinbrechen sollen, o so möge mich die Erinnerung vor dieses Gemälde zurückbringen und möge ich aus dem süssen Lächeln der Jungfrau meinen Trost finden und meine Hoffnung auf jenes end- und gegensatzloses Arkadien! (In: Zofingerblatt, II. Jg. Nr. 3)   Albr. Anker, theol.

Ankers Herz schlägt in jener Zeit eindeutig für die Kunst, die ihm viel mehr bedeuten konnte als der theologische Betrieb, den er als geistlos und den einfachen Glauben tötend empfindet. Ganz anders erlebt er offenbar die Theologie in Halle. Das sehen wir bald in Briefen an den Berner Theologiestudenten v. Greyerz.

«Das Teuerste auf Erden»

Sehr hart werden Vater und Sohn durch den plötzlichen Tod von Alberts Schwester Louise (geb. 1837) am 4. Juni 1852 getroffen. Der Bericht Samuel Ankers über den Tod seiner Angehörigen bricht hier ab; der Verfasser scheint noch unter dem Eindruck des unerwarteten Geschehens zu stehen:

«Als Louise in den obersten Klassen beim Unterricht und weiblichen Arbeiten zu viel gearbeitet hatte, that ich es nach seinem letzten Examen nach Ins zum Ausruhen, dann ging es in eine Pension, um in Ermangelung seiner lieben Mutter die weibliche Bildung unter der Leitung vorzüglicher Frauen zu machen. Zu diesem Zwecke that ich es in die Pension in Eclépens bey La Sarraz... Unter diesen Umständen lebte das Kind glücklich und wohl, seine Vorsteherinnen, von pietistischem Sinn, gewährten ihm bald ein irdisches Paradies. Geist und Körper entwickelten sich zur schönsten Blüte...»

Louise an Albert

Eclépens, 28. Dezember 1851

Mein geliebter Bruder,

Zum Neuen Jahr wünsche ich dir alles Gute für deine Gesundheit. Ich danke dir für den Brief, dem ich entnehme, wie sehr du mir verbunden bist und mich liebhast. Ich bin glücklich, einen Bruder zu besitzen, der so auf mein Wohlbefinden achtet. In Frau Duvoisin habe ich hier eine Lehrerin gefunden, die mit Güte über ihren Schülerinnen wacht. Ich vergleiche sie mit unserer teuren Mutter und liebe sie, wie wenn ich immer mit ihr zusammen gelebt hätte. Nach meiner Heimkehr möchte ich unsere Mutter zu ersetzen suchen, doch du weisst, wie schwierig dies sein

Die Geschwister Albert und Louise Anker, Daguerrotypie (um 1850)

Poésie et réalité (um 1851)

wird. Ich habe dir einen Geldbeutel gestickt und denke, dass dir die rote Farbe gefällt und dies Geschenklein dir Freude bereiten wird.

Leb wohl, lieber Albert, denk oft an deine kleine Schwester

Louise

Am 6. Juni, Tag der Beerdigung in Ins, schreibt Albert der besten Freundin seiner Schwester:

An Anna Rüfly

Ins, 6. Juni 1852

Liebes Fräulein,

In diesen Tagen werden Sie sicher vernommen haben, dass meine Schwester ernsthaft erkrankt ist. Es hat Gott gefallen, sie am Freitag um 3 Uhr nachmittags zu sich zu nehmen. Die traurige Nachricht vernahm ich unterwegs zu ihr. Sie können sich vorstellen, in welch trauriger Verfassung sich mein Vater befindet. Sie war die Hoffnung auf seine alten Tage hin, nun wurde sie innert 10 Tagen dahingemäht. Ein Ausflug mit dem Pensionat nach Chillon, eine Erkältung im Wagen, haben ihre Erkrankung verursacht. Was mich anbelangt: ich habe meine Schwester von ganzem Herzen und mit meiner ganzen Seele geliebt; sie war mir das Teuerste in der Welt, dennoch habe ich noch keine einzige Träne vergossen; dies ist nicht Leichtfertigkeit, denn ich finde es schön, aus dieser Welt zu gehen mit dem Blick auf die Morgenröte des Lebens, auf die aufsteigende Sonne eines hellen Tages, dass ich ihr am liebsten schon heute nachfolgen möchte – wiewohl ich nicht trübsinnig bin...
(Anker heiratet Anna Rüfly im Jahre 1864)

‹Poésie et réalité› – Die Wette

In den Monaten nach dem Tod der Schwester muss Anker das Unbefriedigende seiner theologischen Studien besonders hart verspürt haben. Er hat seinem Seelenzustand mit der Zeichnung ‹Poésie et réalité› – sichtbaren Ausdruck verliehen: Links sehen wir ihn festlich gekleidet auf dem Stuhl mit Palette und Pinsel beim Malen. Das Ganze ist von einem frischen Lorbeerzweig umrahmt. Die Zeichnung rechts zeigt einen dürren Ast über gebeugten Rücken. Mit seiner Feder schreibt Anker ganz hinten den Vortrag des Dozenten nach. In der Mitte steht der Weinbauer – ist es Anker selbst? –, welcher von links – vom *Malenden* herkommend – die reifen Trauben in einen Bottich schütten wird: Symbol des fruchtbaren, sinnvollen Lebens...

Oft mag die «Société van-der-Croûte», jener kleine Amateurkünstlerklub, Ankers missliche Situation diskutiert haben. Dort war es auch, wo die Wette abgeschlossen wurde, in der vorausgesagt ist, dass Anker 5 Jahre später nicht mehr Theologe sein wird; der Medizinstudent Clément war Mitglied jener «Société».

«Clément étudiant en médecine parie aujourd'hui ce 3 Août 1852 que dans 5 ans je ne serai plus théologien.

Celui qui perdra paiera une bouteille de Champagne...»

Studium und Malerei in Halle 1852–1854

Laut ‹Anmeldebuch der königlich-preussischen Universität Halle-Wittenberg› wird Albert Anker am 9. November 1852 zum Studium an der Theologischen Fakultät angenommen. Er weilt anderthalb Jahre fern von der Heimat und benützt die Ferien dazu, in Dresden und München Museen und Kunstgalerien zu besuchen.

Albrecht Rytz schreibt über jene Zeit:

«Ein Neuenburger Freund, der mit ihm in Halle weilte, erinnerte sich, wie Anker in einer Vorlesung von Prof. Tholuck, in welcher dieser von den vier Temperamenten sprach, nachdenklich, ohne nachzuschreiben, dagesessen sei, nachher aber 3–4 Tage lang sich nicht im Kolleg gezeigt, statt dessen aber von den vier Temperamenten eine überaus charakteristische Zeichnung gemacht habe. Tholuck, der dies erfahren, wünschte diese Zeichnung zu sehen. Als Anker, dem Wunsch ungern willfahrend, sie ihm brachte, war der Herr Professor ganz überrascht und sagte: ‹Mein lieber junger Freund, Sie haben mich am besten verstanden.› Von den besuchten Vorlesungen erwähnte er ausser denjenigen von Tholuck noch besonders eine über das Buch Hiob bei Prof. Hupfeld, welches seither bei ihm viel galt...» (A. Rytz, a.a.O. S.15–16)

Inser Mädchen (Februar 1852)

Charlotte Anker-Dardel in St-Blaise

In die Hallenser Zeit fällt der Beginn eines für Ankers Malerlaufbahn wichtigen Briefwechsels. 1847 – im Todesjahr von Alberts Mutter – war sein Onkel, der Arzt Johann Rudolf Anker (1804–1879), von Erlach nach St-Blaise umgezogen. Von dort stammte seine zweite Frau: Charlotte Dardel. Sie hat sich ihres Neffen mütterlich angenommen. Den oft Zaudernden und Schwerblütigen ermunterte sie immer wieder; sie ist ihm beim Vater zur Seite gestanden, als es wegen seines Studiums auf Biegen und Brechen ging. Nach seiner Rückkehr aus Halle lädt sie ihn nach St-Blaise ein. In ihrem Heim erholt sich später der in Florenz an Typhus erkrankte junge Maler. Nach der Heirat Ankers im Jahre 1864 hört wohl der Briefwechsel auf, nicht aber die Anteilnahme der Arztfamilie in St-Blaise am Ergehen der jungen Künstlerfamilie. Es wundert nicht, dass Anker die vielen Briefe seiner Tante sorgsam aufbewahrt hat.

Theologieprofessor Albert Immer (Carnet)

Charlotte Anker-Dardel in St-Blaise

An Charlotte Anker   Halle, Herbst 1852

Liebe Tante,

Ihr Brief hat mir viel Vergnügen bereitet. Dieser Brief und der des Vaters waren die ersten aus der Heimat, und ich war glücklich über das Neueste. Vor 14 Tagen hat mir Rudolf (Sohn des Matthias A.-R.M.) geschrieben. Er scheint sich grausam zu langweilen. So möchte ich ihm gerne ein Stück meiner Ruhe und Sorglosigkeit schicken. Hier lebe ich wie ein König. Wie ich ankam, fiel ich mitten in die Theologie. So büffle ich und vermisse – ausser dem Wein und gutem Wasser – einzig einen Menschen, mit dem ich über Kunst diskutieren kann, sei es in den Pausen oder beim Spazieren.

Hier werde ich mich kaum je langweilen, die Natur ist so schön wie daheim. Und was das Intellektuelle anbelangt, gibt es hier Hilfsmittel, wie wir sie in der Schweiz nicht besitzen. Wäre nicht die Familie, die ich von Zeit zu Zeit wiedersehen möchte, so würde ich zu mir sagen: «Vetter Albert, schlagen wir unser Zelt im Ausland auf, hier ist es schön» ... Während diesen drei ersten Wochen habe ich mehr getan und erlebt als in Bern in drei Monaten. Hier geht man nie aus, denn in der Stadt langweilt man sich zu Tode. Halle ist schmutzig, schlecht gebaut und gepflastert. Da ich niemanden in der Stadt kenne, kann ich mir nur meine Kleider beschmutzen, wenn ich durch die Stadt streife. Immerhin habe ich einige Schweizer kennengelernt. Man findet sich rasch: es sind alles grosse Arbeiter. Durch meinen Vater dürften Sie die Anekdote von demjenigen vernommen haben, welcher das ganze Buch Jesaja in Hebräisch auswendig weiss (s. S. 32). Wir treffen einander, um unsere Vorlesungen zu durchgehen oder um Altes und Neues Testament zu übersetzen. Da es alles fleissige Leute sind, profitiere ich immer in ihrer Gesellschaft. Aber hie und da benötigen sie auch mich: zwei von ihnen sind trübsinnige Wesen. Man muss sie aufmuntern ...

Halle, 16. Februar 1853

Liebe Tante,

Sie dürfen es glauben, Ihr Neffe Albert, so wenig er schreibt, denkt doch oft an die Heimat, an seine Verwandten und Bekannten, aber er kriegt dabei kein Heimweh wie sein Nachbar Wenger oder wie Rudolf.

Es dünkt mich, die Leute, bei denen ich wohne, seien zu gut zu mir, als dass ich mich bei ihnen nicht zuhause fühlen könnte. Wenn man nicht ein aufdringliches, eingebildetes Wesen ist, findet man überall gute Menschen. Im Frühling verlasse ich die Witwe, bei der ich jetzt wohne und gehe zu einer guten Alten nebenan, die mit einer ältern Nichte zusammenlebt und Studenten aufnimmt. Ihr Haus gehört zu den schönsten im Quartier, ist auch eins der saubersten. Den ganzen Tag über putzen Tante und Nichte. Oft am Abend gehe ich zu ihr, sitze in eine Ruhbettecke und plaudere mit ihr, bis es dunkel geworden ist. Wie sollte man sich bei solchen Leuten nicht wie zuhause fühlen. Da wäre es undankbar, sich nach Besserem zu sehnen, und es ist früh genug zu jammern, wenn man von einem wirklichen Unglück betroffen wird.

Welch schönes Zimmer ich haben werde, Sie würden mich darum beneiden! Ein wahres Paradies, mit drei Fenstern, eine Bettnische, ein Ruhbett, ein Schreibtisch, ein Vogel, der mir aus der Hand pickt; um mein Fenster zu schmücken, habe ich schon eine Hängevase gekauft, aus der die Blumen wachsen werden. Meine Witwe hat Kapuzinersamen hineingesät. Mit meinen Blumen, meinem Vogel, meinem schönen Zimmer und meinen Bildern an den Wänden möchte ich mit keinem König tauschen. Und hinzuzufügen noch meine gute Frau Caleb, die mich pflegt und liebt; hier ihr Porträt.

Letzthin sind die Mütter aus der Nachbarschaft zu mir gekommen mit der Bitte, ich möchte ihre Kinder zeichnen. Ich schickte sie nach Hause mit ablehnendem Bescheid, dies sei nicht mein Beruf. Meine Nachbarinnen hatten weiterum meinen Ruf als Porträtist verbreitet! Zwölf Köpfe in natürlicher Grösse schmücken meine Wände – und da Halle eher Kleinstadt ist, weiss alles Volk, dass in Nr. 793 ein Maler haust, der 12 Porträtzeichnungen besitzt.

Mein Vater wird Ihnen berichtet haben, dass ich einen Teil meiner Neujahrsferien in Weimar verbracht habe, im Schloss des Grossherzogs; aber der grossherzögliche Glanz hat mich nicht besonders geblendet; der arme Bonhôte wird an der Leine gehalten, und meine Studentenfreiheit geht mir über alle Erfahrungen dieser Welt und das Geld, das man hier erhascht.

Ihr ergebener Vetter Albert

Halle, 17. März 1853

Liebe Tante,

Welch schönes Wetter haben wir nun seit einigen Tagen! Es ist wie im Paradies nach den düstern Februartagen, und wir konnten schon Ausflüge unternehmen. In der Nachbarschaft habe ich auf gefährlichem Pfad einen gegen hundert Fuss hohen Berg erklommen, von dessen Gipfel aus die Gegend der Saale zu sehen ist, die sachte dem Nordmeer zuschlendert. Es ist ein so schöner Fernblick wie von Ihren Fenstern in St. Blaise aus. Es sind zwar nicht die Alpen, welche den Hintergrund des Gemäldes bilden, dagegen ein Horizont so flach wie das Meer, ein Reichtum an Farben wie ich ihn bei uns nie gesehen habe. Zugegeben: wenn die andern Schweizer nur Feuer sehen, sehe ich Malerei: Kobalt, indisches Gelb – wenn sie sich über mich und über meine Farben lustig machen, danke ich heimlich dem lieben Gott, dass er mir ein Stücklein des Sinnes gab, den es braucht, um die Natur geniessen zu können.

In den kommenden Ferien werde ich das Vergnügen haben, einen meiner Professoren zu porträtieren. Es traf sich, dass ich seine Tochter von Leipzig nach Halle begleitete, daraufhin hat er mich einige Male zum Tee bei sich eingeladen. Er gehört zu den erstaunlichsten unter unsern Professoren. Die andern sind auf religiöse Propaganda aus, eine Sache, die eher den Herren in Rom entspricht, als einem Professor der protestantischen Theologie. Zugegeben: wer von einer Idee begeistert ist, will sie auch ins Licht rücken. Und doch liebe ich nicht Propaganda, sei es diejenige Mazzinis oder der Herren Pfarrer. Mein Professor ist nicht so: er ist gelehrt wie es die gewissenhaften Deutschen sind, und er fordert nicht, dass alle Gehirne in derselben Weise möbliert werden und die gleichen Ideen beherbergen.

Mein guter Herr Grisel hat mir dieser Tage geschrieben. Welche Frische in diesem kurzsichtigen, gelähmten kleinen Mann. Wären alle Neuenburger von seinem Format, so möchte ich gern in ihrer Stadt leben. Und überdies wäre es in einer Republik. Er gleicht einem Tongefäss, das Gold enthält. Doch will ich Ihnen nicht wiederholen, was ich Ihnen über ihn und Vater Moritz gesagt habe. Die Kunst ist – wie die Religion – eine Nahrung, welche den Menschen mehr als alles andere frisch erhält. Sie steht hoch über den materiellen Dingen des Lebens. Doch wieviele Menschen gibt es, bei welchen die Religion ein mürrisches Gemüt bestärkt. Sie halten sich für gläubig und gerettet und meinen, nun hätten sie auch das Recht, über alles zu brummen, das in unserer armen Welt geschaffen wird.

Ihr Neffe Albert

F. W. Moritz, 1783 geboren, aus St. Gallen, war Zeichenlehrer am Collège von Neuenburg, als Anker und Bachelin dort zusammen die Schule besuchten. Er ist 1855 gestorben.

G. Grisel, 1811 in Ins geboren, Zeichenlehrer am Neuenburger Collège als Nachfolger von Moritz. Er starb 1877 in Neuenburg.

Albrecht Rytz schreibt über Ankers letzte Monate in Halle:

«Halle erweiterte seinen Gesichtskreis, nicht nur in theologischer Beziehung, sondern auch durch den Umgang mit dortigen Studenten und Professoren, von welchen der bekannte und im persönlichen Verkehr höchst originelle Tholuck zu nennen ist...»

«Auch eine Ferienreise nach Dresden und München darf nicht unerwähnt bleiben. Diese Ferienreise zeigt uns deutlich, dass seine Liebe zur Kunst nicht erkaltet war. Bei seiner Rückkehr nach Bern erzählte er seinen Freunden, besonders den gleich ihm der Kunst Ergebenen, mit Begeisterung von dem in den dortigen Galerien Erschauten. Leider ist von Aufzeichnungen darüber nichts mehr vorhanden; an den Vater hat er darüber nichts geschrieben, wohl wissend, dass derselbe mit seiner künstlerischen Nebenbeschäftigung nicht einverstanden war, sie sogar als für seinen künftigen Beruf (als Pfarrer) nicht geeignet hielt...» (Rytz, a.a.O. S. 22)

Der Schicksalsbrief

Während der Vater fest damit rechnet, dass Albert bald einmal seine Studien beendet, verdichtet sich in diesem die Gewissheit, dass er anstatt zum Pfarrer zum Maler bestimmt sei.

Der Brief vom Weihnachtstag 1853 an den Vater lässt erahnen, wie hart in ihm Gehorsam und Gewissen miteinander gerungen haben. Er hat sich den Wechsel nicht leicht gemacht, umsomehr als er von der Einsamkeit des Vaters nach dem Tod der Tochter wusste.

An Dr. Samuel Anker in Ins

Jena, 25. Dezember 1853

Lieber Vater,
Ich schreibe Ihnen aus Jena, wo ich wieder meine Neujahrsferien verbringe. Ich wohne bei Berchthold Hürner aus Thun und bin sein Pfleger geworden. Er hat sich mit Glas verletzt. Zunächst sah die Wunde nicht schlimm aus, aber die Kälte hat das Ihre beigetragen.

Wieder habe ich ein Jahr fern der Heimat zugebracht. Das Examen naht, und ich bin darauf vorbereitet. Aber mehr denn je sind in mir Zweifel an meiner Berufung wieder aufgestiegen; ich möchte sie bei meiner Arbeit bezwingen. Aber wie bin ich dazu imstande, wenn mich jede Nacht meine Träume in die Ateliers entführen, wo ich mit viel Freude an meiner Arbeit sitze und dann am Morgen von der Tatsache überrascht werde, dass ich Theologe bin? Wahrhaftig, das Land der Künste kommt mir vor wie ein verlorenes Paradies.

Ich mache mir die bittersten Vorwürfe, dass ich Sie mit solchen Gedanken beunruhige und gegen den Willen eines alten Vaters handle, der so für mich gesorgt hat in der Hoffnung, seinen Sohn bald in Amt und Würden zu wissen. Endlich könnten Sie die Früchte eines langen Lebens voller Sorge um Ihr einziges Kind ernten. Es bereitet mir Kummer für Sie im Gedanken daran, dass ich einen angesehenen Beruf vertausche gegen eine Karriere, die man oft – nicht ohne Grund – für unmoralisch und liederlich hält. Aber stammen die Gaben und die Liebe zur Malerei, die immer neu in mir aufwachen, von mir allein? Sie sind, wie alle andern, eine Gottesgabe, die ich vollkommener besitze als manch anderer – so verspüre ich es wenigstens –, der sich den Künsten widmet. Darf ich sie mit Gewalt begraben? Wenn ich mich nun der Theologie widme, muss ich mich nicht darauf gefasst machen, dass das sich rächen und mir eines Tages alle Ruhe rauben wird, wie dies heute geschieht, wenn ich an das verlorene Paradies denke.

In Bern habe ich mich sehr darauf gefreut, nach Halle zu kommen, ich dachte: «Wenn du einmal die Theologie so gut kennst wie die Malerei, dann wird sie dir auch ebenso lieb. In geistiger Ruhe und bei der Arbeit abseits von aller Beschäftigung mit Zeichnen, wirst du mit Gottes Hilfe ein Theologe werden.» Gewiss ist mir nun die Theologie teuer geworden, aber die Malerei ist mir noch immer viel lieber geblieben. Ich habe diese Leidenschaft mit fleissiger Arbeit zu unterdrücken versucht, doch sie ist immer wieder in mir erwacht; je mehr ich sie vergessen wollte, desto heftiger war die Reaktion.

Oft hat man mir zugesprochen: «Wenn du dich neben der Theologie mit Malerei abgibst, kannst du dir auch ein viel angenehmeres Leben verschaffen als ein Künstler, der sich mit seiner Arbeit die Existenz sichern muss; du hättest ohne Sorge dein Brot.» Eine solche Sicht des Lebens würde mir willkommen sein, wollte ich einer jener Pfarrer werden, die man allzu oft bei uns erlebt: sie suchen ihr Wohlergehen, ihr kleines ruhevolles Glück, und setzen sich nicht für die Menschen ein, welche Gott ihnen anvertraut hat. Mein Gewissen verbietet mir einen solchen Betrug gegenüber der Regierung, der Gemeinde und Gott; eines Tages würde ich dafür zur Rechenschaft gezogen. Wäre ich sicher, dass mich jene verzehrende Liebe zur

Brücke bei Halle an der Saale (23. Juni 1853)

Kunst inmitten meiner Gemeindeglieder in Ruhe lassen würde, dann ginge ich mit Freuden der Zukunft entgegen. Hier hatte ich das Glück, wahren Theologen zu begegnen, die innerlich von ihrer Arbeit erfüllt sind. Ich habe sie bewundert und beneidet, und doch war es mir nicht geschenkt, ihnen nachzueifern. Die Begabungen sind verschieden, und Theologie ist nicht meine Sache.

Seit langem habe ich gezögert und mir gesagt: «Dies darfst du doch nicht einem Vater schreiben, der schon einen Sohn und eine Tochter verloren hat. Du willst Maler werden, sein letztes Kind! Du erwählst dir einen so unsichern Beruf, nachdem du dich auf einen schönen und angesehenen vorbereitet hast.» Doch wie kann man erkennen, dass ein Beruf in sich heilig ist? Woran erkennt man, dass eine Berufung von Gott gewollt ist? Jeder Beruf ist schön, wenn er ehrlich und gewissenhaft erfüllt wird; er wird verachtenswert, wenn sich der Mensch ihm nicht mehr ganz mit Leib und Seele widmet... Während meinen Studien habe ich glücklicherweise den ganzen Ernst des Lebens erkannt. Darum weiss ich auch, dass der Mensch nicht im Schmutz gehen kann, ohne Schaden und Flecken davonzutragen.

Gewiss wiege ich mich nicht in Träumereien, ich kenne die Kehrseite der Medaille. Man kann ein Atelier voll schöner Bilder haben, aber die Käufer fehlen, und es ist kein Brot da. Doch meine Bedürfnisse sind nicht gross, und ich bin gottlob in der Einfachheit erzogen worden, die mir teuer ist. So fürchte ich strengere Tage nicht. Ich möchte auch nicht ans Heiraten denken, bevor sich greifbare Erfolge einstellen, denn ich will nicht andere mit in Not bringen.

Sollten Sie es wünschen, so mache ich noch mein Examen gerne, um für die Zukunft, im Fall eines Misserfolges, eine Rettungsplanke zu besitzen. Ich habe noch die praktischen Fächer zu absolvieren, die sind interessant und nicht zu schwer. Das Abschlussexamen findet im Jahr 1855 statt, dann bin ich 24 Jahre alt. Dieser Plan wäre noch näher anzuschauen, und doch, wenn ich eines Tages bei der Malerei bin, werde ich sie nicht aufgeben, solang mir Hand und Augen erhalten bleiben.

Es ist mir leid, Ihnen zum neuen Jahr einen Brief schreiben zu müssen, der Sie gewiss betrüben wird; aber die Wahrheit, die mir nach und nach aufgegangen ist, hat mich dazu bewogen. Mein Entscheid entspringt nicht den üblichen Gründen, welche zahlreiche junge Leute dazu bewegen, die Theologie aufzugeben: entweder der Mangel an Glaube, zu wenig Fleiss und darum Furcht vor den Examen, oder schliesslich ein übler Lebenswandel, – nein, es ist die innerste Überzeugung, dass ich zum Maler berufen bin und ich darin meine wahre Freude finde.

Zu Beginn dieses neuen Jahres entbiete ich Ihnen nach alter Kindesgewohnheit meine herzlichsten Glückwünsche. Doch diesmal mit ganz andern Empfindungen. Nachdem ich doch mehr als ein Jahr abwesend war, verspüre ich wohl, wie sehr ich meine Heimat und meine Nächsten liebe, und ich wünsche Ihnen von ganzem Herzen ein glückliches Jahr, gute Gesundheit und einen heitern Tag. Vor zwei Jahren haben wir, meine Schwester und ich, Ihnen, unserem betagten Vater, herzliche Glückwünsche dargebracht. Nun ist das eine abberufen worden und ruht im Frühling seines Lebens. Von der einst blühenden Familie sind wir, Vater und Sohn, übriggeblieben. Wie oft werden wir noch zusammen Neujahr feiern? Ich hoffe doch, es möchten noch manche Jahresanfänge sein, damit Sie doch etliche Früchte Ihrer Mühen ernten können. Und sollte uns einst der Tod trennen, dann in der festen Zuversicht, dass wir uns wiedersehen!

Ihr dankbarer Sohn Albrecht

Die Antwort des Vaters vom 16. Januar 1854 kennen wir nicht im Wortlaut, sie ist verlorengegangen. Sie muss ablehnend gelautet haben, wie es indirekt einem Brief Ankers an seine Tante in St. Blaise zu entnehmen ist (18. Juli 1854). Es ist anzunehmen, dass der enttäuschte Vater seine Verwandten in St. Blaise ins Vertrauen gezogen hat. Das ist aus dem Brief des Sohnes nach St. Blaise zu schliessen:

An Charlotte Anker   Halle, 24. Februar 1854

Liebe Tante,

Ihr Brief hat mich mit Freude erfüllt. Denn ich vernehme, dass mein Entscheid nicht von jedermann verdammt worden ist. So bin ich ganz glücklich zum Fluss hinuntergewandert.

Zugegeben, spät genug habe ich mich nach drei Jahren Studium entschieden und so viele Kosten verursacht. Doch lieber spät als nie. Und da die Natur mich zur Malerei geschaffen hat, habe ich auch in mir den Mut gewonnen, jene Anfrage zu wagen. Weit mehr als zur Theologie gibt es die Berufung zur Malerei. Denn ein Theologe benötigt nicht aussergewöhnliche natürliche Talente: eine solide und fromme Erziehung, dies ist alles, was er zum Studium braucht. Der Maler dagegen weiss, dass sein Geist anders geschaffen ist als der von Hunderten. Er hat das Talent der Künste, dies ist etwas ganz Besonderes: er verspürt es, man sieht es handgreiflich in seinen Werken.

Zudem: als Maler werde ich nicht im Geringsten meine Lebensführung umkrempeln. Immer wird es mein Bestreben sein, ein guter Mensch zu werden, mehr als ein berühmter Maler. Ich möchte auch nicht meine Wissenschaft leichtfertig aufgeben, nur um ein Porträtmaler zu werden, ist doch das Leben dieser Sorte von Künstlern traurig genug. Ich weiss, wohin man gelangen kann, wenn man für vorbereitende Studien genügend Geld hat, darauf für das Studium der Malerei – wenn dazu Mut und Talent kommen und man nicht vorzeitig altert, indem man sich einem Laster hingibt. Wiewohl es nicht Ehrgeiz ist, welcher mich antreibt, möchte ich doch kein übler Geldverdiener werden: ruhig und in Freiheit arbeiten zu können, dies entspricht meinem Künstlergewissen, das ist auch alles, was ich mir wünsche. Ich weiss, dass ich mein Glück in der Arbeit finden werde und meine schönsten Stunden werden jene sein, welche ich in meinem Atelier zubringe.

Hinzu kommt, dass mich nicht die Lust zum Bummeln auf den Wechsel gebracht hat, denn ich werde doch ganz anders zu arbeiten haben, als wenn ich Pfarrer in einer kleinen Gemeinde wäre. Ich weiss zu gut, welche Anstrengungen dies kostet, ich bin oft genug Künstlern begegnet; auch werde ich nicht das Elend in schlechten Zeiten fürchten, bin ich doch nicht vom Luxus verwöhnt, dafür zeugt mein halbleinenes Kleid, welches ich nach einem Jahr schwarz färben liess und das ich am Sonntag und zu Abendanlässen trage.

«Arm wie ein Maler», sagt ein übles Sprichwort; so stellt man sich die Künstler allgemein in schmutzigen, zerrissenen Kleidern vor, mit einem struppigen Bart und Schulden dazu. Niemand stellt sich einen Maler vor, der so ruhig ist wie irgendeiner, nicht mehr Schulden hat als sein Nachbar, der Geschäftsmann, und der seine Kinder gut erzieht.

Sollte ich erkennen, dass es für meinen Vater das allergrösste Unglück ist, wenn ich zu diesen Studien übergehe, so liesse ich meine Pläne liegen und wäre nur noch in meinem Herzen den Künsten gewidmet; noch immer ziehe ich der Kunst den Frieden vor, und doch wäre zu erwägen, dass der Wechsel nicht Untergang bedeutet!

Vorderhand freue ich mich auf die Heimkehr. Anfang April werde ich zurück sein, dann noch ein Jahr lang in Bern arbeiten und mein Examen machen. Wäre ich früher nach Halle gekommen, so hätte ich es schon in diesem Jahr bestehen können, doch habe ich während meinen ersten Semestern in Bern zuviel Zeit verloren. Hier habe ich gearbeitet und fürchte das Examen nicht. Nach meiner Rückkehr möchte ich einige Werke lesen, die ich für die Malerei und meine Studien für wichtig halte: die grosse Kirchengeschichte von Neander, dann die schönen Abschnitte der Reformationsgeschichte, da gibt es Themen, welche ich gerne illustrieren möchte.

Noch immer wohne ich bei meinen betagten Damen, sie pflegen mich besser als ich es je erwartet hätte.

Ich verbleibe Ihr ergebener Neffe   Albert

Seinem Berner Freund Otto von Greyerz (später Pfarrer an der Heiliggeistkirche zu Bern) hat Albert Anker in jenen entscheidungsvollen Monaten aus Halle, dann aus Paris geschrieben. Im ‹Kleinen Bund› vom 28. August 1932 sind diese drei schönen Briefe mit einem Begleitwort von Prof. Dr. Otto von Greyerz veröffentlicht worden. Er schreibt:

«... Die drei Briefe aus dem Nachlass meines Vaters schienen mir des Abdrucks würdig, nicht allein weil sie von Anker stammen und bisher unbekannt waren, sondern weil sie den inneren Kampf widerspiegeln, durch den der werdende Maler sich zu seinem eingeborenen Berufe durchringen musste; dann auch weil sie uns den jungen Anker von einer ziemlich unbekannten Seite zeigen: in der burschikosen Ungebundenheit des Studenten und im humorvollen Spiel einer sprudelnden Phantasie ...»

An Otto von Greyerz   Halle, 17. Februar 1854

Lieber Gyr,

Schon im Herbst musste ich fluchen wegen dir, und nun zwingst du mich abermals, es zu thun. Warum zum Hagel willst du denn Halle so komplett ignorieren? warum nicht jetzt schon Berlin verlassen? ...

Packe nun auf und komme hieher bis zum Ende des Semesters, da wirst du bei Müller noch die Aneignung der Erlösung, die Kirche, Sacrament, Eschatologie und Apokatastasis panton haben. Bei Rödiger kannst du im Jesajas die Geschichte vom Knechte Gottes hören, bei Moll, ein Kerl, der sich gewaschen hat, die wichtigen Kapitel des Röm. 8–11 und flotte Predigten von Tholuck und Moll. Kannst dann auch Tholuck besuchen und doch selbst sehen, was es für ein Kamerad ist. (Am Rand: Hupfeld nicht zu vergessen und Schaller)...

O Gyr, wenn ich an deiner Stelle wäre, da würde ich mich einrichten, dass die Schwarte kracht, und ich denke doch das Sommersemester, wo's sich so lieblich bummelt... Mir geht es schlecht, seitdem ich in München war. Ich hätte oft meine ganze Zeichnerei für 3 Batzen geben mögen: da träumte ich immer von München und Antwerpen und Gemälden, und am Morgen machte ich Kirchengeschichte oder Hebräisch oder Dogmatik; und es ging nicht. Da fragte ich denn meinen Alten in einem langen Briefe, er sollte mich Maler werden lassen, ich halte es beim Donner nicht aus. Es kam mir dann eine schmerzliche Antwort, doch mit einem kleinen Hoffnungsstrahl. Doch sollte ich das Examen machen, honoris causa und für seine eigene Freude, denn ich hätte nicht mehr lange zu studieren usw. usw. Ein zweiter Brief war freundlicher, und es ist zu hoffen, dass wenn ich einmal das Examen hinter mir habe, ich dann in Gottesnamen nach Antwerpen gehen kann. Da wird der Vetter mey Seel lachen, und wenn er Bern und die Theologie und die Bücher und den gelehrten Kram, die Wörterbücher, die Grammatik verlassen kann und sich praeceps in die Oehlfarben stürzen kann... Vetter Adolf studiert Medizin und raisonniert gut, sagt mein Alter. Ich meinerseits freue mich auch wieder, nach Hause zu gehen, doch kann ich nicht zu lange zu Hause bleiben in Ins, weil der Vater mir jetzt immer Predigten gegen die Malerei halten wird. Deshalb bleibe ich nun denn in Halle bis den 7. April und schiebe dann direkt nach Hause. Es muss jetzt geochst sein. Mein Kopf ist seit langer Zeit anderswo als bei der Theologie, und wenn ich ochse, muss ich es extensiv thun, zum intensiven Arbeiten habe ich keinen Sinn mehr... Vor etwa 8 Tagen erwachte ich in dem süssesten der Träume, es war mir, als wäre ich in Bern im Antikensaale vor einer immensen Staffelei und als copierte ich den Laocoon in seiner wahren Grösse, und da nahm ich mir vor, sobald ich nach Hause käme, die medicäische Venus so zu machen. Es ist merkwürdig, wenn ich etwas Schönes sehe, so muss ich fluchen, wenn es nicht äusserlich ausbricht, so donnert es innerlich, und wenn man mich fragt, was mir gefällt, so kann ich es nicht sagen. Aber ich denke, dies Fluchen bedeute ohngefähr doch so viel, wie was Correggio brüllte, wo er zum ersten Male in seinem Leben ein schönes Gemälde sah: «Anch'io sono pittore!» Früher war er Kellner oder Handlanger oder Apotheker oder sonst etwas.

... Beiliegend ist ein «Immer», ich weiss nicht, ob du ihn ähnlich findest. Wenn er dir gefällt, so freut es mich, gefällt er dir nicht, so ist ihm Gerechtigkeit widerfahren und 1 Cigare damit angezündet.

Auf Wiedersehen, lieber Gyr,

dein Anker

«Gyr» = (Studentenname von v. Greyerz. Immer: Theologieprofessor in Bern, gest. 1884.)

Halle, 24. März 1854

Lieber Gyr!

Wäre ich Pabst, so würde ich mein Pergament zur Hand nehmen und einen Bannstrahl über Bruder Gyr schleudern ... dass du am Ende doch nach Halle ziehen müsstest... Ganz Deutschland durchmustern und mein Halle so völlig vergessen! ... Ein böses Vorurtheil hält unsere Leute von der hiesigen Hochschule ab, Pietismus, Strassendreck, schlechter Caffee, Kohlendampf, hartes Fleisch, keine Gelegenheit zur Ausbildung der künstlerischen Vielstampferei, aber das ist alles nichts. Kurz, das ist alles nichts, und ich möchte jedem anrathen, hierher zu kommen, weil man da so vollends mitten in die Theologie und Philosophie plumpst. Doch an mir hat diese Theologie und Philosophie wenig gebattet. Nur dass ich deutlich habe einsehen lernen, dass ich sie an den Nagel hängen soll, und dass beides am Vetter nichts verlieren wird. Nein, keine Bohne verlieren. Immer mehr bestärkt sich der Entschluss, der Theologie sobald als möglich zu entrinnen, mein täglicher Reim, den ich selbst gedichtet habe, ist...

O wär ich in Antwerpen,
Da früg ich nicht nach Himmel und Erden!
(Auf die Melodie des Fiderunggunggöngelufifeluremajaja zu singen)

Ich singe es so oft und habe grosse Freude daran, dass ich es dir vielleicht schon früher mitteilte. Der Hauptwitz dabei ist nicht, ein grosser Maler zu werden, sondern: ist es dir wohl dabei oder nicht? Habe ich nun einmal meine Studien in der Malerei vollendet, nun so mache ich mir in Gottes Namen in meines Vaters Hause ein Atelier und male für meine Freude und Punktum! ich male, wie der Vogel singt, mache dass ich ein guter Nachbar werde, dass mein Alter und ich gemütlich zusammen leben, male mein Brod heraus, so habe ich alles, was ich wünsche, und wenn die Göttin Fama mich besuchen will, so soll sie sehen, wo Ins liegt, es steht auf der Karte und ist deutlich am Wegweiser geschrieben... Ich finde die jungen Maler alle etwas zu übermüthig, sie wollen Puff machen, bevor sie rechte Studien gemacht, und malen recht dem dummen Publicum zu Liebe, statt für ihre Freude und zur Befriedigung ihres künstlerischen Gewissens... O du liebes Antwerpen, du minnigliches Düsseldorf, du herzinniggeliebtes München, o du zartes und süsses Rom, o Paris herzzerbrechende Stadt, o du feiner Pinsel, o du Oehlfarbe, Staffelei, Umhang, Faltenwurf, Malvina, Düsseldorf, Antwerpen; und da auf dem Tische liegt: Vater, synchronistische Tabellen zur Kirchengeschichte, Guericke, Dr. und Prof., Kirchengeschichte, Meyer, kurzgefasster Kommentar zum Römerbrief, und Gesenius, Lexicon manuale. Und diesen Kelch muss ich austrinken. Und da schreiben mir noch jene Kerle aus der Schweiz, Grisel aus Neuenburg und Hunziker, und ich merke an ihren Briefen, dass es ihnen in ihrer Kunst wohlgefällt, und sie winken mir ganz leise, dass ich mit ihnen betrete den schönen Pfad, der durch schattige Wälder geht und dessen Ausweg am Helicon ist.

... In diesen Tagen machte ich mehrere Portraits, ein schönes Fräulein vom Adel, fein ausgearbeitet zur grossen Freude des Herrn Papa und der Tante. Erst seit 2 Tagen habe ich eigentlich meine Theologie für dies Semester aufgesteckt, und schon kommt sie mir als ein vergangener Traum vor, so wenig haftet sie eigentlich in meinem Sinn und Herzen... Es freut mich zu vernehmen, was in Bern gelesen wird. Aber ich glaube, ich könne von all dem wohl nichts hören. Symbolik und Dogmengeschichte habe ich noch nicht gehört, am Exegetischen und Hebräischen will ich mich nicht mehr plagen. Auf das Praktische freue ich mich, da sieht man doch am Ende, wo's mit der Theologie einen Ausgang nimmt. Wahrscheinlich höre ich auch Schaffters französische Vorlesungen, und predige französisch drauflos, wie Adolphe Monod. – Den solltest du hören; wirst du wohl nicht bis Paris gehen? An deiner Stelle unterliesse ich es nicht, du kommst wohl nie mehr hin, denn später ist man angebunden, wie die Ziege am Hälsig.

A propos. Meine Malerei wird wohl der Frau Fetscherin schwere Gedanken machen. Seit 4 Monaten schrieb sie mir nichts... Ach wie hätte sie sich so bemüht, mir zum Kinde meiner Minne zu verhelfen, wenn es einst ans Heyrathen gekommen wäre. Und mit meinem Trotzkopf schlage ich dies schöne Gebäude ihrer Hoffnung zusammen. Der Vater spricht mir auch in der Art zu, auch er meint, ich stosse mein Glück von mir. An sie alle werde ich mit Liebe zurückdenken, aber meinen Weg vorwärts gehen...

Eben zeichnete ich 2 Köpfe, einen jungen Privatdozenten Held, theol., und den alten, ehrwürdigen, braven, hässlichen H. Major v. Polenz, der den russischen Feldzug noch mitgemacht hat. Und wenn man so schöne Köpfe zu zeichnen hat, so wird es einem so wohl und man denkt, die liebe Mutter Natur habe doch alles schön gemodelt, sie sei es wohl werth, dass man ihr einen kleinen Cultus weihe...

   Vetter stud. theol. und bald Maler,
   wenn es Gottes Wille ist.

Wie O. v. Greyerz wussten natürlich weitere Mitstudenten Ankers von seiner Bitte an den Vater, sie kannten aus eigener Anschauung die künstlerische Begabung ihres Freundes.

Von K. R. Göpner, der Anker aus Bielefeld geschrieben hat, ist uns weiter nichts bekannt. Dagegen wissen wir einiges über den zweiten Korrespondenten: J. Fr. Bula, 1828–1893. Er gehört bis zu seinem Tod zum näheren Freundeskreis Ankers. Ab und zu finden wir ihn in Briefen Ankers erwähnt: «mit seinem einfachen Elberfelder Glauben» – der Freund, welcher viele Psalmen und den ganzen Propheten Jesaja mit den 66 Kapiteln in der hebräischen Ursprache auswendig kannte. Bula hat während 27 Jahren in Blumenstein gewirkt. Anker erwähnt den einfachen, gelehrten Mann am Fuss des Stockhorns oft mit grosser Hochachtung.

Von K. R. Göpner, Bielefeld, 20. 3. 1854

... Dass dein Entschluss, aus der Theologie in die Kunst überzusiedeln, jetzt ganz fest steht, freut mich sehr. Den Blick, den ich in dein Wesen gethan habe, hat mir gleich gesagt, dass die Kanzel wohl schwerlich deine wahre Heimath sei, es wohl auch nie werden könne. Du hast recht: in mancherlei Weise sind die Charismen vertheilt. Trotzdem stehen wir doch alle im Dienste einer Idee, das göttliche Walten ist ja allseitig. Doch die Ausführung deines Planes ist an eine Bedingung geknüpft. Dir geht es gerade umgekehrt, wie weiland unsern Stammältern Adam und Eva. Sie genossen die Lust und wurden dann in die Plage hinausgestossen. Auch der Engel mit dem feurigen Schwerte fehlt dem Bilde nicht: seine Rolle hat dein Alter übernommen, der dir den Eingang versperrt, bis die Verpflichtung erfüllt ist: im Schweisse deines Angesichtes sollst du den Acker der Theologie für die Frucht – des Examens bauen. Da findet sich manche exegetische Dorne und Distel, sowie manches kirchenhistorische Unkraut – unter diesem freilich lieblichen Blümlein – und mancher dogmatische Stein des Anstosses. Erst nach vollendeter Erndte werden sich die Pforten deines Edens öffnen. Diese Bedingung des Vaters ist nur zu billigen... Freundlich mahne ich dich vor deinem Fortgang noch an dein Bildnis, welches du mir früher versprochen, aber zu geben versäumt...

Von Johann Friedrich Bula:
Halle, den 15. August 1854

...Sei so gut, lieber Anker, und schreibe mir auch einmal über das Examen, das jetzt zu Ende gegangen sein wird und dem du ohne Zweifel aufmerksam wirst beigewohnt haben. Können wir es noch nach der alten Methode machen?... Lebe wohl, lieber Anker. A propos studierst du wirklich noch oder hast du bereits deine neue Laufbahn betreten? Es muss dir allerdings langweilig vorkommen, noch Theologie zu studieren, während du doch schon mit Leib und Seele Maler bist, und gewiss besser ist's, wenn du je eher je lieber auch mit Leib und Seele der Malerei obliegen kannst.
Dein Bula

«Eine Tante, die mich versteht...»

Im Frühjahr 1854 ist Albert Anker aus Halle nach Bern zurückgekehrt.

Albrecht Rytz:

«...Nun galt es, neben Exegese, Kirchengeschichte und Dogmatik, die er bisher getrieben, auch die praktischen... Übungen mitzumachen unter dem gewiegten Praktiker Prof. K. Wyss... Für seine erste Predigt erhielt unser Freund eine der Seligpreisungen aus dem Anfang der Bergpredigt nach dem Evangelium Matthäus. Mit Freude ging der fleissige Anker an die Abfassung seiner Predigt, lernte sie auswendig und hielt sie dann auch vor dem Herrn Professor und den andern Teilnehmern dieser Übungen. Auf anschauliche Weise, mit dichterischer Phantasie und hohem Schwung schilderte er zum Anfang wie Jesus von einem Berge aus, umgeben von seinen Jüngern, zu der um ihn sich gesammelten Volksmenge sprach, angesichts der malerischen Landschaft mit dem ihr zur Zierde gereichenden See von Tiberias, dem Gebirge Gilead in duftiger Ferne jenseits des Jordans, wie die Blicke der Zuhörer gespannt auf den Meister gerichtet waren, ein prächtiges Gemälde, wenn schon nicht mit Pinsel und Farben, so doch mit trefflichen Worten gemalt, so dass man das Geschilderte wirklich glaubte, mit den Augen zu sehen. ‹Und Jesus rief hinein in die Menge das köstliche Wort...› und nun kam der Text, gefolgt von einigen kurzen Ausführungen und Anwendungen, und der Herr Studiosus war mit seiner Predigt zu Ende... Nun folgte wie üblich, die Kritik des Professors: ‹Ja, mein lieber Herr Anker, Ihre poetische Schilderung der Situation ist recht gut gewesen, sehr ansprechend und anschaulich... aber das war nur vorbereitende Einleitung, die Predigt selbst, Auslegung und Anwendung des Textes, die war viel zu kurz abgethan...› Als unser Anker einige Wochen später, wieder an die Reihe kam... da sah die sogenannte ‹Predigt› ziemlich wieder aus, wie die erste. Statt aller Kritik meinte freundlich Herr Professor Wyss, welchem Ankers Künstlertalent bekannt war: ‹Mein lieber Herr Anker, ich glaube, Sie täten besser, statt Pfarrer ein Maler zu werden.› ‹Das wollte ich nur zu gerne, aber mein Vater will's nicht zugeben›, war die Antwort...»

Rytz schildert, wie am folgenden Morgen die beiden nach Ins reisen, dort zunächst mit dem Freunde von Wyss, Pfarrer Lüthardt, sprechen und dann in langen Stunden den Vater zur Einwilligung bewegen, seinen einzigen Sohn Maler werden zu lassen.

Und Rytz: «Der Vater, welcher an seiner festgewurzelten Ansicht noch immer festhielt, dass der Beruf eines Malers ein ziemlich brotloser sei, und dazu befürchtete, sein Sohn möchte in Berührung mit dem ja meist leichtlebigen Künstlervolk sittlich gefährdet sein, entliess ihn ungern, versprach ihm aber seine väterliche Unterstützung und erfüllte auch treulich sein Versprechen, hielt den jungen Kunstschüler aber ziemlich knapp...» (Rytz, a. o. O. S. 23–26)

Emanuel Friedli vermutet, dass Anker später aus Dankbarkeit den Inser Pfarrer gemalt hat: ‹Le Soir – un vieux pasteur regardant le soleil couchant› steht im ‹Livre de vente› am 2. Juni 1888: der alte Mann stützt seine Hände auf den Stock und blickt über das grosse Moos hinüber zum Neuenburger See. (Œuvrekatalog Nr. 24 – E. Friedli, ‹Ins›, S. 381)

Anker aber schreibt seiner Tante in St-Blaise das berühmte «Zünglein an der Waage» zu, das den Vater zögernd zustimmen liess.

An Charlotte Anker   Ins, 18. Juli 1854

Meine liebe Tante,
... Wir sind wohlauf heimgekehrt: mein Vater, müde von der Arbeit und ich vom Bummeln. Das wird meine Beschäftigung in den zwei kommenden Monaten sein, dann aber möchte ich 12 Stunden im Tag arbeiten. Ich bin ausser mir vor Freude beim Träumen,

dabei sind es nicht Träume des Ruhms – dieser böse Geist hat mir sein Gift noch nicht eingeträufelt – es sind Träume des Arbeitens: arbeiten aus Liebe zu meinem Werk, zu meiner täglichen Aufgabe!

Jeder Künstler hat sein Künstlergewissen, wie jeder Mensch sein persönliches Gewissen hat; es sagt ihm, welch hohes Ziel er zu erreichen vermag, wenn er ernsthaft arbeitet; dies Gewissen kann uns loben und ruhig stimmen, auch wenn sich alles über uns lustig macht und wir nur trockenes Brot zu essen haben; es kann uns aber auch niederdrücken und in die trübsten Stimmungen versetzen – auch wenn wir im Überfluss lebten, in schönsten Gewändern und an einem reich gedeckten Tisch.

Doch lassen wir solche gescheiten Überlegungen und kommen wir zum Brief, den ich hier liegen liess: Ich dankte Ihnen darin für den grossen Dienst, den Sie mir erwiesen haben, indem Sie die Waagschale sich auf die Seite meines Herzenswunsches senken liessen. Ein Jahr ist es her, da mein Entschluss reifte, und nie hätte ich damals zu hoffen gewagt, was ich heute weiss: dass ich nur noch Maler sein darf. Ich bin froh, dass sich die Vorstellungen meines Vaters darüber geändert haben, dass es nicht mehr dieselben sind, welche der Brief vom 16. Januar nach Halle enthielt. Ich sehe wohl, dass Sie in der Hauptsache die Ursache dieses Wechsels sind. Viele andere hätten ausgerufen: «Dieser Abtrünnige, dieser Verräter! armer Vater! böser, undankbarer Sohn! usw. usw.» Ich weiss wohl, dass Sie dies nicht als Ihr besonderes Verdienst betrachten, aber glauben Sie es mir, dass ich es mir hoch anrechne, eine Tante zu besitzen, die mich versteht, und welche im entscheidenden Augenblick ihrem Neffen in Bedrängnis solchen Beistand geleistet hat.

Ihr ergebener Albert

Später hat Samuel Anker erste Erfolge seines Sohnes erlebt und gewürdigt. Und doch hat er sich bis zu seinem Tod mit dessen Berufswechsel nie ganz abgefunden. Darum hat Albert Anker rückblickend seinem Malerfreund Paul Robert im Gedanken an die Biographie A. de Meurons (von Ph. Godet) geschrieben:

«... Ich finde das Buch über Meuron ganz ausgezeichnet... Die so gute Familie, und der Vater, dem ich noch eine grosse, dicke Kerze schulde: *Wie oft hat er meinen Vater zu trösten versucht, dem meine Malerei so viel Kummer bereitet hat...*» (an P. Robert, 1. Dezember 1900)

Paris – Ins
1854–1864

Studium der Künste – Die Weltstadt

Über Paris, den Ort, in welchem Anker von 1854 an allein, dann mit der Familie bis 1890 jedes Jahr manche Wochen, ja Monate verbracht hat, schreibt er im Zusammenhang mit den Revolutionswirren von 1871:

«Die Ereignisse in Paris sind sehr traurig. Eins ist gut bei all dieser Zerstörung, das ist eine Schwächung der Stadt Paris, die dem ganzen Lande wohl käme. Paris fragte dem übrigen Lande nichts nach und schaltete und waltete mit den Regierungen wie es wollte, und keine Regierung ist je sicher gewesen vor einem Coup de Main der Hauptstadt...» (an R. Durheim, 23. Mai 1871)

Zunächst war die Stadt an der Seine für Anker die Stadt der Künste, wie er sie schon als Theologiestudent im Jahr 1851 erlebt hatte. Er kann in seinem ersten Brief von dort an seine Tante in St-Blaise sein Glück nicht genug preisen. Später wird das Lob gedämpfter, bis es gegen 1890 gänzlich schwindet.

«... Die Stadt ist Mittelpunkt, zieht die Künstler aller Länder an, formt ihre Talente und schmilzt sie bisweilen geradezu um... Hier bilden die Dichter, Schauspieler, Maler, Bildhauer, Musiker einen besonderen Lebenskreis, die Bohème. Diese pocht auf eigene, ungeschriebene Gesetze, deren wichtigste lauten: freie, freieste Äusserung der Persönlichkeit, auch gegen Staat und Gesellschaft, Respekt vor Eigenart und treue Kameradschaft in Not... In keiner andern Stadt vermochte sich die Bohème mit solcher Energie zu behaupten... in keiner andern Stadt blühte die Kunst reicher...» (Doris Wild in ‹Moderne Malerei›, Zürich 1951, S. 15)

Auguste Bachelin, Ankers Neuenburger Schulfreund, war schon 1850 nach Paris gekommen, um im Atelier von Charles Gleyre sein Kunststudium aufzunehmen. In seinen Briefen nennt er Paris zunächst: «la ville de boue» und «la ville impie», später kann er sagen:

«Paris hat mich zu meinem Leidwesen verändert... Ich habe das Schlechte stets gehasst, weil es schlecht ist, – nun hat mich meine Umgebung gelehrt, es zwar nicht zu lieben, wohl aber zu ertragen...» (12. Mai 1852)

«... Ich verlasse im Frühjahr Babylon und kehre in meine Schweiz zurück. Abgesehen von Kunst, Museen, Theater und allen Schönheiten zieht mich das Pariserleben wenig mehr an; es ist mir zu lasterhaft. Immer neu greift es einen Teil unserer Seele an. Es zieht alle unsere heiligsten, tiefsten Grundsätze in den Schmutz... Ich werde auch in Zukunft immer nur kurze Zeit in Paris verweilen, um hier neue Kunst zu erleben und Kräfte zu sammeln... Du siehst, dass ich Paris heute besser durchschaue als einst...» (Februar 1861 – zitiert nach Philippe Godet ‹Art et Patrie› S. 28, 43, 92)

Ganz anders erlebt der junge Kunststudent Anker im Herbst 1854 die grosse Stadt:

An Charlotte Anker   Paris, Herbst 1854

Liebe Tante,
    ... Ich bekenne zu meiner Schande, dass ich gegenwärtig selten genug an die Heimat denke, so zufrieden bin ich mit meinem Aufenthalt in Paris, den ich so sehr mit Leib und Seele geniesse, dass ich Gefahr laufe, ganz und gar ein Bürger dieser Stadt zu werden. Und doch, der geübte Blick auf meine Hose, die Schuhe und den Kittel aus Ins wird immer meine ländliche Herkunft erkennen. Was den Reiz von Paris erhöht, das sind die entzückenden Bekanntschaften, die ich hier mache: zwei begabte Bildhauer, noch jung, welche auf Bestellungen der Regierung und von Privaten arbeiten, dann die Atelierkameraden, welchen ich tagtäglich begegne.
    Ich möchte Ihnen nicht alle Einzelheiten meines Alltags hier berichten, darüber dürften Sie durch meinen Vater, vielleicht auch durch den Pfarrer in Ins unterrichtet worden sein. Ich zeichne und male, male und zeichne wiederum, immer mit viel Freude und Begeisterung. Mein Herz jubelt, wenn ich nur meine Palette in den Regenbogenfarben sehe und die Ölfarbe rieche. Die Gipsfiguren, Staffeleien, Pinsel – aller Zubehör eines Ateliers gefallen mir weit mehr als die tiefsinnigen Spekulationen pedantischer Professoren und ihre grossartige Wissenschaft. Dennoch bin ich froh, studiert zu haben – später werde ich dafür belohnt werden. Bei meinem Tod wird man vielleicht sagen, ich sei ein nutzloser Mensch gewesen, denn bis dahin war ich zu nichts nütze, aber ich werde zum mindesten *gelebt* haben, das heisst: ich habe doch einiges gesehen und vieles gelernt, habe weit mehr gespürt und genossen als sehr viele Mitmenschen. Ich bin glücklich, geboren zu sein, meine Nutzlosigkeit drückt mich nicht, und wie ein Vogel im Frühling geniesse ich das Leben. Wäre es nicht verrückt, anders zu handeln?...

Albert Anker in Paris (um 1855)

Lehrzeit

Marie Quinche-Anker:

«... Ein neues Leben beginnt in Paris für Albert Anker, ein Leben, das wenig demjenigen des eifrigen Studenten von Halle gleicht, der den Vorlesungen folgt und hinter seinen Büchern sitzt... Die Schüler von Paul Delaroche hatten dem Waadtländer Charles Gleyre die Leitung seines Ateliers angeboten. Dieser nahm den ehrenvollen Posten an, verzichtete dabei auf irgendwelche Entschädigung. Er erinnerte sich seiner eigenen Studienzeit und der Mühe, welche er hatte, um die 25-30 Frs. im Monat für das Atelier aufzubringen. Gleyre hat auf die jungen Leute, die bei ihm arbeiteten, einen ungeheuren moralischen Einfluss ausgeübt. Gross war sein zeichnerisches Können, und sein Vollkommenheitsdrang gab seinen Werken besondere Würde.»

Albert Anker hat dem Biographen Gleyres, Ch. Clément, mitgeteilt:

«Unauffällig betrat er das Atelier und ging reihum zu jedem Schüler. Er sprach den Einzelnen nur an, wenn er etwas zu korrigieren hatte. Nie hielt er wie Paul Delaroche Vorträge. Er liebte es, wenn man lange beim Zeichnen verweilte und erst spät ans Malen dachte, denn er war überzeugt, dass die Zeichnung alle Malerei begründet. Die meisten Schüler wurden ungeduldig und begannen mit Malen, bevor er sie dazu aufgefordert hatte. Hie und da nahm Gleyre sie beim Ohr. Er drang auf klare Zeichnungen, mit sehr hellem Licht und spärlich verwendetem Schwarz. Der ‹chic› war sein grösster Feind, das Modell musste sehr sorgfältig studiert werden. Oft waren Schüler über den Schwung einer Zeichnung begeistert, doch selten war Gleyre damit zufrieden. Über Schüler, welche die Zeichnung vernachlässigten und sich zu rasch der Farbe zuwandten, konnte er zornig werden: ‹Diese Teufelsfarbe wird Ihnen den Kopf umdrehen›, sagte er einmal...»

Da lernte man sein Handwerk, gewiss. Doch aller Verehrung des Meisters zum Trotz, hat Anker auch den Blick für jene, die anders arbeiten. Ein Schrei des Herzens entringt sich ihm, wie er auf die Kunstjury von 1863 zu sprechen kommt, welche ein Bild Courbets abgelehnt hatte: «... Diese Jury, die aus alten, hinfälligen Trotteln besteht. Sie leben in vergangenen Zeiten, haben zu unserm Jahrhundert nur mit lauten Seufzern Zugang...»

«Albert Anker besuchte während einigen Jahren auch die Zeichen- und Malkurse an der Ecole des Beaux-Arts. Mehrmals wurden ihm Medaillen zugesprochen. Gleich nach seiner Ankunft in Paris kopiert er im Louvre die Antiken, Poussin, die Italiener und vor allem die holländische Schule...

Unter seinen Atelierkameraden finden sich an erster Stelle François Ehrmann und A. A. Hirsch, mit welchen er korrespondiert, so oft sie sich trennen. Dann G. Roux, dessen Frau, Mme Roux-Rambert, wie eine Schwester für ihre gemeinsamen Freunde sorgt, Oliva, der Südländer, Alb. de Meuron und Léon Berthoud, seine um vieles ältern Kameraden. Im Restaurant trifft er sich mit Dr. Bonardet, Dr. Spiess, Dr. Morax, später mit den Brüdern Deck, den Fayence-Fabrikanten und manchen andern...» (M. Quinche, ‹Albert Anker› S. 35-38)

Das ‹Livre de vente› und der Œuvre-Katalog

Seit der Studienzeit in Paris bis zu seinem Tod – von 1854 bis 1910 – hat Anker sorgfältig alle Einnahmen und Ausgaben notiert. Neben diesen Angaben sind den Heften, aus denen das ‹Livre de vente› (Lv.) besteht, eine Fülle weiterer Hinweise zu entnehmen. Bildertitel, Orte, wo Anker skizzierte, Namen von Kunden usw. Manches Werk ist im Ausland verschwunden, da Anker viele Bilder an die Kunsthändler Goupil (Paris) und Wallis (London) verkauft hat. Bilder, die der Maler nicht zu verkaufen beabsichtigte, z.B. die Darstellungen seiner eigenen Kinder, fehlen im ‹Livre de vente›.

Im Jahre 1962 ist im Verlag Berner Kunstmuseum der von Frau Dr. Katalin von Walterskirchen vorzüglich zusammengestellte grosse Œuvre-Katalog der Gemälde und Ölstudien Albert Ankers erschienen. Jedes Bild ist hier nach seiner Herkunft genau beschrieben, mit Hinweisen auf den jeweiligen Standort, hie und da auch mit Zitaten aus Briefen des Malers. Da heute noch unbekannte Bilder auftauchen, ist ein Nachtrag zu diesem Œuvre-Katalog geplant.

Im ‹Livre de vente› finden wir als erste Eintragung:

«1854
Oct. 28. En partant pour Paris mon père me donna 250 frs. ...»

Bis zum 17. April 1859 hat der Künstler von seinem Vater etwas mehr als Fr. 7000.– erhalten. Damit, und mit dem Erlös vom Verkauf weniger Bilder, hat er in seinen ersten Pariser Jahren auskommen müssen.

Albrecht Rytz schreibt:

Zwei Seiten aus dem ‹Livre de Vente›

«... Seinen knappen Mitteln entsprechend mietete er sich ein kleines Mansardenstübchen im 4. Stock in der Rue Notre-Dame des Champs, das ein wegziehender Kunstjünger ihm mit etwas wenigem Mobiliar, einer höchst einfachen Bettstelle mit Matratze, die viel zu wünschen übrig liess, und andern unentbehrlichen sehr primitiven Möbelstücken abtrat... Im Winter strömte der kleine Ofen bei anhaltender Kälte nur ungenügende Wärme aus oder auch gar keine... Auf die Frage der Freunde, ob er dann nachts nicht zu kalt habe, ward diesen die Antwort: ‹O dann lege ich mein Zeichenbrett auf die Füsse, das gibt auch warm.›» (Rytz, a.a.O. S.27–28)

Samuel Anker an Anna Rüfly   13. Januar 1855

... Von meinem Maler – contre cœur – habe ich gute Nachrichten. Er schwimmt nun fröhlich mit seinen angeborenen Anlagen in seinem sein Herz erfreuenden Element, arbeitet, wie ich von andern höre, immer wacker drauflos. Ob er es zum Grad eines eigentlichen Künstlers bringt, das weiss ich nicht. Die bessern Maler in unsern Kreisen versprechen sich viel von ihm, weil Anlage und Fleiss ihn anspornen...

11. Juli 1855

... Nach Paris gehe ich nicht, die Reise ist mir zu lang, Paris zu gross, die Menschenmenge würde mich nur langweilen. Albrecht geht es übrigens immer gut, freut sich seiner Kunst, lebt in Paris glücklich und könnte wohl einst diese Stadt als seinen Aufenthaltsort wählen. Wie es mit seiner Kunst geht, kann ich nicht beurteilen. Hingegen habe ich von Freunden vernommen, die dort waren, dass er sehr fleissig sei und wacker drauflos arbeite...

Von Paris in die Bretagne

Mit Begeisterung berichtet Anker seiner Tante und seinem einstigen Studienfreund v. Greyerz über die Erlebnisse im Sommer 1856 in der Bretagne.

Albert Anker an Charlotte Anker

Paris, 7. Januar 1856

Liebe Tante,

... Zum zweiten Male feiere ich Neujahr in Paris: wie doch die Zeit vergeht! Nur die Betagten merken es... Ich bedaure meinen Aufenthalt in Paris nicht. Morgens gehe ich fröhlich an mein Werk, die Arbeit bereitet mir Vergnügen, dazu habe ich ein paar gute Freunde, man schätzt mich in den zwei, drei Häusern, in denen ich verkehre – das genügt doch, um sich glücklich zu fühlen... Arbeit und Studien gehen voran. Hie und da verirrt man sich, meint, man sei auf dem guten Weg. Herr Gleyre empfiehlt mir, im Frühling das Atelier zu verlassen. Kein schlechtes Zeichen: ich denke, dies ist ein guter Rat, den ich gerne befolgen werde, denn meiner Ansicht nach kann man ruhig auf mehr Wissen verzichten, um sich dafür die eigene lebendige Frische zu bewahren. Könnten Sie dazu nur meinen Freund Oliva hören, Sie würden gewiss nicht sagen, ich hätte blosse Witzbolde zu Freunden...

Nun wohne ich an der Strasse ‹Notre-Dame des Champs›, ein hübscher Name, nicht wahr? Die Strasse entspricht ihrem Namen: das Quartier ähnelt einer Strasse in Auvernier oder einem Dorf im Val de Ruz, so sehr geniesst man hier die Stille abseits vom Lärm der Stadt. Religiöse Orden haben hier ihre Klöster und Kirchen gebaut und Künstler sich in der Stille angesiedelt, hinzu kommen Läden und Weinhandlungen. So können Sie sich ein Bild vom Quartier machen, in welchem Ihr Neffe zum Mietpreis von 50 Franken im Jahr haust und wo er Besitzer, wirklicher Besitzer geworden ist. Welche Achtung gewinnt doch ein Mensch mit einem eigenen Bett, mit Stühlen, Tisch und Ofen! Im Kriegsfall – oder wenn die Russen kommen – habe ich in die Nationalgarde einzutreten, eine solche Ehre achte ich so hoch wie die eines Korporals in der Studentenkompanie von einst.

Meine Epistel ist lang geworden – so werden Sie es mir nicht verdenken, wenn ich mich wieder ein wenig in Schweigen hülle. Es ist spät geworden, morgen um 8 Uhr wartet Arbeit auf mich. Ich stürze mich unter die Decke, vorher aber mache ich noch mein Bett!

Ihr ergebener Neffe Albert

Paris, 31. März 1856

Liebe Tante,

... Seltsam, wie leicht man sich hier zurechtfindet, viel leichter als in Deutschland... Es ist auch nicht wie in Bern, wo man es gemütlich nahm und friedliche Tischgespräche nur unterbrach, um ein grosses Bier zu holen und die lange Studentenpfeife anzuzünden. Hier lobe ich mir die grössere Beweglichkeit zur Arbeit: Arbeiter, Künstler, Glätterinnen, Professoren und Gelehrte eilen zur Arbeit: kaum ist eine Arbeit begonnen, sollte sie schon abgeliefert werden. Sie haben sicher die Kunde vernommen: ich bin zu Ehren gelangt, habe eine Medaille der kaiserlichen Schule der schönen Künste zugesprochen erhalten, das wäre ein Titel mehr zu denen aus frühern Zeiten! Universalvetter, Theologiestudent, Sekretär und Präsident der Gesellschaft der Zofinger, Schwimmlehrer usw. usw. Seit einiger Zeit habe ich das Atelier verlassen;

Pariser Skizze

hätte ich ein grösseres Zimmer, so würde ich ein Gemälde anfangen, so aber beende ich Angefangenes und wenn die schönen Tage kommen, werde ich über die Felder wandern, um Sonne, Bäume, Vögel und Wasser zu sehen – und auch den guten Wein samt einem guten Bett...

Ihr ergebener Neffe Albert

Paris, 15. September 1856

Meine liebe Tante,

...Vor sechs Wochen bin ich ausgezogen und freue mich nun auf die Winterarbeit... Wie schön war die Gegend, durch welche ich gereist bin – und wie hat das Meer mich bezaubert! Von Nantes aus ging ich solange als möglich der Küste entlang, wohnte in kleinen Fischerdörfern, badete, zeichnete, betrachtete Bäume und Felder und den weiten Horizont, glücklich zu leben und die Natur zu geniessen... In Croisic lernte ich 6 Schiffsleute kennen, junge Männer meines Alters, fidele Kerle, aber ehrlich, durch Härte ihres gefahrvollen Lebens gestählt. Sie luden mich ein, mit ihnen nach der Insel von Houat, ihrer Heimat, zu fahren, von dort weiter nach Belle-Isle, um Sardinen zu laden und sie in La Rochelle zu verkaufen. Mit Begeisterung habe ich eingewilligt. Mehr als 16 Stunden benötigten wir für eine Strecke von normalerweise 5 Stunden Fahrzeit, wir hatten starken Gegenwind, das Meer war wild. Wir schliefen auf der Schiffsbrücke, und die Matrosen berichteten von ihren Fahrten in ferne Länder. Einer von ihnen, François, erzählte mir von Krankheit und Tod seines Bruders, dem Besitzer des Bootes. Ich blieb von der Seekrankheit verschont, genoss alles – die Sonnenuntergänge, den Horizont, hinter welchem die Erde versinkt, den traurigen Bericht von François und meine gute Pfeife. Um 3 Uhr morgens warfen wir in ihrer kleinen Heimat Anker. Mit ihnen besuchte ich ihre Familien und drei ihrer Frauen. Diese kleine Insel ist eine Art Felsen im Umfang von 2–3 Meilen. Man zieht dort Pferde auf und spricht einen besondern Dialekt. Die Bretonen verstehen ihn kaum. Diese kleinen Ortschaften bieten ein Bild des Glücks. Ihre Bewohner verkörpern Einfachheit, sie kennen keine grossen Bedürfnisse, sind zufrieden mit dem Ertrag ihrer Erde; eine harte Arbeit erhält ihnen Frohmut und Gesundheit. Das einzige grosse Gebrechen der Bretonen ist leider der allzu grosse Durst! Einer von ihnen, aus der Gegend von Quimper, wusste, dass seine Frau im Wochenbett lag; dazu kam, dass er wegen eines Fischereivergehens hatte vor Gericht erscheinen müssen, und seine Kameraden wollten am Abend zur Arbeit gehen; unter diesem vielfachen Druck wusste er den gordischen Knoten nicht anders als mit einem Rausch zu durchhauen. Wie er mir davon erzählte, habe ich ihn ernsthaft ermahnt und zu seiner Frau geführt. In diesen kurzen sechs Tagen des gemeinsamen Lebens haben wir uns so gut kennengelernt, diese sechs Seeleute und ich, dass uns der Abschied schwer wurde.

Was jenes Land anbelangt, habe ich dort so schöne und so grossartige Gegenden erlebt wie in unsern Bergen. In Penmarch gibt es Granitfelsen in der Höhe von 50–60 Fuss, mit seltsamen Formen. Die Wellen des Meeres brechen sich mit viel Lärm an ihnen. Eines Abends habe ich mich in diese steilen Höhen gewagt und kletterte mit Füssen und Händen; ich erreichte den Gipfel, dann aber überkam mich eine wahre Furcht vor dem Abstieg. Jene Einsamkeit, die Furcht, in eine der tiefen Spalten zu fallen, in welchen das Meer kocht und braust, die Sonne am Untergehen, dies alles überkam mich mit seltsamem Zauber. Ich konnte einen langen Bewunderungsruf nicht unterdrücken, so neu war für mich das grossartige Schauspiel! In dieser Gegend liegt auch eine Ruinenstadt. Im 15. Jahrhundert zählte sie 30 000 Einwohner, heute lehnen sich einige Fischerhäuser an die alten Ruinen oder an Druidensteine. Da stehen nicht weniger als sechs Ruinenkirchen. Ich trat in eines dieser Gotteshäuser, von welchem nur gerade die vier Aussenwände stehen, dazu Säulen, Schiff und Altar. Eine Schweinefamilie lag da an der Sonne. Welch bittere Ironie menschlicher Grösse!...

Auf Wiedersehen Albert

An Otto von Greyerz, Vikar in Bern

Paris, 12. November 1856

Lieber Greyerz,

Dein Brief traf mich auf dem Lande, wo ich mein Winterchen zubringen werde, wenn mir bis dahin nichts anderes durch den Kopf fährt. Einige Nachrichten aus der Heimath erfreuen uns immer ... im Übrigen muss ich bekennen, dass ich fast immer bebe, wenn ein Brief aus der Schweiz anlangt. Der Vater schreibt mir, wenn Katastrophen sich ereignen und sonst correspondiere ich nicht. – Also, mein lieber Herr Vikar an der Heil. Geist Kirche! Seit den Briefen, die wir uns aus Halle und Berlin geschrieben haben, ist es anders geworden. Die Zeiten ändern und die Menschen auch. Ich muss mich an den Kopf und an den Beinen greifen, wenn ich mich überzeugen soll, dass ich der Berner und Hallenser Vetter bin, so fern ist mir diese Zeit und die Ideen, die mich damals beschäftigten. Und nun hocke ich hier in einem Dorfe, mache kleinere Gemälde, denn die Studien erleideten mir in der letzten Zeit, ich sah, dass mir etwas anderes nützlicher wäre. Im Sommer ging ich in die Bretagne, ein eigenthümliches Land, Einwohner und Gegend gehen gut zusammen, beide sind kurlich. Sie haben eine eigene Sprache, sonderbare Sitten, Aberglauben oder ein Rest der alten druidischen Religion, und reiche Sagen. Wenn man so besondere Länder sieht, erkennt man, dass nicht ein Land insbesondere patriotische, enthusiastische Gesinnungen wecken kann. Das Meer und dessen Bewohner (ich meine die Küstenbewohner, und nicht Neptun und seine Najaden) das solltest du sehen, ihre Lieder hören und die Matrosen auf ihrem Elemente schauen. Ich brachte 4 Tage auf dem Meere zu mit 6 ausgezeichneten flotten Burschen. Und getrunken haben wir, kleinen weissen Wein und Schnaps, und Fische, Krebse, Zwiebeln gegessen, und sind auf den Inseln herumgefahren, sie waren Fischer und verkauften ihren Fang in La Rochelle. So, mein lieber Herr Vikar, bin ich in der Welt herumgekommen, ein anderes Jahr gehe ich in die Pyrenäen und von dort aus über die Grenze nach Madrid. Und schanzen will ich, denn ich thue es gerne. Wenn man schon allgemein unzufrieden war über meinen Erstling, den Ruben, Ben Oni, und mir der arme Tropf von der Ausstellung zurückgekommen ist, wie er hinging, will ich dennoch meinen Weg marschieren, freilich ein wenig fluchen unterwegs. Der Gegenstand gefiel mir ausserordentlich, schon aus der Theologie her, und ich glaubte, es gefiele den andern auch. Einiges ist schlecht, aber der Kern davon, meine ich, ist ziemlich da, und ich bin fest überzeugt, dass es einzig hängend, die Leute erfreuen würde ... Nun will ich kleine Dorfgeschichten usw. machen und sie hier

In der Bretagne

zu verkaufen suchen. Ich will gewissenhaft arbeiten und ochsen, mehrere Jahre hindurch, wie es gebührt. Zucken die Leute die Achsel dennoch, da will ich mich denn auch aufs Anschmieren legen. Die Sachen kann man auch als Commis Voyageur betreiben, und da die Leute, das Publikum, eigentlich keinen geläuterten Geschmack hat, sieht man oft, dass diese Negociantenseelen die besten Geschäfte machen ...

Nun gehab dich wohl, es grüsst dich dein

Vetter Anker

PS.

Ich bin nun seit 12 Tagen hier auf dem Lande und habe schon ein kleineres Gemälde fertig. Andere kleinere lumpige Sujets sind mir gekommen, und wenn es gelingt, werde ich sie wohl verkaufen können. Ich dachte auch: die Theologie ist eine gute Kunst, suche deine Gegenstände in der Bibel, in der Kirchengeschichte. Aber, heiduck, gegessen muss es sein, und der Vater in Ins flucht oft, dass es kracht. Dies ist eine Metaphora, so arg kann er es doch noch nicht. Dennoch lasse ich mir keine grauen Haare wachsen, es ist mir zu wohl bei der Arbeit, dass ich klagen wollte, auch wenn mir die Lebensmittel genommen würden. Denn diesen Winter werde ich mir wohl etwas verdienen. Dann wird mir der alte Camerad Hiob zurückkommen. Den setze ich in einer religiösen Kunsthandlung ab ... Emilie sagte mir, als es über Paris zurückkam, die Leute sagten böse Sachen über mich, schlimme Gerüchte über den armen Vetter. «Les absents ont toujours tort», das ist mir wirklich leid, aber gewisse Leute sind unbarmherzig mit ihren Zungen und da muss der arme Vetter entgelten, und dann macht man dem armen Vater den Kopf damit heiss, er, der mich schon sonst als den verlorenen Sohn betrachtet ...

Es grüsst dich abermals dein getreuer Vetter

Im Jahre 1856 hat Anker es gewagt, das Bild ‹Hiob und seine Freunde› nach Bern an eine Ausstellung zu senden. Die Anregung dazu hatte er wohl von der Vorlesung in Halle bekommen. Die Berner lehnten das Bild ab.

Dazu Rytz: «Er hielt dafür, dass sein ‹Hiob› eine günstigere Beurteilung verdient hätte. Daher konnte er sich erst lange nachher wieder dazu verstehen, eine Arbeit in die Heimat zur Ausstellung zu senden.» (Rytz, a. a. O. S. 31-32)

Nach drei Jahren Paris-Aufenthalt des Sohnes lässt der letzte erhalten gebliebene Brief des Vaters an Anna Rüfly dessen unveränderte Einstellung zum Künstlerberuf erkennen. Nach wie vor bedauert er Alberts Entscheid...

Samuel Anker an Anna Rüfly   27. Dezember 1857

... Albrecht ist in diesem Moment zu Hause, wo er uns seit dem Herbst einen Besuch macht, aber ums Neujahr wieder nach Paris verreist, woher er gekommen ist. Er malt immer drauflos und hat selbst bei Hause ein grosses Gemälde verfertigt, das er mit nach Paris nehmen wird. Ob er immer mit der gleichen Leidenschaft malt wie früher, weiss ich nicht genau zu bestimmen. Mich dünkt es noch immer, er hätte sich eine schönere und edlere Existenz verschaffen können, wenn er, da ihm die Ausübung der Theologie nicht gefiel, sich dem Lehrfach, statt der Malerei gewidmet hätte, und zudem wäre er in schönere und edlere Umgebung gezogen worden als in Kreise von Malern, auf deren Moralität ich nicht viel gebe. Hingegen da, wo Eltern einen Wert darauf setzen, dass ihre Kinder gelehrt werden sollen, besonders während sie noch jung sind, und es unter ihrer Aufsicht geschieht, so können sie ihre moralische Seite nicht ausser acht lassen, wenn sie wenigstens das wahre Wohl ihrer Kinder im Auge haben. Und bei solchem Wirken von Eltern muss selbst ein Lehrer profitieren. Sein junges und tätiges Leben geht so hin, und ich glaube, dass er es bei wenig wahren Freuden, in denen der junge Mensch in Unschuld lebt, geniessen kann. Nun, in Gottes Namen, was er tat und tut, das ist für ihn, sein eigenes Wirken in diesem Fach. Das werde ich nicht erleben, und so ich einmal hingegangen in die verheissenen Wohnungen, wird mich sein irdisches Leben nicht mehr sehr nahe berühren. Meine Pflicht habe ich getan zu seinem Wohl wie selten einer...

Erster Erfolg in Paris
Aufenthalt im Schwarzwald

Die folgenden Briefe des Vaters aus Ins nach Paris zeigen, wie sehr ihm das Wohl des Sohnes allen Vorbehalten zum Trotz am Herzen lag. Dessen erste materielle Erfolge haben ihn besonders beeindruckt und gefreut. Im Spätsommer 1858 zieht Albert Anker für einige Wochen in den Schwarzwald. Das Bild «Dorfschule im Schwarzwald» im Berner Kunstmuseum (Œuvre-Katalog Nr. 40) ist eine Frucht jener Zeit. Er hat sich damals des taubstummen Waisenknaben Erasmus Künzle – «Rasi» – grosszügig angenommen. Über jene Zeit schreibt die Schwester des Lehrers in Biberach:

«... Herr Anker kam oft in unser Haus zu unserem Bruder... Er sang am Sonntag in unserem Gottesdienst mit dem Kirchenchor, in der Regel ein Solo; – so ruhig er sprach, so sang er auch... Auf Anregung von Herrn Anker gab mein Bruder Rasi Unterricht im Lesen und Schreiben...» (Frau A. Schweiss an Anna Anker am 21. November 1911)

Dass Albert Anker, der reformierte Inser, mit der katholischen Bevölkerung von Biberach einen so guten Kontakt gefunden hat, zeugt für seine vorurteilslose Offenheit auch in konfessioneller Hinsicht.

Samuel Anker an seinen Sohn

    25. Februar 1858

Lieber Albrecht!

Deinen Brief vom 14. Februar habe ich richtig erhalten und es freute mich, dass du nach deinem Wunsch eingerichtet bist, und dass du wieder die An-

Hiob und seine Freunde (Ölstudie zu Œuvre-Katalog Nr. 1)

zeige machen konntest, neuerdings eine Medaille in der kayserlichen Akademie erhalten zu haben. Zugleich freute es mich, dass du warme Hoffnung hast, für dich auch etwas verdienen zu können in diesem Jahr ...

Alle Verwandten und Bekannten, sowie wir grüssen dich herzlich und bin dein getreuer Vater

Sl. Anker

10. März 1858

Lieber Albrecht!

Beigepackt erhältst du das verlangte Geld mit Einschluss der Fr. 12.50 von Hr. Pfarrer Lüthardt. Wenn dein Geldverbrauch so fortfahren sollte, so würde es mir wohl zu streng vorkommen, besonders da ich noch etwas für den armen Louis (Patenkind S. Ankers) verwenden muss... Hr. Pfarrer Lüthardt geht es immer besser, so dass er der ärztlichen Hülfe nicht mehr bedarf... Die Attentatsgeschichte machte hier bey allen rechtlichen Menschen grosses Aufsehen und erregte immer grösseren Hass gegen England, die solches bey ihnen dulden mögen... Unsere Radikalen sind alle den Monarchen feind, wenn sie schon selbst monarchischer als alle Monarchen sind. Unter diesen Weltbeglückern möchte ich nicht leben, lieber unter dem schlechtesten Monarch als unter diesen.

Seit einigen Tagen haben wir hier furchtbar kalte Luft und Schneegestöber, dass es am Tag beinah Nacht wird.

Herr Pfarrers ganze Familien mit Hr. Romang, unsere Nachbarn und wir grüssen dich höflichst und bin dein getreuer Vater

Sl. Anker

Albert Anker an Charlotte Anker

Paris, 15. März 1858

Liebe Tante,

... Wie einst bin ich bei der Rückkehr in ein Fieber geraten, das mich alles in rosigen Farben sehen liess und mir Mut gegen alle Widerstände verlieh. Da bin ich wie ein Fürst einquartiert, in einem weiträumigen Atelier mit viel Luft und Licht. Ich muss noch Miete für die alte Behausung zu 50 Franken im Jahr entrichten, so weiss ich nicht, ob ich mein Bett hierherbringen soll oder nicht...

Ich überlege mir meine Bilderpläne, die einen sind schlecht, bei andern hoffe ich, dass sie der Ausführung wert sind. Nach dem Rat und nach Hinweisen erfahrener Fachleute, deren Meinung ich ungeduldig erwartet hatte, habe ich den Hintergrund des Gemäldes überholt, habe noch lange daran gearbeitet. Jetzt bin ich mit allem fertig, warte nur noch auf den Rahmen, um es mit letzten Pinselstrichen zu beenden.

Der Raum hier lässt mich weit atmen und erweckt in mir die Lust nach einem grösseren Bild. Ich werde den Versuch wagen und nicht vor Schwierigkeiten zurückschrecken. Sie können kaum ermessen, wie sehr mich die Freiheit und die Umgebung gleichgesinnter Freunde beflügeln. Vor allem lobe ich die Freiheit. Da beobachtet mich niemand, niemand beachtet einen. In Ruhe geht man an seine Arbeit, man kann sich etwas einbilden und sich wichtig machen oder sich verbergen, wie man will. Nach und nach versehe ich mein Atelier mit Möbeln. Da habe ich mir etwas zurechtgezimmert, welches ich, mit den Augen des Dichters betrachtet, einen «Divan» nenne: Ich hatte zwei Matratzen, zwei grosse Damastvorhänge, die legte ich auf ein langes Holzgestell, und dazu liess ich mir Kissen machen. Nun habe ich noch drei Dinge im Sinn: einen Tisch für Modelle, einen neuen Besen und einen Lehnstuhl; denn meine Besucher möchte ich in aller Bequemheit sich setzen lassen. Noch habe ich nicht den Ehrgeiz, einen Schrank oder eine Kommode zu besitzen – meine Kleider und Hemden scheuen ja den Staub nicht. Nur ein Tatbestand betrübt und erschreckt mich: das Geld schwindet allzu rasch dahin; die grössere Wohnung, nötige Reparaturen hier, haben mir viel genommen. Dazu sind mir Leute noch Summen schuldig.

Ich könnte Ihnen gewiss noch mehr interessante Dinge aus Paris erzählen, wenn ich nicht wie ein Einsiedler lebte, die zwei Strassen hin- und herwanderte und wie in einer Mönchszelle lebte ...

Ihr ergebener Neffe Albert

Samuel Anker an seinen Sohn

19. April 1858

Lieber Albrecht!

... Letzthin taxierte man die jungen Leute, die nicht Militärdienst machen, wie ich hörte, hat man mich für deine Person etwa auf Fr. 60, die ich alle Jahre für dich bezahlen soll, taxiert. Ich werde nachsehen, ob man für Landesabwesende auch bezahlen muss. Wenn sich nur bald die Hölle aufthäte, um unsern so viel Geld verschlingenden Radikalismus zu verschlingen, der nicht gesättigt werden kann ... Hier stehen die Felder und alles schön und berechtigen zu den schönsten Hoffnungen für die künftigen Ernten, wenn die Sachen nicht zu mächtig werden ...

Wir grüssen dich alle, besonders dein getreuer Vater

Sl. Anker

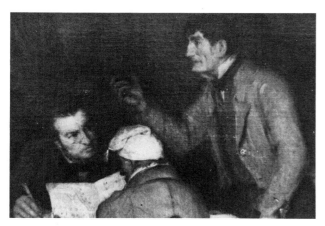

Die Gemeindeversammlung, 1857, Ausschnitt (Œuvre-Katalog Nr. 39)

15. Juli 1858

Lieber Albrecht!

...Du schreibst mir, ein Engländer wolle dir Fr. 1000 für deinen Gemeinderath geben, der dich aber reut, weil er für die Ausstellung bestimmt ist. Nun kommt es erst darauf an, wenn er dir deine künftigen Arbeiten abnimmt, ob du dadurch nicht auch bekannt wirst und dann nicht Vorrath dazuliegen haben brauchst. Indessen ist es deine Sache, thue was du willst. Für die Ausstellung kannst du vielleicht noch ein anderes Tableau machen...

Bruder in Bern ist nach gestrigen Nachrichten auch wieder nicht sehr wohl, strengt sich immer sehr an, machte letzthin grosse Reisen, um einem russischen Grafen in Kleinrussland Berner- und Schwyzervieh und vier Bisthümlerpferde, zwey Küher und einen Thierarzt zu kaufen, was ihm viel zu thun gab... So geht es in diesem Grümpelgemach: die einen kommen herauf, die andern gehen hinab, und so geht es, bis jeder seine Rolle ausgespielt hat...

Besonders grüsst dich dein getreuer Vater

Sl. Anker

3. September 1858

Lieber Albrecht!

Nach deinem ersten Brief von Biberach glaubten wir dich schon wieder in Paris. Nach deinem zweiten Brief ersehen wir, dass du noch am gleichen Ort bist und bey den alten Weibern dein Hexenwerk an ihren Kindern ausübst.

Es scheint, dein Handel mit dem Engländer mit dem Gemeinderath sei schnell abgefertigt worden, es ist zu wünschen, dass es dir mit den jetzigen Gemälden auch so gehe. Der schnelle Absatz für solche Arbeiten ist ein grosser Vortheil, und dadurch kannst du auch bekannt werden, wenn die Arbeit in solche Hände gelangt um gesehen zu werden...

Wir grüssen dich aufs herzlichste, besonders dein getreuer Vater

Sl. Anker

Albert Anker an Charlotte Anker

Biberach, 12. September 1858

Liebe Tante,

Hier nun einige Zeilen aus dem Schwarzwald, meiner neuen Heimat. Da lebe ich nun wie ein Einsiedler, umgeben von Kindern, die alle ein bisschen schmutzig, und doch voll guten Willens und hübsch anzusehen sind. Ich habe viel gearbeitet und eben ein Bild beendet, das grösser ist als das andere, mit ungefähr ebenso viel Figuren. Aus dem ersten habe ich gelernt – arbeite mit mehr Überlegung – und so scheint mir dieses Bild besser zu sein als das andere. Nun habe ich ein kleineres angefangen, zwei Personen im Freien...

Da ich regelmässig zur Messe gehe – weil man Menschen und malerische Dinge in diesen katholischen Dorfkirchen entdeckt – hat mich der alte Lehrer zur Orgel hinauf eingeladen, wo auch ein Chor von vier Frauen und zwei Männern im Gottesdienst singt. Der Lehrer singt Bass; seine meckernde Stimme klang nicht immer wohl in meinen Ohren. Hie und da habe ich ihn mit meiner Stimme in den tiefern Lagen unterstützt, wofür er mir dankbar schien. Wie er meinen guten Willen erkannte, liess mich der Sohn die Melodie erlernen; so gehöre ich nun am Sonntag zum Chor. Er liess mich sogar Solo singen. Den Sopran singt eine Tochter des Lehrers: Fräulein Theres, kaum zu glauben, wie hell ihre Stimme tönt, mit welchem Geschmack und Mut sie singt...

Biberach, 1. Oktober 1858

Liebe Tante,

...Seit einiger Zeit feiert das Dorf seine Feste: kirchliche Feiern, Hochzeiten, Truppenzusammenzüge. Bei Hochzeiten feiert hier das ganze Dorf mit...

Doch mehr als alle diese Vergnügen gelten mir die Tage, während welchen ich nun im Freien malen konnte. Ich habe mein Bild auf eine Anhöhe über dem Dorf in die Weiden an ein Bachufer getragen. Buben kommen hier baden und spielen, und ich male einen Baum oder einen Landschaftsausschnitt als Hintergrund meines Bildes...

Einen dieser Buben habe ich zu meinem Laufbuben ernannt: es ist ein armer kleiner Nachbar, der mit vier Jahren nach einer Krankheit sein Gehör verloren hat. Wie er nichts mehr hörte, hat er mit der Zeit auch das Sprechen verlernt: seine Geschwister und kleinen Kumpane verstehen ihn, aber die Fremden haben ihre Mühe mit seinen Sprachkünsten. Da er aber einen gescheiten Kopf hat, hatte ich ihn zu meinem Schüler gemacht. Er zeigte einen Lerneifer, den ich bei andern nicht angetroffen habe. So hat er mir auch manchen kostbaren Dienst erwiesen, indem er mir mein Malzeug nachtrug und für mich einkaufen ging. Im letzten Winter hat er hier im Haus ein Bilderbuch mit vielen Tierbildern entdeckt. Nach und nach hat er sie kopiert und ausgeschnitten. So hat sich unsere Freundschaft in natürlicher Weise gefestigt, da wir doch Kollegen sind. So oft ich ihm Bleistift und Papier gebe, zeichnet er den ganzen Tag über ohne aufzublicken. Er zeichnet Schlachten, Prozessionen usw. usw. Von seiner Begabung begeistert, bat ich den Lehrerssohn, ihm Lesen und Schreiben beizubringen und habe die Stunden bezahlt. Er scheint mir auch zum Schreiben befähigt zu sein...

Ihr ergebener Alb. Anker

Rasy in Biberach, Ölstudie, (Œuvre-Katalog Nr. 502)

Samuel Anker an seinen Sohn

Ins, 23. Oktober 1858

Lieber Albrecht!

Deine beiden letzten Briefe, der von Biberach und den von Paris habe erhalten, sowie die mündlichen Nachrichten durch Herrn Jacot, der mich bald nach seiner Ankunft in St. Jean mit seinem Vater besuchte.

Es scheint, dass dein Aufenthalt in Biberach am Ende einen günstigeren Eindruck auf die Bevölkerung machte als im Anfang, und sie weniger Verdacht auf dich warfen, wozu der Besuch ihrer Kirche schon etwas beigetragen haben mag.

Auch mit deinen Arbeiten bieten sich nach allem uns Mitgetheilten günstigere Aussichten dar, so dass dein Beharren Früchte tragen wird, was uns mit dir freuen muss, denn auf eine so kostbare Aussaat soll man auch Früchte erwarten dürfen.

Hr. Jacot sagte mir, dass das Tableau, welches du in Biberach ausgefertigt hast, unvergleichlich besser sey als das, welches du hier gemacht hast, so dass man dabey bedeutende Fortschritte bemerken konnte. Wenn du nun alle deine Arbeiten ordentlich absetzen kannst, so hast du auch ein gutes Jahr gehabt, und in der Folge wird es wohl nicht schlechter gehen. Auch hier hatte man durchgehends ein gutes Jahr...

Viele Bekannte grüssen dich sehr, besonders dein getreuer Vater

Sl. Anker

Ins, 24. Oktober 1858

Lieber Albrecht!

Wenn es mir einmal vergönnt sein soll, weniger Auslagen für die Erziehung zu machen, so werde ich der dringendsten Nothwendigkeit auch Gehör geben müssen, um an unserer Hütten einige Reparationen vorzunehmen, wenn nicht Arges daraus entstehen soll. Ich habe von dir nie gehört, es war aber auch nie die Rede davon unter uns, ob du gedenkest einsten die Hütte zu behalten, um im gegebenen Fall eine sichere Zufluchtsstätte zu haben oder nicht, was ich gerne wissen möchte, um jetzt schon Bedacht darauf zu nehmen. Es ist etwas, das ich dir anrathen möchte, denn eine Heimath mit etwas Land ist immer ein Trost, wenn einem Ungeschick in seiner Bahn treffen sollte. Wenn einmal die Eisenbahnen fertig sind zwischen Paris und der Schweiz in gerader Richtung, und du solltest dich nach allgemeiner Übung verheirathen, wenn du durch Verdienst und nicht bloss durch eine Frau Mann geworden bist, so kannst du sie durch den Sommer auch hier haben, wie es viele thun, um eine gesunde Luft zu geniessen...

Ins, 11. Januar 1859

Lieber Albrecht!

Deine beiden Briefe haben wir erhalten und erfahren, dass du krank warst und das Bett hüten musstest. Im zweiten dagegen deutest du an, dass es dir besser gehe, was uns allen wohlthut zu vernehmen... Da alle Blätter von deiner Auszeichnung sprechen, so glaubten wir, hättest du uns auch einige Auskunft darüber geben sollen, was du wohl aus Bescheidenheit der Ruhmsucht nicht zu Gefallen thun wolltest.

Eine grössere Freude scheint dir dein junger Rasy mit seinem Billet gemacht zu haben, der wie es scheint, wirklich etwas profitiert hat.

Deine Auszeichnung hat bey Leuten, die einen Begriff davon haben, bedeutend Aufsehen gemacht. Dieses und dein Verkehr mit dem Engländer können dich schon ziemlich als Maler bekannt machen. Wenn es dir an deinem kleinen Rasy gelegen ist, auch noch ferners für ihn zu wirken, so würdest du vielleicht wohl thun, ihn den Fabrikherren zu empfehlen, bis du wieder einmal in die Gegend kommst und nach ihm sehen kannst...

Herr Lutstorf Sohn in Erlach schickte mir wegen deiner Auszeichnung einen Artikel aus der Baslerzeitung, um mich zu überraschen. Es war wirklich für mich eine angenehme Nachricht und verschönerte mir das neue Jahr, und er war auch der Erste, der mir davon Kunde gab.

Wir gratulieren dir zum glücklichen Erfolg und grüssen dich alle herzlich, besonders dein getreuer Vater

Sl. Anker, Thierarzt

Ins, 21. April 1859

Lieber Albrecht!

Deinen Brief vom 18. April habe ich gestern Abend richtig erhalten und darin gesehen, dass du mit der Ausstellung oder dem Resultat derselben, was dich betrifft, ziemlich zufrieden bist... Ich erhielt letzter Tage in der Eile einen Brief von Hr. Charbonnier, der den Hr. G. Berthoud Du Pasquier frisch von Paris heimkommend gesehen hat, und der der Eröffnung der Ausstellung beiwohnte und ihm gesagt, deine Gemälde hätten die Aufmerksamkeit des Pariser Publikums auf sich gezogen – trotzdem dass 3800 ausgestellt waren – und was noch mehr sey, selbst die Aufmerksamkeit der Künstler – und so noch viele Sachen, so dass du in Neuenburg einen famosen Namen erhalten musst...

In der Hoffnung, dass du bald bei uns anlangen werdest, grüssen dich die von Bern, St. Blaise, Pfarrhause usw., sowie wir alle auch aufs freundlichste, besonders dein getreuer Vater

Sl. Anker

Von Charlotte Anker, St-Blaise

31. Mai 1859

Mein lieber Albert,

Wie wir gestern die ‹Revue Suisse› bekommen haben, war mein erster Gedanke, den Artikel die Ausstellung betreffend, zu suchen, um darin mancherlei über meinen Neffen zu finden. Und tatsächlich haben wir den Bericht mit grosser Freude gelesen, und ich habe ihn so schön gefunden, dass wir ihn gleich Ihrem Vater weitergeschickt haben, um ihm dieselbe Freude zu bereiten... Mein Mann und ich denken, dass es für Sie gut wäre, hinauszugehen, anstatt sich zu langweilen, bis Sie einmal ein anständiges Atelier haben. Da könnten Sie auch etwas Landschaften malen, und auch in Ins dürften Sie dafür schöne Blickwinkel finden. Das sind ja blosse Ratschläge und Ideen von Onkel und Tante aus Liebe zu Ihnen.

Grüssen Sie freundlich Ihren Vater und die Tante und empfangen Sie unsere herzlichen Grüsse

C. Anker

Dorfschule im Schwarzwald, 1858, Ausschnitt (Œuvre-Katalog Nr. 40)

Krankheit und Tod des Vaters

Im Sommer 1859 ist Samuel Anker erkrankt. Als er in Bern einen Arzt konsultierte, war sein Leiden schon so weit fortgeschritten, dass er nicht mehr nach Hause zurückkehren konnte. Bei seinem Bruder Matthias Anker fand er liebevolle Pflege, die sich über viele Wochen hin ausdehnte. Albert war aus Paris zurückgekehrt und hatte sich mit dem Onkel in die schwere Pflege geteilt. In Ins ängstigte sich Tante Anna-Maria um den Kranken.

Von Anna Maria an Albert aus Ins nach Bern

Frühjahr 1860

Lieber Albrecht,

Wie es scheint, hat der Vater jetzt erst recht Hülfe nötig, ach wären wir nur näher beieinander, für einander Hand zu bieten. Ich bitte dich, nehmet für die Nacht jemand zu Euch, damit Euere Gesundheit nicht dabei leide, denn wenn er schwach wird, so werdet Ihr ihn nicht mehr allein sein können, wenn er sich nicht mehr helfen kann, so hat er ja Hülfe nötig. Es thut mir herzlich leid für Euch und den guten Vater für die Zeit, wo Ihr jetzt habt.

Gott der Allmächtige wolle es doch bald am besten machen.

Ich grüsse Euch alle herzlich, dem kranken guten Vater baldige Erleichterung.

Deine getreue Tante
Annamaria Anker

An Anna Maria Anker in Ins

Bern, 2. April 1860

Liebe Tante!

Es ist uns diese Nacht gnädig ergangen. Am Abend, um 11 Uhr, schlief Vater ein und erwachte erst um 5 Uhr morgens. Ich war auch ins Bett gegangen und war froh, so lange schlafen zu können, da die letzten Nächte schlecht gewesen sind und ich fast gar nicht aus den Kleidern gekommen war. Gestern, den ganzen Tag hindurch, hatte er Schmerzen und war sehr ungeduldig. Er hat immer guten Appetit zur Milch. Ich werde Euch geschrieben haben, dass er täglich 4 bis 5 Schoppen trinkt.

Wir haben die Eier und Gemüse sowie die Blumen erhalten und wir danken Euch für alles.

Die Leute, welche Euch gesehen haben, sagten uns, Ihr weintet so viel. Es ist natürlich, dass man traurig sei, da wir uns in dieser Lage befinden, allein, dass Ihr Euch grämet über Eure Zukunft, und Ihr sorget wie es Euch etwa gehen sollte, wenn der Vater nicht mehr da wäre, das hat uns allen Leid gethan, und ich meinerseits kann Euch sagen, dass, soviel von mir abhängt, es Euch nie an etwas fehlen sollte. Denn es wäre sehr schlecht von der ganzen Familie, wenn Ihr es in den alten Tagen nicht gut haben solltet, nachdem Ihr so lange und so treu für uns alle gesorget und gehauset habet. So könnt Ihr nur ruhig sein und versichert, dass Ihr es so gut haben werdet als einzurichten ist, und dass es keinem von uns und besonders mir nicht an gutem Willen fehlen wird, Euch die alten Tage angenehm zu machen: lieber möchte ich keinen Kreuzer haben, als zu wissen, dass Ihr darben müsset.

Euer ergebener Albrecht

Bern, Freitag, den 25. Mai 1860

Liebe Tante!

Ich habe Ihnen nun die letzte und traurige Nachricht zu machen, dass es Gott nicht gefallen hat, den Vater länger am Leben zu erhalten, sondern dass er diese Nacht um 3 Uhr sanft gestorben ist. Der Tod selbst ist sehr ruhig gewesen, er schlief ein und nach und nach kam der Atem immer seltener, bis er endlich ausblieb.

Ihr ergebener Albrecht

26. Mai 1860

Lieber Albrecht, lieber Bruder!

Jetzt sind die Leiden des guten Vaters verschwunden. Ach, Ihr meine Lieben, sollen wir nicht dem allmächtigen Gott und Schöpfer danken, dass er ihn aus seinen Leiden erlöste; wie es scheint, wäre er erst recht in die Leiden gekommen...

Ich schicke Euch eine Hamme, Ihr könnt sie doch brauchen.

Bruder von Samplesi war gerade hier, da ich diese traurige Nachricht erhielt. Darüber war ich froh.

Deine getreue Tante
Annamaria Anker

Dr. Samuel Anker auf dem Sterbebett
(zur Zeichnung vom 22. Juni 1860)

Mit einer Bleistiftzeichnung – in Bern skizziert und in Ins vollendet – hat Albert Anker seinen Vater erschütternd dargestellt. Es muss ihm sehr daran gelegen haben, die Gesichtszüge des Mannes festzuhalten, der ihm innerlich während vieler Jahre menschlich nahe – und doch oft fern gestanden hat.

Vater und Sohn haben gemeinsam Leid um nächste

Samuel Anker auf dem Sterbebett

Angehörige getragen: am Sterbebett der Grossmutter, der Mutter und der beiden Geschwister Alberts. So ist es eindrücklich zu sehen, wie sehr sich in der Krankheitszeit Samuel Ankers die Angehörigen um den Leidenden gekümmert haben. Das bezeugen viele Briefe aus Ins und St-Blaise. Solche Teilnahme wiederholt sich später in der Familie des Malers und seinem Inser Lebenskreis. Oft notiert er sich den Tod von Kindern und Alten. Einmal finden am gleichen Tag drei Bestattungen auf dem Inser Friedhof statt – von zwei Kindern und einem Betagten...

Das Bild des toten Vaters zeugt vom innersten Erleben des Malers. Im Gedanken an seine Veröffentlichung kamen mir deshalb Bedenken: Darf man eine *solche* Zeichnung Ankers der Allgemeinheit preisgeben? Ich habe die Frage einer Gruppe Jugendlicher vorgelegt. Nach langem, stillen Betrachten antwortet ein Mädchen: «Warum eigentlich nicht? Er schläft doch ganz friedlich...»

Es scheint mir, dass sich in diesem Porträt Albert Ankers (dem einzigen von seinem Vater!) zum erstenmal das besondere Talent des Künstlers zeigt, ein menschliches Antlitz zu erfassen und wiederzugeben: ruhig, auch dem Wehrlosesten nicht zu nahe tretend – mit viel Respekt und nicht minder grossem Einfühlungsvermögen.

In ähnlicher Weise hat er später die frühverstorbenen Söhne Rudolf und Emil dargestellt, auch seine geliebte Patin Anna-Maria, weitere Kinder und Betagte in Ins. Beim Betrachten von Ankers Toten-Bildern kommen wir seiner Meisterschaft, den Einzelnen zu erkennen und darzustellen, besonders nahe. (Siehe auch die Abbildung auf Seite 67)

Das Atelier in Ins

Marie Quinche:

«...Aus Bern nach Ins zurückgekehrt, liess Albert Anker im Dachstuhl des väterlichen Hauses ein Atelier einrichten, das er einige Jahre später noch vergrösserte. Hier arbeitete er, zunächst nur während der schönen Jahreszeit, später während des ganzen Jahres und bis zu seinem letzten Lebenstag. Er umgab sich mit einer Menge Erinnerungen, beinahe waren es Reliquien aus vielerlei Dingen bestehend, Familienstücke, letzte Zeichen schon verstorbener Freunde. Er liebte diesen Raum und verbrachte dort die schönsten Stunden seines Lebens, Stunden der Arbeit und grosser Mühen. Hier empfing er auch alle, die zu ihm emporstiegen; er nahm sie mit entzückender Liebenswürdigkeit auf...» (Marie Quinche, a.a.O. S. 54–55)

Wieder in Paris – François Ehrmann – Neue Pläne

Der folgende Brief zeigt, dass Albert Anker nach allem, was hinter ihm liegt, einige Mühe hat, sich wieder voll der Malerei zuzuwenden. Darum rechnet er mit der Hilfe seines besten Künstlerfreundes. Es ist der *Elsässer François Ehrmann* (1833–1910). Wir werden seinem Namen bis in das gemeinsame Todesjahr beider noch öfters begegnen, darum einige Hinweise:

«Zuerst zum Architekten bestimmt, trat er 1853 in die Pariser Ecole des Beaux-Arts ein und studierte hier 3 Jahre Architektur... Dann wandte er sich der Malerei zu und trat in das Atelier Gleyres ein, dessen bester Schüler er bald wurde. Hier schloss er Freundschaft mit Alph. Hirsch und Albert Anker, mit denen er 1861 Italien bereiste und später eine umfangreiche Korrespondenz unterhielt... Um 1873 begann E. sich mehr nur mit dekorativer Malerei zu beschäftigen... Nebenher gingen Entwürfe für Glasmalereien, Fayencen und Tapisserien...» (in: Thieme-Becker: Künstlerlexikon)

Die Gastfreundschaft der Familie Ehrmann war sprichwörtlich. Darüber berichtet auch Albert de Meuron in seinen Briefen. Hie und da hat sich die Familie im Brüttelenbad bei Ins aufgehalten. Die Freundschaftsbande zwischen der Familie Ehrmanns und Nachkommen Ankers sind bis in unsere Zeit erhalten geblieben. (Mitteilung von Frl. Elisabeth Oser, Basel)

An Fr. Ehrmann

Ins, Sonntag, 28. Oktober 1860

Mein lieber Ehrmann,

... Ich war ein wenig in Sorge, als ich vernahm, du seist in Strassburg. Die Familien sind schreckliche Feinde der Malerei, vor allem die lieben Mütter, welche ihren Söhnen anderes erträumen. Kehrt man in die Familie zurück, so kommen menschliche Ideen über einen, sie sind sanft und süss, sie entsprechen nicht den Gedanken, die einen in Paris bewegen, wo man wieder zum Wilden wird, gleich den Titanen, welche Ossa auf Pelion zerstückelten, um den Olymp zu ersteigen. Und doch bereitet es mir einige Sorge im Gedanken an eine Rückkehr nach Paris. Zunächst denke ich an die Mühe, die ich haben werde, nach einem so langen Unterbruch wieder hinter die Arbeit zu sitzen, und an die bösen Momente, wenn es mit der Malerei nicht so gut geht. Was mir aber Mut macht, ist der Gedanke, dass wir beide ja dort sein werden, zwei gute Freunde, die einander zu guten Taten ermuntern, denn ich kehre dorthin zurück mit viel mehr guten Vorsätzen als Hemmungen.

Dein Freund Anker

François Ehrmann (1833–1910)

Im April 1861 verbringt Albert Anker seine Ferien in Herblay auf dem Lande. Von hier aus berichtet er der Tante in St-Blaise über Gottesdienste in Paris und Herblay; im darauffolgenden Brief aus Paris spricht er von Arbeits- und Reiseplänen, auch von dunklen Stimmungen, die ihm zu schaffen machen. Er wird in den kommenden Jahren oft dagegen anzukämpfen haben.

An Charlotte Anker

Herblay, 13. April 1861

Liebe Tante,

... Am Karfreitag fand ich mich bei meinem Freund Ehrmann zum Morgenessen ein, und da auch er seit langem keine Predigt mehr gehört hatte, schlug er mir vor, den Gottesdienst zu besuchen. Das war mir willkommen. Herr Coquerel, Sohn, hielt die Predigt zur Konfirmation. Freilich, da ich Predigten mit dem kritischen Geist eines Theologen anhöre, finde ich darin weniger eine Herzensnahrung oder Gewissensstärkung, als eine Gelegenheit zum Nachdenken, vorausgesetzt es widerfahre mir nicht Fataleres: meine Gedanken vagabundieren herum oder wenden sich meiner Malerei zu, währenddem der Herr Pfarrer seine Logik abhandelt. Abends ging ich nach altem Brauch aus dem Jahre 1855 mit dem Bildhauer Oliva in die Messe nach Notre-Dame. Vater Felix predigt dort und die ganze Gemeinde singt ein Stabat Mater, eine alte, einfache Kirchenmelodie, welche etwas steif klingt, aber von 3000 Menschen gesungen doch auf einmal besonders feierlich ertönt. Da müsste man schon eine dicke Haut haben, um nicht ergriffen zu werden – sowohl durch den Prediger, wie durch diese einfache, bewegende Zeremonie. Am Samstag darauf kam ich hierher. Natürlich ging ich am Sonntag zur Messe, wo ich ebenso sehr die Lichtwirkungen und die Geschehnisse zu beobachten suchte, wie auch innerlich erbaut zu werden...

Ich habe noch nicht viel Landschaften nach der Natur gemalt, dies scheint mir doch nicht so viel Schwierigkeiten zu bieten, wie die Figur. Alles wirklich ganz gut zu machen ist natürlich immer schwer, und der liebe Gott muss uns schon dafür begabt haben, aber ein zufriedenstellendes Resultat ist dabei doch leichter zu erreichen.

Ihr völlig ergebener Albert

An Charlotte Anker

Paris, 2. Juni 1861

Liebe Tante,

...Was mich heute aber mehr beschäftigt, das ist eine eben begonnene Arbeit. Ich beginne mit einem grösseren Werk, das mir manche Sorge bereitet. Es stellt Katechumenen dar, welche in die Urkirche aufgenommen werden, in der Zeit, da man sich in den Katakomben versammelte. Da dies ein Thema ist, welches nicht besonders aufheitert und das Format das Übliche übersteigt, fürchte ich, dass ich später einmal ganz für mich der öffentliche Bewunderer meines Werkes sein werde.

...Zuweilen überkommt mich der Trübsinn wie den König Saul. Doch taucht hin und wieder im Hof unseres Hauses irgendein wandernder David mit seiner Handharmonika auf, aber mein Leiden ist zu tief verwurzelt, als dass es sich gleich in ein Nichts auflöste. Wenn die Arbeit gut von der Hand geht, bin ich erleichtert, aber wenn ich aus der Fassung gerate, überkommt mich eine abscheuliche Laune.

Ihr ergebener Neffe Albert

Erste Italien-Reise 1861/62

Marie Quinche-Anker berichtet:

Nach einigen Wochen Erholung und Arbeit in Ins bei seiner lieben Tante Annamaria, kam Fr. Ehrmann gegen Ende des Sommers, um ihn mit auf die Reise nach Italien zu nehmen. Ihr Plan war es, bis nach Neapel hinunter zu gehen. Sie machten in verschiedenen Städten Halt, blieben für einige Wochen in Venedig, dann in Florenz. (Marie Quinche, a.a.O. S.61)

An Charlotte Anker   Venedig, 25. September 1861

Liebe Tante,

Nach verschiedenen Aufenthalten bleiben wir nun eine Weile hier. In Italien angekommen, findet man allenthalben so bemerkenswerte Kunstzeugnisse, dass man keine Gründe findet, nicht ein Leben lang da zu bleiben. Es ist das Land der Malerei und der Maler. Neben den Meisterwerken erlebt man hier eine reiche Natur, das schöne Wetter und die Einwohner... Die Strassen, in welchen das Familienleben pulsiert, dann die schöne Rasse: Männer, welche umherbummeln, Träumer, Denker, die sich irgendwo am Schatten zum Schlummern hinlegen, und die Frauen, von denen gut die Hälfte modelliert werden könnte... In ihnen erkennt man die Modelle, welche die Alten für ihre Statuen verwendet haben und die Künstler der Renaissance für die Gemälde. Während 8 Tagen weilten wir in Mailand und arbeiteten auch im Museum. Etwas fiel mir auf: hier gibt es Meister, grosse Meister, deren Existenz niemand kennt... Was die Stadt Venedig anbelangt, kann ich nur feststellen, dass sie ihren Ruf verdient. Der grosse Platz, der Canale Grande, dieser orientalische Reichtum kommen mir märchenhaft vor. Abends, wenn alles unterwegs ist, spürt man eine festliche Atmosphäre. Die Kirchen sind gleichzeitig Museen, überall Gemälde grosser Meister, die Grabmäler der Dogen in grossartigem Stil erbaut, sind wahre Kleinode von Architektur... In einer dieser Kirchen habe ich fünf Reiterstatuen gezählt, zwölf zu Fuss; ungefähr vierzig Statuen von Propheten, Heiligen oder Engeln schmücken die Altäre. Diese Kirchen kommen mir in seltsamer Weise wie bewohnt vor: in jedem Winkel ein anderes Motiv, dann die Beichtstühle, die kleinen Kapellen, die Kruzifixe mit den Füssen Christi, welche durch die Küsse der Gläubigen abgenützt sind. Diese betreten den heiligen Raum im Alltagsgewand, sie scheuen den lieben Gott nicht, der ihre Lumpen sieht. Häufig verirrt sich ein Hund in einer Kirche, aber niemand lässt sich von ihm stören, niemand denkt, der Eindringling behindere die Zeremonien.

Ich habe eine Studie nach dem Himmelfahrtsbild von Titian angefangen. Jetzt arbeite ich nicht nach Natur: ich will in den Museen malen und zeichnen, möchte auch antike Werke in Gips modellieren. In einem Monat möchte ich eine Woche in Fischerdörfern zubringen; es liegen hier ein paar sehr malerische in den Lagunen, mit Wasserwegen entlang der Häuser...

Ihr ergebener Neffe Albert

Florenz, 19. November 1861

Liebe Tante,

Seit einigen Tagen wohnen wir in Florenz... Wir hatten unsere Mühe, Venedig zu verlassen, so gut waren wir dort aufgehoben. Unterwegs hielten wir in Mantua, Parma, Modena, Bologna an: schöne grosse Städte, reich an schönen Dingen. Obschon Armeen aus dem Norden oft geplündert und zerstört haben, sind doch viele Kostbarkeiten übriggeblieben... Es ist

Skizze aus Italien (Herbst 1861)

sehr zu wünschen, dass Italien ein Land wie jedes andere wird und die andern Völker hier nichts mehr zu suchen haben, seien es Attila, König der Hunnen, oder Franz, Kaiser von Österreich. Die Könige aus dem Norden haben weder die einen noch die andern zum Wohl dieses Landes beigetragen...

In Parma sind sehr schöne Bilder Correggios zu sehen, – ein einmaliger Mensch. Ich war glücklich, während 8 Tagen in seiner Vaterstadt arbeiten zu können. Wir hatten kaltes, nasses Wetter, so bleibt mir von dieser Stadt, abgesehen von jenen Bildern, keine besonders gute Erinnerung. Zunächst: man begegnet hier nicht wie in Venedig auf Schritt und Tritt jenen schönen Gestalten, welche für Maler eine Augenweide sind, dazu kommt ein übelklingender Dialekt. Die Parmesaner verschlucken die letzten Silben... sprechen durch die Nase, es klingt seltsam.

Abends gingen wir ins Theater, sassen für 12 Sous in Sesseln mit rotem Samt. Da schlief ich regelmässig ein, denn treu unserer Familientradition habe ich einen frühen Schlaf.

Bologna ist eine beachtliche Stadt mit einem grossen Museum, vielen Palästen und sehr alten Ruinen. Sie hat sichtlich weniger unter den Räubern aus dem Norden gelitten. Wir sind auch dort 8 Tage geblieben. Aber trotzdem alle jene Städte ihr besonderes Gesicht haben, kann nichts mit Florenz verglichen werden. Behutsam will ich mit meinem Notizblock durch die weiten Museen pilgern und hier das Dringlichste zu zeichnen versuchen, ohne mich in diesen riesigen Galerien zu verlieren. Etwas sagt mir besonders zu: es gibt hier eine Malakademie am Abend: nach einer kleinen Aufnahmeprüfung werden wir wie die Italiener aufgenommen. Es gehörte zu den Erschwernissen unserer Reise: die Abende sind lang und schliesslich langweilt man sich auch in den Cafés. Gewiss fanden wir Zeitungen und Spiele vor, aber auch das wirkt auf die Dauer eintönig. Dann sind die Zimmer nicht geheizt, man kann sich der Kälte wegen dort nicht aufhalten...

Bitte melden Sie mir, wie es mit den Herbstarbeiten im väterlichen Hof steht. Oft kommen sie mir in den Sinn und ich hoffe sehr, dass die Arbeiter in diesem Herbst durch nichts aufgehalten worden sind.

Ihr ergebener Neffe Albert

Marie Quinche-Anker:

In Florenz erkrankte Albert Anker an Typhus und lag während drei Wochen bewusstlos. Sein Freund pflegte ihn mit grosser Hingabe. Er fand einen guten Arzt, Dr. Kirch, an den sich beide dankbar erinnerten. Er besorgte ihm zwei Pfleger, welche einander am Krankenbett ablösten. Erst als Albert Anker sich wieder erholte, setzte F. Ehrmann die Reise mit A.-A. Hirsch fort, welcher ihnen gefolgt war. Darauf kam Dr. Anker mit seiner Frau und nahm Albert heim nach St-Blaise, wo er völlig genesen konnte.

Albert Anker sprach mit tiefer Dankbarkeit von der Hilfe, die ihm der Freund erwiesen hatte. Davon berichtet ein Brief an dessen Vater nach Strassburg. (Marie Quinche, a.a.O. S.61)

An Vater François Ehrmann, in Strassburg

St. Blaise, 4. März 1862

Mein Herr,

Gestern habe ich von François einen Brief erhalten. Er bittet mich, ich möchte mich direkt an Sie zur Begleichung der Kosten wenden. Dies tue ich umso lieber, als ich Ihnen ohnehin von unserem Italienaufenthalt berichten wollte. Auch möchte ich Ihnen sagen,

Ausschnitt aus einem Brief an das Patenkind Albert Roulet in St-Blaise

welch grosse Dankbarkeit mich gegenüber François erfüllt im Gedanken an seine aufopfernde Hilfe während meiner Krankheit.

Ohne ihn wäre ich in Florenz sicher gestorben. Zunächst hat er mich aus den Händen eines italienischen Arztes erlöst, dann nahm er mich zu sich, hat mich mit Hilfe von zwei vorbildlichen Pflegern ständig während jenen drei Wochen betreut, in welchen ich mich wie ein Wahnsinniger benahm und immer weglaufen wollte. Meinetwegen hat er einen mühsamen Januar verbracht und sich nie darüber beklagt. Zufolge der grossen Ermüdung war er selber einige Tage unpässlich. So habe ich mich sehr für ihn gefreut, wie er nach Rom weiterreisen konnte, weg von so mühsamer Arbeit, die mit Malerei nichts zu tun hat – um die Arbeit in einer Stadt wieder aufnehmen zu können, welche ihn dazu sehr ansporte. Was mich betrifft, so hoffe ich, ihm auch einmal einen solchen Dienst erweisen zu können... Es geht mir langsam besser. Meine Genesung ging ungestört vonstatten, weil ich hier beim Onkel bin – da konnte ich nicht einfach meinen Phantasien nachgeben und meinen ausgehungerten Magen verderben.

Empfangen Sie samt Ihrer Familie meine Grüsse
in Hochachtung Albert Anker

Kinder- und Bildersorgen

Einem Brief an seinen Neuenburger Künstlerfreund Albert de Meuron entnehmen wir, dass Anker für das Kind eines Inser Lehrers das Patenamt übernommen hat. Im Lauf der folgenden Jahre werden wir Ankers besonderem Interesse an den Inser Schulen und ihren Lehrern begegnen. Ein Grundzug seines Lebens und Schaffens ist die tiefe, doch gänzlich unsentimentale Kinderliebe. Viel später vernehmen wir, dass er mindestens 25 Patenkinder hatte!

Anker an Frau Bachelin   15. November 1890

...Ich hatte mindestens 25 Patenkinder, mein Vater 50. Wie soll man Zärtlichkeit über so viele Kinder ausbreiten? Schliesslich werden sie uns gleichgültig...

Albert de Meuron (1823–1897)

Der Sohn des Alpenmalers Maximilien de Meuron hat zunächst an der Kunstakademie Düsseldorf, später in Paris an der Ecole des Beaux-Arts studiert. Im Sommer 1864 widmet er sich zusammen mit seinen Freunden Anker und Dardel im Bernina-Gebiet der

Das Schulexamen, 1860, Ausschnitt (Œuvre-Katalog Nr. 46)

Gebirgsmalerei. Später nimmt er sich ganz besonders der Neuenburger Kunstpflege an, plant mit A. Bachelin das dortige Kunstmuseum und organisiert Kunstausstellungen. Früh ist er auch Mitglied der Eidgenössischen Kunstkommission, lange Zeit mit Albert Anker. Sein Biograph, Philippe Godet:

«...Aus Paris brachte er eine freiere, damals ganz «moderne» Fraktur zurück, die er bei der Darstellung des Hochgebirges verwertete; er lebte in den einsamen Höhen mit den Hirten und Jägern, indem er so in Musse den Charakter der Landschaft in sich aufnahm... Sein ‹Iseltwald› und besonders seine ‹Hirten von der Bernina› (Museum Neuenburg) setzen uns heute durch ihre Luft- und Lichtwirkungen in Erstaunen...» (Ph. Godet, in ‹Die Schweiz im 19. Jh.› Bd. II: Kunst in der französischen Schweiz)

An Albert de Meuron   Ins, 15. August 1862

Eben habe ich ein noch nicht jähriges Kind gezeichnet; es hat mir die Stube genässt und erbrochen. Da braucht es doch einige Geduld und viel Zeit, um nach Natur zu arbeiten!... Nächsten Sonntag bin ich Taufzeuge beim zwölften Kind eines Lehrers. Seine Kinder sind alle gut erzogen, er lebt mit einem armseligen Lohn... Die Sorge um meine Bilder erinnert mich schmerzhaft an die Berge, wo wir zusammen die schmalen Weglein gemalt haben. Ein Landschaftsmaler hat es schön: man kann sich an den Schatten setzen und die Natur beobachten...

Probleme mit Kindermodellen – Stammtisch in Paris: Tagespolitik

Noch im Lauf des Jahres 1862 hat die Berner Regierung bei Anker ein Bild bestellt. Darüber schreibt er dem Tiermaler J.J. Guillarmod in einem undatierten Brief:

«Stell Dir vor, die Regierung hat mir ein Bild bestellt. Dessen Programm entspricht ziemlich genau meinem ‹Schulexamen›. Ich habe es der Künstlergesellschaft vorgelegt, und sie will es der Regierung empfehlen. Diese wird es sicher kaufen. Der Preis ist auf 3000 angesetzt.» (Œuvre-Katalog zu Nr. 46)

An Charlotte Anker

Paris, 19. Januar 1863

Liebe Tante,
... Bald werde ich nach Ins zurückkehren. Ich werde Arbeit auf den nächsten Sommer hin vorbereiten, und für diese Arbeit brauche ich die Inser Modelle. Wirklich: hier bereitet es mir zehnmal mehr Mühe, mir solche zu beschaffen, die Eltern wehren sich und ich verdenke es ihnen nicht. Sie können doch ihre Kinder nicht dem Erstbesten anvertrauen...

Heute hat es geschneit, zum ersten Mal diesen Winter, die Luft ist feucht, der Schnee wird nicht lange bleiben. Ein übler Sonntag, dunkel und grau, das Feuer brennt und ich habe den ganzen Tag über gearbeitet. Ich bin nur zum Essen aufgestanden, mein Menu bestand aus Muscheln, Suppe und Rindfleisch...

Ihr ergebener Neffe Albert

Paris, 7. März 1863

Liebe Tante,
... Mein Leben hier ähnelt demjenigen in Ins, nur gehe ich abends zu einem Bierbrauer aus Zürich essen. Am meisten bewegen uns in diesen Tagen die Nachrichten aus Polen, welche alle Kunden Vater Hoffmanns (der Bierbrauer) erregen. Hier unsere abendliche Tischrunde: Ehrmann, dann unser Freund Hirsch, aus demselben Atelier wie wir, schöner dunkler Junge, heiter und geistreich, guter Musiker, zu allem Möglichen geschickt; er soll auch ein vollkommener Tänzer sein. Er malt die Dinge der alten Welt in einem vollkommen reinen Stil, und ich denke, dass er eine glänzende Laufbahn haben wird. Dann ein Astronome, ein gemütvoller Gelehrter. Ein anderer Maler, namens Bertrand, ein Junge, der etwas auf sich hält und hart arbeitet. Er hat lange Zeit in Rom gelebt und malt ausgezeichnet. Der letzte der Runde ist Notar, namens Rougemont. Er hat die Rechte studiert, seinen Vater verloren und am Feldzug auf Garibaldis Seite in Sizilien teilgenommen. Nun wird er nach Polen abreisen. Er ist ganz in der Politik zuhause, in einem ritterlichen Überschwang, lebendig wie Pulver. Wir lächeln über ihn, aber teilen doch seine Ideen, stehen auf der Seite der roten Republik; die Grausamkeiten, welche begangen werden und die Lauheit der Diplomaten bringen die ruhigsten Bürger und die harmlosesten Maler zur Verzweiflung. Wir alle hassen von ganzem Herzen alle Machthaber, Despoten, Tyrannen, die der Geheimpolizei, die wie Blei auf unserer Welt lasten; für sie kennen wir kein Erbarmen.

Bis auf einige Bereinigungen werde ich mein Bild in zwei Tagen vollendet haben. Es ist nicht übel und ich werde dafür hier 4000 Fr. oder 3000 in der Schweiz verlangen; ich möchte ja nicht, dass meine Arbeiten in alle Himmelsrichtungen zerstreut werden. In zwei Monaten werde ich sehen, ob diese Käufer mit ihrem dicken Geldbeutel anrücken. Bis dahin muss mir Herr Sigri, mein Verwalter, aushelfen. Bis mir die gebratenen Tauben in den Mund fliegen, brauche ich noch ein paar Rappen, um jeden Tag Suppe und Braten bezahlen zu können...

Ihr ergebener Neffe Albert

Herblay, 25. April 1863

Liebe Tante,

Da bin ich wieder auf dem Lande in Herblay, wo ich einige Tage bleibe... Es ist 9.15 Uhr und schon schlummert jedermann im Haus und im Dorf. In wenigen Tagen kehre ich nach Paris zurück, um dort die Ausstellung zu besuchen. Ich bringe ein nettes Bildchen mit, welches zwei kleine schreibende Mädchen darstellt. Kein bemerkenswertes Thema, ich hatte meine Mühe damit. Diese kleinen Modelle haben sich so sehr an mich gewöhnt, dass ich ihrer nicht mehr Meister werde. Ganz in der Nähe liegt ein Park: da gehe ich mit ihnen spielen, und ach, meine Autorität ist geschwunden, sie wollen immer nur spielen.

Ich sehe nach der Türe: Mutter Martin hat mir ihre Wäscherechnung hingeschrieben: «drat 12, ridot 4» – undsoweiter. Sie weiss weit mehr über Gartenbau als über Orthographie. Sie besitzt die schönsten Fruchtspaliere der Welt, sehr schön und sauber geschnitten und aufgebunden. Davon weiss sie eine Menge zu erzählen, erinnert sich ihrer Birnen auf Jahre zurück.

Ihr ergebener Neffe Albert

Zeichnung aus Herblay
(April 1863)

Heirat – Inser Heim
1864–1866

1864: Heirat mit Anna Rüfly

Wir sind Anna Rüfly, der Freundin von Albert Ankers Schwester Louise, ganz am Anfang schon begegnet: sie hat die um zwei Jahre jüngere Louise gegen allzu straffe Erziehungsgrundsätze des Vaters in Schutz genommen. Dieser hat sie in erstaunlichem Mass respektiert und mit ihr später manchen Brief gewechselt. Über den Tod des Vaters hinaus hat Albert Anker die Verbindung mit ihr aufrechterhalten...

Anna Rüfly (1835–1917)

ist in Biel als Tochter eines Metzgermeisters aufgewachsen und hat ihre Mutter früh verloren. Eine verständnislose Stiefmutter hat sie mit ihrer Härte von zuhause vertrieben. Ihr letztes Schuljahr verbrachte sie in Neuenburg, wo sie die Schwester Ankers kennengelernt hat. Der Literatur-Professor Louis Favre hat sie in die französische Sprache und Literatur eingeführt. (Louis Favre, 1822–1904, unterrichtete in den Schulen von Le Locle und La Chaux-de-Fonds, wirkte seit 1849 als Lehrer und Rektor am Neuenburger Gymnasium; von 1866 bis 1904 war er Professor an der Neuenburger Académie. Dem Neuenburger Gemeinwesen stellte er sich als Generalrat 1870–1887 und als Grossrat 1874–1877 zur Verfügung. Literarisch und künstlerisch tätig, half er u.a. das Neuenburger Musée d'Art et d'Histoire mitbegründen.) Später nimmt Anna Rüfly Erzieherinnenstellen in der Schweiz, in Dänemark und Russland an. In Odessa am Schwarzen Meer weilt sie bei einer Familie Köhl und übernimmt die Patenschaft für ein Kind, den späteren Arzt Dr. Emil Köhl in Chur. Manche Briefe Annas an ihren Mann sind aus Chur datiert, wohin sie durch die befreundete Arztfamilie eingeladen wurde. Anna Anker-Rüfly war ihrem Mann eine liebevolle, sorgliche Gefährtin. Noch mehr als ihn muss sie das grosse, alte Haus mit seinen vielen Stuben, Kammern und Treppen belastet haben, hinzu kam das rauhe Inser Klima, an welches sie sich nie hat gewöhnen können. Sie ist darum gern im Winter nach Paris gezogen, ging mit Vorliebe jeweils für einige Tage nach Neuenburg oder Biel.

In ihr ‹Christliches Gedenkbüchlein› von 1856 hat Anna Anker sorgfältig die wichtigsten Familienereignisse eingetragen. Sie hat das Werden vieler Werke ihres Mannes freundlich-kritisch begleitet.

Anna Anker-Rüfly (um 1870)
Zeichnung von A. A. Hirsch

«Oft, wenn ein Gemälde im Zustand einer gewissen ‹Unfertigkeit› sehr lebendig, modern wirkte, und selbst seine Frau ihn bat, es so zu belassen, fühlte er sich verpflichtet, es bis ins Einzelne altmeisterlich auszumalen...» (Hans Zbinden, in ‹Albert Anker in neuer Sicht› S. 12, Berner Heimatbücher Nrn. 81/82/83, 1961)

«Aus uns Malern werden seltsame Ehemänner...»

Über seine Heiratspläne wird Albert Anker die besten Freunde ins Bild gesetzt haben. Albert de Meuron liess ihm offenbar eine sanfte Warnung zukommen.

An A. de Meuron   7. März 1864

Vielen Dank für Ihre um mich so besorgten Zeilen! Aber Sie werden sicher erleben, dass mir dieses Mädchen in jeder Beziehung ebenbürtig ist. Machen wir uns doch nichts vor: aus uns Malern werden seltsame

Ehemänner. Und Frauen, welche in Familien aufwuchsen, in denen nie das Tüpfelchen auf dem i fehlte, haben Grund uns komisch zu finden. Meine Freundin wird beweglich genug sein und mich an keinem einzigen Pinselstrich hindern. Hinzu kommt, dass sie ja unser Heim seit 14 Jahren kennt, war sie doch mit meiner Schwester eng befreundet und von kindlicher Liebe zu meinem Vater erfüllt. Ihm hat sie in all den Jahren geschrieben, als sie im Ausland weilte. Als ich sie nach 10 Jahren wieder sah, war ich erstaunt, nicht einer pedantischen Gouvernante zu begegnen, sondern einem Mädchen, wie meine Schwester war. Darum weiss ich, dass sie mir weder hier noch in Paris Sorge bereiten wird. So wünsche ich Ihnen das Gleiche! ...

An Anna Maria Anker   Biel, den 16. Oktober 1864

Liebe Tante,

Dies ist die Anzeige, mit der ich den Leuten melde, dass ich heirathen will. Nun, jammert ja nicht und bekümmert Euch nicht, was aus Euch werden soll. Ihr wisset ja, dass Anna Rüfly keine unverschämte Person ist. Es soll im Hause nicht anders sein, als wenn unsere Luise selig noch da wäre. Und wenn es die Noth erfordert, so wollen wir Sorg haben zu Euch, wie Ihr es so vielfach um uns alle verdient habt.

Euer dankbarer Albrecht

Marie Quinche-Anker:

«Heimkehren, eine geheizte Stube mit einer hellen Lampe auf dem Tisch vorfinden», sagte er öfters. Dieser Traum sollte nun in Erfüllung gehen.

Von da weg verbrachte Anker ziemlich regelmässig die Winter mit der Familie in Paris, die Sommer im Hause des Grossvaters in Ins. In seinen Stuben mit allem Drum und Dran, welche er in seinen Briefen allzu oberflächlich beschreibt, wird manches anders. Er gibt sich häufig mit seinen Kindern ab. Von ihrer frühesten Kindheit an beobachtet er sie, zeichnet sie in entzückender Weise, wird Kind, um mit ihnen spielen oder arbeiten zu können. Sie hatten nie eine Ahnung davon, dass er sich in ihr Fassungsvermögen hineinversetzte, um mit ihnen zu spielen oder ihnen manche Geschichte zu erzählen.

Später, wie die Kinder in Paris während des Winters zur Schule gehen und die Geschichte Frankreichs auf dem Programm steht, erklärt der Vater ihnen die Aufgaben. Er zeichnet grosse Wandtabellen, lässt sie Pläne mit der Geschichte Frankreichs zusammenstellen, damit sie sich Daten und Ereignisse einprägen können. Den Sommer über wäre es nach den sechs Monaten Schule in Paris schwierig, die deutschsprachige Dorfschule von Ins zu besuchen. Aber es geht weiter mit den Geschichtsstunden – im Atelier. Französisch wird durch die Mutter unterrichtet – freilich fehlt diesem Unterricht der Zusammenhang, es braucht einige Anstrengungen, um im Herbst wieder auf der Höhe der Klasse zu sein. Um diesem Umstand zu begegnen, besuchen die Kinder der Reihe nach während einigen Jahren den vollen Unterricht in Paris. Albert Anker schreibt ihnen regelmässig und berichtet, was zu Hause geschieht.

In Paris befreundet sich die Familie mit den Familien seiner Freunde – und in Ins festigen sich die Freundschaftsbande, die schon zwischen Anker und einigen Nachbarn bestanden.

Ehrungen und Ermunterungen blieben nicht aus. Schon während seinen Studienjahren erhielt er 1856, 1857 und 1858 drei Silbermedaillen der ‹Ecole des Beaux-Arts› und am Salon von 1866 die Goldmedaille. In London erhielt er 1872 eine Bronzemedaille, in Wien eine Bronzemedaille, später den Orden von St. Michael. (Marie Quinche, a. a. O. S. 87–89)

Louise Anker (1867)

Inser Alltag – Geburt von Louise

An François Ehrmann Ins, 26. Mai 1865

Lieber Ehrmann,

Nun sind wir seit drei Wochen in unserem Dorf heimisch. Meine Frau richtet das Haus ein und ich arbeite nach Natur. Ich male aufmerksam und mit Freude: seit langem habe ich nicht so eifrig hinter meiner Arbeit gesessen wie jetzt. Wir bleiben bei den alten Gewohnheiten, stehen um 5 Uhr auf und gehen mit den Hühnern zu Bett. Ich habe gleich ein paar Bilder angefangen... Sollte jemand von Euch im Lauf des Sommers hierherkommen, so ist er uns sehr willkommen. Hier gibt es Landschaften und Häuser zu machen, weniger Intérieurzeichnungen, doch gedenke ich, bald einmal Modelle kommen zu lassen...

Dein Freund Anker

Im Herbst 1865 kommt die Tochter Louise zur Welt. Bis zum Ende ihrer Schulzeit hat Albert Anker sie gezeichnet und gemalt. Am bekanntesten dürfte das Porträt sein, welches sie in einer Jacke mit Samtaufschlägen und mit einem Hut in der Hand zeigt: «...in Ankers Lebenswerk ein einmaliger Höhepunkt» (Hans Zbinden). Es hängt heute in der Sammlung der Oskar Reinhart-Stiftung Winterthur. (Œuvre-Katalog Nr. 192).

Ein paar Wochen später zieht die junge Familie erstmals nach Paris. Dort erhält der Maler aus Bern von Rudolf Durheim ein willkommenes Päckchen, das er gleich verdankt.

Rudolf Durheim (1811–1895)

Während 30 Jahren standen Durheim und Anker in brieflichem Kontakt. Von seinen Reisen in den Orient hat Durheim viele Aquarelle und Zeichnungen zurückgebracht. Anker war zu Lebzeiten Durheims einer der sehr wenigen Berner, die sich für das Schaffen des Vielgereisten interessiert haben. Gleich nach seinem Tod hat Anker sich dafür eingesetzt, dass die Gottfried Keller-Stiftung aus dem Nachlass Studien Durheims für das Berner Kunstmuseum ankaufte.

An Rud. Durheim, Bern 16. November 1865

Lieber Herr Durheim,

Der Tabak ist richtig angekommen, und wir danken Ihnen für die gut besorgte Kommission. Nun kann ich mit arabischem Wohlgeruch das Zimmer beräuchern, ohne eine Jeremiade zu hören...

Anna Maria an die Familie Albert Anker nach Paris
Ins, den 13. Hornung 1866

Meine Lieben!

Hier schicke ich die zwei Briefe... Ich muss Euch um Rath fragen, was wir wieder mit unserem Keller anfangen sollen, wir haben seit 10 Tagen immer viel Wasser, man mag ihm gar nicht Meister werden. Es macht mich fast krank. Der junge Küfer und unser Rösi stellten sich bis dahin recht tapfer, ein ganzer Tag bis des Nachts 8 und 9 Uhr. Bis dahin zeigten sie keinen Unwillen, sie dauern mich noch, so einen ganzen Tag an der Pumpe zu ziehen ist mühsam. Wir haben fast immer Regen, unsere Matte hat viel Wasser, man wird wohl noch jemanden anstellen müssen, um ihnen zu helfen. Ich kann ihnen nicht viel helfen wegen meiner Schwäche im Kreuz.

Küsset die liebe Kleine für mich. Ich grüsse Euch alle herzlich.

Rathhaus Wirts grüssen Euch freundlich, Annamarie musste auch schon 4 Tage das Bett hüten.

Euere getreue Tante
Annamaria Anker

Aus dem Bilderbuch Albert Ankers für Louise (1867)

Fayencemalerei 1866–1893

Im ‹Livre de vente› notiert Anker: «6 avril 1866: de Deck faience – – – 40.–». Damit ist uns der Hinweis auf eine künstlerisch-handwerkliche Arbeit Ankers gegeben, welche wenig bekannt, doch für Anker und seine wachsende Familie neben allem persönlichen Interesse materiell sehr ins Gewicht gefallen ist. (Für Fayence-Arbeiten hat Anker im Lauf der 27 Jahre Aufträge im Gesamtbetrag von rund 140 000 Fr. entgegengenommen; bei einem zuweilen sehr schwankenden Jahreseinkommen verdiente er sich mit diesem Erwerbszweig oft mehr als die Hälfte aller Einnahmen.)

Im Restaurant des Bierbrauers Hoffmann hatte Albert Anker am Künstlerstammtisch den Wiederentdecker altchinesischer Fayence, Theodor Deck (1823–1891), kennengelernt – wie Ehrmann und Hirsch ein Elsässer. Die Künstler, unter ihnen manche ehemalige Schüler aus dem Atelier von Ch. Gleyre, bildeten mit Deck zusammen eine Arbeitsgemeinschaft: aller Gewinn wurde halb und halb zwischen Künstlern und Fabrikant geteilt. Auf dieser auch materiell kameradschaftlichen Basis hat sich zwischen Albert Anker und Theodor Deck bis zu dessen Tod eine feste Freundschaft entwickelt.

Nicht selten kommt Anker in seinen Briefen auf die Arbeit zu sprechen, welche ihm die bitternötigen «petits sous» brachte, aber auch Ärger, als seine Arbeitgeber immer mehr Mühe hatten, ihn zu entschädigen. Sicher ist, dass dem handwerklich interessierten Künstler die Mitarbeit in angewandter Kunst auch Freude bereitet hat. Leider sind die meisten Fayence-Arbeiten Ankers nicht zugänglich, einzig das Genfer Kunstmuseum besitzt ein schönes Exemplar. Ankers Fayence-Entwürfe, deren Themen er vorwiegend aus der Geschichte Frankreichs, auch aus Mythologie und Bibel entnommen hat, wirken frisch und lebendig.

Die folgenden Briefausschnitte beleuchten Ankers Interesse an dieser Arbeit:

«... Der Herr Deck, dessen Fayence Sie in Guebwiller gesehen haben, ist tatsächlich der Fayencier, der uns seit vielen Jahren bekannt ist. Einige meiner Freunde und ich haben bei ihm gearbeitet. Wir kannten ihn schon, als er noch nicht der berühmte Mann war, als welcher er heute bekannt ist.

Er stellte unzählige Versuche an, inspirierte sich von den ältesten Fayencen der Perser und Chinesen. Er hat das Verfahren wieder entdeckt, das den Chine-

Theodor Deck (1823–1891)

sen verloren gegangen war. Die Mitarbeit von Künstlern hat seinem Haus natürlich nicht geschadet; an allen Ausstellungen hat er erste Preise gewonnen. Sie waren zwei Brüder und zwei Schwestern, alle unverheiratet. Der ältere Bruder war ein ganz ausgezeichneter Mann. Leider ist die Schwester gestorben, welche den Verkauf innehatte...» (An L. Favre, 10.9.1885)

«... Deck feiert sein Jubiläum: seit zehn Jahren hat er versucht, geflammtes Porzellan herzustellen, eine alte chinesische Kunst. Es ist ihm gelungen; nun wird er die Sache exportieren. Kein einziger Europäer hat je diese Kunst nachahmen können, und weder Chinesen noch Japaner verstehen sich heute noch darauf, sie so fein wie ihre Vorfahren herzustellen...» (An A. de Meuron, 1879)

«... Kürzlich hat mich Frl. Deck gebeten, Köpfe wie die der Debora von Frauen des Alten Testamentes zu machen: die Frau des Potiphar, Isebel, Athalia etc. Ich habe mit einer Potiphar begonnen, sie fiel so gut aus, dass es schon nicht mehr wie Fayence ist, sondern der Entwurf zu einem Bild. Vielleicht lasse ich ein Modell kommen, um eine Zeichnung zu machen.

... Nun habe ich wieder an der Fayence der Antigone gearbeitet, aber die Fayence interessiert mich gegenwärtig nicht besonders. Die Frau Potiphar geht mir durch den Kopf; von ihr möchte ich eine Farbskizze anfertigen. Sie sieht nicht besonders anständig aus, ... hier siehst Du, wie sie in ihrem Bett sitzt: ...man sieht ihr bis zum Nabel, aber nicht weiter hinunter. Dies wird auf der Höhe gegenwärtiger moderner Kunst stehen...» (An Frau A. Anker, März 1874)

«...Ich habe Ihren Brief erhalten und will Ihnen gerne die drei Köpfe zeichnen. Dies habe ich ja nun schon während vielen Jahren unternommen... und habe ungefähr 150 verschiedene Köpfe im Lauf der Zeit gezeichnet. Ich habe die Geschichte, das Theater und die Welt des Olymps ausgeschöpft... Einmal habe ich einen Bacchus und eine Ceres für ein Esszimmer in Fayence angefertigt; beide massen im Durchmesser 60 cm und schienen doch nicht grösser als in Naturgrösse dort, wo sie an der Wand hingen... Beiliegend die drei Skizzen...» (An A. de Meuron, 3. März 1886)

«...Gelegentlich habe ich Fayencen gemacht, welche an der Wiener Ausstellung zu sehr guten Preisen verkauft werden konnten. Der Fayencier wollte sein Schaufenster mit vier grossen Platten im Durchmesser von 60–70 cm schmücken und bat mich, sie herzustellen. Zwei wurden verkauft, die eine für 5000, die andere für 4000. Ich habe meinen Augen nicht getraut, als ich die Preise sah...» (An L. Favre, Mai 1873)

Dazu Marie Quinche-Anker:

Der ältere Deck mit dem Übernamen «der Dicke» war gewaltig, breit und kräftig, ein freimütiges, intelligentes und feines Gesicht. Diese Brüder hatten in einem schönen Garten ihre Fabrik eingerichtet, den Ofen und ihr Wohnhaus. Sie fabrizierten Spezialemails und fanden neue Farben heraus, die rasch bekannt wurden. Neben Ziergefässen wie Lampen, Tischplatten, Vasen usw. brannten sie riesige Teller und grosse Platten. Diese Platten und Teller, von denen etliche im Durchmesser gegen einen Meter massen, wurden Malern anvertraut, die sie unter Email dekorierten. Zumeist waren es geschichtliche Gestalten. So schuf Albert Anker eine ‹Jungfrau von Orléans›, eine ‹Genoveva›, ‹Marie-Antoinette›, ‹Ludwig XI.›, ‹Frau von Sévigné›, eine ‹Judith›, eine ‹Theodora›, ‹Ambroise Paré› und viele andere. Unterlagen für diese Arbeit holte er sich in der Nationalbibliothek, wo er eine Menge kleiner Einzelvorlagen zeichnete. Da fand er auch die Porträts, welche er benötigte.

Die Gebrüder Deck lebten mit zwei Schwestern zusammen. Frl. Anna war mit dem Verkauf beschäftigt. Der ältere der zwei Brüder wurde später Direktor der nationalen Porzellanfabrik in Sèvres. Während zwan-

Marie und Cécile Anker, Fayence-Anhänger, von ihrem Vater nach zwei Ölportraits gemalt (Œuvre-Katalog Nr. 186/187)

zig Jahren hatten die Deckschen Fayencen grossen Erfolg. Das Heikle dabei war der Brand, zuweilen wurde eine der grossen Platten gespalten oder gewisse Farben kamen beschädigt aus dem Feuer. Überdies war es nicht möglich, Bleistiftstriche auf der rohen Tonerde zu verbessern oder auszulöschen. So musste der Künstler die Bilder rasch und ohne Korrekturmöglichkeit auf die Fayence übertragen. Von da her sind diese grossen vollendeten Zeichnungen zu erklären, welche wir kennen. (Marie Quinche, a.a.O. S. 97 bis 98)

Ins – Paris – Ins
1867–1886

Familienfreude, Familienleid: 1867–1869

Den Winter 1867/68 hatte die Familie nach der Geburt von Rudolf in Ins zugebracht, sicher mit Rücksicht auf die Mutter und das Kleinkind.

Die folgenden Briefe sind alle an *François Ehrmann* gerichtet.

Ins, Frühjahr 1868

«...Seit Neujahr hat der ‹Bären› den ‹Kladderadatsch› (deutsche satirische Zeitschrift, R.M.) abonniert. Ich spähe nach Karikaturen und schicke Euch von den Besten die Kopie. Gegenwärtig ist aber meistens nur Bismarck zu sehen. Hier schicke ich Dir einen ‹kranken Napoleon›...

Ins, Februar 1868

Lieber Ehrmann,

...Da sind wir auf den Winter hin eingerichtet, der schon zur Hälfte vorüber ist. An einem Tag war es zwischen 11 und 12 Grad unter Null. In der kältesten Nacht bin ich zu Fuss von St. Blaise nach Ins heimgekehrt. Ich habe mein Halstuch um den Kopf gebunden, so dass mir die Kälte nichts anhaben konnte. Bei dieser Kälte habe ich Mühe mein grosses Atelier zu erheizen – trotz den zwei Öfen. Wenn es dort aber richtig warm ist, fühle ich mich darin sehr wohl. Die hellen Tage fördern meine Arbeit noch mehr als der Monat Juni. Den Bildern, die ich jetzt male, fehlt die gute Grundlage, ich tröste mich, so gut es geht, denn ich bin oft betrübt, dass mir nichts Besseres gelingen wird. Jetzt eben mache ich ein winzig kleines Bild: eine Alte, welche einem kleinen Buben Bilder zeigt. Man kann es in die Tasche stecken, wie das Bild unserer Kleinen mit den Dominosteinen. Gerne möchte ich bald einmal etwas Grösseres beginnen. Du bist «im Werden», hast deine Pläne, berechtigst zu glänzenden Hoffnungen. Du hast noch nicht dein Bestes gegeben, ich aber habe schon alle meine Talente gezeigt, neue Überraschungen sind von mir nicht zu erwarten. Ich will leben wie ein alter Weiser, dies ist die Tugend der Familienväter. Ich mache mir keine Illusionen und wage mich nicht zu hoch hinauf. Ein Waghals bin ich nie gewesen!

Dein Freund Anker

Deinem Patenkind geht es gut. Es hat einen guten Appetit und Schlaf. Ich trage den Kleinen weniger umher als einst seine Schwester. Unser Haus wimmelt von Frauen, die dies besorgen.

(Ehrmann und Leon Berthoud waren Paten des kleinen Rudolf.)

Ins, Sommer 1869

Lieber Ehrmann,

Herzliche Gratulationen zur Geburt Eures Kindes... Hier habe ich ein historisches Bild in der Arbeit. Ich musste für ein Geschichtsbuch, das in Bern herauskam, eine Zeichnung machen. Das Bild zeigt Vorposten in einem unserer Religionskriege. Sie essen miteinander eine Milchsuppe anstatt sich die Köpfe blutig zu schlagen. Das Ereignis heisst ‹Kappeler Milchsuppe›. Alle unsere Geschichtsbücher berichten davon. Ein Strassburger Bevollmächtigter, Sturm, kam dazu und half mit, dass es zum Friedensschluss kam. Der Landschaft wegen war ich zunächst in Nöten, dazu musste ich für die Gewänder hierhin und dorthin eilen. Die Inser Bibliothek gab mir hierüber keine Auskunft. Wie oft hätte ich gerne die Meinung von Freunden in Paris angehört. Hier hindert mich niemand daran, etwas falsch anzupacken.

Mein Bild ‹Das Neugeborene› wird in der Schweiz, im Lausanner Museum bleiben... (Œuvre Katalog Nr. 44)

Dein Freund Anker

Entr'acte musical

Am 29. Februar 1868 ist der Inser Männerchor neu gegründet worden. Albert Anker liess sich zum Präsidenten wählen – das erste «offizielle Amt», welches er

Die Preisrichter in Albert Ankers Bericht von 1868

wohl in seiner Heimatgemeinde bekleidet hat. Er hat auch den ‹Bericht über das Gesangfest in Murten abgefasst› zur Erbauung und Belehrung folgender Geschlechter – mit viel Witz und Humor und einer Prise Selbstironie. Das von den Insern vorgetragene Wettlied ‹Beim Ahorn zu Truns› wurde von den Preisrichtern nicht hoch bewertet, und die Rangverkündigung liess bei den Insern lange Gesichter erscheinen. So schliesst der Bericht:

«O wäre meine Stimme wie Äolsharfe so süss, um den folgenden Generationen diese schöne Lehre beizubringen: GEHET NICHT AN ENTFERNTE & NICHT AN GROSSE FESTE; die kleinsten Feste sind die gemütlichsten; da kennen die Leute einander fast alle & fühlen sich nicht abgestossen von Seiten der sich-gross-dünkenden, wie man sie zuweilen in den Städten antrifft.»

Rudolfs Tod

Im Frühjahr 1869 hatte Albert Anker das Bild ‹Der Neugeborene› vollendet (Kunstmuseum Lausanne). Vielleicht war es durch die Freude am Wachsen des kleinen Rudolf inspiriert. Diese Freude spiegelt uns das Gesicht des Kleinen mit seinen hellen, offenen Augen wider. Darauf folgt der plötzliche Tod. Über

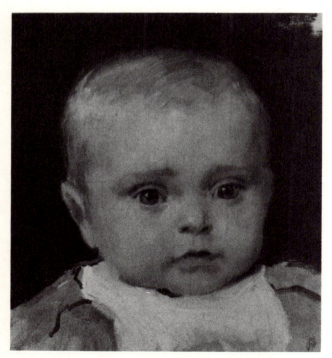

Rudolf Anker (um 1869), Ölstudie (Œuvre-Katalog Nr. 510)

dem Kind, das er auf dem Sterbebett gemalt hat, stehen die Worte «der liebe, liebe Ruedeli» (Œuvre Katalog Nr. 140).

Zum 25. August 1869 schreibt Frau Anker in ihr Gedenkbüchlein:

«Heute hat Gott der Allmächtige unsern Ruedi zu sich gerufen 2 Jahre 1 Monat und 19 Tage alt.
Wahrlich ich sage euch, es sei denn, dass ihr nicht umkehret und werdet wie die Kinder, so werdet ihr nicht in das Himmelreich kommen.
Matth. 13,3.»

Ins, 25. August 1869

Lieber Ehrmann,
Ich muss dir die schreckliche Nachricht vom Tod unseres geliebten Kleinen, deines Patenkindes mitteilen. Die Halsbräune hat ihn nach sehr kurzer Dauer weggerafft. Als dein Brief ankam, wussten wir noch nicht, welchen Weg die Krankheit nehmen würde. Nun wissen wir, dass er tot ist, wirklich tot. Wir waren so glücklich, die Kinder waren gesund, wir auch – und nun: «Ein Blitz aus heiterem Himmel!»
Wie es mit unsern Plänen aussieht, kann ich nicht sagen, es richtet sich alles nach dem Befinden meiner Frau. Ich möchte, dass sie vielleicht das Dorf verlassen und direkt nach Paris reisen kann. Wir werden sehen. Heute ist dieser Kleine gestorben.
Lebwohl, mein lieber, guter Ehrmann.
Dein Freund Anker

‹L'homme pauvre› (‹Trinker›)* und die ‹Arlesierin›

Zu den Bildern des Jahres 1869 gehört der Trinker, von welchem der einstige Inser Lehrer Fritz Probst in seiner Schrift ‹Albert Anker, das Dorf und seine Modelle› (Gute Schriften Basel, 1951) erzählt: ...Durch meine Tante erfuhr ich, dass er wie ein verwöhnter Herrensohn aufgewachsen sei und das Dorf früh verlassen habe, um erst als alter Mann in dieser erbarmungswürdigen Verfassung zurückzukehren...» (Fr. Probst, a.a.O. S. 61)

Beinahe hundert Jahre nachdem Anker es gemalt hat, ist im Kunsthandel aus dem Nachlass von Madame Lemaistre, Paris, das Bild einer jungen Frau zum Vorschein gekommen. Es soll eine Arlesierin oder Italienerin darstellen, könnte auch durch Studien zu zwei

* Kunstmuseum Bern, Œuvre-Katalog 317.

Brief Albert Ankers an seinen Freund Fr. Ehrmann, zum Tode Rudolfs

Fayence-Darstellungen einer Ägypterin im gleichen Jahr angeregt worden sein. Madame Lemaistre war Erbin des künstlerischen Nachlasses von Camille Corot: «... Anker weilte in den Jahren zwischen 1868 und 1875 häufig in Paris und verkehrte dort in den Künstlerkreisen um Corot, die dem Inser Meister eine grosse Wertschätzung entgegenbrachten...» (Auktionskatalog Kornfeld und Klipstein, Bern 1964)

Deutsch-französischer Krieg – «Grossrätherey»

Am 19. Juli 1870 erklärt der französische Aussenminister Gramont im Auftrag von Kaiser Napoleon III. Deutschland den Krieg; sehr bald schlägt die Begeisterung des französischen Volkes nach verschiedenen Niederlagen um, der Kaiser muss abdanken, und am 4. September wird in Paris die Republik ausgerufen. Das Ehepaar Anker bangt in Ins um die französischen Freunde, vor allem um Ehrmanns, welche die Belagerung von Strassburg erleben. In diese bewegte Zeit fällt die Wahl Albert Ankers zum bernischen Grossrat. (Im ‹Kleinen Bund› Nr. 324 vom 14. Juli 1950 berichtet J. O. Kehrli über ‹Der Maler Albert Anker als Grossrat des Kantons Bern›.) Die Familie bleibt im Winter 1870/71 in Ins.

Ins, 2. September 1870

Mein lieber Ehrmann,

Ich schreibe dir aufs Geratewohl ohne zu wissen, ob dich dieser Brief erreicht oder nicht. Die ganze Zeit denke ich an dich, an deine Familie. Ihr erlebt die schreckliche Zeit einer Belagerung. Welch furchtbares Unglück! Oft betrachte ich den Stadtplan von Strassburg und sehe, dass die Fenster Eures Salons Richtung Kehl blicken und dass Euer Haus den Bombardierungen mehr ausgesetzt ist als jedes andere. Hat wohl der Brand in der Strasse der Hellebarden auch deinen armen Vater betroffen? Tränen kommen mir, wenn ich an Euer Unglück denke. Hat man dich zur Mobilgarde aufgeboten, auf irgendwelchen Posten gestellt? Schreib mir bitte nur kurz, damit ich weiss, ob Ihr in der Stadt geblieben seid und wie Ihr durch diese Greuel gekommen seid. Die Zeitungen melden die Zahl der Bomben, welche stündlich auf die Stadt fallen, schrecklich. Welches Schlachten in diesem Krieg!

Leb wohl, lieber, armer Freund, ich wäre froh zu vernehmen, dass Ihr nicht unter Trümmern begraben seid.

Dein Freund Anker

Ins, den 15. Okt. 1870

Lieber Herr Durheim,

Ihr werther Brief ist mir zugekommen, und er hat mich herzlich gefreut; wenn alles auf der Welt zusammenzubrechen scheint, freut es einem, wenn man fühlt, dass man noch Freunde hat; ich muss bekennen, dass dieser allgemeine Cataclysmus mir einen grossen Eindruck macht. ... Ehrmann war die ganze Zeit in Strassburg, die Familie 4 Wochen im Keller mit seinem jährigen Knäblein, er selbst in den Ambulancen.

Dieser verfluchte Eigendünkel, den Napoleon exploitieren wollte, hat sie nun geschlagen, und sie werden einsehen müssen, dass der Massstab und die Gerechtigkeit für alle Völker die gleichen sind, und dass sie nicht berufen sind, mehr als irgend ein Volk in Europa die Rolle eines Polizeidieners zu spielen, wenn sie selbst zu Hause am meisten Unordnung haben. – Für mich persönlich wird es vielleicht auf Zukunft einen Strich durch die Rechnung machen, allein nach dem grossen Unglück wird sich das Land wohl wieder aufraffen.

...Um von etwas Heiterem zu sprechen, muss ich Ihnen melden, dass ich zum Grossrath ernannt worden bin; Adolf Probst beim Bären war an die Stelle des Narren Füri Wirth ernannt worden und es klugerweise abgelehnt; nun komme ich dran, und leider hat

‹Arlesierin› Ölbild aus dem Nachlass von C. Corot (um 1870)

mich Herr Regierungsrath Hartmann, der grade da war, überredet, jetzt nicht Demission zu geben, da die Leute ein paar Mal hintereinander gewählt hatten. Und nun muss ich an die November Sitzung; es ist bei Gott lächerlich, denn ich gehöre nicht hieher und sollte eher zu Hause schaffen. ...

An A. Bachelin   Herbst 1870

«...ich schätze meine diplomatischen Fähigkeiten nicht hoch ein und befürchte, dass ich im Grossrat wie viele andere eine Null sein werde...

In jedem Augenblick erwarte ich aus dem Elsass Ehrmann mit Frau und Kind. Du möchtest Dir die Kriegsschäden anschauen gehen. Damit warte ich lieber, bis wir die Photos der Verwüstungen vor uns haben...»

Emil

Am 20. Oktober 1870 erhält die junge Künstlerfamilie mit der Geburt des zweiten Sohnes Emil neuen Zuwachs. Die Freude der Eltern ist gross. Doch schon im folgenden Jahr werden sie erneut ihren Tribut an die Kindersterblichkeit jener Zeit entrichten und ihren Jüngsten in einem Pariser Friedhof zur letzten Ruhe geleiten müssen.

Februar 1871

Mein lieber Herr Durheim,

Es ist mir ungemein leid, dass ich vorgestern von Ins abwesend war, und dass ich Ihren und Herrn Dietlers werthen Besuch verfehlt habe; auch meine Frau war ganz betrübt, Sie nicht gesehen zu haben, sie hätte Ihnen gerne unsern neugebackenen 4 Monat alten dicken Knaben zeigen mögen.

... Die schönen Bäume im Wäldlein sind noch immer da in ihrer alten Pracht und Herrlichkeit; dies Jahr war Froelicher aus Solothurn da und malte einige Tage dort, mit dem Vorsatz, im nächsten Jahre wiederzukommen. Über ihr Todesurtheil vernimmt man nichts, wer weiss, ob wir nicht noch bei der Trokkenlegung des Mooses eine Stadt sich erheben sehen, da wo wir einst ein so treffliches Mittagessen verzehrt haben.

Sie sind nur zu gütig, lieber Herr Durheim, und haben mir wieder eine Provision Türkentabak hier sein lassen; ich bin ganz confus über Ihre Güte und Aufmerksamkeit. Ich habe noch eine ziemliche Provision vom alten, ich rauche denselben nur in den Zimmern, wo unsere Weiber meinen gewöhnlichen Inser Stinker nicht riechen wollen; so rauche ich denn den guten Tabak in bescheidenen Dosen und denke an Sie, wenn ich über den Tabakstopf gehe...

‹Pestalozzi in Stans› – Das ‹Mädchen mit der Kaffeetasse›

Im ‹Livre de vente› notiert Anker am 16. Oktober 1870: «pour le Pestalozzi à Stans de la société des amis des arts de Zurich: 1900».
Es ist gewiss kein Zufall, dass er gerade in diesem Jahr der Kriegswirren den Friedens- und Kinderfreund Pestalozzi als Vater der Waisen dargestellt hat. Er ahnte damals nicht, dass er in wenigen Monaten mit der Inser Bevölkerung den Durchzug der Bourbakisoldaten erleben würde (Œuvre-Katalog Nr. 16).

Das Bild vom Mädchen, welches ruhig und still seinen Morgenkaffee geniesst, strahlt Frieden und Glück aus, ein Symbol gegen Hass und Unmenschlichkeit (Œuvre-Katalog Nr. 171).

Die Bourbakis

Die Jahre 1870/71 gehören im Vergleich zu den Schaffensperioden vor- und nachher zu den an Bildern magersten im Gesamtwerk Albert Ankers. Dazu mögen die äussern politischen Ereignisse und Wirren beigetragen haben, vor allem das Kriegselend im Nachbarland, der Übertritt einer ganzen französischen Armee unter dem General Bourbaki.

An Fr. Ehrmann   Februar 1871

...wir haben eine sehr bewegte Woche hinter uns, darum brauchen wir hier keine besonderen Theaterspiele, um Dramatisches zu erleben. Gegen 5000 Mann der *Bourbaki-Armee* sind mit 2000 Pferden hier durchgezogen. Wiederholt übernachteten auch einige Abteilungen hier. Die Pferde sahen jämmerlich aus, alle unglaublich mager... Mit Ungeduld warten wir auf schöneres Wetter. Ich arbeite unten, und meistens lohnt es sich nicht zu heizen: meine Bilder sind winzigklein in Format und Qualität. Sobald ich wieder im Atelier arbeiten kann, setze ich mich hinter grössere Bilder...

An R. Durheim   Ins, den 23. Mai 1871

Geehrtester Herr und Freund,

...Ich habe ein Gemälde angefangen aus der Ankunft der Bourbakis; es sind kranke Soldaten in einem Stall und Bauernleute, die ihnen zu essen brin-

Die Bourbakis (Ausschnitt), 1871 (Œuvre-Katalog Nr. 51)

gen. Die Sache hat hier oft stattgefunden; mehrere hatten verfrorne Füsse und konnten den Colonnen nicht nachfolgen... (Œuvre-Katalog Nr. 51)

Ins, den 10. Juni 1871

Lieber Herr Durheim,

Ich bin glücklich nach Hause gekommen, jedoch am Abend spät, beim Regen, mit besoffenen Insern, die den See von Neuenstadt bis Erlach mit mir passiert hatten, und schliesslich ohne Bagage, das ich in Erlach auf der Post hinterlassen hatte. Ich wollte am andern Tage an meinem Gemälde arbeiten, und es wollte nicht gehen; ich habe da eine Coiffure einer alten Frau, die ich gar nicht zurechtweisen kann...

Wenn Sie wüssten, lieber Herr Durheim, wie das Wetter heute so wunderschön ist, und wie es zum Spazieren und Bummeln einladet, Sie würden Ihre Thüre schliessen und sich aufs Land begeben und Landschaften malen. O wie ein glücklicher Philosoph ist Herr von Bonstetten, der in der schönen Einsamkeit wohnt und schafft und das Leben geniesst und die Natur anschaut und bewundert...

An Fr. Ehrmann   Datum unbestimmt

...Die Neuenburger haben beim Durchzug der Bourbaki ihre Sache gut gemacht, anders die Berner. Ich sah Missbräuche, die mich bedrückten. Es ist schlimm, dass man sie nicht in den Zeitungen brandmarken darf. Zu Vieles wird in gefährlicher Weise verschwiegen...

Unsere Illustrierten kommen aus Deutschland. Allein die ‹Gartenlaube› hat in der Schweiz 20 000 Abonnenten. Dazu kommen ‹Daheim› und ‹Über Land und Meer› auch mit hohen Zahlen. Seit dem Krieg sind diese Zeitungen ekelhaft geworden und stinken vor Hochmut zum Himmel.

Mein Bourbaki-Bild ist fertig. In 8 Tagen werde ich es signieren können...

Ins, Herbst 1871

Lieber Ehrmann,

...Mit Sorge sehe ich, wie die Tage kürzer werden, dabei bin ich mitten in der Arbeit, verkaufe beinahe alles, was ich mache und selbst das, was ich eben erst begonnen habe. Bevor ich auf den Winter hin wieder nach Paris verreise, möchte ich noch manches Bild beenden. Ich möchte zunächst allein hinfahren: geht alles gut, so lasse ich die Familie nachkommen. Das Bild, welches internierte Soldaten darstellt, die von einer Bauernfamilie gepflegt werden, habe ich beendet und nach Bern gesandt. Später denke ich auch an Neuenburg. Sie haben daran Gefallen gefunden. Als ich es begann, kam mir die Anordnung dumm vor, doch die Leute sind von jenen Ereignissen noch so sehr beeindruckt, dass sie das Thema interessiert. Eines Tages werde ich dir eine kleine Reproduktion zustellen.

Mein Töchterchen lasse ich kleine Zeichnungen anfertigen...

Leb wohl   Anker

Erholung im Bad Heustrich

Die grosse wirtschaftliche Unsicherheit jener bewegten Zeit, dazu Krankheiten und Todesfälle in der Familie, haben damals die Gesundheit Ankers erschüttert. So musste er im Bad Heustrich am Ausgang des Kandertals Erholung suchen. (Eine schöne Frucht jener Sommertage ist das Skizzenbuch in der Sammlung Stoll, welches das Schweizerische Institut für Kunstwissenschaft Zürich in Faksimile herausgegeben hat.)

An Louise   26. Juli 1871

...Mama wird dir meinen Brief vorlesen. Ich wohne hier ganz nahe den hohen Bergen an einem Bach. Wenn man das Hotel verlässt, geht man über eine Brücke. Das Bad gleicht dem Brüttelenbad, aber ist viel, viel grösser. Viele Zickzackweglein führen in die Berge hinauf. Um 4 Uhr früh gehen wir zur Quelle,

Louise Anker beim Zeichnen (Brief an Ehrmann, Herbst 1871)

Rechts:
Heinrich Pestalozzi und die Waisenkinder in Stans, 1870 (Œuvre-Katalog Nr. 16 – Foto Kunsthaus Zürich)

um Heilwasser zu trinken, das gesund macht, aber sehr schlecht ist. Ich habe in einer Höhle gezeichnet, da gibt es sehr viele Fledermäuse. Auch bei einer hohen Tanne habe ich gezeichnet, aber nicht lange, denn in der Nähe lag noch vom Frühling her ein totes Kalb... Dann habe ich ein kleines Mädchen mit Zöpfen gezeichnet. Da sind noch drei andere kleine Mädchen, sie gehen auch mit den Eltern frühmorgens das schlechte Wasser trinken.

Auf Wiedersehen Papa

An Fr. Ehrmann   Herbst 1871

...Ich habe drei Wochen in einem Bad verbracht: Heustrich war mir empfohlen worden, dessen Arzt ich sehr gut kenne. So trank ich denn dies Wasser und führte ein Schlaraffenleben. Zu Beginn nahm ich meinen Feldstuhl und machte Landschaftsskizzen. Mit der Zeit aber wurde ich mondän und Damenbegleiter. Es war lächerlich.

Meine Frau ist in dieser Zeit mit den Kindern nach Chur gereist. Schon lange hegte sie den Wunsch, eine alte Russlandfreundin zu besuchen. Ich war froh, dass sie nach diesem langen Winter und nach der Geburt unseres Knaben Ferien machen konnte...

Emils Tod

Frau Anna Anker trägt in ihr Gedenkbüchlein ein:

«3. Dezember: Heute hat es dem lieben Gott gefallen, unsern Emil zu sich zu rufen, 13 Monate und 13 Tage alt. Der Herr hat ihn gegeben, der Herr hat ihn genommen, der Name des Herrn sei gelobt.»

An Auguste Bachelin: 23. Dezember 1871

«... Vielen Dank für das Gute, das du uns zu unserem Leid um Emil schreibst. Wir haben Pech: die Knaben werden in unserer Familie nicht in Überzahl sein.

Solche Wegmarken in unserer Existenz zeigen uns schmerzhaft die Wirklichkeit des Lebens an. Wohl allen, die sie als blosse Dissonanz annehmen können, welcher ein vollkommener Akkord folgt. Doch dazu braucht es einen festeren Glauben als den eines ehemaligen Theologen, dem die «Gamaliel» von einst nicht besonders viel Positives hinterlassen haben. Wir versuchen das Bittere mit Geduld anzunehmen, gehen mit Zuversicht weiter und rechnen mit der Zeit als dem wahren Heilmittel...»

(«Gamaliel»: siehe Apostelgeschichte 5, 34–42. Anker meint damit einstige Theologieprofessoren mit einer stark rationalistischen Einstellung.)

Anker hat Emil im Skizzenbuch gezeichnet, welches er in jenem Sommer mit nach Bad Heustrich genommen hatte. Wie zwei Jahre zuvor sein Brüderchen, hat der Vater ihn auf dem Sterbebett liegend dargestellt.

Wanderungen in der Provence

An Frau Anker   April 1872

Liebe Anna,

Ich schreibe dir in den Ruinen des Schlosses von Les Baux zwischen St. Rémy und Arles. Herrlich ist hier die Aussicht bis zum Meer, aber es weht ein scheusslicher Wind. Er trägt einen davon, wenn man nicht Schutz sucht. Meine Farben habe ich noch nicht ausgepackt! – so sehr haben mich Regen und Mistral belästigt. Das Hotel von St. Rémy gefällt mir nicht besonders, hier wäre es viel schöner, aber mir ist dieser Mistral zuwider, der ständig weht. Der Felsen, auf welchem die Ruinen des Schlosses stehen, ist mit gar nichts zu vergleichen, das ich bisher gesehen habe. Unterhalb sieht man die Trümmer einer Stadt, welche einst 3600 Einwohner zählte. Heute sind es zwischen 150–200 arme Leute. 200 Franken kostet hier ein Haus.

Dies Schloss gehörte zu den prächtigsten in der Provence. Hier wurden Wettbewerbe der Troubadours und Ritterturniere durchgeführt. Dante muss hier gastfreundlich aufgenommen worden sein; ein anderer Ruhmestitel: die Frauen dieses Sitzes waren mit Königen verbündet. Welch ungeheurer Schaden bedeutet die Zerstörung. Es war ein prachtvolles Beispiel der Schlösser wie sie bis zur Revolution bestanden haben. Die Zerstörer haben es beschädigt, haben auch alle Wälder in der Umgebung niedergemacht. Die zwei Meilen von hier nach St. Rémy führen durch eine wahre Wüstenei, ziemlich hohe Berge, auf welchen Thymian wächst, Lavendel, Rosmarin – das alles blüht jetzt. Die meisten Bewohner sprechen nicht das Französische, sie kennen nur den Dialekt, die Sprache der Troubadours, welche wie das Italienische in wohlklingenden Vokalen ertönt.

Gestern schon war ich hier, hielt mich bei der Rückkehr nirgends länger auf, aus Furcht vor dem Hereinbrechen der Nacht. Auf Rat einer Frau in einer einsamen Farm schlug ich einen schrecklichen Pfad ein, auf welchem ich mir Schuhe und Füsse beschädigte. Ich ging durch eine grosse Einsamkeit, überall

Emil Anker auf dem Sterbebett (Dezember 1871)

waren nur die rundlichen Hügel zu sehen mit dem Lavendel, Rosmarin, Thymian, hie und da Gebüsch und niedere, kaum mannshohe Eichen. Ich wäre gerne in die unheimliche Kirche von Les Baux eingedrungen, öffnete die Türe und befand mich in einem stockfinstern Käfig. Ich wusste, dass noch eine andere Türe vorhanden war, fand sie bei allem Tasten jedoch nicht und ging hinaus, weil ich in diesem schauerlichen Raum nicht irgendwo hinabstürzen wollte.

Ich bin in meine bescheidene Herberge zurückgekehrt, setzte mich ans Kamin, wo das Feuer von Rebhölzern brannte. Da sass ein Mädchen kaum grösser als Louise und strickte sehr geschickt. Wie sie heute aus der Schule heimkehrte, strickte sie wiederum. Sie geht bei Nonnen in einer Klasse von 12 Kindern zur Schule. Von allen Orten, wo ich je gehaust habe, war dies der bescheidenste. Ich habe das Zimmer gesehen, in welchem ich heute schlafen werde: die untern Quadrate des Fensters sind mit Papier ersetzt. Nun bin ich gespannt auf Bett und Schlaf...

Die Stierkämpfe hier haben mich in grosse Unruhe versetzt. Doch denke ich, wird dies alles sehr primitiv sein. Ich sah einiges zum Malen, aber kaum verschieden von allem, was ich in Ins machen könnte. Etwas in der Kirche, dann ein alter Mann, allein und krank an seinem Feuer; ich habe von ihm eine Skizze angefertigt. Dieser Mann so ganz allein in einem grossen Saal, der vor 200 Jahren ganz andere Leute erlebt hat, beeindruckte mich sehr. Die kleine Maddelena in meiner Herberge hat mich zu einem sehr schönen Cheminé von 1500 geführt, nachdem ihre Mutter ihr ausführlich das betreffende Haus beschrieben hatte. Herzlichen Gruss an alle.

Albert

St. Rémy, Mai 1872

Meine liebe Anna,

Herrn von Salis habe ich es zu verdanken, dass ich in einem wunderschönen Zimmer einquartiert bin. Dazu esse ich mit jungen Leuten, Arbeitskameraden des Herrn von Salis. Da ist eine Gegend so gross wie Tschugg und seine Rebberge, wirklich schön. In der Mitte zwei antike Monumente, ringsum Steinbrüche, anhebende Berge voll schöner Dinge. Daneben aber ist es ein Loch.

Nächsten Sonntag besuchen wir die Stierkämpfe in Les Baux. Ich freue mich auf dieses Fest, das Vergnügen ist hier weniger grausam als in Spanien, die Stiere werden nicht getötet, wie ich es dir wohl schon gesagt habe. Eine Kokarde wird zwischen die Hörner des Stieres eingespannt, sie muss von da weggehoben werden. Wenn aber die Tiere einmal aufgepeitscht sind, gleichen sie keinen Lämmern mehr, darum besteht noch immer grosse Gefahr. So wurde kürzlich in Arles einem Manne der Bauch aufgeschlitzt.

Gestern erzählte uns ein Jäger, dass er in der Wildnis der Crau bei Marseille einen Ibis und einen Flamingo, den roten Vogel der Ägypter, geschossen habe. Diese Wildnis ist der wirklichen Wüste sehr ähnlich, hat man mir gesagt. Unterwegs nach Arles werde ich einen kleinen Umweg machen, um sie zu besuchen.

Gestern morgen wehte ein böser Wind, und da ich draussen nicht arbeiten konnte, malte ich bei Vater Noailles ein Intérieur, das heisst: ich malte seine Tochter am Fenster in der Tracht einer Arlesierin. Das Zimmer ist ein wenig dunkel, meine Leinwand war schlecht beleuchtet, aber ich glaube doch, dass das Ganze schön ausfällt; heute morgen will ich es beenden. Wir haben wieder wunderbares Wetter, keine

«...ein alter Mann an seinem Feuer»

Wolke am Himmel, es ist herrlich. Wenn ich aus dem Fenster schaue, habe ich dasselbe vor mir wie in Italien: ziemlich flache Dächer mit runden Ziegeln gedeckt, der altertümliche Turm und über allem dieses Licht, viel farbenprächtiger als bei uns. Die Aprikosen sind schon gross, auch die Mandeln; in wenigen Tagen werden die Kirschen reif sein.
Ich küsse euch alle   Albert

An Fr. Ehrmann   Mai 1872

«... Ich schreibe dir aus St. Rémy, wo anfänglich ein so entsetzlicher Mistral blies, dass ich meine Koffer nicht auspackte ... Gestern bin ich nach Les Baux gewandert. Da sollten Stierkämpfe stattfinden. Sie mussten ausfallen, weil die Tiere unterwegs das Weite gesucht hatten. Dabei habe ich mich so sehr auf das beliebte Schauspiel gefreut ...

Jedermann befasst sich hier mit Politik. Die einen sind für die Republik, die andern für Heinrich V. ...

Marie Anker, Zeichnung

Geburt der zweiten Tochter Marie – Der ‹Schulspaziergang›

Ins, Juni 1872

Mein lieber Ehrmann,
Wir haben eine kleine Tochter; gestern ist sie endlich angelangt. Meine Frau war nach und nach von einer ungewohnten Sorge umgetrieben ... doch nun hat alles einen sehr guten Verlauf genommen, und ich hatte kaum Zeit unser ausgezeichnetes Gritli herbeizurufen. Immer hatten wir befürchtet, dass die Aufregungen des letzten Winters dem kleinen Wesen Schaden bringen könnten. Doch sehen wir nichts Anormales, alles scheint in Ordnung und bester Gesundheit zu sein ... Nun arbeite ich am Bild der Kinder, die mit ihrer Lehrerin spazieren. Davon habe ich schon eine Fayence gemacht ... Doch fürchte ich, dass die Landschaft seltsam konstruiert wirkt. Es gehören noch etliche Täler und Hügel hinein, damit die Perspektive auf ihre Rechnung kommt ...

Wie um Louise, die Erstgeborene, und die beiden frühverstorbenen Knaben, so hat sich Anker mit Freude und väterlicher Sorgfalt um Marie gekümmert. Die Briefe des Künstlers an seine Kinder, später an die Enkelinnen, zeigen, wie er sich ihrer Entwicklung anpasst.

Im Rückblick berichtet eine Tochter des Malers über die väterliche Erziehung:

«In unsern Kinderjahren unterrichtete Vater uns spielend. Immer wird es mir eine liebe Erinnerung sein, wenn er uns aus der Ilias oder Odyssee erzählte. Abends, kaum waren wir zu Bett, setzte er sich zu uns mit der Frage: ‹Wo sind wir geblieben?› und dann erzählte er uns die rührende Geschichte von Penelope, von ihrer Treue gegen Ulysses, von der Schlechtigkeit ihrer Freier, usw. ... Wenn wir einen Spaziergang machten, zog Papa einen kurzen Auszug der römischen Geschichte aus der Tasche, und wir mussten ihm, was er uns daraus eingeprägt hatte, wiederholen ... Er zürnte uns nie, aber wusste auf eine feine und köstliche Weise über unsere Verfehlungen zu scherzen, dass wir uns ihrer erst recht schämten. Er konnte es nicht ertragen, wenn jemand zu lange von sich redete oder sich mit diesem oder jenem brüstete, auch wenn wir uns über Absonderlichkeiten anderer lustig machten ... Von klein auf hat er sich mit uns abgegeben ... Seine Art Erziehung hatte nichts Pedantisches, war ohne viele Worte, geschweige vieles Auszanken ...» (Rytz, a.a.O. S. 56–58)

Marie ist von ihrem Vater oft dargestellt worden. Eines seiner herrlichsten Kinderbilder überhaupt zeigt sie mit ihrem geliebten Hampelmann (Kunstmuseum Bern, Œuvre-Katalog Nr. 175). Kaum bekannt dürfte die Plastik sein, welche er von Marie geformt, dann das kleine Aquarell, das er – so nebenbei – mit einem Rest blauer Fayencefarbe gemalt hat.

Die beiden letzten Zeichnungen zeigen Marie als etwa Sechzehnjährige vor dem Gang zur Schule und – ein Kuriosum! – die Ankertochter als französischen Edelmann: Anker brauchte damals ein Modell für eine Fayence, setzte Marie ein Barett auf und versah sie mit einem jugendlich-flaumigen Schnurrbart.

Vom ‹Schulspaziergang›, welcher uns die junge Lehrerin mit einer muntern Schar Inser Kindern zeigt, ist Ankers Entwurf erhalten geblieben. Er beweist, wie sorgfältig der Maler das Bild vorbereitet hat – bis in die Farbbezeichnung einzelner Kleider –, aber auch, dass er sich bei der Ausführung im Einzelnen noch manche Freiheit liess (Œuvre-Katalog Nr. 55).

Trauer um das Mooswäldlein – Verzicht auf eine Kunstlehrerstelle in Bern

Sommer 1872

Lieber Herr Durheim,
Vergiessen Sie nun eine Thräne des Mitleids! Heute wurden alle Eichen im Mooswäldlein der Riesleren versteigert! 2570 Franken sind geboten worden für

Trauer um die Eichen im Mooswäldlein

alle Eichen! Der gleiche Vandale hat sie gekauft insgesamt und wird Eisenbahnschwellen daraus machen; denn er ist Holzlieferant für die Eisenbahn. Und vielleicht werden sie noch vor diesem Winter abgeholzt. Nun bleiben noch die Dählen, allein die nämlichen Barbaren, welche die Eichen verkauft haben, werden auch die Dählen versteigern. Und siehe! Sie werden noch in ihre Faust lachen, denn der Boden wird ihnen bleiben, und es wird sich herausstellen, dass sie dabei ein gutes Geschäft gemacht haben. Ich dachte, ich wolle Ihnen Kenntniss davon geben, damit wir eine gemeinschaftliche Thräne über diese ehrwürdigen Monumente vergiessen.

Ins, Sommer 1872

Lieber Ehrmann,
Verzeih mir, dass ich dir nicht früher auf deinen Brief aus Veules geantwortet habe. Doch wiederhole ich das Bild von den ‹Internierten› nach Modellen,

Marie Anker, Bronzeplastik

Der Schulspaziergang, 1872 (Œuvre-Katalog Nr. 55), Entwurf

damit bin ich so stark beschäftigt, dass ich sehr selten einmal zu einem Schoppen in den ‹Bären› gehe, um das Neueste zu vernehmen. Heute ist Sonntag und nach dieser strengen Arbeit während der ganzen Woche bin ich müde wie ein Hund. Ich habe mir unsere Jura-Bahn angeschaut. Eine Teilstrecke in den Schluchten ist äusserst interessant mit Abgründen, Dämmen, Tunnels usw. Etliche Winkel locken zum Malen. Wären die italienischen Arbeiter zuverlässigere Leute, so möchte ich von ihnen ein Bild malen. Höchst vergnüglich ist ihre Weise, sich in jedem Strassenwinkel ihr Essen zu kochen.

Dein Freund Anker

Ins, 26. Sept. 1872

Mein lieber Herr Durheim,

Der Monat September geht zu Ende, und Sie kommen nicht, nach altem Brauch einige Studien in unserer Nachbarschaft zu malen; freilich sind die alten schönen Bäume nicht mehr da, allein es bleibt des Schönen noch viel, und der tit. Gemeindrath kann trotz seinem Eifer nicht alles zerstören.

... Sie haben mich wieder ermuntert nach Bern zu gehen, um mich mit der neugeschaffenen Kunstschule zu befassen; allein es ist unnütz, was will ich meine jetzige Freiheit aufgeben, da ich doch in meiner jetzigen Lage mein Leben verdiene. ... Wie ich nun lebe, komme ich nicht in die Mode und nicht daraus, und keine Künstlergesellschaft und kein Erziehungsdirektor hat mir etwas zu sagen. Illusionen machen sich die Herren, indem sie meinen, ich könnte neben den Stunden meine Gemälde gleich machen, sie wissen nicht, dass dieselben viel Angst und Kummer und die volle Aufmerksamkeit erfordern. Ich sprach ihnen von Herrn Dietler, aber wie ich merke, ist er ihnen nicht im Buch, weil er die Kunstschule nicht als ein sehr zeitgemässes und erspriessliches Unternehmen ansieht. ...

Ausführung, Ausschnitt

Fayence-Arbeit und Berner Politica

Paris, den 4. März 1873

Mein lieber Herr Durheim,

... Diesen Winter geht es mir und der Familie recht ordentlich; ich habe immer gearbeitet und auch Fayencen gemalt, doch nicht sehr viel, weil ich andere Arbeit hatte. Letzthin malte ich eine 60 Centimeter breite Platte, mit einem weiblichen Kopfe, mit Costume Henri 2. Im Feuer kam das Ding so gut heraus, dass Deck die Hoffnung hat, sie 2000 Fr. zu verkaufen. Bei solcher Arbeit wären gute Taglöhne zu machen.

Am 24. dies ist eine ausserordentliche Sitzung unseres Grossen Rathes, an welcher ich Theil nehmen will, denn ich habe schon zwei Sitzungen dieses Winters geschwänzt, und ich könnte, bei zu öfterem Fehlen, unangenehme Auftritte haben. Besonders interessiert mich die Sache, weil die Angelegenheit des Herrn Lachat von Solothurn da vorkommt. Zum andern geht es um die Wahl eines Reg. Rathes. Der vorgeschlagene Dr., der gelehrte Hr. Dr. Trächsel lehnt die Wahl ab; so auch that es schon Pfarrer Bitzius. Nun werden sie den Dr. Bähler nehmen, auch einen meiner Cameraden aus dem Gymnasium. Derselbe wäre sehr gut, aber ich fürchte, sein Schatz sei bereits im Keller unten, mit eisernen Reifen gebunden. Das hat er in Biel gelernt, ein wahres Saufnest; achtungswerth ist dort das rege Leben und Schaffen, aber das Saufen sollten sie sein lassen. ...

Den Monat April werde ich in Mülhausen zubringen, wo ich in einer Familie einige Kinder malen soll. Von da gehe ich wieder nach Paris.

Mit Herrn *Lachat* ist der Bischof von Solothurn gemeint, zu dessen Diözese auch der damalige Berner Jura gehörte. Er hatte Priester, welche das neue päpstliche Dogma von der Unfehlbarkeit ablehnten, abgesetzt und war seinerseits von den liberalen Regierungen seines Amtes enthoben worden. Dagegen protestierten 69 Priester im Jura. So musste sich auch der Berner Grosse Rat damit beschäftigen. Wie sein Briefwechsel mit Prof. Michaud an der Christkatholischen Fakultät Bern zeigt, stand Anker auf der Seite der Lachat-Gegner.

Dr. Eduard Bähler (1832–1910), Arzt in Biel, bernischer Regierungs- und Nationalrat, war seit der Studienzeit ein guter Freund Albert Ankers.

Tod der guten Tante Anna-Maria in Ins

An Frau Anker   Paris, 20. Mai 1873

Liebe Anna,

Deine Nachrichten beunruhigen mich. Sollte es mit der Krankheit ernster werden, so reise ich sogleich weg von hier. Heute habe ich die Ausstellung besucht, ich fand alles eklig: zu grosse Masse von Leuten, die einem auf den Zehen herumtreten... Bald wird die Armee die Macht ergreifen und dann «gute Nacht»... Ich bin froh, bald wieder zuhause zu sein!

An Louis Favre   Juni 1873

...vor zehn Tagen haben wir nach kurzer Krankheit die gute alte Tante verloren, die mit uns zusammenlebte und welche wir nun sehr vermissen. Seit ihrem Tod kommt mir unser Heim sehr leer vor...

Anker hat Anna-Maria am Spinnrad gezeichnet, ihr Antlitz und die Hände sind von einer Kerze beleuchtet. In schlichtem Gottvertrauen hat sie ihr Geschick getragen und viel Gutes gewirkt. Ihre Liebe hat ihn über den Tod hinaus begleitet.

Pfahlbauereien

Um die Mitte des 19. Jahrhunderts haben zuerst Laien, dann zünftige Archäologen die Ufer der drei Seen zu erforschen begonnen, in deren Nähe Ankers Heimat liegt. Zu ihnen gehörte der Arzt von La Neuveville, Dr. Victor Gross; Albert Anker war mit ihm befreundet. Ein Blick in die Bibliothek Ankers zeigt, dass ihn die Altertumsforschung sehr interessiert hat. Neben der Bibel waren ihm Homers Werke, die ‹Ilias› und die ‹Odyssee› die liebsten Bücher, hinzu kamen die Berichte und Bücher Heinrich Schliemanns (1822–1890), der als Amateur zwischen 1870 und 1890 das alte Troja ausgegraben hat.

Ganz in der Nähe von Ins, in Lüscherz am Bielersee, ist eine Pfahlbaustation entdeckt worden. Möglicherweise stammt das Steinbeil in Ankers Atelier von dort. Er hat sich von der Pfahlbauromantik des

Tante Anna-Maria am Spinnrad

19. Jahrhunderts zu zwei grossen Gemälden inspirieren lassen, zur ‹Pfahlbauerin› von 1873 (Museum La Chaux-de-Fonds, Œuvre-Katalog Nr. 26) und zum ‹Pfahlbauer› von 1886 (Kunstmuseum Winterthur, Œuvre-Katalog Nr. 28). Die ‹Pfahlbauerin›, welcher die Inserin Julie Gugger als Modell diente, muss nach ihrem Bekanntwerden über Jahre hinaus die welsche und die deutsche Schweiz in helle Begeisterung versetzt haben. Albert Anker hat sich davon drei Schriftstücke aufbewahrt:

Den Brief des bedeutenden Waadtländer Literaten Eugène Rambert, eines Zofingerfreundes Ankers, mit dem Gedicht der *Mélanie Melley:*

«Femme lacustre
Touchante image
d'un premier âge
Presque éffacé
Qui t'a choisie,
O poésie
du temps passé...?
usw.»   (Dezember 1885)

Die Postkarte der deutschen Dichterin *Ricarda Huch* (1864–1947):

Zürich, 27.1.1893

«Sehr geehrter Herr, ich werde gerne dafür sorgen, dass Sie die gewünschte Nummer bekommen. Sie glauben nicht, wie es mich freut, dass Sie mich noch nicht vergessen haben. Ich habe in letzter Zeit auch oft an Sie gedacht, da ich Ihre entzückende Pfahlbauerin in einem Weihnachtskalender bewundert habe, selbst in dieser Reproduktion ist sie noch so einzig schön. Wollen Sie mit dem Lesen der Novelle nicht lieber warten, bis sie ganz erschienen ist? Im März-Heft wird der Schluss kommen. Bitte um herzlichen Gruss an Ihre Tochter Marie.

Ihre Ric. Huch»

(Ricarda Huchs historische Novelle ‹Die Hugenotten› ist 1892/93 in der ‹Schweizerischen Rundschau› erschienen.)

Schliesslich taucht das Thema in Form einer Menükarte zu einem Taufessen am 28. Juli 1894 nochmals auf. Es ist der Pfahlbauer-Teenager, welcher zum Essen lädt!

An Fr. Ehrmann   1873 (ohne Datum)

«...ich habe 2 Bilder gemalt, die ‹Pfahlbauerin›, welche ich nach La Chaux-de-Fonds verkauft habe und die ‹Curés›. Ich werde die Frau für die Ausstellung nach Paris mitnehmen, da ich sonst nichts bereit habe. Abgesehen von den Gesichtern sind die ‹Curés› nicht

Stilleben, Bier und Rettich, Mai 1898 (Œuvre-Katalog Nr. 456)

gut geraten. Ich wagte es nicht, die Figuren im Freien zu malen, die Umgebung dagegen ist im Wald entstanden. Nun haben die Figuren nicht dieselbe Beleuchtung wie die Umgebung. Ich wäre glücklich, wenn mir ein Landsmann das Bild abkaufen würde, in Paris wird niemand davon etwas wissen wollen...»

Der ‹Seifenbläser›
(Kunstmuseum Bern, Œuvre-Katalog 170)

Im ‹livre de vente› finden wir die Notiz:
«10 oct. 1873: de M. Schilli à Bienne pour un gamin faisant des bulles de savon: 200»

Der Inser Bub im blauen Burgunderhemd könnte zu den gewitzten Modellen gehört haben, welche dem «Herr Anker» alte und neue Geschichten aus der Gegend zutrugen.

Köstliche Zutaten: die Stilleben

‹Bier und Rettich›
(Œuvre-Katalog Nr. 456, Mai 1898)

Aus den Jahren 1866 bis 1900 sind uns rund dreissig Stilleben Albert Ankers bekannt. Die unauffälligen Dinge haben ihn für seine Malerei bis in die letzte Schaffenszeit beschäftigt. Oft hat er zwei Stilleben im gleichen Zeitraum gemalt, Gegensatzpaare: hier das mehr ländliche mit Milch und Kartoffeln oder Bier und Rettich, dort das städtische mit Kaffee und Cognac, Schmelzbrötchen und Tee. Die ‹natures mortes›, wie wir sie im ‹livre de vente› notiert finden, gehören in seine Welt wie Kinder und Alte, seine vertrautesten Modelle. So ist es gewiss kein Zufall, dass manches grosse Bild Ankers irgendwo in einer Ecke, auf einem

Pfahlbauerkind lädt zum Taufessen

Tisch, ganz vorn oder im Hintergrund mindestens *ein* Stilleben zeigt: mit Tabakpfeife und Garnknäuel, mit der Kaffeekanne auf ihren drei Beinen oder einem Bündel Zeitungen. Solche Dinge gehören zum Ganzen, nicht nur aus kompositorischen Gründen, sondern weil der Künstler erwiesenermassen in den kleinen Dingen auch das Kostbare erfahren hat. Manches hat er aufbewahrt wie so viele Freundesbriefe. In einer Zeit der Bildüberschwemmung lernen wir Albert Ankers Stilleben und damit seine Liebe zum unbeachtet Kostbaren neu schätzen.

Geldsorgen – «Die verrückten Jungen auf der andern Seite»

An Frau Anker Paris, April 1874

Liebe Anna,
 Bei aller Hingabe für die Fayence, beginnt sie mich zu langweilen, doch muss man vernünftig bleiben und diese Platten beenden, welche so viele Sous einbringen... Meine Arbeiten sind nicht mehr bedeutend, ich arbeite an einigen Versuchen, hole Unterlagen, doch wenn ich nach meinen Ölfarben greife, überkommt mich eine grosse Entmutigung: dies alles scheint mir nutzlos zu sein, niemand wird mehr etwas kaufen wollen. Aber ich bin undankbar, so viele Arbeiter finden keine Beschäftigung, Arbeiter mit Familie. Wie können *sie* noch existieren? Zugegeben: hungrige Menschen haben Geduld, aber soll der Mensch nichts essen dürfen, wenn andere alles verschwenden?
 Viele Grüsse   Albert

Paris, 30. April 1874

Liebe Anna,
 Entgegen dem unveränderlichen Brauch konnten wir die Ausstellung schon zwei Tage vor dem 1. Mai besichtigen... Meine Bilder haben wie immer einen sehr guten Platz. Sie erscheinen winzig klein, aber dies schadet nichts. Heute morgen erhielt ich den Brief eines Händlers, der mich um Angabe des Preises der «Kleinen mit Klapper» bittet.
 Unsere Malerei am linken Ufer der Seine gibt sich als Malerei armer Leute, verglichen mit den eleganten Werken der verrückten Jungen auf der andern Seite. Ich bedaure es sehr, nicht auch ein pikfeiner Mann zu sein...

Mit den «verrückten Jungen» dürften die Impressionisten wie Cézanne, Sisley, Monet, Renoir, Pissarro, Manet und Degas gemeint sein, welche in jenen Jahren als die «Modernen» verfemt neben den offiziellen «Salons» ihre eigenen Ausstellungen veranstalteten.

Inser wandern aus – Ein «wilder» Prediger im Dorf

Dass viele Berner in jenen Jahren ihre Heimat verlassen mussten, gehört auch zur «Guten, alten Zeit»! – dazu mancherlei religiöse Spannungen in- und ausserhalb der offiziellen Kirchen. Es ist die Zeit des «Liberalismus» auch im etablierten Kirchentum – eine Bewegung mit ihren hellen und dunklen Seiten, die Zeit, in welcher der Waadtländer Alexandre Vinet Anstoss zur Gründung der ‹Eglise libre évangélique› gab.

An Rud. Durheim Frühjahr 1874

Geehrter Herr College und Landsmann!
 ...Wir sind alle gesund und wohl; es waren Russen hier, die meine Frau gekannt hatte, und wir sind hie und da mit denselben ausgegangen.
 7 Inser kamen vergangene Woche durch Paris, auf ihrer Durchreise nach Amerika. Mit ihnen waren noch bei 70 Schweizer, das ist eine Auswanderungssucht; wären wir jünger, könnten wir es auch noch probieren.
 Hr. Pury von Ins machte eine Reise ins Morgenland und Jerusalem. Der letzte Brief ist von Beiruth datiert. Die Nachrichten sind gut.

An A. Bachelin 21. Juni 1874

... wir haben in unserem Dorf einen «Kirchenkampf». Ein Prediger Wertegen, einstiger Schuh- und Uhrenmacher, wirkt hier. Sonntags predigt er in einem Privathaus. Schon öfters wurde ihm bedeutet, er möge wegbleiben. Dann haben sie ihm mit allen Kuhglocken geläutet, welche aufzutreiben waren, schliesslich wurde er verprügelt. Die Schuldigen sind in Erlach gebüsst worden. Er aber erklärte, dass er eher sterben möchte, als seinen Auftrag in Ins zu quittieren...

Maurice

Am 6. August 1874 kommt das fünfte Kind der Familie Anker zur Welt, ein Knabe. Sehr früh wird Maurice seinen Eltern zur Ursache vieler Ängste. Die Sorge um ihn wird in spätern Jahren immer grösser. Das merken wir indirekt aus den Erkundigungen der Freunde nach Maurice, aus Andeutungen in Notizbüchlein. Niemand wird es uns verübeln, dass wir Briefe der Eltern an Maurice oder umgekehrt seine Briefe an Vater oder Mutter, ohne sie gelesen zu ha-

Rechts: Inser Dorfgestalten

ben, zurücklegten. Sie gehören nicht in fremde Hände, noch weniger an die Öffentlichkeit. Da soll die möglichst ruhige, sachliche Orientierung genügen, welche wir aus der Hand von Frau Anker für ihren ehemaligen Neuenburger Lehrer Louis Favre in der Stadtbibliothek Neuenburg gefunden haben. Andererseits dürfen wir die Tragik um dieses Kind nicht verschweigen, die übrigens noch heute manche Inser kennen. Sie hat den Eltern Anker viele schlaflose Nächte gebracht. Von Leuten, die Maurice noch gekannt haben – er ist 1931 in Kanada gestorben –, wurde er uns als ein gutmütiger, heiterer und geselliger Mensch geschildert...

An Fr. Ehrmann   Ins, 6. August 1874

...Endlich haben wir einen dicken Buben und sind von der Ungewissheit befreit. Alles nahm einen guten Verlauf, hoffen wir, dass es so weiter geht...

Frau Anker an Louis Favre   Ins, 20. Juli 1898

... Nun muss ich Ihnen von unserer Sorge um Maurice berichten:

Die beiden ersten Söhne sind uns klein gestorben. Dann kam er 1874 zur Welt, ein starker Bursche, so gross, dass wir uns fragten, ob er wirklich unser Kind sei. Schon als kleines Kind bearbeitete er einen Löffel mit Daumen und Zeigfinger, um eine Gitarre daraus zu machen. Solches nahm mit den Jahren zu, so dass er uns – ohne Schlimmes anzustellen – viel Kummer bereitet hat. So wollte ihn kein Logisgeber gerne aufnehmen, er kam zum Fenster herein, sprang über den gedeckten Tisch, hob einen Stuhl samt dem darauf Sitzenden auf und stellte ihn sanft auf dem Tisch ab. Er lief, schwamm, kletterte besser als alle. Dabei war er gutmütig und intelligent, beliebt bei den Kameraden, die ihn seiner Kraft und Geschicklichkeit wegen bewunderten. Eines Tages eilte er von Zürich nach Olten, fuhr mit der Bahn nach Solothurn, lief von dort nach Lattrigen am Bielersee, um bei einem Freund zu übernachten. Anderntags in der Frühe schwamm er über den See und kam frisch und munter gegen Mittag bei uns an. Darüber könnte man ein Buch schreiben. Die Rühmerei und die Lektüre von Jules Verne stiegen ihm in den Kopf, er begann die Schule zu vernachlässigen. So gaben Leute meinem Mann den Rat, ihn richtig müde werden zu lassen. Gegen 2 Jahre lang arbeitete er in der Fabrik Martini in Frauenfeld und bereitete sich auf das Technikum vor. Aber sowie sein Lehrer uns versicherte, er bereite keine Schwierigkeiten, erklärte er uns, er wolle weggehen. Damals war er 18 Jahre alt. Er fuhr nach San Franzisko, trieb sich dort an der Sonne herum, verlor die Stelle und fand Unterschlupf in einem Seemannsheim. Von dort aus fuhr er als Matrose auf der ‹Pegasus› nach Südamerika. Etliche Meere hat er seitdem vom Äquator bis zum Pol befahren. 1895 ist er in Dahomey am Fieber erkrankt und heimgekommen. Da war es für den Militärdienst schon zu spät. Er baute sich ein Boot und befuhr damit beide Seen. Im Herbst reiste er wieder ab, doch in den Briefen spürte man das Heimweh. Nun wird er 24 Jahre alt und muss in Brugg als Pontonier seinen Militärdienst absolvieren. Wir möchten ihn nicht mehr zur See gehen lassen, darum suchen wir ihm eine Beschäftigung, wenn möglich in einer Maschinenfabrik. Ausser Schiffen interessieren ihn Maschinen mehr als alles andere. Vielleicht könnte uns Ihr Sohn weiterhelfen? Maurice ist in der Mechanik zuhause, spricht und schreibt französisch, deutsch, englisch, italienisch und holländisch. Ich weiss, dass dies nicht für eine gute Stelle langt, aber wir wären schon zufrieden, wenn er zu Beginn eine anspruchslosere Beschäftigung hätte. Die fünf Jahre Seefahrt mit allen Leiden haben ihn reifen lassen. So kann ich mit gutem Gewissen sagen, dass er gut arbeiten wird...»

Anna Anker-Rüfly mit Sohn Maurice

Der «alte Fuchs» von 1875

Vom alten Fuchs zum braven Bürger und Leimsieder

Die ‹Gemeindeschreiber›
(Herbst 1875–Herbst 1898, Œuvre-Katalog 322 und 354)

Den ‹secrétaire de commune› hat Albert Anker im Winter 1874/75 zum erstenmal dargestellt – und mit dem gleichen Modell nachher noch zweimal. Wie die ‹Pfahlbauerin› muss dieses Bild weitherum verbreitet gewesen sein. Mit einem andern Modell hat Anker das Thema für seinen Basler Kunden und Freund A. Bohni ein letztes Mal variiert, mit gleichen Requisiten und derselben schönen «Unordnung». Köstlich ist Ankers Charakterisierung der beiden Modelle in einem Brief an A. Bohni.

6. und 9. Dezember 1898

Lieber Herr Bohni,

Grossen Dank für die Zusendung der beiden Brillen, es sind wahre Monumente, die ich wohl einmal verwenden werde...

Ich lege eine Zeichnung bei mit einer der Brillen, zwar nur mit der kleinern. Ich versuchte einen Kopf für den zukünftigen Gemeindeschreiber, aber er ist langweilig gegen den alten, es ist die Physiognomie eines Leimsieders...

Ins, den 22. März 1903

Mein lieber Herr Bohni,

Die Geschichte des Gemeindeschreibers ist eine ganze Odyssee. Vor 25 Jahren ohngefähr malte ich ihn nach einem älteren verschmitzten Mann, Sattler seiner Profession, aber eher Zwischenhändler, er war bei allen Käufen und Verkäufen dabei. Er hatte einen Kopf wie ein Fuchs, aber eine feste Adlernase, die ihm etwas Nobles gab. Ich verkaufte ihn an Goupil, dem ich zu gleicher Zeit das Reproduktionsrecht cedierte. Nach kurzer Zeit verkaufte er das Gemälde an Wallis, auch ein grosser Händler, der im elegantesten Quartier von London eine eigene Ausstellung hatte (French Gallery). Wallis schrieb mir, ich solle ihm eine Reproduktion in gleicher Grösse machen, ich willigte ein, jedoch sagte ich ihm, ich wolle sie im Sommer nach der Natur machen, da der Mann noch am Leben sei. Im Herbst schickte ich ihm das Bild und Wallis sagte mir, er müsse eine Wiederholung davon haben, aber nur in halber Grösse und in 8 Tagen müsse es in London

Albert Ankers letzter ‹Gemeindeschreiber› – Aquarell von 1909

sein. ... Da ging lange nichts, bis Zahn auftrat. Er hätte das Reproduktionsrecht des Gemeindschreibers haben wollen, konnte sich aber mit Goupil nicht verständigen; endlich sagte er mir, ich solle ihm denselben machen, aber mit einem andern Kopf, Goupil habe dann nichts zu sagen. So entstund Ihr Bild, der Kopf ist nicht der alte verschmitzte Fuchs, sondern ein braver Bürger. ... (Goupil und Wallis: Gemäldehändler, Zahn: Verleger in La Chaux-de-Fonds, von dem später im Zusammenhang mit den Gotthelf-Illustrationen noch öfters die Rede sein wird.)

Ich beklage diese ganze Generation...

An Frau Anker   Paris, Mai 1875

Meine liebe Frau,

Die Katastrophe, welche über K. hereingebrochen ist, hat mich sehr erschüttert. (Der Bankier K. hatte – als die Geschäfte schlecht gingen – seine Frau getötet, darauf Selbstmord begangen.) Der Blick auf solch schreckliche Unglücksfälle lässt mich im Innersten erzittern. Sind es die Folgen unserer Zivilisation, Erziehung und moderner Glaubensansichten, nachdem man ernüchtert die alten Lehren über Bord geworfen hat? Da frage ich mich, ob man nicht doch an der alten Moral unserer Väter festhalten müsste, denn diese haben solche Verirrungen ganz und gar verabschiedet. Ich bin durcheinander, mir scheint, unsere Generation müsse die Folgen eines solchen Irrtums tragen: da wirft ein Mensch sein Bündel hin, sobald er auf seiner Laufbahn die Geduld verliert. Dabei hatte er doch nicht Grund zum Verzweifeln. Natürlich kann man nun sagen, er habe sich selbst gerichtet, habe sich schlagend, doch nur ein Tier geschlagen. Und doch sind es ja gerade die Intelligentesten, welche ihre Dummheit einsehen und denen zuweilen nur ein wenig Willen und Geduld fehlen, damit sie das Sturmkap überholen und in stilleren Gewässern weiterfahren können. Er tut mir leid, und doch beklage ich diese ganze Generation, welcher nach und nach bestimmte Moralgesetze abhanden kommen.

Gestern nachmittag liess ich den Handharmonika-Spieler zu mir kommen, um ihn zu skizzieren. Am Nachmittag war das Bild fertig. Gewiss, es ist bloss ein Entwurf, aber wie alle Entwürfe wirkt er lebendiger als so viele Werke, an denen man lange gearbeitet hat.

Auf Wiedersehen, küsse mir die Kinder

                                Albert

Die Arbeit im Leben und Werk Albert Ankers

Nicht selten hat der Maler seine Kindermodelle an der Arbeit – oder unterwegs dazu – dargestellt, hie und da auch beim Spielen. In jener Zeit gab es kein «Freizeitproblem», noch viel weniger eine Freizeitindustrie. Allerdings: die Kindersterblichkeit war gross, die Lebenserwartung niedrig (Lebenserwartung bei der Geburt um 1880: 44 Jahre und 1980: 74 Jahre). Das hängt mit den hygienischen Verhältnissen, vor allem aber mit der Härte des Lebens auf dem Lande und in der sich entwickelnden Industriegesellschaft zusammen.

Albert Anker hat sich über solche Fragen seine Gedanken gemacht. Doch die Arbeitswelt Erwachsener stellt er höchst selten dar. Er will die hart arbeitenden Inser nicht stören und hat zur Genüge erfahren, dass sie ihm nur ungern «Modell sitzen» (siehe dazu seinen Brief an Fr. Ehrmann vom 21. Juni 1876).

Inser Küfer

Turbenstecher im Grossen Moos (Witzwil)

Zum Thema ‹Arbeit› im Leben des Vaters äussert sich eine seiner Töchter:

«... für meine geographischen Kenntnisse war es Papa der mich anleitete, selbst Landkarten zu zeichnen, oder mich mit der griechischen Geschichte vertraut zu machen, da die Schulstunden bei dem alten, sehr gewissenhaften, aber ziemlich pedantischen Schulmeister in Ins ein Gegengewicht erforderten... Auf den Spaziergängen, die er mit uns machte, blieb er öfters stehen und blickte durch die hohle Hand, um den Blick auf die Gegend abzugrenzen; lange konnte sich Papa der Betrachtung des so Geschauten hingeben. Auch *uns* lehrte er sehen und auf die Farbtöne des Himmels, der grünen Hügel, oder auf diesen oder jenen Teil eines unter den Ästen eines grossen Nussbaumes halbversteckten Hauses zu achten...

Sein Tagwerk begann er morgens 6 Uhr, nach dem Frühstück machte er eine Pause, hin und wieder einen Gang durchs Dorf. Nach dem Mittagessen nahm er seine Arbeit wieder auf bis abends gegen 6 Uhr. Nachher entwarf er irgendeine Skizze, zeichnete eine Pflanze oder kopierte einen Kupferstich. Arbeiten war ihm ein Bedürfnis, untätig konnte er nicht sein. Als ich ihm in seinen letzten Jahren einmal sagte, er dürfte sich wohl jetzt einige Ruhe gönnen und seinen Arbeitsgeist auf die Jungen übertragen, meinte er mit einem feinen Lächeln: ‹Ja, in der Tat, ich kenne mehrere, die es nötig hätten, aber ich kann nicht mehr anders werden, ich bin eben so...›» (A. Rytz, a.a.O. S. 58–60)

Die ‹Länderkinder› (1876)
(Œuvre-Katalog Nr. 18)

In einer politisch sehr bewegten Zeit hat sich Albert Anker immer neu mit den Fragen um Frieden und Krieg beschäftigt – seine Gemälde ‹Pestalozzi mit den Waisenkindern zu Stans› und ‹Verpflegung von Bourbakisoldaten› erinnern daran. Die Vierjahrhundertfeier der Schlacht von Murten wurde für den Künstler zum äussern Anlass, sich an die Ausführung eines langgehegten Bild-Planes zu wagen. Im Zentrum sollte dabei nicht das weit zurückliegende kriegerische Geschehen stehen, sondern die grosszügige Hilfe der Murtener Bevölkerung für die Opfer des Nidwaldner Freiheitskampfes. Damals musste Anker nicht in einem Geschichtsbuch nachlesen, was 1798-1799 mit der Eroberung der Schweiz durch die Franzosen an Leiden und Not über die Bevölkerung gekommen war. Die alten Inser wussten ihm noch aus eigenem Erleben zu berichten. Es gibt kein grösseres, historisches Bild Ankers, über dessen Entstehung uns das ‹livre de vente› und Briefe so viel Auskunft geben, wie die ‹Verteilung der Länderkinder›.

Der geschichtliche Hintergrund des Bildes: Die Nidwaldner Bevölkerung hatte sich gegen die ‹Helvetische Republik› – und damit gegen die Franzosen erhoben. Im September 1798 erlebt das Land den Schrecken des Krieges: In Scharen irren Waisenkinder zwischen Ruinen im Tal herum. Pestalozzi sammelt sie, bis einige vom Krieg kaum berührte Städte, darunter auch Murten, sich anerbieten, die Kinder aufzunehmen.

April 1876

Lieber Herr Durheim,

...Ich ging nach Bern um Renseignements für ein Gemälde aus der Zeit des Übergangs; ich möchte eine Kindervertheilung malen, wie sie hie und da stattfanden in reformierten Städten. Da das Gemälde eine ziemliche Anzahl Figuren hat, macht es mir schwere Gedanken; sodann fehlen mir die Costume, was noch nachzuholen sein wird...

undatiert

Mein lieber Herr Durheim,

...Das Gemälde, das ich eben anfange, gibt mir viel zu sinnen und macht mir Kummer; ich habe nur zu viel Figuren; allein die Zeit vom Übergang ist mir schon lange im Kopf, und ich wollte einmal etwas aus dieser so elenden unglücklichen Zeit malen. Kämpfe möchte und könnte ich nicht malen, dies ist ein Spezialfach, und hat vielleicht nicht immer eine grössere Bedeutung als eben ein Kampf. Oft war mir auch das traurige Wort von Neueneg im Sinn: *den Kampf gewonnen, das Vaterland verloren;* allein, es war eben ein Wort, an das ich keine Personen knüpfen konnte. Nun habe ich die Vertheilung der Länderkinder ausgewählt, wo ich dann kann Kinder malen nach Herzenslust. Damit die Kinder nicht zu sehr meinen Insern gleichen, will ich einmal ins Unterwald gehen, in ein abgelegenes Thal, etwa das Melchthal und sehen, was die Kinder noch Charakteristisches haben können. Eine andere Kopfzerbrechung wird der Hintergrund sein, der mir auch grossen Kummer macht. Nun ich will diesen Sommer mit der grössten Geduld daran verweilen und probieren bis es geht...

Viele Grüsse von meiner Frau und von Ihrem ergebenen

Albrecht Anker

‹Livre de vente›

17–23 mai 1876: «logé chez Durheim. Je suis allé aux renseignements pour le tableau de 1798.
6–9 juin: à Morat pour un fond de ville.
22 juin: à Morat à la fête...»

An Ehrmann   *21. Juni 1876*

«Wir befinden uns mitten in den Vorbereitungen der Murtenschlachtfeier. Von Neuveville her sind 6 Kanonen durchgefahren, die aus der Burgunderbeute stammen. Heute wird eine Kantate ad hoc im Wagnerschen Stil aufgeführt.

Mit meinem Bild geht es nur langsam vorwärts, jeden Augenblick fehlt es mir an Auskunft über Kleider und Figuren. Da sehe ich nichts Gutes voraus.

Und doch möchte ich das Bild beenden...

Ich ziehe es vor, nur Kinder zu malen, das ist meine Spezialität. Diese Modelle bekomme ich auf leichte Weise, und ich liebe ihre Gesellschaft. Junge Männer und Frauen sind mir zu unruhig, sie verabscheuen das Modellsitzen...»

An Frau Anker   *Murten, 11. Juli 1876*

Heute früh habe ich mit den Einheimischen begonnen. Lange Zeit war ich ganz allein beim Zeichnen am Stadteingang beim Tor. Ich habe eine Farbskizze begonnen, aber kann erst morgen wieder damit weiterfahren, weil mit dem Lauf der Sonne die Beleuchtung ändert. In einer Apotheke machte ich eben eine Skizze. Möglich dass daraus nichts wird, aber man tut, was man kann...

September 1876

Lieber Herr Durheim,

...Ich habe wieder angefangen am begonnenen Werk zu arbeiten, leider habe ich die Zeichnungen zum Hintergrunde noch nicht, und dennoch fange ich an, im Vordergrunde gewisse Figuren definitiv zu malen. Aber eins will ich mir merken, das Sie mir wieder in Erinnerung brachten und das ich nur zu gut weiss, das ist, mich vor der schwarzen Farbe zu hüten. Ich will versuchen, sie ganz zu entfernen, ausgenommen bei einer schwarz gekleideten Figur. Das Schwarze nimmt den zusammengesetzten Tönen den Glanz. Und doch sagte uns einst Hr. Gleyre folgenden Satz, der einer Häresie gleicht: Le noir d'ivoire est la base des tons. Das war, denke ich, gegen diejenigen gerichtet, die an die Farbe und nicht an die Zeichnung dachten...

*Ausschnitte aus ‹Die Länderkinder›, 1876
(Œuvre-Katalog Nr. 18)*

‹Livre de vente› «1877 28 août: de J. de Pury pour le tableau des ‹Länderkinder›: 5000»

(J. de Pury hat das Bild später dem Neuenburger Kunstmuseum vermacht.)

Frau und Sohn im Bild der ‹Länderkinder›

Walter Laedrach, Begründer der Berner und Schweizer Heimatbücher, hat die Nummer des ‹Jugendborn›, Monatsschrift für Sekundar- und obere Primarschulen, vom Januar 1932 ganz dem 100. Geburtstag Albert Ankers von 1931 gewidmet. Die einzelnen Artikel darin hat er nach Gesprächen mit Frau Marie Quinche-Anker und Pfarrer Schneider in Ins abgefasst. Was Laedrach über die ‹Länderkinder› schreibt, weiss er demnach aus direkter Quelle:

«... Im Mittelpunkt aber des ganzen Bildes steht der kleine Blondschopf mit der hellen Bluse, der die schlanke Dame mit den grossen Augen fragend anschaut, die ihn mit offenen Armen liebevoll in ihre Hut nehmen will. Sein Büblein Moritz ist ihm Modell gestanden für dieses Stanserkind. Auch seine Gattin hat der Maler verewigt auf diesem Bilde. Es ist die Frau in der weissen Haube mit dem schwarzen Band links vom hinteren Reisewagen...»

Cécile

Ende Januar 1877 kommt die dritte Tochter, mit ihr das sechste und letzte Kind der Familie Anker, zur Welt. Rudolf Durheim ist ihr Taufpate gewesen. Sie heiratet am 25. September 1901 Charles Du Bois aus La Chaux-de-Fonds, der sich an der Genfer Universität als Professor für Dermatologie einen Namen gemacht hat. Céciles ältere Schwester Louise hat 1884 den Kaufmann Max Oser in Basel geheiratet, Marie, die zweite Tochter, 1892 den Organisten Albert Quinche in Neuenburg.

Ins, den 20. Febr. 1877

Lieber Herr Durheim,
Ich zeige Ihnen hiemit an, dass sich unsere Familie heute vor 3 Wochen um ein Mädchen vermehrt hat, dass Alles gut abgelaufen ist und dass Mutter und Kind gesund und wohl sind. Und zwar gedenken wir es bald zu taufen, wissen aber noch nicht recht an welchem Sonntag, ob über 8 oder 14 Tagen. So sind wir denn auf den guten Gedanken gekommen, Sie, lieber

Cécile Anker (gemalt mit Fayence-Blau)

Herr Durheim, anzufragen, ob Sie wohl die Güte haben wollen, demselben Götti zu sein. Es ist mir lieb, wenn der Götti ein guter Berner ist, und dazu noch ein Maler...

23. Mai 1893

Lieber Herr Durheim,
... Letzte Woche wurde unsere Cécile admittiert und am letzten Sonntag, also zu Pfingsten, kam sie erstmals zum Nachtmahl. ... Die 100 Fr. die Sie die Güte hatten ihr einmal zu schenken hat sie bei diesem Anlass zum Ankauf einer goldenen Uhr gebraucht. Ich hatte früher davon abgerathen, in der Meinung, sie würde eine Uhr verlieren, und da hatte man an Bücher gedacht, eine gute Wahl, die einem durchs ganze Leben Freude macht, aber die Uhr hat schliesslich vorgezogen... So kann es ein Andenken bleiben auf einer langen Lebensreise. Sie ist übrigens fröhlich, munter, gross und ausserordentlich stark wie ein Knabe. Wenn sie so fortfährt, wird kein Arzt reich an ihr...

Um das Kunstmuseum und das Inselspital in Bern

Noch vor der Abreise nach Paris hat sich Albert Anker im Berner Rathaus als Sprecher einer dafür bestellten Kommission für den Bau des *Kunstmuseums* eingesetzt. Sein Wort fiel ins Gewicht und vermochte auch gegnerische Grossräte in entfernten Landgebieten umzustimmen. Seiner einzigen Rede als Parlamentarier entnehmen wir:

«... Es ist wohl das erste Mal, dass ein Gegenstand solcher Natur, der die Kunst betrifft, im Grossen Rat besprochen wird... Der im Bundesrathaus für unsere Sammlungen zur Verfügung gestellte Platz umfasst 7500 m², während das neue Gebäude einen weit grösseren Raum darbieten wird. Vergleicht man, was in Bern auf Kunst getan worden ist, mit den Leistungen anderer Schweizerstädte, so muss man zu der Überzeugung gelangen, dass man hier noch nicht so weit gekommen ist... In Frankreich besteht ein eigenes Departement des beaux arts. Fast in allen Städten existieren Kunstanstalten, mit denen Schulen verbunden sind.

... Lyon und Limoges können als Muster gelten und Limoges ist für Frankreich ungefähr das, was der Heimberg für Bern ist. Die Stadt hat gross eingerichtete Zeichnungsschulen. Dies ermöglichte ihr nach und nach immer schönere Fabrikate zu machen... Die Sache ist in jeder Beziehung zu empfehlen...» (Tagblatt des Grossen Rates, 1871)

Zur Planung des neuen *Inselspitals* in Bern hat Albert Anker seinem einstigen Zofinger Farbenbruder, dem Mediziner Dr. Adolf Ziegler-Schneider (1833–1899, ehemaliger eidgenössischer Oberfeldarzt), seine Bedenken dargelegt.

An Adolf Ziegler   Paris, 24. Nov. 1877

Verzeih einem Laien einige Bemerkungen zu machen über eine Sache, die ihm fremd ist. Aber seine Meinung zu sagen ist ja kein Staatsverbrechen.

So viel ich über das Projekt vom Neubau der Insel weiss, ist der Plan so, dass man einen grossartigen Bau machen will, der die alte Insel ersetzen soll, ja diese ehrwürdige Spelunke soll mit der Zeit verkauft werden, wie man sagt.

Zu diesem Projekt ist eine Sache sehr zu befürchten, nämlich dass man das Gebäude zu grossartig macht, eine Art «Hôtel Dieu» in Paris, wo die Installation per Bett 25000 Fr. gekostet hat.

Leider ist es etwas eine Berner Krankheit, dass man alles zu grossartig anlegt, die Sache freilich sieht so schöner aus, allein eine andere Frage ist dies, ob dem Bedürfnis am besten entsprochen wird. Die Architekten sind gefährliche Leute, sie wollen zeigen, dass sie schön bauen können und viel Talent haben, gehen aber vielfach weit über den Zweck hinaus. Wenn man beim Bau eines Spitals ärztliche Gutachten einholt, sagen die Ärzte immer: «Baut nicht zu gross, vermehrt die Spitäler, baut barakenmässig, damit man niederreissen kann, wenn das Gebäude verpestet ist.» Und nun glaube ich, werden die Berner diese Maxime gerade nicht befolgen, grad wie es beim ‹Hôtel Dieu› war, wo die Ärzte gewarnt haben, aber wo der Kaiser es durchstiert, ein grand Hôpital dans la grrande ville pour les grrrands médecins zu bauen. Ich fürchte, es wird auch in Bern einen grossen Steinhaufen geben, wo die vorhandenen Gelder verschlungen werden mit noch weitreichenderem Defizit.

Vorschläge machen ist schwer, und es ist eine Anmassung, es zu wagen, – aber es käme mir praktischer vor, 2 oder 3 Privathäuser ... zu kaufen, es ist weniger brillant, aber es würde ebenso vielen geholfen werden... Doch ich will enden, bevor du böse wirst.

Mit freundlichem Gruss an deine Frau
bin ich dein ergebener Anker, Vetter

Kunst und Politik

Spätherbst 1877

Mein lieber Herr Durheim!

...Ich gratuliere Ihnen auf Ihre Rom-Reise. Mit Vergnügen würde ich auch eine ähnliche unternehmen und sehen, was dort in puncto Malerei geschieht. Wenn man nur immer seine eigene gleiche Arbeit sieht, so ist es nicht gut. Ich selbst bin jetzt nicht in einer guten Periode, alles was ich mache, missfällt mir, aber die Russen missfallen mir noch viel mehr mit ihrem Krieg. Die Geschäfte werden noch mehr stocken; Deck's haben in 5 Tagen in ihrem grossen Magasin 1 Stück verkauft. Ein Stück!

Meine Frau lässt Sie bestens grüssen, sowie Ihr ergebener

Albr. Anker

Ins, am Tag des grossen Schnees.

Ernte, Blitz und Donner zu Hause und in der Nachbarschaft

An Frau Anker nach Chur   Sommer 1878

«... Es geht hier alles gut, abgesehen davon, dass Maurice in den Brunnen gefallen ist. Cécile kam auf unserem Erntewagen mit Michelsammi, Lisbeth und Maurice heim: unter einem Baum traf sie das Geäst, – sie hat geschrieen, das war alles...

Der Blitz hat in den Kirchturm von Gampelen eingeschlagen. Eine Menge Leute sah zu. Da erschien der Herr Pfarrer und hielt eine Ansprache: ‹...Ah, jetzt sehe ich, dass es in Gampelen auch Männer gibt, am Sonntag merkt man nichts davon.› In der Kirche stank es greulich nach Schwefel...»

Schubladisierter Orden

Albert de Meuron hatte die Schweizer Kunstkommission für die Weltausstellung von 1878 geleitet. Voll Humor unterzeichnet Anker einen Brief an ihn:

«... Au revoir, mon cher collègue et Herr Pariserweltaustellungsschweizerkunstabtheilungsspecialcommissionspräsident! C'est votre titre officiel.»

Von der undankbaren Mühsal jener Kommissionsarbeit mit Albert Anker und dem Basler Graphiker Weber zusammen schreibt de Meuron in einem Brief:

«10. April: Ich bin erledigt! Wir waren von 9 Uhr morgens bis sechs Uhr abends unterwegs. Ohne Hilfe der Arbeiter vom Louvre wären wir nie ans Ziel gelangt... Es ist keine Vergnügungsparty, ganz abgesehen davon, dass man für alles viel Kritik einfangen wird. Darauf muss man sich stets gefasst machen...»
(Ph. Godet, ‹A. de Meuron› S. 313–315)

Zu seiner grossen Überraschung wird Anker mit dem Ritterkreuz der Französischen Ehrenlegion dekoriert.
Er nimmt den Orden dankend entgegen und versorgt ihn gleich. Später erzählt er lächelnd, dass er sich die Rosette nur dann ins Knopfloch gesteckt habe, als es etwa darum ging, einen guten Theaterplatz zu erlangen!

An Albert de Meuron

«... Bei Anlass der Ausstellung habe ich einen Orden zugesprochen erhalten. Nur kam diese Nachricht nach Ins, und nicht offiziell. So nahm ich an, es sei bloss ein Witz... Aber es ist doch so! Die Ernennung legte ich samt dem Orden in eine Schublade...»
(Herbst 1878)

Die gescheidten Neuenburger...

Ins, den 10. Oct. 1879

Werthester Herr Durheim,
... Die Neuenburger möchten gerne ein Bild von Herrn v. Bonstetten kaufen, wenn ein solches disponibel wäre. Allein im gegenwärtigen Moment bleibt es auch bei frommen Wünschen, sie laborieren auch am allgemeinen Geldmangel. Und doch ist ihre Frage des Baues eines Kunstmuseums um ein Wesentliches weiter gekommen, da sie von der Munizipalität nahe am See ein Terrain erhalten haben; nun ist das Projekt so, dass sie nicht das ganze Gebäude aufstellen, sondern nur ⅓, nach dem jetzigen Geld und den jetzigen Bedürfnissen. So sieht es aus. Rechts und links bleibt Platz für die künftigen Generationen, wenn sie Geld haben. O die gescheidten Neuenburger! Sie werfen nicht alles in Steinhaufen.

Wir sind alle gesund und wohl. Es ist mir leid, dass die Sakerments Vorgesetzten das Wäldlein haben umhauen lassen, so wären Sie noch hie und da in unsere Gegend gekommen. Nun aber haben Sie dem Seeland den Rücken gekehrt, was mir sehr leid ist. Ihr Gottenkind ist gesund und wohl, ich werde Ihnen wohl gesagt haben, dass es eine sehr dezidierte Person ist und seine Geschwister schon jetzt bemeistert...

An A. de Meuron   26. Oktober 1879

... Gerne hätte ich die Pläne für das Kunstmuseum gesehen. Ich bewundere die praktische Einstellung, welche Sie geleitet hat. Sie haben den Plan dazu ohne grossartige Fassade gemacht und reservieren die Fertigstellung auf bessere Zeiten. Das nenne ich weise. So hätten die Berner gescheiter nicht gleich ihre 700 000 Frs. ausgegeben. Nun haben sie einen Bau, zu dem man in unserer schönen Sprache nur sagen kann: «USSEN FIX UND INNEN NIX.»...

Abschied von der ‹Turnstunde› und der ‹Genesung›

(Œuvre-Katalog Nr. 59 und Nr. 204)

An A. de Meuron   Dezember 1879

... Goupil wird dieser Tage die ‹Turnstunde› absenden. Er hatte mich das Bild mit dem Hinweis auf einen Käufer einrahmen lassen, aber dann wurde nichts aus dem Kauf. Bitte bemühen Sie sich nicht zu sehr darum. Das Bild wird seinen definitiven Platz neben den Turben finden. Da werden es einst meine Erben entdecken... Bald kann ich auch die ‹Genesende› (oder ‹Wegflug der Schwalben›) senden können. Zunächst wollte ich dafür 700 Frs. verlangen, aber des wehmütigen Themas wegen gehe ich auf 600 herunter...

Zwei miserable Ladenhüter von 1 m Durchmesser sind bei Deck für das Museum von Limoges verkauft worden. Ich möchte sie sofort durch zwei Platten ersetzen, die ich vom Sujet her als besonders schön ansehe, ‹Sully› und ‹der Student›...

Entwurf zur ‹Turnstunde›, um 1879 (Œuvre-Katalog Nr. 59)

Die ‹Kleine Genesende› – Sorge und Freude um Kinderporträts im Elsass

Das Bild des Mädchens, das in seinem Bett zufrieden mit Puppen spielt, ist im Winter 1877/78 in Paris entstanden und vom Gemäldehändler Goupil nach Genf weiterverkauft worden.

Albert Ankers Ruf als Porträtist von Kindern ist über die Grenze ins Elsass gelangt; von dort stammten ja auch seine Malerfreunde Ehrmann und Hirsch. Was er 1878 und 1880 im Elsass erlebt hat, und was er als Maler, der an Einfachheit gewöhnt ist, empfand, berichtet er seiner Frau nach Ins:

Aus Rixheim, Elsass, 4. Juni 1878

... Nun habe ich mir das Porträt wieder vorgenommen. Das Mädchen langweilt sich beim Modellsitzen zu Tode. Das Bild befriedigt mich nicht. Eigentlich müsste ich die Leute bei der Abreise um Entschuldigung bitten und nicht Geld von ihnen erwarten. Lieber nichts mehr malen, wenn man nach so viel Mühe zu einem solch armseligen Resultat gelangt...

Basel, 18.6.1878

Wir haben mit allen möglichen Freundschaftsbezeugungen im Elsass von einander Abschied genommen... Es ging mir so gut in einer Umgebung und bei Leuten von solcher Eleganz, dass ich jetzt am liebsten in einem ganz abgelegenen Ort verschwinden möchte, wo alles sehr einfach ist...

Mühlhausen, 15.5.1880

Eben habe ich das Bild beendet und signiert. Leider kommen mir die guten Ideen erst hernach, wie einem Schulkind. Es ist kein Meisterstück geworden. Das passiert, wenn man so allein ist, vor allem widerfährt es Leuten wie mir, welche so sehr auf das kleinste Detail achten. Ich bin deswegen nachts erwacht, und es scheint mir, ich müsse mich bei diesen Leuten entschuldigen für eine so drittrangige Arbeit.

Spielendes Mädchen am Ofen, 1879 (Œuvre-Katalog Nr. 202)

Mühlhausen, Pfingsten 1880

...Dem Bild, das ich beilege, siehst du gewiss mein sorgenvolles Gesicht im Elsass an. So kommt es heraus bei allen meinen Künstlersorgen...

Basel, 19. Mai 1880

Hier die Basler Leckerli. Gestern hat mir Herr Mieg Geld in die Hand gedrückt, weit mehr als ich verlangt hatte. Im Briefumschlag lagen – ich wage es kaum zu sagen, 3200 Frs. Für Frau Mieg möchte ich das kleine Bild malen, das ich daheim schon angefangen habe, ‹Schür Ruedi, in der Bibel lesend›...

Louise wird wohl mit der Botanik angefangen haben. Halte sie zum Anlegen eines Herbariums an. Es ist schön, wenn man sich in der Pflanzenwelt ein bisschen auskennt...

Kleidertausch von Ins nach St-Blaise

Die alte Freundschaft zwischen Albert Anker und Auguste Bachelin hat sich bis in die gegenseitige Aushilfe mit Malrequisiten aller Art bewährt. Sie liess sich leicht bewerkstelligen, da die beiden Künstler wenige Kilometer voneinander entfernt lebten. Während Anker um ein Kleid für ein Bild des kranken Lavater bittet, lässt Bachelin seinen Freund bei alten Insern nach Uniformen für einen Festumzug in Neuenburg fahnden...

Ins, 19. September 1881

Lieber Bachelin,

Ich muss dich erneut um Hilfe bitten. Könntest du mir wieder das schwarze Kleid nach Louis XV. leihen, welches ich einst hier hatte und das von hinten auf dem Bild der Kinder von 1798 zu sehen ist? Ich möchte einen kranken Lavater malen. Wie ein guter Berner sich mit den Geschehnissen um 1798 befassen sollte, so scheint es meine Pflicht zu sein, Lavater besser bekannt zu machen, einen so vortrefflichen Mitbürger, den ich seiner ‹Physiognomie› wegen sehr schätze und den wir einst zusammen mit Lörtscher so bewundert haben...

Ich denke oft beim Einschlafen an dich und deinen Roman, deinen Arbeitseifer bis tief in die Nacht.

Dein ergebener Anker

Juli 1882

...Hier sende ich dir die Soldatenkleider: 2 Infanterie, 1 Artillerie, einen Tornister. Ein Mann besitzt auch noch Epauletten...

Skizze zu ‹Der kranke Lavater› 1883 (Œuvre-Katalog Nr. 36)

Wandern – schreiben und zeichnen

An die zehnjährige Tochter

Aus dem Elsass, Juni 1882

Liebe Marie,

Ich habe deinen Brief bekommen. Schreib mir hie und da, so wirst du bald einmal gut schreiben können. Es ist Pfingstmorgen. Weilte ich bei diesem schönen Wetter in Ins, so würden wir zu den grossen Bäumen hinüber wandern, unsere Strümpfe und Schuhe an der kleinen Quelle ausziehen.

Maurice wird wohl zur Schule gehen. Wie gerne sähe ich ihn mit Schiefertafel und Buch. Er wird bald einmal deutsch lesen und schreiben können, du wirst es gewiss auch erlernen.

Versuche die Musterzeichnungen zu kopieren, welche ich dir geschickt habe. Verwende ruhig den Massstab für die geraden Linien. Dies wird zuweilen nicht gestattet, obwohl doch immer ein Lineal da ist.

Sicher hattest du Freude, deine kleinen Inser Freundinnen wieder zu sehen. In diesen schönen Frühlingstagen erlebt ihr gewiss zusammen manches Vergnügen. Ich freue mich darauf, bald wieder in Ins zu sein, doch der Frühling geht vorüber und der Sommer bringt nicht so grosse Freuden.

Auf Wiedersehen Marie, grüsse mir Maurice und Cécile

dein Papa

Der ‹Blinde Organist›

Das Bild stellt den Churer Organisten Karl Hartmann Köhl (1855–1919) dar. Er war seit seiner Geburt blind. Von Kind an ausserordentlich musikalisch, wurde er zum Organisten ausgebildet, gab auch Klavier- und Gesangsstunden.

Die Zeichnung ist ein einzigartiges Zeugnis der Porträtierkunst Albert Ankers. Im Halbprofil gezeichnet, begegnet uns ein Mensch in tiefer Verinnerlichung, der sein schweres Schicksal tragen gelernt hat. Wie ist es zu dieser Darstellung gekommen? In Odessa am Schwarzen Meer leitete um 1850 der Schweizer Hotelier Hermann Köhl das Hotel ‹Europa›. Mit der Erziehung ihrer drei Kinder Karl, Sina und Emil betraute das Ehepaar Köhl Anna Rüfly, die spätere Frau Albert Ankers. Emil, geboren 1857, war das Patenkind von Frau Anker. Er hat als Arzt in Chur gewirkt. Oft ist Frau Anker in späteren Jahren, zusammen mit Tante Anna-Maria und den Kindern, zu ihrem Patenkind ins Bündnerland gefahren. In einem Brief Bertha Köhls, der Frau des Organisten, lesen wir von einem Besuch des Churer Ehepaares in Ins. Vielleicht ist unsere Zeichnung im Juli 1882 während dieses Besuches entstanden. Bertha Köhl schreibt im gleichen Brief an Frau Anker: «... Wie freue ich mich jetzt ganz besonders über das wunderhübsche Bild, das wir unser Eigentum nennen dürfen» (17. Juli 1910). Im Œuvrekatalog findet sich unter Nr. 394 ‹Bildnis einer Arlesierin 1872› die Notiz: «Geschenk der Familie Anker an Dr. Emil Köhl, Patenkind von Frau Anker.» Hinter dem Porträt Karl Köhls steht also auch eine der langen und tiefen Familienfreundschaften, welche Albert Ankers Leben geprägt haben.

Fahrt ins Tessin: Arbeitslast der Frauen

An Anna Anker 1. August 1883

Ich schreibe dir aus Giornico, wo ich eine Weile bleiben will. Die Gotthardstrecke zählt viele Tunnels und Kehren; auf der Fahrt kann es einem richtig schwindlig werden. Im Zug sassen Pariser Seminaristen, die lange Zeit ein sehr korrektes Latein gesprochen haben. Die Ausstellung in Zürich fanden sie zu naturalistisch, sie vermissten Bilder religiösen Inhalts... Ich schreibe in der kleinen Kirche, es soll die älteste Kirche der Schweiz sein...

Karl Hartmann Köhl, Chur (1855–1919)

Hier stehen schon viele Reben, der Wein schmeckt ausgezeichnet. Die Eisenbahn hat manche Leute brotlos gemacht; sie lebten grösstenteils vom Strassenverkehr...

Biasca, 3. August 1883

Liebe Anna,

Da bin ich nun in Biasca – ein lieblicher Ort... Die Frauen grüssen alle, und wenn ich mit der einen oder andern plaudere, benehmen sie sich gar nicht wie Wilde... Hinter dem Dorf erheben sich steile Berghänge. Gegen Abend sah ich ständig ältere Frauen mit schweren Heulasten herunterkommen. Diese Alten holen das Heu oft bis weit hinter dem Gipfel. Sie benötigen dazu gegen 7 Stunden und viele von ihnen leiden an einem grossen Kropf. Wenn diese Armen nicht am Fegfeuer vorbei direkt in den Himmel kommen, gibt es keine Gerechtigkeit!... Gerne möchte ich einmal eine von ihnen auf ihrem beschwerlichen Weg begleiten. Und diesen Leuten will man den katholischen Glauben rauben!...

Sorgen um Maurice – Das Frühlingsbild Paul Roberts

An Fr. Ehrmann   Oktober 1883

...Der Bub bereitet uns Sorgen wegen der Schule. Er zeigt wenig Eifer und möchte immer in den Stall des Nachbarn gehen. Sein Wunsch wäre es, während zwei Jahren als Knecht zu arbeiten, dann Bauer zu werden. Wenn wir ihn nicht in einer Stadt unterbringen können, wo er den ganzen Tag über die Schule besuchen muss, wissen wir keinen Ausweg mehr. Zu allen Landarbeiten wird er hier geschickt, so wird er bald einmal nichts anderes mehr wissen wollen. Aber das wäre doch kaum ein Unglück. In Paris ging er gerne zur Schule, machte seine Aufgaben ohne weiteres, aber hier sollte ja alles daheim gelernt werden – das geht nicht.

Von Robert weiss ich nichts mehr, als dass er immer blasser wird. Sein schönes Frühlingsbild ist noch nicht verkauft. Das hat ihm grossen Eindruck gemacht – man flüstert ihm ein, dies sei ein Wink Gottes. Er verlangt 3000 Fr. dafür. Vielleicht wäre es nicht abwegig, wenn ich es kaufte!...

Léo-Paul Robert (1851–1923): der jüngste unter Albert Ankers Künstlerfreunden. Er war mit Anker Mitglied der Gottfried Keller-Stiftung und der Eidgenössischen Kunstkommission. Von 1886 bis 1896 hat Robert das Treppenhaus des Kunstmuseums von Neuenburg aus-

Marie Anker, 1884

geschmückt und Aufträge für das Historische Museum Bern und das Bundesgerichtsgebäude Lausanne erhalten. Er war sehr religiös. Sein grosses Frühlingsbild hat Anker gekauft, um ihm beizustehen. Es hing lange über dem Eingang des Ateliers. Nach Ankers Tod kam es als Legat der Familie in das Musée des Beaux-Arts nach Neuenburg.

An Robert – zum Frühlingsbild   24. Oktober 1883

...Unbegreiflich, dass dies Bild nicht längst verkauft ist. Die Schuld daran gebe ich seinem Riesenformat. Höchstens Museen und Galerien können sich dies leisten, auch die grossen Tiere von Paris, auf welche es Banknoten regnet. Aber die 2500 Übrigen? Es ist besser, Bilder in kleinerem Format zu malen, die in üblichen Stuben aufgehängt werden können. Auch dies Format gibt grossen Talenten die Möglichkeit, sich zu entfalten, das beweisen z. B. Rembrandts ‹Emmausjünger› im Louvre...

An Davinet   25. Oktober 1883

Ich habe das Bild ‹Erster Frühling› von Paul Robert gekauft... Es ist ungewöhnlich, dass Maler Gemälde kaufen. Aber schon zweimal habe ich es unterlassen und bin reuig geworden. Das Bild ist sehr schön, – eine ernste Studie nach der Natur, wie man sie gewöhnlich nicht sieht...

Eduard Davinet (1839–1922) war Inspektor des Berner Kunstmuseums.

An Paul Robert   Paris, November 1883

Lieber Herr Robert,
... Nun wohne ich wieder mit meiner Familie in Paris, doch der Winter lässt Böses ahnen. Die unglückselige Aussenpolitik lähmt den Handel, alles beklagt sich. Deck, mein Fayence-Fabrikant, verkauft wenig oder gar nichts, es geht allen gleich. Hinzu kommt in Sachen Bilder ein übler Spass: ein alter Herr, Monsieur Borniche, grosser Gemäldeliebhaber, ist gestorben und hat seinen Erben die ungeheure Zahl von 18 000 Bildern hinterlassen. Er hatte im Sinn, dies alles dem Staat zu vermachen. Aber nun ist kein Testament vorhanden. Die Erben lassen die Bilderlawine öffentlich versteigern, das führt während zwei Jahren zu Stockungen im Bilderhandel: die Händler werden sich bei dieser Gelegenheit billig versorgen können. Die Qualität dieser Malerei geht vom Guten zum sehr Schlechten, das Mittelmässige dominiert...

Durch Leon Berthoud vernahm ich, dass Sie jetzt am See Genezareth weilen. Das Land soll ein wenig der Gegend am Bielersee gleichen, abgesehen von Vegetation und Häusern. Hier begann J.C. seinen Dienst, es war das goldene Zeitalter des Christentums. Später, in Jerusalem, geht er zu einer schärferen Tonart über: «Rasse von Vipern, Pharisäer, ihr Heuchler...» Was das rein Menschliche anbelangt, dürfte Jerusalem im Charakter wenig geändert haben. Die Bewohner haben ihre Läden wie ehedem. Ich hoffe, dass Sie das finden, was Sie dort suchen.

Ihr ergebener Anker

Der Wucherer, 1883 (Œuvre-Katalog Nr. 61)

Marie mit dem Blumenkranz

Im Sommer 1884 weilte die Familie Anker in Ins. Damals hat Anker an den Darstellungen des ‹Erdbeerimareili› und ‹Grossvater erzählt› gearbeitet. Anlässlich einer Familienfeier oder eines Dorffestes hat sich Marie den Kranz mit den grossen Margriten ins Haar setzen lassen. Ein zauberhaftes Gewebe von Heiterkeit und Ernst liegt auf dem Gesicht des zwölfjährigen Mädchens: Offen und klar blicken seine Augen in die Zukunft.

Unsere Zeichnung hat ihre besondere Geschichte: Anker gab sie in spätern Jahren einem seiner Neuenburger Freunde weiter. Von dort gelangte sie nach Genf in die Wohnung einer österreichischen Gräfin, Kammerfrau der Kaiserin Elisabeth von Österreich. Die Gräfin verarmte und musste das Bild verkaufen. An einem Wochenmarkt ist es in Bern dem heutigen Besitzer angeboten worden!

Der Maler und das Wort

Es dürfte kaum einen Besucher geben, der das Atelier Albert Ankers betritt und nicht staunend vor der grossen Bibliothek des Malers stehen bleibt: da gehen mehr als zwölf Regale vom Fussboden bis zur Decke hinauf, gefüllt mit Büchern, die sich Anker im Lauf der Jahre erstanden hat. Mit viel Liebe und Sorgfalt sind sie ausgelesen, manches Werk wurde bei einem «Bouquiniste» am Pariser Seine-Ufer entdeckt. Ein grosses Glück, dass uns – wie das ganze Atelier – diese erstaunliche Bibliothek im ursprünglichen Zustand erhalten worden ist. Aus Briefen und Carnets Ankers entnehmen wir, wieviel er gelesen hat, ohne als Viel- oder gar Besserwisser aufzutreten. Seine Bücherei zeugt von einem weiten geistigen Horizont. Am meisten Raum nehmen natürlich Werke ein, welche sich mit Kunst und Graphik befassen. Es folgt die schöne Literatur, angefangen bei den griechischen und lateinischen Klassikern, – oft in ihrer alten Sprache. (Anker hat seine Bibel und den Homer bis in die letzte Lebenszeit in den Ursprachen gelesen.)

Die französischen Schriftsteller und Dichter des 18. und 19. Jahrhunderts sind unter den Modernen weitaus am besten vertreten, wie ja überhaupt die französischsprachige Kultur Anker nähergestanden hat als die deutsche (Neuenburg näher als Bern!) Drei Fünftel seiner Briefe sind französisch mit neuenburgischem Einschlag geschrieben. So sind auch die Werke von Jeremias Gotthelf französisch und deutsch in der Bibliothek Ankers zu finden. Dass der Maler einst Theologie studiert – und nie aus den Augen verloren

Der Grossvater erzählt eine Geschichte, 1884 (Œuvre-Katalog Nr. 62)

hat, lassen u.a. die vielen Erbauungs- und Predigtbücher erkennen: da lesen wir Namen wie Luther, Renan, Augustin, Pascal und Bitzius.

In gut einem Zehntel aller Ölgemälde Ankers tritt uns *das* Wort als Zeitung oder Buch in der Hand von jung und alt, als Amtsblatt an der Wand oder auf einem Tisch entgegen. Selbst täglich in der Welt des Geistes lebend, hat Anker seine Modelle in Beziehung mit dieser Welt gesehen: das ist bei ihm keine künstlerische Marotte, es gehört in sein Werk wie Milch und Brot. Während Jahren war Anker Leser und auch Korrespondent der Neuenburger ‹Suisse libérale› und der ‹Berner Volkszeitung› (Buchsi-Zitig) von Ulrich Dürrenmatt. Beide Blätter standen vorherrschenden politischen Meinungen unabhängig-kritisch gegenüber.

Bevor er – lange zögernd – einen Auftrag zur Illustration Gotthelfscher Erzählungen annahm, hat er sich anfangs der Achtzigerjahre künstlerisch mit dem Werk des grossen Lützelflüher Epikers auseinandergesetzt. Daraus sind die beiden inhaltlich so gegensätzlichen Bilder ‹Der Wucherer› (1883 – Œuvre-Katalog Nr. 61) und das ‹Erdbeerimareili› (1884, Kunstmuseum Lausanne – Œuvre-Katalog Nr. 209) entstanden. Im ‹Wucherer› tritt uns die Spannung zwischen der unbarmherzigen Ruhe des Zinsherrn und der Bedrängnis der Pächter entgegen, während die hellen Augen im ‹Erdbeerimareili› das Glück und die Klarheit eines unbeschwerten, sauberen Gewissens widerspiegeln. So hat Anker die Gestaltungskraft Gotthelfs auf seine Weise auszudrücken versucht. Diesem Bemühen begegnen wir auch in der Haltung des Mädchens (1884), welches später als ‹Gotthelfleserin› in einer Illustration erscheint.

Besonders schön hat Albert Anker das lebendige Wort im Bild ‹Grossvater erzählt› (Berner Kunstmuseum – Œuvre-Kataog Nr. 62) wiedergegeben: drei

Mädchen und ein Knabe lauschen hingegeben der Erzählung ihres Grossvaters. Eine glücklich erhaltene Skizze hat der Künstler wohl aus formalen Gründen im Bild nicht ausgeführt. Sie zeigt uns den Knaben von der Seite, ganz in die Erzählung vertieft. An der Atelierwand hängt noch heute die verblichene Kopie der Radierung Rembrandts ‹Das Hundertguldenblatt›. Die Zeichnung muss Anker besonders beeindruckt haben: dargestellt ist der verkündende Christus, umgeben von jungen und alten, gesunden und kranken Menschen, die ihm zuhören. Es ist gut möglich, dass Anker durch die Darstellung des grossen Holländers zu diesem Bild angeregt worden ist.

In der Welt des Geistes schöpfend, ist der Maler bis in seine letzten Lebenstage innerlich lebendig und frisch geblieben. Er hat sich darum weder künstlerisch noch politisch oder religiös in ein Schema einspannen lassen.

Während zehn Jahren hat er in der Redaktion der illustrierten französischen Wochen-Zeitschrift ‹Le magasin pittoresque› mitgewirkt. Seine zwei Beiträge ‹Les fontaines de Berne› und ‹Lavater› – unter dem Pseudonym «Berger» erschienen – haben besondere Beachtung gefunden. Die Beschreibung des Gerechtigkeitsbrunnens verrät den Künstler:

«... Die Figur der Gerechtigkeit hat die Schmiegsamkeit und Eleganz der Figuren jener Epoche... Ihr Haupt ist schön, ruhig, fest, ihre Haltung würdig, nach rechts geneigt, dem Gewicht des Schwertes nachgebend, welches sie senkrecht emporhält... Die Frisur ist reich und originell gestaltet. Gab es je eine Epoche, welche die weiblichen Frisuren so reich zu gestalten wusste wie die Renaissance!...»

Der Artikel über Lavater beginnt mit einigen biographischen Notizen über das lange, schmerzhafte Sterben des von Anker geliebten Zürcher Pfarrers und über seine Beziehungen zu Goethe. Er charakterisiert dann Lavaters Hauptwerk, die ‹Physignomischen Fragmente›, welche eine grosse Menschenkenntnis verraten, und schliesst mit dem Hinweis auf Lavaters Grabmal an der St. Peterskirche in Zürich.

In Albert Ankers Korrespondenz stossen wir im Jahr 1877 erstmals auf den Namen J. C. Lavaters (1741–1801):

«... Das Haus Lavaters habe ich nach Erkundigungen endlich gefunden und man hat mir die Stelle gezeigt, wo er angeschossen worden ist und die Bank, auf die man ihn dann gelegt hat. Sein Haus, ein Pfarrhaus, ist erhalten geblieben...» (Aus Zürich an Anna Anker am 30. Juli 1877)

Dank für Freundeshilfe – Sehnsucht nach Rom und nach Ins

Ins, 13. September 1885

Lieber Ehrmann,

Du unterbreitest mir rührende Vorschläge. (Er war sehr ermüdet, die Familie und seine Freunde wünschten, dass er eine Ruhepause einschaltete – M. Q.) Vor allem deine Frau bezeugt grosse Uneigennützigkeit. Doch dem Kranken geht es nicht so schlecht, wie man befürchtet. Stets habe ich an Übeln gelitten, die dann doch nicht eingetroffen sind. Da stelle ich mir vor, was in ein, zwei Jahren alles über mich kommen könnte und dann kriege ich Fieber. Blicke ich auf das Heute, so bin ich wieder zuversichtlich und erkenne meine Undankbarkeit; aber was ist da zu tun, wenn die Natur mir einen ängstlichen Geist ins Gehirn geschraubt hat? Wie gerne möchte ich nach Rom reisen, die ewige Stadt und ihre Umgebung besuchen...

Dein alter Anker

An Frau Roulet-Anker, St-Blaise Paris, Neujahr 1886

Liebe Marie,

Soeben haben wir deinen Brief erhalten, und mit Freuden sehen wir, dass bei Euch alles gut geht. Dar-

Junger Zuhörer

aus besteht doch das Glück: ruhig leben ohne böse Erschütterungen...

Das Leben in Paris ist nicht mehr heiter, die Atmosphäre drückt, Gott weiss, auf welche Weise das Gewitter losbrechen wird. Oft packt mich die Sehnsucht, alles hier liegen zu lassen und in Ins zu bleiben, so dunkel sehe ich die Dinge. Einst kamen Bilderhändler und Kunden, jetzt sind es nur noch Bettler jeglichen Alters, aus aller Herren Länder, das Herz blutet mir...

An A. Bachelin   Paris, 27. März 1886

...Nun habe ich keine besondern Überraschungen mehr zu erwarten als höchstens, was mir mein Beruf als Grossvater bringt... 3 Bilder schicke ich nach Neuenburg: ‹Protestanten im Schnee› – einen ‹Pfahlbauer›, den ich soeben beende. Ich habe eine kuriose Landschaft gemalt ... sie ist mir missraten. Du wirst selber sehen. Sollte meine Ladung zu gewichtig sein, so werden sie ausscheiden können. Für das Museum Neuenburg habe ich einen Kopf gemalt, zwei weitere werden folgen. Sie können es nehmen oder sein lassen, ich habe meine Freude an solchen Dingen; wenn man kein Geld dafür erwartet, ist man ja auch viel freier.

                                          Dein alter Anker

An Albert de Meuron   Paris, 5. April 1886

«...Mitte April kehren wir nach Hause zurück. Die Maler klagen über schlechte Geschäfte. In Neuenburg haben Sie ja auch Ihre Sorge um den ‹Crédit mutuel›: es kracht an allen Orten...»

Kinderleiden an einer Grammatik – Grossvaterfreude

                                     Ins, 9. Juli 1886

Lieber Herr Godet,

Sie setzen sich soeben für die französische Grammatik von Ayer ein. Ich habe den Artikel darauf für die ‹Suisse libérale› geschrieben. Darin ist die Grammatik von Larousse erwähnt. Sie werden mir sagen: «Was zum Kuckuck stecken die Berner ihre Nase hier hinein?» Da antworte ich Ihnen: «Lieber Herr, ich predige für meine eigenen Leute.» Eine meiner Töchter ging in der Klasse von Frl. Bonhôte in Neuenburg zur Schule, ich habe lange genug miterlebt, wie sehr diese Grammatik sie hat leiden lassen. Im Herbst geht meine zweite Tochter in dieselbe Klasse, darum möchte ich ihr diesen Leidenskelch ersparen. Noch immer denke ich an die Unterhaltung der Ältern mit vier Schulkameradinnen in Ins; ich habe den Schrekken, den diese Grammatik verursacht, miterlebt. Doch stellen Sie sich vor: gegen den Verfasser hatten sie nichts zu sagen, sie spürten wohl, dass es sich um einen ehrenhaften Mann handelt. Aber seine Grammatik haben sie nicht begriffen. Herr Knöry hat recht: als Schulbuch taugt dies Buch nichts, zu wenig einfach geschrieben, liegt darin zu viel Sprachphilosophie, das gehört nicht in ein Schulbuch... Ich möchte Sie sehen, wenn einmal Ihre eigenen Kinder den Kampf um dies Buch streiten; Sie würden wie die Väter und Mütter reden, welche der Zeitung geschrieben haben... Schliesslich möchte ich Ihnen verkünden, dass ich Grossvater geworden bin. Die kleine Baslerin, welche mich zu solchen Ehren erhoben hat, trägt den seltenen Namen Dorothea.

                                        Ihr Alb. Anker

An Davinet   19. Juli 1886

«...Sie haben mir zur Geburt der kleinen Luise Dorothee gratuliert. Die Kleine ist die Ursache einer weitern Sorge für mein ängstliches Gemüt. Wird sie ge-

Stabpuppe, zum Spiel mit Kindern von Anker angefertigt

sund bleiben und intelligent genug sein, um in dieser Welt bestehen zu können? Wie werden ihre Eltern sie erziehen, wird sie nicht zu sehr von Grossmama und Tanten verwöhnt werden? ...»

An Marie

Ins, 7. Sept. 1886: (Die Tochter besuchte das Collège in Neuenburg)

... Deine Nachrichten haben uns sehr interessiert. Ich hoffe, die Stunden gefallen dir. Glücklicherweise ist Ayer gestorben und zu seinen Vätern gegangen. Hoffentlich habt ihr keinen seiner Schüler, die sehr fanatisch sind...

Gut, dass du Englisch lernst, es ist eine wichtige Sprache mit einer grossen Literatur. Auch das Italienische wäre gut, aber du kannst ja nicht alles auf einmal lernen. Das Examen ist eine nützliche Angelegenheit, aber man muss doch viel Sinnloses lernen. So kannte Louise die Moselzuflüsse nicht: *wie* wichtig sind doch diese Zuflüsse! ...

Albert Anker als Grossvater

Von seiner Enkelin Dora Brefin-Oser zum 100. Geburtstag:

«Als ich ein Kind war, hatte ich das grosse Glück, neben dem Elternhaus eine zweite Heimat zu haben. Das war das Haus meiner Grosseltern Anker in Ins im Berner Seeland... Manchmal ist mir, Grossmutter müsse noch an ihrem Platz am Fenster sitzen. Und Grossvater? Der ist oben in seinem Atelier, und wenn ich hereinkomme, sagt er: ‹So, da bist du, Kleine, wie gehts zu Hause?›... Im Atelier sind die grossen Bücherschäfte. Grossvater muss eine Leiter anlegen, um Bücher von den obern Regalen zu holen. Auch Bilder hängen da, Kopien nach alten Meistern. Und in den alten Schränken sind Trachten und wunderliche alte Hüte, und in einem Fach, das wir besonders gut kennen, liegen die Puppen, die Grossvater selber gemacht hat: der Königssohn, die Königstochter, der böse Mann im roten Mantel und der ehrwürdige Einsiedler. Abends spielt uns der Grossvater hinter einer Stuhllehne wunderbare Stücke mit diesen Puppen: Die Königstocher – Grossvater nimmt für sie eine ganz besonders schöne zarttönende Stimme an – verirrt sich, begegnet dem bösen Mann, der ihr den prächtigen Halsschmuck rauben will. Er bedroht sie sogar mit dem grossen Schwert. Auf ihre Hilferufe eilt der Königssohn herbei, er durchbohrt den bösen Mann, der unter argen Verwünschungen stirbt, und der ehrwürdige Einsiedler kommt eben recht, um den Königssohn mit der geretteten Königstochter zu trauen...

Dora Brefin-Oser, Tochter von Louise Oser-Anker

Als wir noch in die Primarschule gingen, hatten wir das grosse Glück, den Keuchhusten zu bekommen. Für diese Krankheit verordnete der Arzt eine Luftveränderung. Darum wurden wir zu den Grosseltern nach Ins geschickt. Ein schneereicher Winter wars, wir konnten schlitteln, – aber wir hatten auch für die Schule Aufgaben zu machen. Da verliess den Grossvater seine Pädagogik. Dass wir mit der Grossmutter rechnen mussten, begriff er; aber das viele Schreiben! ‹Mach mir nur einen Buchstaben oder ein Wort an den Anfang jeder Linie, dann schreibe ich dir alles fertig.› Ich schrieb zitternde grosse A. ‹Rüttle den Tisch›, sagte der Grossvater, ‹meine A sind nicht zittrig›. Das besorgten wir gerne, und während Grossvater schrieb, rüttelten wir den Tisch. Meine Schwester aber machte so hässliche Buchstaben an den Anfang der Linie, dass Grossvater, der sie genau nachmalte, für seine Arbeit eine 3 bekam! Später aber blieb sein Interesse an unserer Schule bestehen. Er schrieb uns oft, gab uns Ratschläge für unsere Aufsätze und machte uns auf Verse mit besonders schönem Rythmus aufmerksam.

Über das Sterben sprach er viel, auch mit uns, als wir älter wurden. ‹Das wäre fein, wenn ich im Himmel bei Raffael Malstunden haben könnte.› Einmal sagte er: ‹Ich bin ein alter Philosoph und möchte gerne mit Gelassenheit sterben.› Als ich sagte: ‹O Grossvater, du darfst noch lange nicht sterben›, antwortete er: ‹Du weisst nicht, wie ich lachen würde, wenn ich morgen im Paradies erwachen könnte. Ich bin jetzt wie die Patriarchen alt und lebenssatt.› Es geschah nach seinem Wunsch, und ich glaube, er ist an jenem Julimorgen 1910 wohl lachend vor Freude im Paradies erwacht.» (D. B. in ‹Leben und Glauben› 3. August 1931)

‹Hohes Alter›
(1885, Berner Kunstmuseum Œuvre-Katalog Nr. 334)

Im ‹Livre de vente› lesen wir zum 17. November 1885:
«de M. Wenger pour la vieille Geissler Rudis Mutter, qui se chauffe: 750».

Über dem Kohlenkessel die feingegliederten, schmalen Hände der Hochbetagten. Ihr Antlitz von Arbeit und Mühsal der vielen Jahre gezeichnet, ihre Augen dem Vergangenen nachsinnend, ins kommende Unfassbare schauend. Nicht greifbar oder fühlbar die Wärme, die da aufsteigt und die gestreckten Hände umstreicht; das unsichtbare Licht, welches Schatten in die Falten von Schürze und Rock wirft. Ein Mensch, der – wie es so heisst – «mit dem Leben abgeschlossen hat» und der doch in seiner Ruhe sehr lebendig erscheint.

Traubenkur im Wallis – Rom, nicht mehr Paris!

Ins, den 11. Oct. 1886
Werthester Herr Durheim,
... Ich war einige Tage im Wallis bei einem Freund, der dort mit seiner Familie eine Traubenkur machte. Ich denke, die italienischen Dörfer werden kaum malerischer sein als im Wallis. Es ist nur schade, dass die Reinlichkeit dort nicht grösser ist, aber dies geht mit der so grossen Einfachheit der Leute; sie sind primitiv in jeder Beziehung.

Ich gedenke diesen Winter statt nach Paris einmal nach Rom zu gehen. Paris ist nicht mehr wie ehmals, die Geschäfte gehen nicht, und man hat den Eindruck, als stehe eine Katastrophe bevor. Mein Prognosticum für die Zukunft, und besonders für Frankreich, ist das reinste Elfenbeinschwarz. ...

Von Rud. Durheim   Bern, 18. Oct. 1886

...Sie sind also willens, diesen Winter in Rom zuzubringen, wo ich zwei Winter mehr langweilig verbracht. Rom ist durch ihre politische Wichtigkeit keine Kunststadt mehr, der Zugang ihrer so reichen plastischen Sammlungen im Vatican sehr erschwert durch die jedesmal nachzusuchende Erlaubniskarte. Zudem die zu kurz gewährte Zeit zu deren Besuch im Winter nicht geeignet, diesen Aufenthalt als nutzbringend und angenehm zu machen. Auch fand ich Wohnung und gute Kost recht theuer. – Wenn Sie Rom und die noch grössern Schönheiten ihrer grossen Umgebung gesehen, möchte ich Ihnen vorschlagen, Ihre Excursion bis Neapel zu dehnen, wo Sie an den pompeianischen Gemälden im Museum gewiss recht viel Anregung zu charmanten Genrebildern hätten. Sollten Sie auf meinen Vorschlag eingehen, so wäre es gut, wenn Sie zu mir kämen vor Ihrer Abreise, schriftlich ist es zu weitläufig, Ihnen alles über Verhalt deutlich zu beschreiben.

... Nicht bloss Frankreich ist sehr krank, ganz Europa kommt mir vor wie ein Reicher, der die Auszehrung hat. Bis ein namhafter Krieg und Pestilenz ihr Werk gethan haben, glaube ich nicht an eine Besserung für die noch Überbleibenden.

Das Buch der Inser Aquarelle und Zeichnungen
(ca. 1879–1889)

Albert Anker hat die leeren Seiten dreier Kalender seines Grossvaters Rudolf Anker mit Aussprüchen und Erinnerungen alter Inser gefüllt. Es ging ihm hier offensichtlich darum, einem zünftigen Chronisten gleich, die Geschichte und Kultur seines Dorfes um die Jahrhundertwende festzuhalten. In einem Notizbuch seines Grossvaters mütterlicherseits – des Abraham Gatschet-Käch, Chirurgus, 1752-1830 – entdeckte er neben Rezepten und Rechnungen allerlei Hinweise zur Chronik jenes alten Inser Geschlechts. Da lesen wir zum Beispiel:

«...1795 den 10ten Octobris ist auch meine viel geliebte Mutter im 73. Jahr ihres Alters in dem Herrn entschlafen. Morgens um 6 Uhr.

1799 den 5ten Jenner hat Gott zu seynen Gnaden berufen mein liebes Kind Rosina seynes Alters 10 Monat 5 Tag...»

Auf leeren Blättern setzt der Maler die Chronik mit Abschriften aus den Inser Kirchenrödeln fort; auch Stammbäume fehlen nicht, welche der geschichtlich Interessierte gerne zusammengestellt hat.

Junge Vögel, Aquarellskizze im ‹Buch der Inser Aquarelle und Zeichnungen›

Die hohe Achtung für alle Zusammenhänge vom Einst zum Jetzt hat Albert Anker von seinen Vorfahren geerbt. Es gehört neben natürlicher Begabung und fachlicher Bildung zu den wichtigsten Seiten seines künstlerischen Schaffens. Wir finden diesen Tatbestand im selben Notizbuch auf eindrückliche Weise durch die 86 Aquarelle und Zeichnungen bestätigt, welche der Künstler im Lauf von ungefähr zehn Jahren auf die leeren Blätter gemalt und gezeichnet hat. Bei den Aquarellen überwiegen Intérieur-Studien aus Inser Häusern – die Zeichnungen stellen junge und ältere Dorfbewohner dar, daneben finden sich Ausschnitte aus Wohnstuben und Werkstätten. Drei Seiten sind blauen Ofenkacheln und einer Anzahl junger Vögel gewidmet. Alle diese Darstellungen dienten Anker als Vorstudien zu grössern Werken. Wir erkennen sie da und dort in Gemälden wieder. Die Aquarelle in diesem «merkwürdigsten Skizzenbuch Albert Ankers» (so Arnold Kübler im ‹DU› Nr. 2 von 1943) lassen den Betrachter erahnen, wie nahe der Inser Künstler in jenem Jahrzehnt der damals «modernen» und auch verfemten Bewegung der Impressionisten gestanden hat. Claude Monets ‹Impression du soleil levant›, das jener Bewegung den Namen gegeben hat, liegt in diesem Skizzenbuch nahe: im Spiel von Licht und Dunkel, im Wechsel rasch hingeworfener Farben dieser «Impressionen» des durch sein Dorf wandernden, an manche Stube klopfenden Malers. Die so frisch und lebendig wirkenden Bilder bestätigten mir den Ausspruch seiner malenden Enkelin Elisabeth Oser: «Grossvater war von Natur Impressionist». Die begabte Künstlerin hat Albert Anker noch in Ins zugleich als einen strengen, wie zu ungezwungenem Gestalten anspornenden Lehrmeister erfahren. Mehrmals hat Anker den Wunsch geäussert, zu den Impressionisten zu gehen, hinaus in die freie Natur. Was er sich selbst versagt hat, durfte seine Enkelin viele Jahre später in Basel und vor allem in Afrika verwirklichen.

Das Buch der Inser Aquarelle berichtet in altväterischen Schriften von Leben und Tod, Werden und Vergehen, *und* in gedämpften, oft aber leuchtenden Farben zwar nicht von «heiler Welt», wohl aber von einer weiten Offenheit für Neues und Grösseres, die viele bei Anker nicht erwarten. Das alte Buch ist «merkwürdig» – aber eben *merk-würdig* im wahrsten Sinn dieses Wortes.

Italien 1887

Reise nach Rom und Neapel

Marie Quinche-Anker:

Anker war in Italien nie weiter südlich gekommen als bis nach Florenz. Die Krankheit hatte ihn daran gehindert, seinen Freund Ehrmann nach Rom und Neapel hinunter zu begleiten. Doch immer hegte er die Hoffnung, auch den Süden Italiens einmal besuchen zu können. Im Februar 1887 reiste er ab, lebte etliche Wochen sowohl in Rom wie in Neapel und in der Umgebung dieser zwei Städte. Von dieser Reise brachte er als Ausbeute eine Menge Skizzen und zwei bis drei kleine Ölbilder nach Hause. (M. Quinche, a.a.O. S. 129)

Italien 1887, Aquarellskizze

An die Familie   Genua, 4. März 1887

Nach einem Zwischenhalt in Pavia bin ich hier in Genua angelangt. Der Ruf dieser Stadt hat mich angezogen: hier lebten die lombardischen Könige und hier hat Franz I. alles «ausser der Ehre» verloren ... alles sieht hier vernachlässigt aus ... Der Wein muss gut sein, welcher auf diesen kalkigen Böden wächst.

Rom, 14. März

Lieber Ehrmann,
   Nun schreibe ich dir tatsächlich aus Rom! Ich bin am Freitag angelangt. Gerne wäre ich kurz in Perugia und Assisi geblieben, aber das schlechte Wetter bewog mich, von Arezzo aus direkt nach Rom zu fahren. Während zwei Tagen hielt ich mich in Florenz auf ... Wie oft habe ich in Mailand und in Florenz an dich gedacht ...
   Das Capitol ist ein grosses Gewirr von Gassen und Gässchen – überall auch Felsen und Löcher ... Du kannst dir nicht vorstellen, was hier alles gebaut wird. In den Kellern entdeckt man immer noch Werke aus dem Altertum ...

An die Familie   Rom, 16. März 1887

Meine Lieben,
   ... welche Menge von Kirchen, lieber Gott, Kirchen und Priester! Gestern habe ich den Vatikan besucht, ich sah nur gerade die Sixtinische Kapelle. Die Teppiche wurden geklopft, und später konnte ich nicht mehr hineingehen, denn man muss zuerst die Sixtinische Kapelle besuchen und kann erst nachher zu den Gemälden gehen, so will es das Gesetz ... Wären hier nicht diese Werke von Raffael, Michelangelo und einige Werke des Altertums zu sehen, so wäre auch der Vatikan bloss eine alte Ruine, wie man sie hier in grosser Zahl sehen kann ...

Rom, 17. März 1887

... Ich habe einen kleinen protestantischen Gottesdienst besucht. Der Prediger sprach über die Heilung des Gelähmten. Welch glanzvolle, hübsche Sprache und wie lebendig dargeboten. Ich stelle mir unsere Leute zuhause vor, wie dankbar sie für eine so lebendige Predigt wären. Auch sage ich mir, dass diese protestantischen Familien im Laufe der Zeit viel Leiden durchmachen mussten. Die Leute grüssten einander sehr freundschaftlich. Nach dem «Amen» sprach alles «Amen». Der Herr, der predigte war um die 40, er trägt einen schönen Soldatenschnurrbart wie alle Italiener ...

Neapel, 7. Mai 1887

Meine Lieben,
   Gestern haben wir, meine lieben drei Kameraden und ich, den Vesuv erklommen: mir war der Aufstieg von 1200 Metern Höhe zuwider, zudem musste man auf einem Maultier hinaufreiten und ich befürchtete, von dieser Reiterei müder heimzukehren als nach einer Fusswanderung. Aber ich ritt auf einem kleinen braven Eselchen hinauf; die Jungen nannten es «St. Joseph». Wir blieben nicht lange am Krater, zuviele Brocken fielen neben uns nieder ... Was für ein Leben in dieser Stadt, viel Volk und viel Lärm!
                                                    Euer Reisende

Perugia, 15. Mai 1887

Meine Lieben,
... Hier ist alles schön, doch nicht im gleichen Mass wie Rom oder Neapel. Von allen Städten, die ich besucht habe, ist für mich Neapel die originellste, was die Bewohner anbelangt. Welch ein Leben, welche Sorglosigkeit, wieviele Faulenzer, Nichtsnutze – und welcher Frohmut! ... Ich schreibe in einem Café, das sich mit Leuten füllt. Hier konsumiert man Glacen und Spezialitäten, die ich nicht kenne ... Eine herrliche Sprache hört man hier. Das Italienische wird ausgesprochen, wie es auch geschrieben wird. Hier verstehe ich selbst die Frauen. Es ist eine Freude, den Leuten im Café zuzuhören – jeder spricht so gut wie ein Prediger ...

    Auf Wiedersehen Papa

Florenz, den 26. Mai 1887

Meine Lieben,
Da bin ich seit zwei Tagen. Meine Zimmerfrau von einst habe ich umsonst gesucht, sie muss gestorben sein, und Hunziker habe ich in Siena nirgends aufspüren können. Auf dem Apennin liegt Schnee ... Im ‹Secolo› las ich, dass Neuenburg von Schneestürmen heimgesucht worden ist. So muss auch in Ins die Rebe gelitten haben. Die Leute müssen sich wieder ein Jahr gedulden! Was für eine Misere mit diesen Reben! ... Ich freue mich, wieder in Ins leben zu können. Hätte ich nur schon eine gute Arbeit angefangen! ...

  Lebt wohl Der alte Reisende

Nach Ins zurück
1887–1890

«Wie einfach wäre meine Theologie...»

In Paris lernte Albert Anker den Abbé Eugène Michaud kennen: dieser stand in den Siebzigerjahren in vorderster Front gegen das päpstliche Unfehlbarkeitsdogma. Als in Bern die Christkatholische Fakultät geschaffen war, hat sich der Inser Maler dafür eingesetzt, dass Michaud als Professor nach Bern kam. Michaud hat sich ganz besonders für die orthodoxen Kirchen und ihre Lehre interessiert und die Verbindung der christkatholischen Kirche mit ihnen angestrebt. Bis zu seinem Tod hat Albert Anker mit ihm in regem Briefverkehr gestanden.

An E. Michaud in Bern

Ins, den 9. September 1887

Lieber Herr Michaud,
...Zuweilen denke ich an jenen widersprüchlichen Ausspruch Lessings, den Sie gewiss kennen: «Wenn Gott in seiner Rechten die ‹Wahrheit› hält, in seiner Linken aber die ‹Suche nach Wahrheit› und der Mensch wählen könnte, so müsste dieser sagen: ‹Herr, gib mir die 'Suche nach der Wahrheit', die 'Wahrheit' gebührt dir allein.›» Das bedeutet, dass es für den Menschen keine absolute Wahrheit gibt, alles bleibt relativ, dem Wechsel unterworfen. Die Kraft und Grösse des Glaubens der Menschen beweisen keinesfalls die Wahrheit. Ich bin glücklich, Maler zu sein, so brauche ich nicht nach der Lösung all dieser Probleme zu suchen, deretwegen ich mir nicht mehr den Kopf zerbreche. Wie einfach wäre meine Theologie, wüsste ich sie nur besser zu praktizieren: jeden Tag mit Geduld meine Pflicht erfüllen, welche ich zu gut kenne. Ehrfurcht und Demut diesen Geheimnissen gegenüber scheinen mir mehr ins Gewicht zu fallen, als ein systematisches Austüfteln, wie wenn es sich um eine Rechnungsaufgabe handelte.

Ins, 18. September 1887

...Die Malerei eines Calame und Leopold Robert ist aus der Mode gekommen. Wir leben in einem Zeitalter einer realistischen Reaktion. Das letzte Urteil ist aber noch nicht gesprochen. Welche Werke werden sich schliesslich in überzeugender Weise bewährt haben?

Ich lese Ihre grosse Arbeit über die Konzilien. Sie schätzen die Konzilien sehr hoch ein als Momente der Besinnung auf das Neue Testament. Unsere protestantischen Kirchen kennen solchen Respekt nicht mehr, sie behandeln die Konzilien als rein menschliche Angelegenheiten. In Wahrheit kann man sich fragen, ob nicht dieser so neugierige, alles ausforschende griechische Geist sich hier eingenistet hat und ob sie nicht wie Plato auf alle Fragen zum vornehrein die Lösungen gesucht haben. In diesem Zusammenhang habe ich mich schon oft gefragt, ob Plato nicht auf 10 Jahrhunderte hinaus der Verzauberer der Menschheit gewesen ist. Was wäre aus der griechischen Welt geworden, wenn etwa an Stelle Platos der Einfluss eines Hippokrates überwogen hätte: er war ein reiner Forscher, in aller Ruhe der Natur untertan...

Michelangelo, der Zerstörer – Fragwürdig gewordenes Paris

Das Mächtige und Gewaltsame hat Anker angezogen, zugleich aber immer mehr abgestossen: darum seine Abneigung gegen Darstellungen des Krieges, sein Urteil über Napoleon I. und die englische Königin Victoria, die er beide in verschiedenen Zusammenhängen (Russlandfeldzug und Burenkrieg) mit «Kamel» tituliert!

Ins, den 2. Oct. 1887

Lieber Herr Durheim,
...O Herr Durheim! Wie oft dachte ich an Sie in Italien, denn Sie werden vielleicht auch vernommen haben, dass ich endlich einmal in Rom gewesen bin. O wie völlig würde ich mit Ihnen sympathisieren in puncto Michelangelo; derselbe hat eine Perturbation und Zersetzung in alle Kunst gebracht. Natürlich kann niemand seine ungeheure Force leugnen, aber eben durch seine ungeheure Kraft wirkt er so schädlich. Wie hässlich wird die Architektur nach ihm, und wie wüst sind seine eigenen Werke, wenn man sie mit denen vergleicht, die 50 Jahre vor ihm lebten. Es ist einem ein wahres Labsal, wenn man ein Stück antrifft, das nicht unter seinem Einfluss entstanden ist. Da aber die Päbste nach ihm viel Geld hatten, haben sie alles verhunzt. Leider war ich nicht in Ravenna, wo noch schöne alte Reste sind, und wo dieser fatale Mann nicht gehaust hat.

Wir gehen diesen Winter wieder nach Paris, aber nachher nicht viele Winter mehr, es ist nicht mehr das fröhliche leichte Leben von ehmals; seit dem grossen Krach von 1882 ist alles lahm und traurig und missstimmt...

Warum keine religiösen Bilder?

Die ‹Ziviltrauung›
(Herbst 1887, Œuvre-Katalog Nr. 63, Kunsthaus Zürich)

Beim Betrachten dieses Bildes, welches uns in die Amtsstube eines Gemeindeschreibers auf dem Lande führt, kann in uns die Frage auftauchen: Weshalb hat Albert Anker das junge Paar nicht in einer Kirche dargestellt? Warum hat er – abgesehen von wenigen Bildern in der Frühzeit seines Schaffens – keine religiösen Bilder mehr gemalt?

Wie die Darstellung ‹Grossvater erzählt› (Seite 90) gehört die ‹Ziviltrauung› zu den Genre-Kompositionen Ankers. (Unter «Genre» ist eine Malerei zu verstehen, welche im Gegensatz zur Porträt-, Landschafts- und Historienmalerei Menschen in ihrem Alltag darstellt.) Im Œuvre-Katalog (siehe Seite 37) sind 30 Genre-Kompositionen Ankers abgebildet, dagegen nur 2 Bilder zur Bibel (‹Hiob und seine Freunde› und ‹Der verlorene Sohn›), ferner 7 mehr oder weniger konventionell-religiöse Darstellungen (‹Kinderbegräbnis› – ‹Nach dem Gottesdienst› – ‹Taufe› – ‹Betende in Stans› – ‹Alter Hugenotte› – ‹Protestantische Flüchtlinge› – ‹Pilgerzug›). Zu dieser Art von Bildern kann man auch alle bibellesenden Männer und Frauen zählen.

Warum hat Anker die ‹Ziviltrauung› der Trauung in einer Kirche vorgezogen? Das Religiös-Christliche hat dem einstigen Theologiestudenten zeit seines Lebens nahegestanden; der Maler hat sich am kirchlichen Leben in Ins beteiligt und regelmässig Gottesdienste zuhause und auf seinen Reisen besucht. Man müsste annehmen, dass ihm zur Darstellung einer Eheschliessung die Trauung in einer Kirche nahegelegen wäre. Für das Fehlen von religiösen Bildern bei Anker glaube ich drei Gründe festhalten zu können:
- Einmal des Künstlers Zurückhaltung im Zurschautragen und Darstellen innerster Gefühle. Darum auch wirken seine Kinderbilder nicht sentimental.
- Ferner: Albert Anker hält sich in späteren Lebensjahren für unfähig, religiösen Themen wirklich gerecht zu werden. Auch dafür gibt es eine Parallele: In ähnlicher Einsicht wehrt er sich nach 1890 immer wieder gegen die Illustration der Werke Gotthelfs. Er fühlt sich dem «Riesen Jeremias» und seinen Darstellungen nicht gewachsen.
- Schliesslich: Die Zeit für religiöse Bilder ist nach seiner Überzeugung mehr oder weniger vorbei. Dazu braucht es schon Künstler mit besonderer Begabung und Berufung. Der Romand Burnand und sein Freund Paul Robert stehen darum für ihn im Vordergrund. Dazu zwei Briefausschnitte:

An Louis Favre, 17. Juni 1904

«... Sie äussern Ihr Missbehagen an Burnands ‹Hohepriesterlichem Gebet›. Da bin ich anderer Ansicht. Wir wollen froh sein, wenn in der Schweiz noch solche Bilder gemalt werden. Die Renaissance hat uns auf diesem Gebiet nur noch wenig zu tun übrig gelassen. Alles ist von den Künstlern des XV. und XVI. Jahrhunderts schon so gut ausgeführt worden, dass ich der Meinung Jacot-Guillarmods bin. An dieser Thematik kann man sich nur die Nase brechen!»

An Paul Robert, um 1900

«... Ihren Zeilen entnehme ich mit Freude, dass Sie der Malerei doch nicht den Rücken kehren. Sie denken vielmehr an eine Art von Bildern, bei welcher Sie kaum mehr Konkurrenten zu fürchten haben. Und doch ist hier eine reiche Mine auszubeuten. Unter den religiösen Bildern unserer Zeit finde ich besonders drei sehr gut: den ‹Abschied der Apostel› und den ‹Tröstenden Christus› von Père Gleyre, dann ‹St. Augustin und St. Monika› von Ary Scheffer. Die katholische Seite ist falsch und heidnisch; ein Protestant denkt strenger, auch wenn ihm Gefühle nicht verboten sind. Je mehr ich an die beiden zunächst genannten Bilder denke, desto mehr bewundere ich den klaren, modernen Geist dahinter. Auch der grösste Ungläubige kann dies nicht bestreiten. Es ist das Christentum in seiner humanen, hilfsbereiten Seite ...»

Vielleicht zeigt uns Albert Anker gerade in seiner «*Zivil*-Trauung», worauf es ihm auch in religiöser Hinsicht ankommt. Ich sehe es im Ernst auf den Gesichtern des jungen Paares, in seiner festen Bereitschaft, das Gemeinsame zu wagen; ich sehe es im sehr aufmerksam teilnehmenden Dabei-Sein aller andern jungen und alten Dargestellten. Da wird nicht leicht mit Leben und Zukunft gespielt. Verstehen wir den Ausdruck «religiös» in *diesem* Sinn, dann entdecken wir in Albert Ankers Werk mehr religiöse Bilder, das heisst nach des Künstlers eigenen Worten: «das Christentum in seiner humanen, hilfsbereiten Seite».

‹Der Pilgerzug› 1888
(Kunstmuseum Neuenburg, Œuvre-Katalog Nr. 37)

An Chr. Bühler,
Inspektor der Berner Kunstsammlungen

8. September 1888

Lieber Herr Bühler,
Ich bin so frei und wende mich wieder an Sie zur Aushülfe. Ich möchte nämlich etwas sehen und erfahren über die Costume von der Zeit ohngefähr des

Die Ziviltrauung, 1887 (Œuvre-Katalog Nr. 63 – Foto Kunsthaus Zürich)

Burgunderkrieges. In Paris hätte ich selbst Material und auch Bibliotheken zur Disposition, während hier nichts ist. Ich nehme mir vor, eines Morgens bei Ihnen zu erscheinen um durchzuzeichnen, was Sie etwa besitzen. Ich will nämlich Pilger malen und zwar mit einer Landschaft von Ligerz, das vor der Reformation ein Pilgerort war. Es geht jetzt noch ein Fussweg durch Felsen und Reben, der den Namen «Pilgerwegli» trägt. So nehme ich mir denn vor, Leute zu malen, wie sie vor der Reformation waren. Ich kann dabei gehen bis Holbein, allein etwas Archaisches wäre mir lieber...

Grösse und Grenze des einstigen Lehrers Charles Gleyre

Ins, 5. Oktober 1888

Lieber Bachelin,

Ich wollte dir meine Memoiren über Gleyre schreiben. Dann aber hat mir dein Artikel das Leben im Atelier lebhaft in Erinnerung gerufen. Wenn ich den Einfluss unseres Lehrers im Blick auf die Malerei bedenke, so überkommt mich hin und wieder das grosse Bedauern darüber, dass ich nicht zu einem Landschaftsmaler in die Lehre gegangen bin. Wir scheuen doch die saubern Töne, ein helles Licht oder wirkliche Schattierungen. Was geschah dann? In der Ausstellung waren die Bilder der Gleyre-Schüler im Allgemeinen von einer grauen Tönung bedeckt, sie schienen unter einer leichten Staubschicht zu liegen. Der Mann war aber als Charakter ausgezeichnet: seine Strenge, seine Abscheu gegen Mätzchen und Angeberei, seine Geradheit verglichen mit so vielen, welche ihre Bücklinge machen. Er trug den Kopf hoch; was miserabel in dieser Welt ist, das benannte er ganz offen als miserabel.

Dass auch dieser so umsichtige Lehrer nicht unfehlbar gewesen ist, beweisen seine Fehlprognosen über die Schüler. Einer von ihnen kam in seinen Ausführungen nicht zurecht, aber komponierte gut: ihn hiess er die Malerei aufgeben, da er dazu nicht befähigt sei. Und doch war es einer von den besten Schülern Gleyres während dessen 25 Jahren Unterricht.

Es ist eben so, dass Einbildungskraft und Sinn für Schönheit, diese hervorragenden Qualitäten, nicht im Atelierzeichnen hervortreten. Das müssten sich alle merken, welche die Malerei im Sinn haben. Es scheint mir leider Gottes so zu sein, dass der übliche Schulunterricht nur dazu dient, diese Eigenschaften niederzuhalten. Da gibt es doch Lehrer, die so am kleinlichen Zeichnen, am Modellieren nach Gipsvorbildern hangen, dass sie solche Eigenschaften bei ihren Schülern gar nicht erkennen – und hätten sie auch die Phantasie eines Gustav Doré...

Charles Gleyre (1806–1874), der klassizistische Waadtländer Maler, ist am 5. Mai 1874 während des Besuches einer Pariser Kunstausstellung gestorben. Bis heute kennen wir die Namen von siebenundzwanzig Schweizern, welche neben den Franzosen Ehrmann, Monet, Renoir, Sisley und dem Engländer Whystler seinem Atelierunterricht gefolgt sind: darunter Anker, Bachelin, Bocion, Jacot-Guillarmod, de Meuron, Moosbrugger, Simon, Steinlen und Walthard. Er war für sie nicht nur der strenge Lehrer gewesen, sondern auch ein hilfsbereiter und charaktervoller Mensch.

Albert Ankers Einstellung zu Charles Gleyre schwankt zwischen dankbarem Respekt und dem Bedauern, einst nicht auch andern Unterricht genossen zu haben. Ähnlich zwiespältig wie im Brief an Bachelin hat sich Anker schon früher in Briefen an seine Freunde Ehrmann und de Meuron geäussert.

Eine lange Freundschaft geht zu Ende

Mit August Bachelin in St-Blaise hat Albert Anker noch kurz vor seiner endgültigen Heimkehr nach Ins in den Jahren 1888–1890 manchen Brief gewechselt: es sind Zeugnisse einer tiefgehenden, in vielem übereinstimmenden Künstlerfreundschaft.

Ins, 16. Oktober 1888

Mein lieber Bachelin,
... Noch eine Bitte: hat es unter Deinen Uniformen eine Mütze der Soldaten von Neapel? Hier lebt ein Schuhmacher, ein braver alter Neapolitanersoldat mit einem prächtigen Kopf. Es wäre jammerschade, ihn sterben zu lassen ohne ihn gemalt zu haben. Ich möchte ihn in seiner Werkstatt angetan mit einer Neapolitanermütze malen. Er hat es immer bedauert, dass er seine Uniform nicht mit heimgebracht hat. Heute am Bettagmorgen sass er in der Kirche neben mir, und als ich ihn da sitzen sah, dachte ich, welche Sünde es wäre, ihn nicht einmal im Detail gemalt zu haben. Schon lange habe ich ihn mir vorgenommen. Heute schien er mir bleich und gelb, es ist zu befürchten, dass er bald einmal zu seinen Vätern heimkehrt...

17. Mai 1889

Mein lieber Anker,
... An der Ausstellung in Neuenburg fand ich zu wenig Zeit, mit dir eine Angelegenheit zu besprechen, die mich beschäftigt. Du warst so gütig, auf meinem Bild vom heimkehrenden Soldaten das Kind in einer entzückenden Art zu malen. Das Bild ist schon vor der Eröffnung gekauft worden, dies verdanke ich sicher deiner Mitarbeit. Jetzt müssen wir abrechnen. Ich habe es nicht gewagt, mit dir über Geld zu reden, und doch muss es sein. Bitte sag mir offen, was ich Dir schulde.

Im Laufe des Winters 1889/90 verschlimmerte sich das Halsleiden Bachelins immer mehr. In dieser Krankheitszeit kam seine wirtschaftliche Notlage zum Vorschein. Eine Sammlung seiner Freunde ermöglichte den Ankauf eines Bildes für das Rathaus von St-Blaise. Im Sommer 1890 wurde er im Inselspital zu Bern von Prof. Kocher behandelt. Nach der erfolgreichen Operation ist er am 3. August einer Lungenentzündung erlegen.

27. Juni 1890

Mein lieber Anker,
... Es ist mir sehr leid, Deinen Besuch verpasst zu haben, denn seit langem hätte ich Dich gerne wiedergesehen, doch es hiess, Deine Abreise aus Paris habe sich verzögert. Ich hoffe sehr, dass Ihr alle gesund heimgekehrt seid. Die Frage um die Gesundheit beschäftigt mich gegenwärtig sehr stark ... aber ich will dich mit dieser Sache nicht langweilen... Sehr glücklich bin ich, dass Deine ‹Pilger von Ligerz› für das Museum von Neuenburg angekauft worden sind. Da werden sie Dich in würdiger Weise vertreten...

Anker an Fr. Ehrmann 6. Juli 1890

«... Bachelin ist schwer krank, er wird sich kaum mehr erholen. Dazu fehlt es an Geld im Hause. Mit Hilfe einer Sammlung will man von ihm ein grosses Bild für das Rathaus von St. Blaise kaufen. Man liebt ihn sehr hierzulande. In vielen Komitees hat er mitgeholfen ohne je etwas für sich zu beanspruchen. Alles, was er geschrieben hat, entzückte die Leute, und was er auch unternahm, tat er aus Liebe für sein Neuenburg. So hat er sich viele Freunde gewonnen. Ich habe ihn noch nicht wieder gesehen. Wie ich ihn besuchen wollte, war er gerade weg. Er wird Guillarmod im Tode folgen. Ein anderer Maler-Zeitgenosse, Buchser in Solothurn, eine Art Athlet, ist auch schwerkrank. Er war ein weitgereister Mann, ein bisschen Aufschneider, der aber viele, sehr schwungvolle Bilder gemalt hat...

(Philippe Godet, dem Anker Erinnerungen über Bachelin geschickt hatte, lud ihn zu einem Gedenkvortrag über den verstorbenen gemeinsamen Freund nach St-Blaise ein. Einer Erkältung wegen konnte Anker nicht hingehen. Taktvoll bittet er Godet um Rücksichtnahme auf Bachelins Frau, einer Pariserin.)

An Ph. Godet   12. Dezember 1890

«... Da Frau Bachelin noch wohlauf ist, bitte ich Sie ihren Namen in Ihrem Vortrag nicht besonders zu erwähnen. Man sollte in solchen Dingen diskret sein. Sie haben die Frau im letzten Winter seines Lebens kennengelernt. Haben Sie da je einmal merken können, dass die beiden grossen Mangel litten?

Frau B. hat nicht Lärm gemacht, hat auch unter der Hand niemandem gejammert. Wie viele Frauen hierzulande hätten so existieren können und still, aber aufrecht alles ertragen? Da sind mir etliche wohlbekannt, deren Klagen bitter geklungen hätten. Bei ihr aber gehen Sorglosigkeit, Humor und Sachlichkeit Hand in Hand: das sind typische pariserische Eigenschaften. Ich bin zum Schluss gekommen, dass wenn es mit einer Pariserin wirklich gut geht, sie die vortrefflichste aller Frauen ist. Da möchte ich aber auf unsere Gemahlinnen keinen Stein werfen; doch was für ein Frohmut, auch wenn nicht alles wie am Schnürchen läuft! Unsere Leute hierherum wissen solches zu wenig zu schätzen...

Sehnsucht nach Ravenna – Der deutsche Professor

                         Ins, 18. September 1889
Lieber Ehrmann,

Dein Brief kommt mir vor wie ein Idyll am Meeresstrand: Du kannst bummeln, fischen und aquarellieren. Was kann man sich für die Ferien Besseres erträumen!

... Die Sehnsucht, welche mich umtreibt, wird sich kaum erfüllen: ich möchte so gerne Ravenna besuchen, möchte von dort lauter Aquarelle heimtragen. Ich möchte auch Pavia und den Gardasee besuchen. Wie gerne würde ich einem begüterten Herrn auf seine Bestellung hin eine Mappe mit Aquarellen besorgen!

... Mit den Deutschen stehen unsere Beziehungen wie ehemals: sie schweigen und wir halten uns auch still.

... Der deutsche Professor ist ein grosser Exportartikel: wir haben davon einen lächerlichen Gebrauch gemacht – nur für sie waren Stellen vorhanden.

                                    Dein alter Anker

Neben einer dritten, kurzen Italienreise nach Florenz bringt das Jahr 1889 Albert Anker auch einige Ehrungen und Aufträge: eine Bronzemedaille an der Pariser Weltausstellung, die arbeitsreiche und «Reise-intensive» Wahl in die Eidgenössische Kunstkommission. Darauf folgt der letzte Winter zusammen mit der Familie in Paris.

Heimkehr

Nach einem letzten Winteraufenthalt in Paris kehrt Albert Anker mit den Seinen im Frühling 1890 endgültig nach Ins zurück; doch wird er hin und wieder nach der Stadt an der Seine reisen, wo ihn die Familie Ehrmann immer mit offenen Armen aufnimmt. Von 1890 an knüpft er alte Freundesbande fester, arbeitet in Ins für Schule und Kirche mit. Die Familie wird in Neuenburg ihr «pied à terre» haben.

An Frau Roulet-Anker, St-Blaise

                                Paris, 2. Mai 1890

Liebe Marie,

... In zwei oder drei Wochen kehren wir endgültig nach Hause zurück. Wir haben Wohnung und Atelier gekündigt und nehmen die Möbel mit. Nun bin ich bald 60 Jahre alt, das genügt. Müdigkeit und immer drückendere Kosten tragen dazu bei. Wir werden in Ins einsam leben, und doch hoffe ich, dass sich unser Dasein erträglich wird gestalten lassen...

                                  Dein Vetter Anker

                             Ins, den 3. Juni 1890

Lieber Herr Durheim,

... Während meiner Abwesenheit haben die Bienen gestossen, und ich habe zwei Impen bekommen; das sind auch Emotionen des Proprietär's! Unser altes Gritli bekümmert sich um alle diese Dinge und weiss gut Bescheid. Das Jahr scheint ein gutes Honigjahr zu werden, ein gutes Jahr nach vielen magern. Robert wäre ausgezeichnet gelegen für Bienen: am Fuss des Jura bei Yverdon, in Vitebœuf ohngefähr gleich gelegen, habe ich den schönsten Honig gesehen, den ich je gesehen habe.

Nun muss ich wieder schaffen nach langer Unterbrechung. Im Monat Mai habe ich die Pariser Ausstellungen gesehen und meine Siebensachen eingepackt. Nun aber will ich absitzen und an der Arbeit bleiben bis an der Welt Ende. ...

Ins, den 5. Juni 1890

Lieber Herr Durheim,

Empfangen Sie meinen besten Dank für die Zusendung meines vergessenen Regenschirms und nochmals meine Entschuldigung für das Dérangement. Ich wollte, Sie kämen auch einmal hieher und genössen unsere Gastfreundschaft; die Bäume im Moos sind nachgewachsen, aber werden erst in 100 Jahren die alte ehrwürdige Gestalt wieder erlangen. ...

Meine Frau ist gegenwärtig in Neuenburg. Das Wagon mit unserer Zügleten ist von Paris angekommen, sie miethet ein Appartement in Neuenburg, theils um unsere Möbel zu placieren, theils um ein pied à terre zu haben, wenn wir nach Neuenburg gehen. Also sehen Sie, dass unser Leben sich dennoch compliziert, obschon wir nicht mehr in Paris wohnen, erst im Grab, im kühlen Grab findet man die Ruhe.

Seither habe ich angefangen Modelle zu nehmen. Ich habe in den 15 kleinen 2-jährige Figuren, gegenwärtig habe ich einen im Atelier, der immer allerlei fragt und Alles anrührt; aber solche Modelle sind nicht unangenehm, ich bin lieber um diese herum als um die Italiener von Paris, denn diese haben das Modellmetier ganz accapariert. ...

Die Küchlein der Jungfrau Maria

Ins, 7. Juni 1890

Lieber Herr Robert,

...In der Beschreibung Stapfers von Leben und Mahlzeit zur Zeit Christi habe ich das Rezept für kleine Kuchen gefunden. Ich liess es in unserer Küche ausführen. Wir haben die Küchlein mit grossem Vergnügen gegessen. Es handelt sich um Mehlteig, welcher mit Honig durchgeknetet und in Olivenöl gebakken wird. Dies müssen die Küchlein der heiligen Jungfrau gewesen sein!

A propos Honig: nach Ihrem Besuch habe ich mit etlichen Bienenschwärmen zu arbeiten gehabt, und ich habe mich gefragt, ob auch Sie Bienen besitzen. Nirgends in der Welt ist die Bienenzucht günstiger als an einem Waldrand.

Gepäckwagen der Post Neuenburg–Ins–Bern (Skizze zu ‹Die Länderkinder›)

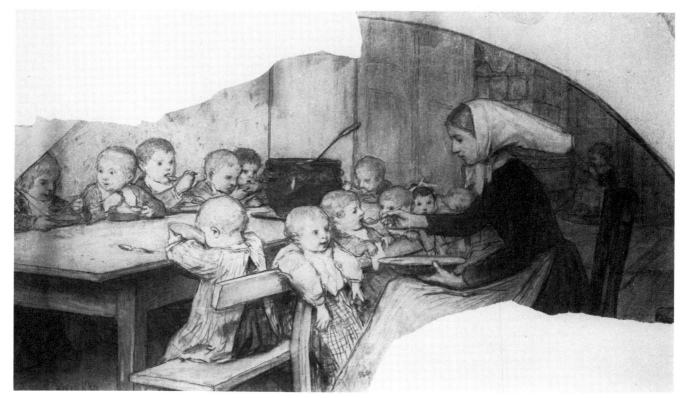

Entwurf zur ‹Kinderkrippe›, 1890 (Œuvre-Katalog Nr. 65)

Kleine Kinder erfreuen mich...

Zum ersten Krippen-Bild von 1890 (Sammlung Oskar Reinhart, Winterthur, Œuvre-Katalog Nr. 65)

Ankers Briefen an Ehrmann, Davinet und Julia Hürner entnehmen wir, dass sich der Maler oft nach Bern begeben hat, um die Kinder in der Gerberngrabenkrippe am untern Münzgraben zu skizzieren. Hier wurden Kinder armer Familien von einer Diakonisse betreut. Einmal spendet Anker dem Krippenkomitee eine Zeichnung zugunsten der Kinder.

Ins, 6. Juli 1890

Lieber Ehrmann,

... Ich arbeite an meinem Bild von der ‹Kinderkrippe›. Immer habe ich eine Menge kleiner Kindermodelle vor mir. Ihre Gegenwart erfreut und ergötzt mich. Mein Leben lang möchte ich auf keine andern Modelle angewiesen sein, ausgenommen einige Alte, welche mir Geschichten von früher erzählen...

Jeremias Gotthelf – Emmentaler Zeit 1889-1899

Der Künstler und sein Verleger

Um das Jahresende 1889 dürfte es gewesen sein, als der Neuenburger Buchhändler und Verleger Friedrich Zahn in La Chaux-de-Fonds (1857–1919) verschiedene Künstler in der französischen und deutschen Schweiz für die Illustrierung einer «Prachtsausgabe» von ausgewählten Werken Jeremias Gotthelfs anfragte. Zu ihnen gehörte neben Bachmann, Burnand, Gehri, Robert, Vautier und Vigier auch Albert Anker. Mitglieder der Landesregierung (Cérésole, Schenk, Welti) schrieben zu einzelnen Bänden ein Vorwort.

Zunächst hat Anker den Auftrag abgelehnt. Er muss aber von Zahn so sehr bearbeitet worden sein, dass er schliesslich zusagte. Leider ist der Vertrag zwischen ihm und Zahn verlorengegangen. Ihm wäre sicher zu entnehmen, unter welchem Druck der Maler oft gestanden haben muss, um die Zeichnungen rechtzeitig abliefern zu können. Ein Brief jenes Verlegers ist im Nachlass Ankers erhalten geblieben. Einige Zeilen daraus beleuchten die Einstellung des geschäftstüchtigen Mannes, welcher der feinfühlige Künstler nicht gewachsen war.

An A. Bohni   30. April 1891

... Es ist mir Arbeit gekommen, die ich in gewissen Terminen liefern soll, das Ding ist geschrieben, halte ich nicht Wort, so gibt es Verdruss...

An A. de Meuron   9. August 1892

... Vor einem Monat habe ich die unglücklichen Zeichnungen von Jeremias beendet und abgeliefert. Unmöglich zu sagen, wie sie mich ermüdet haben. Ich bin nicht Illustrator, dazu braucht es die Gabe des Komponierens und des Zeichnens, die ich nicht besitze. Ich bin nicht zu dieser Aufgabe geschaffen. Überdies ist mir der gute Mann, der Buchhändler, zum Schrecken geworden; die Art und Weise, wie er mich bedrängt hat, war unerträglich. Aber jetzt ist Schluss damit, hoffentlich endgültig...

An Bundesrat Schenk   30. August 1892

Hochgeehrter Herr,

Die Gaben sind verschieden auf der Welt; wir lernten schon im Katechismus in Neuenburg, Jésus a donné les uns pour être prophètes, les autres pour évangélistes, les autres pour être pasteurs et docteurs. Ich habe nichts von dem, was zu richtiger Illustration nötig ist. Was mir diese Zeichnungen für den ‹Schulmeister› für Mühe gaben in schlaflosen Nächten, ist nicht auszusprechen... Ich fürchtete immer, meine Arbeit gebe eine Blamage; was ich gemacht habe, gefällt mir nicht, und obwohl einige Stücke nicht schlecht sind, weiss ich, dass es dem Jeremias, der ein Millionär ist, nicht adäquat ist, denn ich habe auch eine grosse Meinung von ihm.

Ich habe mich gewehrt, so lange ich konnte, man hat mich aber so lange und so intensiv drangsaliert, dass ich am Ende den Schulmeister angefangen habe. Noch einmal sah ich, dass ich nicht dazu geschaffen bin, und andere machen es gut, und machen es leicht und gern. Ich habe schon längst einen tüchtigen Mann empfohlen, aber ICH sollte herhalten, auf mich hatte man spekuliert.

Ich bin nun bald 62 Jahre alt, und die Zeit, die mir noch gegeben ist, will ich nicht verbittern und verkürzen mit einer Arbeit, die mir so unglaublich zuwider ist.

Jeremias Gotthelf wird seinen richtigen Illustrator schon finden, einstweilen steht er noch jung und gesund auf festen Füssen.

Mit besonderer Hochachtung verbleibe ich, Herr Bundesrath, Ihr ergebener...

(Zitiert nach: Hermann Böschenstein, ‹Bundesrat Carl Schenk› (1823–1895), A. Züst-Verlag, Bern, S. 151 bis 152.)

An Davinet   9. November 1893

... Was Ihr Anliegen der Gotthelfzeichnungen anbelangt, so bin ich fest entschlossen, diese Arbeit nicht weiterzuführen. Von Anfang an war ich dagegen, aber ich habe mich erwischen lassen. Ich habe nicht das Talent für solche Arbeiten. Ich hatte zwei Freunde, welche es konnten, der eine von ihnen hatte den Teufel im Leib, den es dazu braucht. Obschon ich viele Holzschnitte sah, hat es mich nie gelüstet, in solche Arbeit einzusteigen. Trotzdem hätte ich ein wenig Geld verdienen können zu einer Zeit, da es mir daran mangelte... Sie werden selber sehen, dass die Arbeit eines Riesen wie Jeremias Gotthelf wenig würdig ist. Die Arbeit hat mich von Anfang an erschreckt, ich habe mit stetem Widerwillen daran gearbeitet, und der

Sommer, in dem ich an diesen Zeichnungen gearbeitet habe, war der elendeste meines Lebens. So werde ich nicht von neuem beginnen. In meinem Alter überlegt man sich die Jahre, die noch vor einem liegen – ich möchte mir diesen Rest nicht vergiften lassen...

An de Meuron 5. November 1895

... Nun ist es Zeit, etwas anderes anzupacken: ich habe mich wieder in ein Räderwerk ziehen lassen mit einem neuen kleinen Band zum Jeremias. Die grosse Angst, einen Fehlschlag zu beginnen, hatte mich das erste Mal verfolgt. Wie ich aber sah, dass meine Arbeit nicht schlechter ist als die gegenwärtige Art zu illustrieren, habe ich neu Mut bekommen. Und doch: um zu illustrieren, benötigt man die wunderbare Leichtigkeit der Phantasie eines Andrieux – was für ein Zeichner! – was für ein Improvisator! ...

4. Januar 1897

Letztes Mal hatte ich Ihnen von Zahn berichtet, dem ich zwei Bilder von Ihnen empfohlen hatte. Aber er hat mir geantwortet, dass er mit meinem Gepäck fortfahren wolle... Dies bereitet mir Sorgen: ich sehe Fehler in der Zeichnung, was ist da zu tun? Dieser schreckliche Zahn hält mich in seinen Zähnen. Er wird mich wie eine Zitrone ausquetschen...

Verleger Fr. Zahn an Albert Anker

La Chaux-de-Fonds, 20. Dez. 1894

Hochgeehrtester Herr und Meister!

Mit Ihrem geehrten Schreiben vom 16. crt. erhielten wir die Vehfreude und den herrlichen Muni, ein braver Berner Muni, den ich an Florian zur Reproduction sende. Dieses Nationalthier wird dem ganzen Volk die grösste Freude machen und mir – zahlreiche Subskribenten zuführen. ... Jetzt wo die Anker Bilder im Schwung sind, marschieren sie ab wie g'spielt. Il n'y a que le premier pas qui coûte!

Ein Herr Bundesrath sagte mir, ich solle alle Ihre grossen Schöpfungen reproduzieren, es sei dies eine patriotische Pflicht für einen schweiz. Buchhändler, welcher damit ein Kunst- und Volkswerk schaffen würde, wie kein anderes Land ein solches besitzt...

Die Gotthelf-Illustrationen

Inwiefern Ankers Zeichnungen, etwa zu den ‹Leiden und Freuden eines Schulmeisters› oder zu ‹Dursli, der Branntweinsäufer›, der urtümlich-spontanen Sprachkunst Gotthelfs entsprechen, darüber gehen die Ansichten der Fachkundigen auseinander! *Rudolf von Tavel* zum Beispiel findet zwischen Gotthelf und Anker «gar keinen wesentlichen Unterschied» (‹Kleiner Bund›, 20. Juli 1930), während *C. A. Loosli,* der Biograph Ferdinand Hodlers, die Darstellungen Ankers im allgemeinen als zu leicht, der hintergründigen Tragik mancher Erzählungen Gotthelfs als zu wenig Rechnung tragend empfindet (‹DU›, Jg. 2, Nr. 2). Dazu ferner *C. von Mandach:* «... Wenn unter den Illustratoren Gotthelfs Anker weitaus der beste ist, so muss immerhin zugegeben werden, dass er die herbe Tiefgründigkeit des Autors nicht besass... Ein Lyriker ist hier mit einem Dramatiker zusammengestossen...» (In ‹Albert Anker› 1941, S. 29) und *Hans Zbinden:* «... Bei aller Freude an den Illustrationen müssen wir sagen, dass Anker im Grunde mehr das Emmental als die Werke Gotthelfs ins Bild umgesetzt hat... Den berufenen Künstler, der Gotthelf in kongenialer Weise illustriert, muss erst die Zukunft bringen.» (In ‹Albert Anker›, Berner Heimatbuch Nr. 10/11, S. 29–30)

Auch Jeremias Gotthelf hat einst der Illustration seiner Werke kritisch gegenüber gestanden. Am 8. November 1849 schreibt er seinem Verleger H. Brockhaus in Leipzig:

«... Ich habe endlich den Uli sogenannt ‹illustriert› erhalten. Ach, und Sie haben vollkommen recht, dass Sie nichts Besonderes erwarteten. Die Bilder mögen meinethalben allenthalben hinpassen, nur in den Uli nicht. Als ich drei oder vier gesehen, warf ich das Buch weg und rührte es seither nicht mehr an... Ich werde mich in Zukunft sehr hüten, mein Einverständnis zu illustrierten Ausgaben zu geben, zu denen ich nichts zu sagen habe. Solche Misshandlung eines Buches geht einem Autor ans Herz, wie einem Vater es in den Kopf fährt, wenn man sein Kind zum Zerrbild ausstaffiert...» (Gotthelf-Gesamtausgabe, 18. Ergänzungsband 1977, S. 30, Eugen Rentsch-Verlag)

Abgesehen von Jeremias Gotthelf, können uns Albert Ankers feine Zeichnungen heute nur Freude bereiten. Leider ist die Mehrzahl der Originale verschwunden. Das ist umso mehr zu bedauern, als die meisten Illustrationen jener «Prachtausgabe» die ursprüngliche Zeichnung stark vergröbert erscheinen lassen. Noch aus einem andern Grund sind wir dankbar dafür, dass Anker jene «babylonische Gefangenschaft» auf sich genommen hat: es sind seine farbigen Berichte aus dem Emmental an die Familie.

Briefwechsel zu einer Novelle Gotthelfs, die Anker illustriert hat

Wir werden Julia Hürner, der ältern Tochter des Pfarrers Ludwig Hürner in Wimmis, später wieder als einer verständnisvollen Briefpartnerin Ankers begegnen. Jetzt mag es genügen, dass Anker sie als Vertreterin der jungen Generation ins Vertrauen gezogen und sie um ihre Meinung gefragt hat. Glücklicherweise sind gerade *die* beiden Briefe Julias erhalten, worin sie der Bitte Ankers entspricht. Es geht um Gotthelfs Novelle ‹Wie fünf Mädchen im Branntwein jämmerlich umkommen›. Der Literaturhistoriker Karl Fehr sagt zu der Erzählung unter anderem: «Wenn der Alkoholismus die Mütter erfasste, war nach Gotthelfs Meinung des Volkes innerstes Mark getroffen. So entstand Jeremias Gotthelfs düsterstes Bild. Hier scheint unser Dichter alle sozialen Romane aus dem Zeitalter des Realismus vorweggenommen zu haben.» (K. Fehr, ‹Jeremias Gotthelf› S. 43)

Es existiert ein blaues Aquarell aus dem Todesjahr Ankers (1910), welches seine Enkelin Dora Brefin-Oser zeigt; sie strickt und liest ihm die Erzählung Gotthelfs vor. (Mitteilung von Frau Lidia Brefin-Urban, Schwiegertochter von Dora Brefin-Oser)

An Julia Hürner   Herbst 1892

Hochgeehrtes Fräulein,
Verwundern Sie sich nicht zu sehr, wenn ich die Freiheit nehme, Ihnen zu schreiben; der Grund dazu ist ein ganz minimer, jedoch habe ich eine Neugierde, die befriedigt sein möchte.

Wir sprachen nämlich von Jer. Gotthelf und ich machte Ihnen ein unendliches Lob über die Ge-

Kartenskizze (Carnet)

schichte der 5 Jungfrauen, die im Branntwein umkommen; ich sagte Ihnen meinen Eindruck darüber, nämlich, dass er vielleicht keine Erzählung gemacht hat, die einen solchen Ernst und solches dramatisches Interesse darbietet. Als ich diese Erzählung zum ersten Male las, vor noch nicht vielen Jahren, war ich ganz verwundert und überwältigt von der Majestät dieses Werkes, ich kann nicht anders sagen, das tragische Ende von der Verrückten und von derjenigen, die in der Feuersbrunst umkommt, sind wahre Monumente.

Nun aber erinnere ich mich von meiner Bernerzeit, wie das Urtheil meines Onkels und meiner Cousinen lautete. Dieselben hatten die Werke bei ihrem Erscheinen gelesen und fanden, weil die Erzählung manchmal ins Guttuch greift, Bitzius hätte das Buch nicht schreiben sollen.

Ich möchte nun wissen, wie die jetzige Generation ein solches Buch beurtheilt, und ich wende mich an Sie, damit Sie die Güte haben, mir Ihre Eindrücke und Ihre Ansicht mitzutheilen. Ich glaube, die heutige Welt habe ein richtigeres ästhetisches Fühlen als vor

Zeichnungen aus dem Emmental

30 Jahren, wo man über etliche derbe Brocken erschrak und nicht würdigen konnte die Macht, die Erfindung, den Ernst, die Originalität eines solchen Werkes. Vielleicht sind da Schlacken, die mich nicht berühren; sofern das menschliche Herz in seinen Tiefen ergründet und gemalt wird, ist, meine ich, fast alles erlaubt, wenn dabei der bittere Ernst und tugendhafter Sinn durch das Ganze weht.

Verzeihen Sie mir meine Neugierde; ich wende mich an Sie, die einen gesunden und unverfälschten Sinn haben, folglich auch ein persönliches Urtheil. ...

Von Julia Hürner   Wimmis, 28. November 1892

Verehrter Herr!

Ihr liebenswürdiger Brief hat mich so sehr erfreut und ich fühle mich dadurch so hoch geehrt, dass ich mit der Antwort nicht lange warten mag. Freilich haben Sie in Ihrer Freundlichkeit eine zu hohe Meinung von meiner Urtheilsfähigkeit. Gern theile ich Ihnen meinen Eindruck mit über die bewusste Erzählung, muss Ihnen aber zum Voraus sagen, dass Ihr Urtheil darüber auch mir ganz aus der Seele geredet ist. Mit Wahrheit kann ich sagen, dass keine andere Erzählung Gotthelfs einen so tiefen Eindruck auf mich gemacht hat, wie gerade diese. Es ist, wie Sie sagen, ein Meisterwerk.

Man fühlt, Gotthelf hat seine ganze Macht und Kraft, seinen tiefsten Ernst hineingelegt, es sind wahre, tief ergreifende Bilder, die er uns vormalt, und die Schicksale der armen Mädchen müssen zu Herzen gehen, besonders die von Stüdi und Lisi. Beides liebliche, vielversprechende Kinder, und dann diese Verwilderung, dieses Elend, das Ende mit Schrecken! Wie sehr muss man auch die sechs armen verkümmerten Kinder der Lisebeth bedauern, welche Mahnung an gewissenlose, schlechte Eltern.

Es ist nicht anders möglich, als dass Gotthelf in seiner Erzählung derbe Worte gebraucht, uns widrige Szenen vorführt. Gestossen habe ich mich aber nie daran, da jederzeit der Ernst, der reine Sinn und der Hass des Verfassers gegen alles Zweideutige klar vor Augen liegt. Die Schilderungen erscheinen manchmal etwas zu schwarz und doch wird Gotthelf solche Zustände angetroffen haben.

In unserer Gegend ist das Schnapselend noch nicht so gross, doch erinnere ich mich, dass eine Zeitlang in

der Nähe des Pfarrhauses Schnapsabende abgehalten wurden und der unheimliche Gesang der spät oder besser früh Heimkehrenden mich fast gruseln machte. Leider werden Gotthelfs Werke in der Klasse der Gesellschaft, für welche sie eigentlich geschrieben sind, wenig gelesen. Man findet an Orten, wo manches Ungehörige keinen Anstoss erregt, die kräftigen und treffenden Ausdrücke Gotthelfs wohl grob und gemein und liest mit Vorliebe Romane, wo Grafen und Prinzessinnen figurieren. Doch verzeihen Sie meine kleine Abschweifung und erlauben Sie mir, auf ein erfreulicheres Thema überzugehen. ...

Wimmis, 17. Dezember 1892

Hochgeehrter Herr!

Empfangen Sie meinen herzlichen Dank für die grosse Freude, welche Sie mir mit Ihrer Malerei gemacht haben. ...

Nun muss ich Ihnen noch sagen, dass ich glaube, Sie dürfen meine unmassgebende Ansicht über die bewusste Erzählung nicht als die Ansicht der jetzigen Generation überhaupt ansehn. Sie hätten wahrscheinlich besser gethan, irgend eine junge Bekannte in Bern selbst zu fragen, die mit der Strömung der Zeit schwimmt. Da ich selten in Gesellschaft kam, den Verkehr mit einigen Pfarrhäusern und einigen lieben Bekannten ausgenommen, und besonders in den letzten Jahren viel allein war, mir auch meine Lektüre selbst wählte, fürchte ich, mich nicht ganz auf der Höhe zu befinden. Meine Bekannten finden, ich sei zu freidenkend. Nun, chacun son vilain goût!

Verzeihen Sie, verehrter Herr, das ofte Nennen meiner selbst. ...

An Julia Hürner

28. April 1893

Hochgeehrtes Fräulein,

Ich habe das Buch vom Branntwein einem Arzt zu lesen gegeben, und er hat ein Urtheil gefällt, das ich Ihnen mittheilen muss. Er sagte, als er ohngefähr in der Mitte war: «jetzt wäre bald genug im Bschüttifass umgerührt!». Dies ist auch ein Standpunkt, aber, wie mir scheint, ein philisterhafter von Leuten, die bald sagen: fi quelle horreur! Wenn es sich ums Menschenherz handelt, kann ja leider oft von Bschüttifass die Rede sein, aber der Stoff kann dennoch interessant und poetisch sein, wenn die Idee des Gewissens oder eines verlorenen Paradieses da ist. Das sind ästhetische Fragen, die sich discutieren liessen. Es kommt aber viel auf die Kelle und die Hand an, mit welchen umgerührt wird. ...

Albert Anker im Emmental

Albert Anker ist oft in die Dörfer und Täler gereist, in welchen die Gestalten Jeremias Gotthelfs zu Hause waren. Zweimal erwähnt Marie Quinche-Anker unter den Freunden ihres Vaters den Pfarrer August Schnyder, der während 39 Jahren in Hasle bei Burgdorf gewirkt hat. In der Freundesfamilie Schnyder fand Anker während vielen Tagen wie anderswo im Emmental ein gutes Quartier. Folgendes hat uns ein hochbetagter Verwandter von Pfarrer August Schnyder berichtet:

«Es war an Pfingsten 1892: der Sigrist von Hasle im Emmental klopft in einiger Unruhe den Pfarrer August Schnyder heraus und meldet ihm, ein seltsames, schitter gekleidetes Subjekt treibe sich bei der Kirche herum; es sei ihm nicht zu trauen! Schnyder lässt, ohne nervös zu werden, die Dinge laufen und entdeckt unter seinen Predigthörern den Unbekannten, der dann auch zum Abendmahl kommt. Wie hernach die Familie sich zum Essen bereitmacht, klopft es wieder an der Tür. Draussen steht das ‹Subjekt› und fragt den Pfarrherrn:

‹Kennst Du mich nicht mehr? Ich bin Albert Anker, wir haben zusammen studiert.› Natürlich lädt Schnyder seinen einstigen Studienkameraden zum Essen und zu einem langen Austausch ein, während welchem der Maler ihn für die Zeit seiner Gotthelfillustrationen um Gastrecht bittet...» (alt Pfarrer H. Münger †, Bern)

Von Hasle aus ging er über die nahe Emmenbrücke von Rüegsau nach dem Lützelflüh Jeremias Gotthelfs. An schittern Taunerhütten im Tal wanderte er vorbei zu den behäbigen Bauernhöfen in Waldhaus bei Lützelflüh und auf der Egg. Wie in seiner Inser Heimat dürfte es ihm unterwegs nie schwer gefallen sein, mit Landleuten und Handwerkern, Kindern und Betagten ins Gespräch zu kommen. Angehörige und Freunde berichten, wie gut er es verstand, sich die scheusten und wortkargsten Menschen vertraut zu machen.

Arbeit bei Hitze und Gewittern

Sumiswald, 8. Juni 1897

Meine Lieben,

Wie schön wäre es in den Gewässern von Portalban; heute hatte ich besonders heiss. Nachdem ich kurze Zeit draussen gezeichnet hatte, musste ich einsehen, dass dies künftig nur mit einem Regenschirm möglich sein wird. Bitte schickt ihn mir, schnürt ihn gut ein, ohne ihn in ein Papier einzuwickeln... Wie ich gegen fünf Uhr «Feierabend» machte, kam der Pfarrer einher, ein Enkel von Jeremias Gotthelf, den ich

110

vor zwei Jahren bei Schnyder in Hasli gesehen hatte. Er lud mich zum Essen ein. Da sah ich seine Frau und vier nette Kinder. Ich habe dem Autor (Jakob Steffen-Neuenschwander, 1858–1918 [R.M.]) von ‹Niklaus Manuel› und des ‹Linksmähders von Madiswyl› geschrieben und habe in einem Holzhaus aus der Zeit um 1500 gearbeitet...

Sumiswald, 9. Juni 1897

Meine Lieben,

Letzte Nacht hatten wir von zwei bis sieben Uhr ein heftiges Gewitter. Jetzt ist der Himmel bewölkt, manchmal regnet es, manchmal scheint die Sonne, aber die grosse Hitze ist vorüber. Da ich immer an Portalban dachte, nahm ich ein Bad in einem der Bäder ähnlich dem Trümmelnbad, ein Ort, der sich ‹Grünen› nennt. Ich habe vergessen, Euch zu melden, dass ich im Hotel Kreuz logiere, ein sehr altes Haus mit einem grossen Tanzsaal. Nach Aussage des Besitzers stammt das Wirtshausschild von 1635. Hier vermisse ich die Zeitungen, bitte schickt mir hie und da die ‹Suisse libérale›; hier habe ich noch niemanden französisch sprechen hören... Im Pfarrhaus erwartet man Robert, der auch einige Zeichnungen für Zahn machen will. Es wäre ein Witz, wenn wir uns begegneten. Ich glaube, die Gesellschaft der Berner Kunstfreunde will am Sonntag auch hier zu Gast sein.

Sumiswald, 10. Juni 1897

Seit dem Gewitter der vorletzten Nacht regnet es hier in Strömen, sonst geht alles gut. Gestern abend sah ich ein Buch mit vollendet schönen Illustrationen. Das hat mich verwirrt, und ich frage mich, ob ich nicht auf den zweiten Band, der mir aufgetragen ist, verzichten und die 6000 Franken auf der Bank de Pury's zurückschicken soll. Sich eine Hundemühe in meinem Alter zu einer Arbeit geben, die einem nicht gefällt, ist nicht schön. Ich denke noch darüber nach... Heute abend besuche ich den Pfarrer, der von einer Synode heimkommt. Schnyder ist mit seiner Frau nach Berlin gereist: sie wollten diese Fahrt noch zusammen unternehmen, bevor das eine oder andere das Billett zur letzten Fahrt löst...

Die Freunde im Wasen – Langnaumarkt...

Auch im Emmental trug der Maler eines seiner selbstgefertigten Carnets mit sich, ein Notizbüchlein, in welches er sich von Tag zu Tag Bemerkenswertes aufschrieb. Daraus ein paar Beispiele:

«Die Freunde in Wasen: 1. die Käsersfrau – 2. Mutter und 2 Mädchen im Hornbach – 3. Besitzerin der ‹Schwarzen Spinne› – 4. das Eierfraueli – 5. Dr. Zürcher - 6. die blonde Strickerin – 7. der Schreiner – 8. die Tochter des Todkranken – 9. der Käser: so viele Freundschaften in nur zwei Tagen!»

In Wasen entdeckt: Dr. Uli Zürcher. Markanter Männerkopf mit lebhaft-dunklen Augen, gerade Nase, feingezogener Mund, mächtiges Kinn, aber nicht schwer. Er ist ein wenig rundlich, leicht angegraut an den Haaren. Er wurde befragt wegen der Milch, welche von der Ziege weg gestohlen worden war. Der Diebstahl wurde aufgedeckt!

Micheli Schüpbach in Biglen im Jahr 1707 geboren. Er hat Langnau kaum je verlassen. Wurde 1774 von Locher portraitiert.

In Trubschachen sind brodierte Tschöppli zu sehen. Die Ärmel der Männer werden wie die der Frauen geglättet.

Nicht zu vergessen: das so klare Wasser aller Bäche im Emmental.

Die Trachten scheinen mir Paradekleider für den Sonntag geworden zu sein – oder Kleidung der Serviertöchter. In diesen Kleidern kann man nicht arbeiten. Die neue Tracht mit allerlei Silberschmuck ist «Opéra comique».

Aus einem Brief an Zahn

«... die Leute bestürmen mich, und ich arbeite von früh bis spät. Die Zeit kommt wie vor vier Jahren, als ich nicht mehr schlafen konnte. Sollte die Nervosität zunehmen, so mache ich mich aus dem Staub und gehe für einige Monate nach Italien, wo ich noch stille Winkel weiss und ruhig an angenehmer Arbeit sitzen kann. Mir ist das Ankeralbum und der ganze Jeremias völlig wurst, wenn ich nur die Hoffnung haben kann, die letzten Monate, die ich zu leben habe, in verhältnismässiger Ruhe zuzubringen, ohne einen Mordiofuhrmann zu haben, der mir mit dem Knüppel auf den Buckel haut. Ich will gerne arbeiten, aber lasse man mich doch eins nach dem andern machen...»

Aus Carnet-Notizen:

1898: aus dem Emmental 51 Zeichnungen in 7 Tagen heimgebracht.

In einem emmentalischen Bauernhaus salbte man alle Schuhe am Samstag, auch die der Knechte.

18. Juli: Langnaumarkt, alle Freitage Wochenmarkt, am 1. Freitag des Monats Viehmarkt.

Von Zeit zu Zeit Ansichtskarten an Ida Schütz für ihre Sammlung nach Wasen senden.

Wie ein Vogel von Ast zu Ast...

An die Familie Lauperswil, 10. August 1898

Ich komme und gehe planlos, währenddem ich in Wasen gut mit Projekten für eine Woche begonnen hatte. Ich bin in Zollbrück übernachtet und werde nach Lützelflüh gehen. Unterwegs zeichne ich zum Vergnügen – manchmal ist es lustig, manchmal doch langweilig. Das Tal der Emme ist hier breiter, aber deswegen ist die Landschaft nicht schöner. Ich war in Rüderswil, wo Haas während 23 Jahren weilte. Von dort aus sieht man sehr gut Eiger, Mönch und Jungfrau... Bitte schreibt mir nicht mehr, schickt mir auch nichts, ich lebe wie ein Vogel von Ast zu Ast, übernachte jeden Abend an einem andern Ort, so kann ich keine Adresse angeben. Am Sonntag wage ich nicht zu Schnyder zu gehen, ich bin zu verstaubt und die Hausfrau ist sauber. Ich war nahe der Heimat von Frau

Michel (aus «Michels Brautschau»)

Gfeller, aber der Weg ist steil, der Sonne ausgesetzt, so zog ich es vor, in der Emme zu baden. Das Wasser ist nicht warm, es hat mich zu wenig langen Träumereien angeregt... Unterwegs sah ich schöne Gasthöfe, wo man billig logieren könnte, weit weg von den Blikken der Sterblichen. Welch schöne Pfarrhäuser. Glücklich die Pfarrer, deren Häuser im letzten Jahrhundert gebaut worden sind und nicht jetzt...

Wasen, 15. August 1898

Sonntagabend. Bin gut angekommen: in Bahn und Post war es heiss und durstig. Das Hotel ist ausgezeichnet.

Kürzlich waren achtzehn Herren aus einem Berner Verein hier zum Essen. Ich sehe schöne Tage voraus...

Wasen, 18. August 1898

... In diesem Augenblick sagen die Leute an unserem Tisch, dass heute der heisseste Tag gewesen sei. Das habe auch ich verspürt! In der Nähe liegt ein kleines Bad, da wollte ich hingehen, aber ich habe mich beim Landschaftzeichnen vergessen. Wahrscheinlich gehe ich morgen in das Haus eines Wahrsagers und Naturarztes. Was werde ich da erleben? Wo ich mit meinen Zeichnungen ende, weiss ich nicht. Aber schön ist es, in einer Gegend zu zeichnen, welche für Zahn unbekannt ist. Sollte ein Brief von ihm kommen, so schickt ihn mir nicht nach...

Sumiswald, 18. August 1898

Meine L.

Ich bin auf dem Weg nach Lauperswil. Es herrscht eine grosse Hitze, die im Atelier kaum geringer ist. So bin ich froh, nicht dort zu sein. In S. habe ich den Pfarrer wieder gesehen, den Enkel von Jeremias, der ihm sehr ähnlich ist. Auch habe ich im Hotel meine Tischgenossen wiedergefunden. Alles ändert, aber nicht die Zuvorkommenheit und Einfachheit des Gastgebers...

19. August 1898

Nun weile ich in Trub: die Umgebung der Kirche mit den alten Häusern ist entzückend. Wie schön wäre es hier bei schönem Wetter. Eben reinigt man die Kirche. Gottlob hat man sie nicht renoviert... Noch immer ist es sehr warm, aber gestern musste ich meine Zeichnungen rasch beenden, denn ich bekam kalt am Bachufer eines sehr engen Tales. Meine Feder ist abgenützt, die Tinte ausgetrocknet: «Im Krieg wie im Krieg...» Heute abend übernachte ich wohl in Trubschachen...

Hasle, 21. August 1898

Da bin ich nun bei Freund Schnyder, wo ich esse und übernachte. Die Damen des Hauses sind zu einem Samariterkurs nach Rüegsau gegangen. In Utzenstorf wollte ich noch ein wenig zeichnen, aber nun ist es wohl besser, wenn ich nach Hause kehre... Ich wage nicht in Bern abzusteigen, da meine Kleidung arg aussieht... Im «Bären» von Trubschachen waren gute Leute. Die Tochter des Hauses ist zugleich Kellnerin, sie fuhr mit mir im selben Zug Richtung Interlaken zusammen mit dem Gesangsverein...

Zum Schluss Speckstücke und Gesalzenes...

Aus Carnet-Notizen:

«Wie mancher Hoger ist hier schön bebaut, der nicht mehr wert ist als Wald zu sein, und in Italien ist so viel schönes und gutes Land brach.» (M. Schütz, Wasen)

Ein Typ junger Mädchen kommt bei den Kindern im Emmental häufig vor: blonde Haare, kurze Nase, oft schöne Augen. Daneben viele Knaben schlecht gewachsen, z.T. geistig schwach...

In Kalchofen hörte ich beim Einschlafen einen Mann, der eine Melodie auf dem Klavier suchte: entzückend. Dann sang ein Chor vierstimmig.

Wasen: Mein Schrecken, als ich zu meinen Füssen den Mann mit Fallsucht sah, auf den ich beinah getreten wäre. Nicht vergessen: das Mädchen im grossen Bauernhaus, welches mir ein Gläschen Kartoffelschnaps brachte. Sie trug schwarz wie ihre beiden Schwestern...

Hasli 18. Juni: Apostelgeschichte 28, 10–13, wo von Syrakus und Regio die Rede ist

Heute 21. September in Hünigerhaus im Hause Zaugg-Flückiger gegessen. Die Leute sahen mich zeichnen und luden mich ein. Es war zwar nicht die Meistersfrau, aber ich nahm dennoch an. Man isst in der Stube, legt ein Tuch auf den langen Tisch und gesottene Kartoffeln darauf. Sie waren herrlich. Auf dem Ofen standen Schüsseln. Wir waren 15 Personen am Tisch. Es gab gute Erbsensuppe. Dazu kam Gemüse in drei Schüsseln, die man zu den Kartoffeln stellte. Das Gemüse schien mir Blumenkohl zu sein. Dazu kalte Milch, die man mit einem Löffel nahm, den man zuvor am Tischtuch abgeputzt hatte. Zum Schluss gab es noch Speckstücke und Gesalzenes. Jemand sagte mir, es sei des Besuches wegen. Man kocht das Gesalzene am Sonntag, und wenn in der Woche jemand kommt, wird ein Stück davon aufgewärmt. Vor dem Essen betete der 13-jährige Knabe ein ziemlich langes Gebet. Jedermann war mit Ernst und still dabei. Hernach ging ich zu Mutter Flückiger den Kaffee trinken. (Sie soll 300 000 Franken besitzen.) Die Messer und Löffel waren an der Wand eingesteckt. Jedermann nahm seine Esswerkzeuge und reinigte sie nach Gebrauch am Tischtuch.

Tischgespräche über Unsterblichkeit und Tod...

An die Familie   Wasen, 15. Juni 1899

Noch fahre ich mit Zeichnen weiter, aber ich werde damit aufhören müssen, denn zu 66 Zeichnungen brauche ich die nötigen Unterlagen. Ich hoffe, Charlotte habe den «Kratten» bekommen, den ich ihr hier bei einem Korbflechter erstanden habe. Vielleicht werde ich ihn heute zeichnen. Gestern erlebte ich einen grossen Schrecken: im Haus eines Schreiners entdeckte ich durchs Fenster einen schön verzierten Balken. Ich trat in die Werkstatt, die voller Späne war. Er liess mich aber nicht ganz eintreten, sondern rief mir zu: «Achtung! I ha da mi Suhn am Bode, der es fallends Weh het.» Mit Schrecken merkte ich, dass ich beinahe auf einen Mann am Boden getreten wäre. Es war ein wohlgebauter Mann mit einem feinen Gesicht... («fallendes Weh»: Epilepsie)

Wasen 16. Juni 1899

Morgen fahre ich um 3 Uhr weg nach Sumiswald, und am Sonntag besuche ich bei Schnyder den Gottesdienst... Gestern hielt ich mich in einer Gaststube auf, welche ein Stelldichein von Arbeitern ist. Gross war meine Verwunderung, wie ich hier binnen kurzem in ein Gespräch mit der Serviertochter über die Unsterblichkeit der Seele verwickelt war. Höchst originell, wie sie argumentierte. Alles was sie sagte, hatte einen Sinn... Ich bin an meiner dreiunddreissigsten Zeichnung: ob da etwas herausschaut? Wir werden sehen. Bitte schicke mir keine Zeitungen und Briefe mehr nach...

Bauernschicksal und Käse-Träume

An die Familie   Utzenstorf, 17. August 6 Uhr früh

In einer Stunde fahre ich nach Langnau, wo ich morgen den Markt besuchen möchte, denn ich benötige einen Jahrmarkt. Am Sonntag plane ich einen Gottesdienstbesuch bei Hürner, doch werde ich mich erst nach der Predigt im Pfarrhaus zeigen. Hier in Utzenstorf bringe ich eine reiche Ernte an Zeichnungen ein: die Häuser sind so stattlich wie irgendwo auf der

Korbmacher

Welt, und was für Misthaufen, wahre Denkmäler! Eines Abends sass ich in der Gaststube mit Bauern zusammen. Da erzählte einer, wie manches Fass Jauche er im Herbst geführt habe. Was für ein Leben, in welchem sich die ganze Existenz um diese Fässer dreht! Dem Mann ist alles Heu verbrannt, das sich von selbst entzündet hat, wie es diesen Sommer oft geschah. Er besitzt fünfundzwanzig Kühe. So hat er die Vergänglichkeit menschlicher Mühen erfahren.

Langnau, Donnerstagabend

... Morgen ist Markt-Tag, da möchte ich etliche Zeichnungen machen. Doch hat sich alles verändert, modernisiert, auch das Hotel, in das mich ein Dienstmann führte, der die Leute am Bahnhof abfängt. Als ich dann junge Leute aus einem Haus treten sah, das wie eine Metzgerei ausschaut, sprach ich sie an und vernahm, dass es sich hier um eine grosse Käsehandlung handelt. Ich folgte ihnen und kam in ein Riesengebäude, mit unendlich weiten Kellern, in denen für eine Million Ware liegt – gegen 16 000 Stück. Einer verpackte in Blei Käse zum Transport nach Südamerika. Man fällt ins Träumen, wenn man diese Käse sieht und ihren Duft einatmet. Da fühle ich mich in eine andere Welt versetzt, so schön wie jene, in der es weder Tränen noch Enttäuschungen mehr geben wird.

Forellen – Micheli Schüpbach

An die Familie Wimmis, 19. August 1899

Es ist Samstag, es wäre kaum liebenswürdig, heute bei einem Pfarrer einzukehren. Darum übernachte ich im Hotel. Ich werde den ganzen Tag über zeichnen und werde ihn nach dem Gottesdienst aufsuchen. Wiewohl er ein vertrauter Weggenosse ist, könnte es ihn doch stören, mich in der Kirche zu wissen. Vielleicht übertreibe ich, aber es ist wohl besser so...

Ich beeilte mich, Langnau zu verlassen, wo ich in ein modern eingerichtetes Hotel geriet, mit einem Essen, das mit Forellen anfängt und regelmässig beim gebratenen Hähnchen endet! Bei heissem Wetter zieht der Küchengeruch mit allen Saucen durch alle Räume, da wird einem übel. So leicht schreckt mich nichts ab, aber zuweilen duftete es mir doch zu stark!

Langnau, 20. September 1899

Ich erkenne die traurige Wahrheit, dass alles umsonst sein wird, meine Zeichnungen sind nichts wert. Ich gehe weg von hier nach Sumiswald, morgen nach Wasen. Dummerweise habe ich zu grosse, hässliche, alte Schuhe mitgenommen, in die ich zwei Paar Strümpfe anzog. Aber ich wage nicht, sie jemandem zum Reinigen zu geben, sonst hält man mich nicht mehr für einen Ehrenmann. Das befürchte ich zu allem hinzu.

Hier steht eine alte Markthalle, ganz aus Holz erbaut, die von 1400 stammt, wie man mir sagte. Aus Angst vor Feuergefahr will man sie abbrechen. Dabei ist sie meist unbewohnt, ohne Feuergefahr, es sei denn jetzt das elektrische Licht! Man hat mir vom Haus des Micheli Schüpbach berichtet, dem Zauberarzt im letzten Jahrhundert. Es lohnt sich, hinzugehen. Er war ein Vorfahre von Dr. Lehmann und Dr. Schnyder. Goethe hat ihn aufgesucht, Haller hingegen verabscheute ihn als den grössten Betrüger, er wollte nichts von ihm hören. (Eben bemerke ich, dass ich mit Tinte schreibe, die erst nach Monaten trocknet...)

Nach einem zeitlich vorausgreifenden Bericht über Albert Ankers Emmentaler Zeit bis 1899 kehren wir in den Beginn jenes Jahrzehnts zurück.

Erfüllung des langgehegten Traumes: Ravenna!

Ravenna, 20. April 1891

Lieber Ehrmann,

Ich schreibe dir aus Ravenna: endlich habe ich den alten Plan ausgeführt! Es ist entzückend. Ich wohne in einem Albergo, wo das Bett sehr sauber ist, aber wo einem niemand die Schuhe putzt. Darauf achtet man hier nicht. Du kennst die Überreste der Kirche des Theoderich: das Chor von San Vitale, einziges Überbleibsel der alten Zeit, – das Übrige wurde «modernisiert» und gleicht einer Erzählung aus ‹Tausendundeine Nacht›.

Ich bin völlig ausserstande, dir die vollendeten Farben und die Frische der beiden grossen Mosaiken von Justinian und Theodora zu beschreiben. Die alten Erzbischöfe und Theologen in Justinians Gefolge tragen Gesichter wie bei Carpaggio: es könnte aus unserer Zeit sein. Das Fries in der Kirche von St. Apollinaris mit den 22 Märtyrern ist von unsagbar feinem Charakter. Welch hübsche Märtyrer darunter. Gestern bin ich nach Sant'Apollinare in Classe gewandert, fünf Kilometer ins Landesinnere, mitten in die Reisfelder. Ich nehme an, dass diese Kirche der Kirche von Montrouge als Vorbild gedient hat: man hat das Beste aus der urtümlichen Architektur gemacht.

Fünf Tage habe ich in Pavia zugebracht. Das erste Mal war ich vom Ticino und der alten Kirche St. Michael bezaubert; aber was für eine barbarische Fassade: Kleine Löcher als Fenster und als Dekoration eingelegte Darstellungen von Fabeltieren. Die Pforten sind schön... Auf der Heimreise werde ich höchstens in Mantua und am Gardasee Halt machen. Erinnerst du dich der schönen Bergsilhouetten?

In Pavia habe ich die mutmassliche Stelle der Schlacht Hannibals am Ticino besichtigt, – und zwar an beiden Ufern. Einmal war ich auch am Zusammenfluss von Po und Ticino. Da steht eine gewaltige

Schiffsbrücke von gut anderthalb Kilometern Länge. Das Land ist verlassen und völlig eben. Der Fluss sucht sich hin und her seinen Weg, und die Inseln beim Zusammenfluss wechseln ständig ihren Ort. Ein wenig war ich in Furcht, in der Nähe von einem halben Dutzend «Wilden» zu arbeiten, welche die Brücke bewachen und reparieren. Ich fühlte mich ihnen schrecklich preisgegeben. Aber ich sah rasch, dass diese braungebrannten Männer gutmütige Kinder sind, überglücklich jemanden auf ihrer Brücke zu sehen.

Ravenna hat nicht wie Pavia unter allen Kriegswirren gelitten...

Lebwohl, – ich möchte nach San Marino gehen, um von dort aus die besondern Briefmarken der Republik versenden zu können...

Dein alter Anker

Die Carnets 1895-1901

Dreissig handflächengrosse Notizbüchlein Ankers lagen vor einiger Zeit auf meinem Tisch. Der Maler hat sie sich selber mit handwerklichem Geschick angefertigt: «La belle soie de Louise pour carnets est vers les cigares». Alle sind sorgfältig in verschiedenfarbiger, feingemusterter Seide eingefasst, jedes mit einer Nummer versehen. (In Schubladen und an der Atelierwand sehen wir noch heute die mannigfaltigen Instrumente, deren sich der Künstler für den täglichen Bedarf bedient hat.)

Es ist anzunehmen, dass Anker um 1890 mit dem Gebrauch solcher Notizbüchlein begonnen hat. Die Exemplare der Jahre 1890-1895 sind verschwunden.

Die aus den Jahren 1895-1901 erhalten gebliebenen ‹Carnets› tragen Spuren des täglichen Gebrauches, etliche drohen auseinanderzufallen. Die Seitenzahlen schwanken zwischen 29 und 65, das Papier ist teilweise vergilbt. Was Albert Anker jeweils in der Zeit von zwei bis drei Monaten bei der Lektüre zuhause, im Gespräch mit jungen und alten Insern, auf Reisen unterwegs besonders wichtig erschien, hielt er mit schöner, winziger Schrift französisch oder deutsch und im Dialekt darin fest.

Wenn uns auch Ankers Alltag in jenen sieben Jahren hier fassbar entgegenkommt, so sind es keine eigentlichen Tagebücher, in welchen gewöhnlich persönliche Reflexionen festgehalten werden. Das Persönliche tritt in den Taschenbüchlein ähnlich wie in den Briefen stark zurück; sogenannt ‹Intimes› ist bei einem Menschen nicht zu erwarten, dessen Werk Leute, Dinge und Landschaft, doch nie die eigene Person zum Brennpunkt werden lässt.

Als Anker am 1. April 1901 siebzig Jahre alt wurde, wollten seine Freunde eine grosse Feier veranstalten. Er bekam Wind davon, löste ein Generalabonnement und verschwand – nur mit Wissen von Frau und Kindern – via Madiswil und Zürich ins Tessin. Dazu schrieb ihm nachher sein Bieler Freund Bähler: «Was den 1. April betrifft, so war die Anregung der Berner Kunstkreise eine recht freundliche, allein die Berner Herren kannten dich herzlich schlecht, wenn sie meinten, dich wie einen Muni mit den schönsten Tulipa durch die Stadt führen zu können.» Im Herbst desselben Jahres erinnert Anker einen andern Freund, Pfarrer Rytz in Madiswil, daran, dass er auf der Flucht vor dem Berner Fest am Sonntag inkognito in die Madiswiler Kirche gekommen sei und ihn dort im griffbereiten Büchlein abkonterfeit habe. Darauf folgt im Brief ein Hinweis, mit dem er den Gebrauch des Büchleins begründet: «... im Jahr 1880 habe ich das Gedächtnis verloren ... so hatte ich immer ein Büchlein in der Tasche, um aufzuschreiben. Natürlich kamen auch Zeichnungen hinein.»

Die anfangs erwähnten noch erhaltenen ‹Carnets› (so nannte Anker sie selbst – oder auch ‹pochades›) enthalten viele Miniaturen, meist mit Bleistift gezeichnet, einige fein aquarelliert. Es sind entzückende Zeugnisse für das Geschick des Malers, Menschen und Dinge, auch Landschaften, in kürzester Zeit bildlich festzuhalten.

Nachstehend möchten wir versuchen, von den insgesamt etwa 1200 Seiten der ‹Carnets› einen kleinen Eindruck zu vermitteln, Schwerpunkte aus den Jahren aufzuzeigen, in denen Anker mit seinen Gotthelf--Illustrationen und als Mitglied der Eidgenössischen Kunstkommission und der Gottfried Keller-Stiftung neben der täglichen Arbeit stark in Anspruch genommen war.

Inser Alltag

Von seinen Briefen und Bildern her wissen wir, wie sehr Anker sich um das Wohl der Kinder und um eine kindgemässe Schulung gekümmert hat. Spuren davon finden wir auf mancher Seite der Carnets.

So finden wir auch manchen Spruch aus Kindermund in diesen Büchlein:

«Der Heiland het gseit, me söll uf der Strass niemer grüesse.»

«Das historische Museum het mer gruuset, es si allerlei alt Chnoche drin.»

«I bi heillos müed» – dit la petite de 4 ans.

«Bym Brünneli, bym Brünneli da steit e Bierliboum, und wenn die Bierli ryfe, so chüechlet üsi Frou. Üsi Frou het gküechlet, het hundertsiebni gmacht. Und wenn mer alli esse, so hei mer nüt meh z'Nacht.»

«Im Tempel het eine bättet, der ander blagiert.»

«I will für nes Füfi Hamme, aber nit numen so nes Gschnäfel.»

«Ich habe vergebens das Maul gewaschen, heute war keine Schule.»

«I suufen es Chacheli Milch, du weisst, so nes Privatweierchacheli.»

Aus dem Frühjahr 1899 finden wir von einer frühern Inser Brandkatastrophe den folgenden Kurzbericht:

«Der Käser war dabei, als die Kinder Jakob aus dem Feuer gerettet wurden. Er hatte die Kinder auf der Schwelle gesehen, sie wollten hinausfliehen, aber brennende Strohballen bildeten einen Wall vor ihnen. Er versuchte, in das Haus einzudringen, doch umsonst. Es war Böhlen, dem der Gedanke mit einem wassergetränkten Mantel kam. Er warf diesen in den Bach, nahm ihn auf den Kopf, drang in das brennende Haus ein: eine Minute, die eine Ewigkeit schien. Er kam heraus, unter jedem Arm ein Kind, der Mantel über ihnen.»

Eine neuartige Methode, Obst zu überwintern: «Frau Schär Hans hatte auch Äpfel in den Boden verlocht. Im Frühjahr kamen alle schön gesund aus dem Loch.» 1901.

An die grosse Alkoholnot, welcher Anker das erschütternde Bild ‹Der Trinker› gewidmet hat, erinnern zwei Eintragungen: «In der Inser Brennerei hat man im Winter 1899–1900 125000 Liter Kartoffelschnaps gebrannt.» – «Müntschemier, Dienstag, 19. Mai: Pfarrer Bovet (Pionier des Blauen Kreuzes R.M.): Johannes 1 ‹Siehe das Lamm Gottes› – es trägt die Sünden. Unser Vikar machte darauf ein bedenkliches Gesicht.»

Auch von Erwachsenen hat sich Anker manchen Spruch notiert:

«Er ist Grossrat gsi und Kirchenrath und Gemeinderath und Verfassungsrath und ist doch nüt gsi.» – «Ich will mi Bueb la Belzebueb toufe, das ist so ne aständige Name für üse Bueb.» – «Man betet nicht für den Café und doch ist er so gut.» – «Wenn-der i der Stossbäre gebore sit, so chömet-der nit i d'Kutsche.» – «We me isch go pfeischtere, han i Ordnig gha, i ha d'Schuh putzt u bi bi der Rychste ihecho.» – «Wenn die Herren in Bern kein hiesiges Pferd mehr wollen, so wollen *wir* auch keine Bundesgesetze mehr.» – «Wenn i mi Schatz wär, so wett i nit es Meitli hürathe, wien i eis bi.» – «I bi so uverschämt u lebe noch» – sagte der Alte.

«Branter le tonneau» – «Euthanasia»

Die Carnets hat Anker auch als Gedächtnisstütze benützt. Das zeigen etliche mit grossen Buchstaben vielleicht schon im voraus auf eine leere Seite geschriebene Wörter, aber auch die immer wiederkehrenden Verzeichnisse seiner Briefadressaten im betreffenden Zeitabschnitt. Der Neuenburger Ausdruck «Branter le tonneau» erinnert daran, dass Anker wie die meisten Inser damals einen Weinberg besass. Darum mahnt er sich immer wieder, das Weinfass rechtzeitig für neuen Wein vorzubereiten, es mit Schwefelschnitten gegen Pilzhefe einzubrennen. Ein begeisterter Weinbauer war er nie. Im Herbst 1900 schreibt er seinem Malerfreund Robert: «Für die Weinernte muss ich vier Arbeiter einstellen, die mich sehr beanspruchen. Ich würde gerne keinen Wein mehr trinken, wenn ich

Tisch mit Malwerkzeug in Ankers Atelier

nicht mehr in den Keller gehen müsste ... aber das ist hier in Ins nicht möglich.» Mit mehr Freude hat er sich seinen Bienen gewidmet, denn das Wort «Abeilles» begegnet uns hin und wieder.

Das häufigste, manchmal griechisch geschriebene «Mahnwort» ist völlig anderer Art als die erstgenannten Worte. Es mutet uns seltsam aktuell an: «Euthanasia».

Damit meint Anker sicher nicht die heutige Diskussion über die Problematik des Sterbens. Er denkt schlicht an den eigenen, möglichst guten «schönen Tod» – so wie es auch Abschnitte in Freundesbriefen jener Jahre belegen. In dieselbe Richtung deuten Gesangbuchstrophen in den Carnets, welche ein festes Gottvertrauen ausdrücken.

Die regelmässig notierten, oft langen Adressatenverzeichnisse zeigen einen weiten Freundes- und Bekanntenkreis, welchen der Inser Maler in grosser Treue gepflegt hat. Viele Namen, die uns aus schon veröffentlichten oder noch ungedruckten Briefen vertraut sind, kehren hier immer wieder.

Die tägliche Arbeit hat Anker nie daran gehindert, in sein Dorf zu gehen, sich um die Geschehnisse in der weitern Seeländer Heimat zu kümmern. So notiert er sich hie und da, wann und wo die ersten Frühlingsblumen blühen oder die letzten Bohnen gepflückt worden sind. Er besucht den Inser Markt, vernimmt Neuestes von Erlach, Tschugg und Witzwil. Am Schluss jedes Büchleins schreibt er bis zum letzten Rappen die täglichen Ausgaben auf. Wir vernehmen, was er an Trinkgeldern, an «Sitzungsgeldern» für seine kleinen und grossen Modelle ausgab, welche Auslagen für seine eignen Bedürfnisse er beanspruchte. Bezeichnend die Notiz: «Je me suis trompé dans mon voyage de 4.55 que j'ai oublié d'inscrire.» In den Zitaten erscheinen uns immer wieder Ankers

Humor – und Ernst. Etwa in den Wortkonstruktionen «Arbeitschulfrauencomiteecafé» oder «Bernerlandwirtschaftsausstellungsdiplomjuryconvocationskarte» und «Pariserweltausstellungsschweizerkunstabtheilungskommissär» und in den folgenden Aussprüchen: «Diseur de bons mots – mauvais caractère.» – «Chacun porte en son cœur un cochon qui sommeille (Sainte-Beuve).» – «Mir hei üsi Banknote byget u das Geld hei mer zellt u gfäcklet, jetz hei mer churzi Zyt bim Lysme.» – «La fortune n'aime pas les vieillards.» – «Am Tage des Sterbens werden wir nichts besitzen, als was wir gegeben haben.» – «We mes gwahnet isch mit der Sunne, isch me gwüss so exakt wie mit ere Uhr.» – «Nicht wahr Adèle, wenn du mich wieder vor den Dienstboten schimpfst, so tue es doch französisch bitte, damit sie es nicht verstehen.» – «Syt dir o e Reformer? Nei i bi a Kämifäger.» – «Quand on paraîtra devant le roi des rois, ce sera encore autre chose.»

Über Politik und soziale Verhältnisse

Der fünfzehnjährige Neuenburger Collégien Albert Anker hat sein Konfirmandenheft mit vielen Karikaturen verziert. Etliche beweisen, wie sehr er sich schon in der Jugendzeit während der Jahre 1846 bis 1848 an politischen Geschehnissen interessiert hat. «Vive le Général Dufour» – «Vivat Ochsenbein» lesen wir unter Portraits der im Brennpunkt damaliger Landespolitik stehenden Männer. Solch intensive Beschäftigung mit der Politik und sozialen, kulturellen Zuständen hat beim alternden Maler nie nachgelassen. Dafür aus den Carnets einige typische Hinweise: Während des südafrikanischen Burenkrieges (1899 bis 1902) nimmt Anker in den Briefen entschieden Stellung für das kleine Burenvolk gegen die Engländer – so wie er überhaupt die Machtpolitik europäischer Grossstaaten oft aufs Korn nahm. In einem Carnet zitiert er aus einem Buch den Abschnitt über die «minderwertige moralische» Einstellung britischer Söldner und deren Ursachen. Anderswo schätzt er die täglichen Kosten des italienischen Abessinienkrieges (1895 bis 1896) auf 500000 Franken. Der Schriftsteller Zola veranlasste 1898 die Revision des Prozesses gegen den jüdischen Offizier Alfred Dreyfus, der zu Unrecht nach der Teufelsinsel verbannt worden war. In einem Carnet aus jenem Jahr erwähnt Anker die Diskussion mit einem französischen Juristen, der, wie es ihm schien, gar nicht überzeugend an der Schuld von Dreyfus festhielt, im Gegensatz zu Félix Bovet, der die Unschuld des Verbannten beteuert habe.

Häufig erwähnt Anker den Namen des deutschen Reichskanzlers Otto von Bismarck; dessen Rede an Studenten schreibt er zum grossen Teil in ein Carnet ab.

Für soziale Belange hatte Anker ein feines Gespür. Den Familienbriefen aus Italien entnehmen wir seine tiefe Sympathie für die ausgebeutete Landbevölkerung. In einem Carnet zitiert er die ‹Buchsi-Zeitung› von Ulrich Dürrenmatt: «... In Apulien entlassen die Latifundienbesitzer die Arbeiter. Diese versammeln sich zu Hunderten und verlangen Arbeit und Brod. ‹Wir wollen 4 Scudi und Arbeit Tag und Nacht, nur lasset unsere Frauen und Kinder nicht Hungers sterben!›» Anker billigt zwar die Ermordung der Kaiserin Elisabeth von Österreich durch einen italienischen Anarchisten nicht (10. September 1898), doch versucht er in einem Brief Verständnis für die Ursache des Mordes, nämlich das weitverbreitete Elend in Italien, zu wecken. Im selben Jahr notiert er mit Interesse die Bedingungen, unter welchen die Frauen in Norwegen das Stimmrecht bekommen haben. Über die persönliche Haltung Ankers in sozialen Belangen müssen wir wenig Worte verlieren. Emanuel Friedli weist darauf hin, dass Anker nach seines Vaters Tode die geerbten Schuldscheine bedrängter Bauern kurzerhand verbrannt habe. (Friedli, a.a.O. S. 362)

Bei einem Besuch in Genf hat Anker mit kurzen Federstrichen Arbeitslose festgehalten, die er herumstehen und auf Arbeit warten sah. Die immer aktuelle

Diskrepanz zwischen politischer Theorie und Praxis hält er einmal mit dem folgenden Zitat fest:

«Rohe Strassensozialisten opfern grimmig ihre Leiber,

Feine Salonsozialisten werden wohlbezahlte Schreiber.»

Auch zum Thema «Politik» einige Zitate und Aussprüche: «Si le Canton de Vaud voulait, il bouleverserait le monde.» – «In der löblichen Eidgenossenschaft wird wieder einmal auf bundesrätlichen Ukas im allgemeinen Opferfest der Göttin Statistik gefeiert...» – «Donner des Fonds au gouvernement, c'est mettre de l'eau dans un panier.» – «La vieille Vaudoise: «Nous règnerons dans l'éternité.» – «Ulrich Dürrenmatt: Christus vincit, Christus regnat, Christus triumphat – ist praktisch zu verstehen und herrscht durch alle Mittel, deren die Staaten sich bedienen.»

Zeichnungen und Aquarelle in den Carnets

Von der Lektüre Ankers

«Il n'est pas permis de parler de choses divines en mauvais style.»

Wie selten ein Zitat in den Carnets scheint mir dies Wort Alexandre Vinets die innere Einstellung Ankers in der Wahl seiner Lektüre zu charakterisieren; diese nimmt in vielen Notizen einen weiten Raum ein. Auffallend ist, wie darin einerseits historische Themen, anderseits zeitgenössische Erzählungen vorwiegend sozialkritischer Natur aus dem französischen Sprachraum immer wieder vorkommen: Griechische und römische Historie und Kulturgeschichte, die Geschichte Englands und Italiens. Alte Autoren sind am häufigsten, Platon, Plutarch, Marc Aurel und Augustin, aus neuer und neuester Zeit der englische Historiker Macaulay, Jacob Burckhardt, Macchiavelli, Pascal, Mommsen, Ranke. Zu den bevorzugten Dichtern und Schriftstellern gehörten in den Jahren 1895 bis 1901 bei Anker die Franzosen Montaigne, Hugo, Zola, Anatole France, Balzac und Renan und aus dem deutschsprachigen Raum Goethe und Schiller, Pestalozzi, Gottfried Keller und C.F. Meyer – allen voran aber in der Häufigkeit der Zitate J.C. Lavater und Jeremias Gotthelf. Wir finden diese Namen beinahe lückenlos im Verzeichnis wieder, welches Charlotte Quinche in mustergültiger Weise von der grossen Bibliothek ihres Grossvaters erstellt hat.

Von bestimmten Menschheitsepochen hat sich Anker besonders angezogen gefühlt: vom Griechentum mit Homer, Sokrates und Platon, Sophokles und Euripides, von den Römern mit ihrem Imperium, aber auch mit ihren Denkern Epiktet und Marc Aurel, später folgen Reformation und Renaissance. Ähnlich ist es ihm in anderer Weise mit den grossen französischen Erzählern ergangen. Die Geschichte der Völker des Abendlandes, die Schilderung einzelner Familien- und Menschenschicksale bilden mit der Bibel den Erkenntnishintergrund im Leben des Inser Künstlers.

«... Vous marquez une chose sur laquelle j'ai appuyé selon la mesure de mes forces: l'intérêt psychologique... Mais voilà, l'homme s'intéresse à l'homme, il sera toujours le modèle par excellence...» (An Godet, 17. Mai 1899)

Es ist wohl zunächst das «psychologische Interesse» im weitesten Sinn dieses Wortes, welches Anker in der bewussten Wahl seiner Lektüre wie der Themen seiner Malerei geleitet hat. Daraus erkläre ich mir auch Ankers grosse Vorliebe für das Lebenswerk J.C. Lavaters. Wie oft mag er Lavaters ‹Physiognomische Fragmente› zur Hand genommen und darin etwa die Sätze gelesen haben: «Kein Mensch kann einen andern ersetzen. Kein Mensch hört auf, Mensch zu seyn, und wenn er noch so tief unter die Würde der Menschheit herabzusinken scheint... Das Gesicht ist der Schauplatz, auf dem sich die Seele zeigt – *hier* muss sie ergriffen werden – wer sie hier nicht ergreift, kann sie nicht malen, und wer sie nicht malen kann,

ist kein Portraitmaler.» (Lavater, ‹Physiognomische Fragmente›, Winterthur 1784, S. 7, 11 und 75)

Es ist bekannt, dass Goethe sich von der Faszination, die Lavater persönlich ausstrahlte, nur mit Gewalt hat lösen können. Im Erfassen und Darstellen des menschlichen Antlitzes hat Anker sich immer grosse Zurückhaltung auferlegt, darin offenbar anders als Lavater mit seinen zum Teil skurril anmutenden physiognomischen Theorien. Dennoch hat der Inser den Zürcher verehrt und sich seinen Intentionen verbunden gefühlt. Er hat es verstanden, sich aus dessen Werk Bleibendes herauszuholen und zu bewahren. Weniger häufig als Lavater und Gotthelf und doch bedeutsam in den Carnets – wie in Briefen jener Jahre – begegnet uns der Name des römischen Kaisers Julianus Apostata. Bis in die letzten Lebenstage hat Anker sich in die Lektüre der Biographie und der Briefe des letzten «Heiden» auf dem römischen Thron vertieft. Was bewog ihn dazu? War es ein ähnliches Lebensschicksal – früher Tod der Mutter, schweres Sterben des Vaters – oder der ohnmächtige Versuch des Kaisers, inmitten theologischer Auseinandersetzungen eines oft sehr gewalttätigen Kirchentums die Religion der Griechen und Römer, ihre Tempel und Gottesdienste in alter Reinheit und Schönheit wiederherzustellen? Oder ist es auch hier wiederum jenes «psychologische Interesse» *und* die Bereitschaft, sich letzten Lebensfragen, den eigenen Tod eingeschlossen, nüchtern zu stellen?

Fragen des Glaubens

«Der Heer ist im Himmel, i bi nume sy Diener.»

Mit diesem Wort eines alten Insers, der nicht «geehrt» sein wollte, beginnen wir einen kurzen Streifzug in Ankers Notizen, welche sein Verhältnis zu Christentum und Theologie berühren. So vernehmen wir, wie er in Ins und anderswo die Gottesdienste besuchte, immer mit einem Notizbüchlein in der Tasche. Darum finden wir in den Carnets die Zeichnungen von Prädikanten auf der Kanzel oder von ihren andächtigen Zuhörern; dazu ist nicht selten irgendwo in der Ecke auch der Predigttext angemerkt. In katholischem Gebiet – etwa in Portalban oder Mailand – besucht Anker die Messe, notiert Ausschnitte aus der Predigt des Curé, stellt fest, wo gut gesungen und schön musiziert wird. Wir entdecken die Notiz: «1. Nov. 97: Protokoll des Kirchgemeinderates» und schliessen daraus, dass er als Mitglied der Inser Kirchenbehörde auch die Sitzungen protokolliert hat.

Ankers religiöses Denken bleibt frei von konfessionalistischer Enge. Wie er sich einst im Schwarzwald ungeniert in den katholischen Chor einreihen liess und wacker Solo sang, so bezeugen viele Notizen ökumenische Offenheit. Natürlich gilt seine Aufmerksamkeit zunächst der reformierten Kirche und ihrer Geschichte. Darum tauchen in seiner Lektüre oft die Namen Luthers und Calvins auf – das Schicksal der französischen Hugenotten lag ihm besonders am Herzen.

Aus der alten Christenheit finden wir die Namen Tertullians und Augustins, wir entdecken Zeichnungen von Franz von Assisi und Niklaus von der Flüe. Die Bemerkung «Marie et le Pape, tels sont les deux symboles bien sonores de l'Eglise romaine actuelle» und der Hinweis «Si la lutte vieille catholique n'était pas venue, le parti libéral aurait eu le dessus à Lucerne» deuten auf Ankers grosses Interesse an den Auseinandersetzungen um den ‹Ultramontanismus› seit dem Ersten Vatikanischen Konzil 1870, die zur Entstehung der christkatholischen Konfession geführt haben. Immer enger verband ihn um die Jahrhundertwende die Freundschaft mit dem Theologen Michaud an der Christkatholischen Fakultät Bern. Als sein Freund Hürner in Wimmis ihm auf Weihnachten 1900 einen lateinischen Gratulationsbrief zum Ehrendoktor der Universität Bern mit Zitaten aus Calvins ‹Institutio› schrieb, hat sich der so Geehrte gleich hinter die erneute Lektüre der französischen Ausgabe jenes Werkes gesetzt. «Die Institutio kam 1535 heraus, Calvin war damals 26 Jahre alt, er schrieb es in Basel.» Im selben Carnet vom Winter 1900/01 notiert er sich auf einer ganzen Seite den Aufriss der Calvinschen Glaubenslehre. Erstaunliche Lektüre für einen Künstler im siebzigsten Altersjahr! Eindrücklich bezeugt sie seine Freude und Gewissenhaftigkeit, auch in diesem Zusammenhang den Quellen nachzugehen und sich weder durch oberflächliche Wertungen noch durch abschätzige Schlagworte davon abhalten zu lassen.

Auch hierzu einige Aussprüche:

«Gott wird wohl wissen, dass einer unsterblichen Seele durch böses Schicksal kein Schaden geschehen kann.» Goethe

«Je n'aime pas voir les dames faire le culte, cela me met dans une colère épouvantable.»

«Les bêtes sont au bon Dieu, la bêtise est aux hommes.»

«Wenns nume niemer ghört het», sagte der Sigrist, als er vergessen hatte zu läuten.

«All Sunntig in der Kirche fehlen
die Meisten, die den Pfarrer wählen.»

Kunst gestern und heute

«Dir müesset doch no lang gäggele, bis e so ne Tafele fertig isch.»

Dies könnte der unbeholfen naive Ausspruch eines Modells sein, das mit dem Maler die paar Holztreppen zu seinem Atelier in der ehemaligen Strohbühne hinaufstieg, um mitzuerleben, wie Stunde um Stunde verfliesst, bis die gültige Skizze da ist, später ein vollendetes Bild. Mit Humor hat er sich den Ausspruch gemerkt und in das Carnet eingetragen, welches die Zahl 46 trägt. Es versteht sich von selbst, dass das Thema ‹Kunst und Künstler› sich wie ein dicker roter Faden durch alle Notizbüchlein zieht. Angefangen beim Pergamonaltar, bei Praxiteles und der Venus von Milo über die grossen Künstler des Mittelalters und der Renaissance bis ins 19. Jahrhundert mit den Zeitgenossen und Malerfreunden Ankers, scheint hier durch Namen und Hinweise die ganze europäische Kunstgeschichte vertreten zu sein. Ein wichtiger Grund dafür ist zu Beginn dieses Überblicks erwähnt: Ankers Mitarbeit in den schweizerischen Institutionen, der Eidgenössischen Kunstkommission und der Gottfried Keller-Stiftung. Die beiden Instanzen erhielten jedes Jahr die Möglichkeit, Bilder für Museen anzukaufen und Werke lebender Künstler für internationale Ausstellungen auszuwählen. Anker nennt sich etwa scherzhaft einen «eidgenössischen Taglöhner», der selten zu Hause weilt und immer nach einer Sitzung in Zürich, Basel, Luzern oder auch Genf unterwegs ist. Im Auftrag des Bundesrates nahm er 1896/97 als Jurymitglied an den Ausstellungen in Berlin und München teil. Solche Aufträge hat er gewissenhaft erfüllt, sie finden in mancher Form ihren Niederschlag in den Carnets: da entdecken wir Kopien von Bildern in Museen, die er unterwegs besuchen konnte, Zeichnungen von Landschaften und Gebäuden, Zusammenstellungen von Summen für Bilderkäufe. Das Carnet vom Sommer 1898 enthält zunächst Zeichnungen, welche Anker in Zürich anfertigte, als er anlässlich einer Sitzung den Wirkungsstätten seines verehrten Lavater nachging, dann tauchen Namen mancher Emmentaler Orte auf, dazu ein Gotthelf-Zitat. Die Verbundenheit mit dem Emmental und dessen Geschichte führte zu seiner Wahl in das Komitee für ein Niklaus Leuenberger-Denkmal in Rüderswil. Darum taucht hie und da wie in den Briefen auch in den Notizbüchlein jener Zeit der Name des Bauernführers auf. Anker bedauert in einem Brief an Paul Robert (9. November 1900) die Niederlage der Bauern und sagt von den «gnädigen Herren» zu Bern, es sei jeder von ihnen ein kleiner Ludwig XIV. gewesen! In grosser Zahl finden wir vielfarbig gemalte kleine Landkarten, inspiriert durch Lektüre und Reisen. Anker muss an der Gestaltung solcher Karten viel Freude empfunden haben; er hat sie zu kleinen Kunstwerken gestaltet. Sehr häufig finden wir auch fein gezeichnete Münzen und Medaillen; so hat ihn die Kunst der «kleinen Dinge» in ihrer Konzentration grafischer Gestaltung gefesselt. (Schon früher einmal hatte er in einer Jury für einen neuen Schweizer Fünfliber mitgewirkt!)

Auf einem Blatt entdecken wir den Entwurf zu einem Stilleben, samt den genauen Massen dazu, wie er es später auch gemalt hat. Dazu kommen Skizzen von Interieurs, Bilder von historischen Persönlichkeiten, aber auch von Unbekannten.

Anker hat sich bekanntlich sehr für F. Hodler eingesetzt, dessen Kunst damals besonders umstritten war. Er selber stand künstlerisch anderswo, er konnte mit den symbolischen und figürlichen Darstellungen Hodlers wenig anfangen. In diesem Zusammenhang finden wir in den Carnets zwei Kopien Hodlerscher Gemälde, von denen eine der freundlichen Parodie Hodlers gleichkommt.

Als Anker 1895 nach Berlin reiste, hat er die Gelegenheit benutzt, um Orte wiederzusehen, die er rund 40 Jahre zuvor als Theologiestudent erlebt hat. Das betreffende Carnet ist vollgespickt mit Reminiszenzen, mit der Wiedergabe von Begegnungen und Erlebnissen.

«Attention à ces nez trop longs» und «Ne plus faire d'albums» sind zwei instruktive «Mahn-Worte», die sich auf Ankers künstlerische Tätigkeit beziehen. Das eine hängt mit seiner Porträtmalerei zusammen, das andere mit der Herausgabe einer Luxusausgabe seiner Hauptwerke in Kupferstichen. Dieses «Album» hat ihm – wie die Illustrationen zu Gotthelf – viel Mühe bereitet. Einmal nennt er die grosse Zahl von Unterschriften, welche er auf Begehren des Verlegers unter viele jener Reproduktionen setzen musste.

Aussprüche

«Die Gemäldehändler sind eine Camorra von Spitzbuben.»

«Ne plus faire d'Albums, j'en ai assez ma vie durante.»

«Seid ihr damals o es Schöns gsi? – Es chunnt uf d'Ougen a.»

«Signé le tableau de la crèche en promenade, mardi 18 décembre 1900.»

«Teint éclatant de la fillette de L. N. à l'école de Mlle Jutzi.»

«Ils ne m'ont pas parlé de Raphael.» (Ingres)

«Wünschen Sie Ihr Bild ähnlich oder hübsch?»

«Sur le continent l'Eglise et l'Etat ont presque partout encouragé les artistes par des commandes et leur ont dicté les sujets. En Angleterre rien de pareil ... l'art n'a vécu que des subsides particuliers, dont le but consistait dans la vie du Hôme, de la vie de famille – la vie d'un peuple heureux.»

Mit dem Abschluss des Berichtes über Albert Ankers Carnets kehren wir zurück nach dem Ins von 1891.

Portalban, Wimmis, Berlin und München 1891–1901

Ein guter Kunde, der zum Freund wird

Nach der endgültigen Heimkehr nimmt Albert Anker nicht nur den Kontakt mit alten Freunden wieder auf; immer mehr erscheinen die Liebhaber seiner Bilder, «Kunden», die teils kommen und gehen; etliche aber kehren regelmässig im Haus des Malers ein, lassen sich und Angehörige porträtieren. Zu diesen letzten gehört der Basler Kaufmann Alfred Bohni-Collin (1852–1922). Oft taucht sein Name im ‹Livre de vente› auf. Am 25. Juni 1897 lesen wir «M. Bohni, pour le garçon couché ds. le foin 400». Auf dieses Bild nimmt der Maler im ersten Brief an Bohni Bezug. Der ‹Schlafende Knabe im Heu› kann heute im Kunstmuseum Basel bewundert werden. (Œuvre-Katalog Nr. 299)

Ins, den 30. April 1891

Werthester Herr Bohni,

Gegenwärtig habe ich nichts Fertiges, ein Aquarell ausgenommen, betitelt die *Waise*. Es ist ein 15–16jähriges Mädchen in der Bahn, sie geht aus in einen Platz, der Platz ist natürlich nicht im Aquarell, man kann das Ding nur so erzählen.

An Gemälden in Öhl habe ich angefangen einen Knaben, der auf dem Heu in der Tenne schläft, ohngefähr 70–80 lang und 60 breit. Es ist dem Ende nahe und wenn nichts dazwischen kommt, bleibt es noch lange unvollendet. Es ist mir Arbeit gekommen, die ich in gewissen Terminen liefern soll, das Ding ist geschrieben, halte ich nicht Wort, so gibt es Verdruss. Zudem kommen die eidgenössischen Funktionen, die mir durch ihre öftere Wiederholung sehr lästig werden; ich habe noch mit der Schweizer Ausstellung in München zu thun, ist diese Sache einmal fertig, so ist's punctum finale! ...

Der gute Nachbar

An Cécile   Ins, 8. Februar 1892

... Der Zustand unseres Nachbarn ist unverändert; er bleibt bei dieser Kälte zu Hause und sieht schlecht aus. Wir hoffen, dass ihm die wärmeren Tage die Gesundheit wieder bringen. Aber er gehört zu den Menschen, die sich nie richtig pflegen. Er denkt einfach, es sei nicht so schlimm, und das Übel gehe wie es gekommen ist. Der Gedanke an sein Fehlen fällt mir schwer, er ist ein Stück von mir selbst, so sehr liebe ich ihn wegen seiner so beständigen Güte. Ich denke daran, wie er uns, euch Kinder und mich, erfreut hat, – wie er mir jeweils im Herbst an der Traubenpresse half – und überhaupt kenne ich in der ganzen Welt keinen liebenswürdigeren Nachbarn...

Adieu Cécile, gute Besserung

Dein Papa

Marie Quinche-Anker:

Die Kinder Ankers und er selbst sahen die Familie des Nachbarn tagtäglich. Er war in jeder Beziehung ein gütiger Mensch – ohne viel Worte, natürlich und heiter. Seine Frau, würdige Partnerin dieses einfachen Landmannes, hat ihre zahlreichen Kinder sehr gut erzogen. Der Tod des Nachbarn hat Anker und die Seinen zu tiefst getroffen. (Marie Quinche, a. a. O. S. 157)

«Wenn Kaiser Wilhelm wüsste...»

Das Fischerdörfchen Portalban, am südlichen Ufer des Neuenburgersees gelegen, gehört in die Reihe der Lebens-Wunschträume, welche Albert Anker einmal in einem Notizbüchlein wie folgt aufzählt:

«DESIDERATA: Wimmis – Heimiswyl – Heimischwand – Wichtrach – Einigen – Amsoldingen – Locle en hiver – La Sagne – Ligne de Chemin de fer – Morgarten – Schaffouse – Ligornetto – Landeron – Thunstetten – Gravesano – Rytz – St. Imier – Corgémont – Luterbach – Valangin – Schwarzenburg – Jonchère – Brienz – Iseltwald – Brünig – Ringgenberg – Domdidier – Font – Cudrefin – Portalban et après le Paradis...» (Carnet Nr. 43)

Während er bei grosser Hitze im Emmental zeichnet, denkt Anker mit Sehnsucht an das kühlende Wasser von Portalban (siehe S. 110!). Das Carnet Nr. 19 birgt eine Fülle von Zeichnungen, Aquarellen und Notizen über Begegnungen mit jung und alt von Portalban aus dem Sommeraufenthalt des Jahres 1895. Die Wolkenbildungen über dem Jura, die «schönen Augen der Mädchen und Frauen» beeindrucken den Maler ganz besonders. Mit der Lehrerin des Dorfes und dem Curé führt er manches Gespräch. Er besucht die Messe im Nachbardorf Delley. In Stichworten notiert er die Predigt des Priesters, welcher soeben von einer Pilgerfahrt nach Lourdes zurückgekehrt ist. Den Protestanten interessiert auch eine Kapuzinerpredigt über die Jungfrau Maria. In einem spätern Carnet kopiert Al-

Der gute Nachbar

bert Anker sich einen Brief jener katholischen Schulschwester aus der Innerschweiz. Sie dankt ihm für seine Neujahrsgrüsse, bittet ihn aber, nicht mehr zu schreiben, da ihr als Ordensschwester ein solcher Kontakt nicht gestattet sei...!

An die Familie   Portalban, 4. August 1892

Um 5 Uhr bin ich hier angekommen. Mein Zimmer habe ich im Hotel St. Louis (dieser Name sollte mir Glück bringen), es dürfte zu den fünf oder sechs schönsten Schlafzimmern meines Lebens gehören. Das Dorf ist ganz klein, die Schiffe transportieren Kies und Waren. Endlich sehe ich aus der Nähe die

Ufer, welche ich oft von Neuenburg aus betrachtet habe. Ein Tatbestand läuft mir zuwider: alles spricht Dialekt, selbst die kleinsten Kinder tun es, da verstehe ich nur hie und da ein Wörtlein...

Portalban, 9. August 1892

Wenn Kaiser Wilhelm wüsste, wie schön dieser Ort ist, so käme er hierher, um Aquarelle zu malen, anstatt seine Grossmutter in Osborne mit einer der Reden zu belästigen, die er gleich wieder korrigieren muss... Der junge Priester kam zu mir, als ich gerade am Zeichnen war, er plauderte mit mir und lud mich zu einem Bier ein. Aber ich wollte meine Arbeit beenden und musste ablehnen...

«Mein lieber guter alter Hürner»

Albert Anker und der Wimmiser Pfarrer Ludwig Hürner hatten in den frühen Fünfzigerjahren in Bern zusammen Theologie studiert und im Zofinger Studentenverein eifrig mitgemacht. Während vielen Jahren waren sie getrennte Wege gegangen bis sie sich in Bern zufällig wieder sahen. Anker schreibt einmal Hürners Tochter Julia:

... Nun, als ich ihn wieder sprach, war er wieder der alte, liebenswürdige, einfache, aber auch hochgelehrte Horn (Studentenname Hürners bei den Zofingern), und die Gelehrsamkeit und Belesenheit habe ich an den Leuten immer hochgeachtet... (an Julia Hürner, 2.6.1903)

Aus jener zufälligen Wiederbegegnung erwuchs neue Fühlungnahme in Briefen und gegenseitigen Besuchen bis zum Tod Hürners im Frühjahr 1903; dazu gehörte auch der Austausch von Zeichnungen, denn Hürner, der zu den Mitbegründern der niedersimmentalischen Sektion des SAC gehörte, liebte es, auf seinen Wanderungen zu skizzieren und hatte sich darin eine bemerkenswerte Fertigkeit angeeignet.

Hürner und seine Tochter Julia werden uns in den Jugenderinnerungen von Kunstmaler U. W. Züricher folgendermassen beschrieben:

«... Onkel Ludwig Hürner war mir eigentlich nicht blutsverwandt; aber nach dem frühen Tod meines Vaters war er für mich ein geliebtes und bewundertes Vorbild. Im Pfarrhaus führte das Szepter nach dem Tod ihrer Mutter Onkels jüngste Tochter Julia. Gross, kräftig, resolut, klug wie sie war, wusste sie mit fester Hand Ordnung zu halten. Sie war manchmal ausgelassen und erlebnishungrig, konnte auch kritisch boshaft

sein und nicht ohne Humor...» (Aus den Jugenderinnerungen bernischer Dichter und Künstler, ‹Uf Bärnerbode›, herausgegeben von Hans Sommer, Francke-Verlag 1972)

Albert Anker hat das Vertrauen der um fünfunddreissig Jahre jüngern Tochter seines Freundes in hohem Masse geschätzt.

L. Hürner an A. Anker   Wimmis, 31.12.92 Abend beim Altjahrausläuten

Dem lieben «Vetter» und all den werthen Seinigen... Ich werde morgen die Neujahrspredigt an Ps. 60, 14 anschliessen: «Unser Vorsatz und unsere Zuversicht, mit denen wir ins neue Jahr treten wollen.» 1. Vorsatz: Mit Gott Thaten tun: wenn auch nicht grosse, so doch die kleinen, unscheinbaren, vor Menschenaugen verborgenen... 2. Zuversicht: Sind wir so mit Gott und wissen wir ihn mit uns, so brauchen wir nichts zu fürchten, was die dunkle Zukunft auch bringen mag. Mit Gott im Bunde erfahren wir, dass er uns helfen wird zur Überwindung der schlimmsten Feinde: derer, die nicht ausser uns, sondern in uns selber sind... Verzeih, dass ich mein Neujahrszeddeli an dich zu einem Predigtschema missbrauche. Der liebsten Erlebnisse des letzten Jahres eines war mir dein lb. Besuch, mit welchem du mich auch gross erfreut hast...

Ins, 3. Jan. 1893

Mein lieber guter alter Hürner,
... Du hast mir die Eintheilung deiner Neujahrspredigt mitgetheilt, und bei Gott: die Predigt war wie für mich gemacht. Allein sie wird mir nicht viel nützen, ach, ich bin schwach, ängstlich und nicht viel werth. Ich glaubte, mit dem Alter werde man vernünftiger und ich sehe das Gegentheil... Man weiss das Bessere und thut es nicht.

Manchmal möchte ich es machen wie Tasso, als er krank war: er ging ins Kloster S. Onofrio, wo er im Umgang der frommen Brüder und in der Einsamkeit einen Vorgeschmack zu finden hoffte, einen Übergang für Himmel oder Fegefeuer.

Es hat mich sehr gefreut, zwei Briefe von deiner Tochter erhalten zu haben zur Beantwortung meiner Fragen über Jeremias. Es freut mich, dass im Kanton Bern nicht mehr das Urtheil von 1850 gilt...

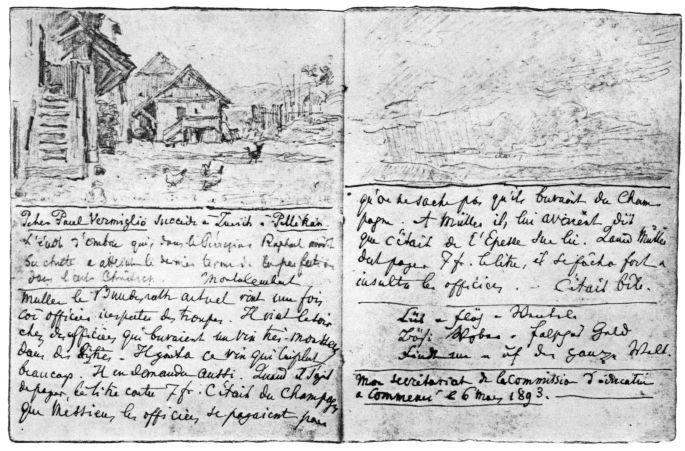

Portalban

Vom Tod alter Freunde und dem Drängen der Jungen

Ins, 5. April 1893

Lieber Meuron,

Im Zug von Basel nach Biel habe ich die traurige Nachricht vom Tod Ihres Bruders vernommen. In der ‹Gazette de Lausanne› las ich den Nachruf. Ihre Schwester bedaure ich sehr, welche einen so liebenswerten Gefährten ihres Lebens verliert, ich trauere mit Neuenburg, das einen treuen Bürger verliert, einen besonnenen, klugen Menschen ohne grosse Worte. Ich kenne wenige Männer, welche sich so selbstlos in den Dienst der Allgemeinheit gestellt haben. Wie liebenswürdig war er in der Gesellschaft der Kunstfreunde! Ich habe ihn oft bewundert, und oft habe ich über ihn gestaunt. Die Natur hatte ihm viel Witz mitgegeben, einen scharfen Blick, – er durchschaute die andern auf feinste Weise und in allem erfüllte ihn eine unerschöpfliche Güte... Die Jahre kommen, mit ihnen die traurigen Dinge. Es dünkt mich, dass ich rasch der grossen Ernte entgegenreife. Sollte der grosse Schnitter anrücken, so wird er mich nicht überraschen, ich werde ihm auch keinen Widerstand leisten. Bis dahin gilt es noch Bilder zu malen.

Ihr ergebener   A. Anker

Heute, 5. April: vor 46 Jahren ist mein Bruder gestorben!

Ins, den 1. Mai 1893

Lieber Freund Hürner,

...Wie es scheint hat man dir deine Studierstube geputzt, ich gratuliere dir, dass die Operation vorüber ist. Die Frauen betreiben diese Sache als ein wahres Apostolat. Das Beste dabei ist fliehen, so weit man mag. Sie machen sich hinter den Staub mit einem Eifer, Pedanterie und Ernst wie wenn sie damit das Vaterland retten sollten. Ich halte es in diesen Dingen ein wenig mit dem heiligen Hieronymus: der pries das Waschen und die Bäder und das Putzen nicht halb so hoch, und doch war er ein grosser und so gelehrter Heiliger. Ach, man macht gegen den Staub eine solche Hetzjagd, und doch sind wir ihm so nah verwandt.

Du sprichst in deinem Briefe noch von Bula, den du im letzten Jahre noch gesehen hattest. Das Pfarrhaus bei ihm war einfach patriarchalisch, so eine edle Küherhütte. Dieser Mann hat sein Pfund gewissenhaft angewendet, er hat gethan, was er konnte. Wir hatten zur Zeit die Kirchengeschichte von Guericke durchgenommen...

Ich habe in meinem Leben noch ein so einfältig gutes Exemplar eines Menschen kennengelernt, das war ein Siebenbürger Maler in Paris, Sohn eines Pfarrers, ich werde dir von diesem braven Mann reden. Er lebt noch in Siebenbürgen...

(Ludwig Schuller war ein guter Freund Bachelins, mit ihm und Anker zusammen im Atelier von Charles Gleyre, später Kunstlehrer in seiner siebenbürgischen Heimat.)

Sage deiner Tochter, ich danke sehr verbindlich für ihren Brief. Wir haben nun ästhetische Theorien genug gemacht. Diese Theorien sind wandelbar wie alles andere. Die Mode ist da auch allmächtig, doch nicht so schnell ändernd als die Hüte der Frauen. Man sollte meinen, der Begriff des Schönen wäre ein absoluter, aber die Neuheit behält ihr Recht. Es ist damit wie in der Jurisprudenz, non bis idem käme einer und malte wie Raffael nach, so würde es langweilen. Der Mensch verlangt Neues, sonst interessiert er sich nicht an der Sache. Und wenn man meint, alles sei beschrieben, gemalt, gesungen und es sei keine neue Form mehr zu finden, so kommt ein Sydian und bricht mit Minervas Hülfe neue Bahnen und findet neue Ideen. Da ist das Drängen der Jugend so interessant, in krankhaften Erscheinungen keimen oft Elemente eines neuen Lebens!...

Ins, den 23. Mai 1893

Lieber Herr Durheim,
...Sie wissen, dass Neuenburg wieder eine Ausstellung hat. Es dünkt mich, je länger je mehr werden sie psychologisch uninteressanter; die Landschaft, und besonders die neueren Landschaften à la photographie treten in den Vordergrund; und die Todten haben eine Lücke gemacht. Léon Berthoud machte freilich auch Landschaften, aber es war Schwung darin, sehr gut gedachte und ausgeführte Himmel; er ging am Morgen früh ins Freie und am Abend spät, wenn der Himmel interessant wird, wenn die Erde ruht und der Himmel wacht; jetzt gehen sie an die Arbeit, wenn sie recht dejeuniert haben und schaffen mit grosser Andacht und mit Geschick und copieren und die Photographie bleibt dennoch perfekter! Ils sont manœuvres et pas artistes; das Loosungswort ist: la nature ne compose pas!

Ich arbeite an einem Gemälde, die Armensuppe,

Ludwig Hürner auf der Kanzel (Carnet)

aber der alte Eifer ist nicht mehr da! Es dünkt mich, es seien Gemälde genug auf der Welt, und ich sei auch du vieux jeu!...

Die Freundesfamilie im Brüttelenbad – Cheminées an Stelle von Raffael – Ausscheiden aus der Eidgenössischen Kunstkommission

Ins, 14. September 1893

Lieber Meuron,
...Könnte ich auslesen, so hätte ich es heute vorgezogen, nach La Sagne zu gehen: Da habe ich früher einmal seltsame Kamine und Küchen gesehen. Wo noch keine Kochherde vorhanden waren, hingen die Haken vom grossen Kamin herunter, eine ganze Familie hätte dort Platz gefunden. Lieber möchte ich heute diese Kamine sehen als einen Raffael: Sie wissen so gut wie ich, wie sehr wir einst Raffael verehrt haben. Aber ich war ihm in meiner Jugendzeit allzu sehr verfallen, heute denke ich lieber an anderes...

Wie Sie bin ich glücklich, die eidgenössische Bude verlassen zu haben, da verlor man nur seine Zeit. Die Gottfriedkellerstiftung ist viel angenehmer. Der Präsident ist jung, Professor der Kunstgeschichte... Er kommt immer gut vorbereitet in die Sitzungen...

Ins, den 23. Oct. 1893

Lieber Herr Durheim,
... Mein Freund Ehrmann aus Paris war diesen Herbst im Brüttelenbad mit der ganzen Familie, 10 bis 12 Personen und dann noch Eingeladene und Gäste. Dies Bad ist gegenwärtig vollkommen leer, allein meine Frau hat es genugsam möblieren können zur Aufnahme der zahlreichen Familie. Es geht diesem Ehrmann sehr gut, er arbeitet wieder für die Gobelins, gegenwärtig ist ein Tapis von ihm in Arbeit seit 5 Jahren und es schaffen 4 Sticker beständig daran. Er hat nun noch eins zu machen, die Renaissance, zu welcher er das Modell diesen Winter anfangen wird. Zudem machte er mehrere Figuren für das Rathhaus und noch Zeichnungen zu Glasmalereien für die alte Kirche von Montmorency. Wenn das Loos gegen Einzelne gewisse Härten hat, so behandelt es andere mit seidenen Handschuhen. Nun, es ist ihm zu gönnen, er ist ein nobler Kerl. ...

Weihnachtsbaum in der Kirche

An Julia Hürner   Ins, den 24. Dezember 1893

Verehrtestes Fräulein,
... Es wird mich freuen, wenn mich das Jahr 1894 wieder nach Wimmis führt, oder wenn Sie mit Ihrem Vater auf den guten Gedanken kämen, einmal wieder zu den Welschen zu gehen; Sie haben ja in der Gegend noch Bekannte, z. B. Herr Dr. Chatelain, der in St. Blaise in einem äusserst freundlichen Haus und Dorf lebt. Was mich anbetrifft, so werde ich weniger reisen als in den vergangenen Jahren; ich bin durch das Loos aus einer der Kunstcommissionen gekommen, die zu den Sitzungen gewöhnlich in Bern zusammenkamen.

Morgen, als an der heiligen Weihnacht, haben wir einen Baum in der Kirche. Die Sache wurde angeregt durch unsern Vikar, Herr Wyss, aus einem Dorfe bei Herzogenbuchsee Er hat einen guten Eifer, ist allen Menschen lieb geworden durch seine Freundlichkeit, seinen Eifer und seine guten Talente...

‹Die Armensuppe›, 1893 (Œuvre-Katalog Nr. 67)

Die ‹Armensuppe›

Nach einem Brief Ankers an Julia Hürner ist die Armensuppe in Ins durch eine lediggebliebene Inserin begründet worden:

Hier ist eine alte Jungfer, Tochter eines Bäckers, der Vater wurde 80 Jahre alt, und sie hat ihm geholfen wie ein Gsell; eine Schwester hat geheirathet, hatte mehrere Kinder, die bald elternlos wurden. Die Tante adoptierte die Kinder wie die ihrigen, und sie sind alle ganz gut ausgefallen. Daneben thut sie unendlich viel Gutes an den Kindern, die aus dem Moos in die Schule kommen. Bevor wir die Armensuppen hatten, war bei ihr Armensuppe... (An Julia Hürner, 30.11.1903)

Im Jahre 1859 hatte Anker diesen Dienst der Gemeinde an den Notleidenden ein erstes Mal dargestellt – vielleicht teilt auf jenem Bild die ‹alte Jungfer› die Suppe aus.

Zur Armensuppe des Jahres 1893 mögen die Gründe geführt haben, die Fritz Probst in seiner Schrift ‹Albert Anker, das Dorf und seine Modelle› schildert. Er schreibt: «Vermutlich hatte Anker selber in der Schulkommission den Antrag gestellt, man möge für kinderreiche Familien und arme alte Leute Suppe kochen auf Rechnung der Gemeinde, denn das Jahr 1893 war ein rechtes Elendsjahr für Mensch und Tier...» (F. Probst, a.a.O. S. 39 ff.)

In verschiedenen Briefen meint der Maler, das grossformatige und vielfigurige Gemälde (– und sich selbst) leicht resigniert als «vieux jeu» (altes Zeug) bezeichnen zu müssen. Vielleicht gelangt ein heutiger, unbefangener Betrachter zu einem andern Urteil und erkennt in der Gesamtdarstellung wie in den einzelnen Figuren das künstlerisch und menschlich Wertvolle.

Ins, den 2. Jan. 1894

Lieber Herr Durheim,

Grossen Dank für Ihre Karte, die uns gefreut hat. Ich erwidere Ihnen die guten Wünsche für das neue Jahr, dass Sie es in guter Gesundheit und frohem Sinn passieren mögen... Sie wissen oder wissen nicht, dass mir die Berner ein Gemälde abgekauft haben für das Museum. Es ist bald fertig, oder eher, es ist fertig, ich bestelle eben den Rahmen bei Petion und in 3 Wochen bringe ich es nach Bern. Es stellt eine Armensuppe vor, wie die Gemeinden solche oft organisieren, voriges Jahr machte man sie vom 15. Dez. bis zum 25. März. Die armen Kinder können dort zu Mittag essen, es waren 60 an der Zahl, zugleich können andere Leute, auch nicht arme, dort Suppe kaufen, eine gute Suppe, der Liter zu 10 centimen. Es war eine wahre Wohlthat für die armen Teufel, die in unserem Dorfe auch nicht fehlen... Durch das Loos bin ich nun aus der Kunstkommission gekommen; ich zürne es nicht, ich kam mir dort vor als das 5te Rad am Wagen.

Nun dieses 5te Rad, sowie meine Frau und Cécile, das auf einige Tage Ferien heimgekommen ist, grüssen Sie aufs allerfreundlichste.

Ihr ergebener A. Anker

Goethe in Ins und sein Verhältnis zu Lavater

An Ph. Godet Ins, 24. März 1894

Lieber Herr,

Unsere Cécile hat mir berichtet, dass Sie an Goethes Anwesenheit in Ins Ihre Zweifel geäussert hätten. Es war vom 6. auf den 7. Oktober 1779. Da unternahm er eine Reise durch die Schweiz zusammen mit dem jungen Grossherzog. Am Vorabend waren sie von Biel her nach der Petersinsel gefahren. Wie sie von dort nach La Sauge weiterwandern wollten, gerieten sie in einen von Nebel bedeckten Sumpf und assen in St. Blaise auf einer Terrasse, von wo aus sie die Aussicht bewunderten. Sie kehrten nach Ins zurück «wo wir in einem leidlichen Wirtshaus übernacht blieben» – es muss also ein guter Gasthof gewesen sein. Anderntags führte sie der Wirt durch das Moos Richtung Murten, aber der Weg war schlecht, der Nebel sehr dicht, die Pferde blieben im Morast stecken, so mussten die Reiter absteigen und sie führen. Bei Regen langten sie in Murten an. Goethe besuchte das Beinhaus und nahm «ein Stück Hinterschädel von Burgunden». Man würde es wohl noch in seinen Weimarer Sammlungen finden. Dies alles ist im Briefwechsel mit der Frau von Stein nachzulesen, welcher in den letzten Jahren herausgegeben worden ist. Man begegnet hier einem sehr persönlichen Goethe, der sicher kaum von der Veröffentlichung seiner Briefe begeistert wäre. Hier lesen wir auch mit Interesse von seiner grossen Freundschaft mit Lavater. Er hegte für ihn eine grenzenlose Verehrung und Zuneigung und sagte etwa über Lavater: «er ist der beste, grösste, weiseste, innigste aller sterblichen und unsterblichen Menschen, die ich kenne. Er ist die Blüthe der Menschen, der Beste von den Besten.» Eine überschwengliche Sprache! Einige Jahre später folgt eine völlige Entfremdung. Den Beginn dieser Entfremdung erkennen wir auch in einem Brief an Frau von Stein.

In Freundschaft Ihr Alb. Anker

...wo ich wie ein Seliger singe

An P. Robert   Ins, 21. April 1894

Lieber Kollege,

...Wir haben von den Gesängen in deutschen Kirchen gesprochen. Damit Sie sehen, dass ich nicht übertreibe, schicke ich Ihnen hier unser Gesangbuch. Bitte achten Sie auf alle Verse, welche ich besonders bezeichnet habe. Lesen Sie laut, dann wird Ihnen das Versmass besser erkennbar sein.. Ehre und Ruhm den grossen Dichtern, die aus einer hölzernen Sprache ein geschmeidiges, harmonisches Werkzeug zu schmieden verstehen. Der grosse Friedrich hat viele Schlachten gewonnen, doch einige Male ist er geschlagen worden. Eines Abends, es war nach einer Niederlage, waren seine Soldaten auf einem Gewaltsmarsch unterwegs. In grosser Zahl waren sie übermüdet. Da stimmte ein Feldweibel den Choral an:

    «Nun danket alle Gott!
    Mit Herzen, Mund und Händen, etc.»

Alle kannten dieses Lied, die ganze Armee stimmte ein, und es ging wieder vorwärts.

Ölskizze zur ‹Armensuppe›

Da existieren mehr als 10000 solcher Psalmen, nicht alle von derselben Qualität wie etwa das folgende schlechte Beispiel:

    «O Jesu, nimm mich Hund beim Ohr
    Und wirf mir deinen Gnadenknochen vor,
    Und schmeiss mich Sündenlümmel
    In deinen Gnadenhimmel!»

Das war weder grossartig noch harmonisch, «aber gut gemeint»...

Bitte schicken Sie mir mein Gesangbuch bald zurück. Ich brauche es in der Kirche, wo ich wie ein Seliger singe...

                                          Anker

Erzählung vom messespendenden Atheisten

Im Brief an de Meuron erwähnt Anker die kleine Novelle H. Balzacs ‹La messe de l'Athéé›. Er wird das Buch nun immer wieder empfehlen und ausleihen. In dieser Novelle zeigt der französische Schriftsteller, dass «das Herz seine Gründe hat, die die Vernunft nicht kennt» (Pascal): Der atheistische, weitberühmte Chirurg stiftet seinem Wohltäter, einem handfesten «Köhlerglauben» eine Messe und findet sich auch regelmässig zu deren Feier in der Kirche ein. Balzac lässt seine Geschichte mit der offenen Frage enden, ob man es für sicher halten könne, dass der Atheist tatsächlich atheistisch gestorben sei.

An A. de Meuron   Ins, Mai 1894

...Meiner Sendung lege ich einen Band von Balzac bei, er enthält eine sehr schöne Erzählung: ‹La Messe de l'Athéé›... So oft ich sie gelesen habe, sind mir die Tränen gekommen. Da erzählt er die schwere Jugendzeit von Dupuytren. Bei Balzac personifiziert Desplein Dupuytren, und Darthès, der Student, ist Balzac selbst. Die so grosse Freundschaft der beiden Männer, welche einander so unähnlich wie möglich sind, ist eine sehr ergreifende Sache. Ich leihe das Buch an jedermann aus, darum habe ich meinen Namen besonders deutlich hineingeschrieben.

Nach langen Abwesenheiten bin ich nach Ins zurückgekehrt. Ich war versucht, es Agamemnon gleichzutun, als er aus dem trojanischen Krieg in die Heimat zurückkehrte: niederzuknieen und meine Erde zu küssen. Alles ist so schön, grün und fruchtbar. So möchte ich am liebsten nur mein Pfeifchen rauchen und den prächtigen Frühling betrachten.

                                          Anker

«Ach könnte man so schön malen...»

Die Bemerkung Ankers über eine gelungene Photographie im folgenden ersten noch erhaltenen Brief an Angehörige im Pfarrhaus von Hasle mag verwundern. Man könnte daraus schliessen, Ankers höchstes Ideal sei eine möglichst exakte, «naturalistische» Darstellung von Menschen und Dingen gewesen. Aber schon der Achtzehnjährige sagt im Brief an A. Bachelin genau das Gegenteil (siehe Brief vom 9.6.1849). In jener Bemerkung Ankers über die Photo sehe ich einen näherliegenden Grund: die geliebte Freizeitbeschäftigung Schnyders war das Photographieren: vor bald 100 Jahren etwas erregend Neuartiges!

Schnyder war Mitbegründer des ‹Sämann›, des bernischen Kirchenblattes, und hat zu vielen Betrachtungen auch gleich die Photos beigesteuert. Anker war gepackt von der Weise, wie sein Freund es verstanden hat, die «Theilnahme des Hundes an den Angelegenheiten seiner Meisterin» abzubilden.

Johanna Schnyder

An Frau Pfarrer Schnyder   Ins, 7. Juli 1894

Wertheste Frau Pfarrer,

Mit grossem Vergnügen habe ich wieder Nachrichten von Ihnen und Ihrem Haus bekommen... Ein grosser Punkt ist die Gesundheit, fehlt dieselbe nicht, so ist man in unserem Alter gewöhnlich weise genug, um sein Schifflein nicht zu sehr in Klippen gerathen zu lassen... Seither haben wir unsere Reise nach München gemacht. Dies München ist eine imposante Stadt mit schönen Museen und überall freundlichen Leuten. Grosse Freude verursachte mir das Porträt Ihrer Tochter mit dem Hund. Diese Photographie ist in jeder Beziehung gelungen, die Stellung und namentlich der Hund, der voller Theilnahme an den Angelegenheiten seiner Meisterin dasitzt. Das Objektiv muss sehr vollkommen sein, um überall solche Vollkommenheit zu erhalten. Ach, könnte man so malen, wie wäre das Leben so schön...

In den letzten Wochen bin ich wieder ein eidgenössischer Tagelöhner gewesen. Jetzt hat das Ding zum Glück aufgehört, obschon diese Fahrten oft ganz angenehm sind. Ich glaubte, das Loos bringe mich wieder einmal durch Hasli. Einmal ging ich nach Hindelbank, ich wollte das Denkmal der Frau Langhans wieder sehen, das ich ganz jung einmal gesehen hatte.

Ihr ergebener A. A.

Sorgen um Marie in Neuenburg – Der «grosse Papst» in der Malerei

An Julia Hürner   3. Juli 1894

Hochgeehrtes Fräulein,

Ich schreibe Ihnen abermals. Ich dachte, es wäre vielleicht am besten, Sie und Ihre Freundin kämen grad jetzt zu uns, obschon ich einzig im Haus bin, zwar mit einer Magd und einem Knaben, der hier aushilft. Unsere Mutter ist in Neuenburg und erwartet Dinge, die bald kommen werden, nämlich ein Grosskind. Die Tochter Cécile ist in Neuenburg an ihren Examen, die schriftlichen sind fertig und diese Woche und die nächste kommen die mündlichen. Nachher habe ich etliche Absenzen zu machen, und unsere Töchter werden mit ihren Kindern kommen, ja, wenn alles gut geht, ist der Plan so, dass man sie beide – denn die Tochter in Basel hat auch ein 4 Wochen altes Kind – hier taufen wird und das Taufmahl in meinem Atelier abzuhalten gedenkt. Auch soll ein Fräulein Dubex, Tochter des ehemaligen Pfarrers zu Merlach, einige Tage hieher kommen zum Zeichnen. ...

13. September 1894

Hochgeehrtes Fräulein,

Sie werden unter meinem Dache willkommen sein, wenn Sie mit Ihrer Schwester und Schwager kommen; richten Sie sich so ein, dass Sie bei uns wenigstens zu Mittag essen; am Dienstag oder Mittwoch ist es mir gleich, später aber muss ich nach Neuenburg, wo ich Arbeit habe. ...

Sie werden mich wahrscheinlich noch einzig zu Haus antreffen, mit der Magd freilich und einem Laufknaben, der aushilft. Unsere Mutter ist nämlich noch in Neuenburg, wo sie bei 2 Monaten Krankenwärterin gewesen ist. Die Tochter, die dort verheirathet ist, hatte, 14 Tage nach glücklicher Niederkunft, eine Bauchfellentzündung und lange glaubte man, sie werde nicht wieder aufkommen. Nun aber ist sie ausser Gefahr, nur äusserst schwach. Die jüngste Tochter, die sonst auch zu Hause ist, ist auch abwesend und zwar sehr weit, am Meer in der Bretagne, wo sie bei einer befreundeten Familie ist, die den Sommer gewöhnlich am Meer zubringt. ...

Trotzdem dass die Mutter nicht da ist, werde ich Sie dennoch gut empfangen können, mit Speis und Trank und auch mit Logis, wenn Sie hier übernachten wollen. ...

An Paul Robert 18. Nov. 1894

... Ich habe Ihnen zu melden, dass man Sie zum Mitglied der Gottfriedkellerstiftung vorschlägt. Als der Vorschlag fiel, wandte ich ein: «Lasst ihn doch bei seiner Arbeit, er dient dort dem Vaterland besser als in Sitzungen.» Da wurde mir zu Recht erwidert, dass die Sitzungen selten stattfinden. In dieser Gesellschaft treffen Sie mehr Ernst an als in der eidgenössischen Kunstkommission. Ich war darin bis jetzt der grosse Papst, was Malerei anbelangt. Darum wäre ich froh einen Kollegen neben mir zu haben, der die nicht schwere Verantwortung tragen hilft. Übrigens haben wir gestern ein Bild Ihres Onkels angekauft. Es kommt ins Museum nach Neuenburg, ‹Die Mädchen, die sich zum Tanz vorbereiten›.

Ein verkannter Berner Maler – Keine unlautern Absichten als Kunstkommissionsmitglied

An de Meuron 24. Nov. 1894

Was denken Sie vom Bild Simons? Sie haben es doch sicher gesehen, – aber das Gedächtnis ist nicht unfehlbar und die Malerei veraltet. Nicht sie verändert sich, sondern unsere Augen gewöhnen sich an die Sehweise der jungen Generation.

An Davinet 6. Dezember 1894

Das Bild Simons soll von der Familie verkauft werden. Die Neuenburger werden es für ihr Museum erwerben. Das zeugt für ihre Liebenswürdigkeit. Die Berner haben für keinen einzigen Sous ein Bild Simons gekauft, – die Neuenburger hingegen haben im Lauf der Jahre etliche Bilder gekauft. Man sollte sie in einen Goldrahmen stellen...

Dem frühverstorbenen Berner Maler Friedrich Simon (1828–1862), der bei B. Menn und Ch. Gleyre seine Kunstsporen abverdiente, hat A. Bachelin eine schöne Studie gewidmet. (A. Bachelin, «Frédéric Simon» in der Bibliothèque Universelle, Lausanne 1889).

Ins, den 23. Dez. 1894

Hochgeehrter Herr Bohni,

... Diese Zeit war ich noch hie und da abwesend, gestern in Baden an einer Sitzung der Gottf. Keller-Stiftung, die jährlich 100 000 Fr. Renten hat zum Ankauf von ältern Werken der Kunst oder Kunsthandwerkes. Die Stiftung hat den Namen von Gottf. Keller, obschon er kein Centime dafür gegeben hat, es wurde so verordnet durch die Geberin, der reichen Frau Welti-Escher, Tochter des reichen Escher; so war sie verstimmt und gedemütigt, dass sie ihren Namen nicht genannt haben wollte! Geld und Glück ist also nicht immer von der gleichen Kathegorie ...

Ins, 30. Dez. 1894

Mein lieber Herr Durheim,

... Männer in Ihrem Alter sind auch noch hellauf, wie z.B. unser Herr Pfarrer Liebi, der Steg und Weg brauchen kann und noch Holz sägt und politisch wühlt wie ein Junger. Und er ist von 1811 vom gleichen Tag wie die Augusta, Gemahlin des deutschen Kaisers Wilhelm I.

Ich muss Ihnen melden, dass ich eine neue Periode als Mitglied der Kunstcommission angenommen habe; ich wollte es zuerst nicht thun, allein im Brief, den man mir von Bern aus schrieb, sagte man, sie hätten den Verdruss mir anzeigen zu müssen, dass die Mitglieder dieser Commission laut letztjährigem Reglement keine Gemälde an den Bund verkaufen könnten. Da dachte ich: gut, dies ist gerade meine Sache, ich will der Regierung keine Gemälde verkaufen und will in guter Gesellschaft sein, die das nämliche gethan haben: Böcklin, Vautier, Burnand, Giron, Robert. So werde ich das Vergnügen haben, Sie wieder hie und da zu sehen; freilich bleibe ich bei kälterem Wetter zu Haus, ich bekomme regelmässig den Schnupfen...

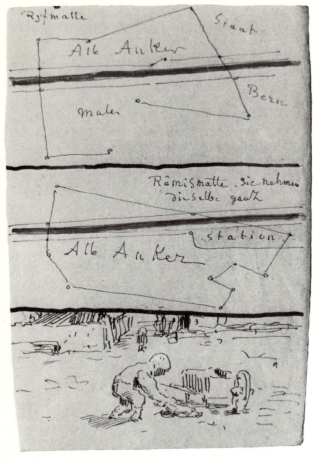

Carnetskizze zum Bahnbau Bern–Neuenburg

Michelangelo – Störefried und Mittler zwischen Gott und Menschen – Durheim gestorben

An Paul Robert 13. Januar 1895

Lieber Freund,
 ... Ich weiss nicht, ob Michelangelo auf Sie die gleiche Wirkung ausübt. Wenn man seine ‹Nacht› betrachtet, ist man ganz verwirrt. Welch aussergewöhnlicher Mensch! Auf der einen Seite verabscheue ich ihn, weil er als der grosse Störefried in die Malerei, Bildhauerkunst und Architektur hereingebrochen ist, andererseits imponiert mir in dieser Beziehung keiner so wie er. In der Wucht kommt er mir vor wie ein Mittler zwischen dem lieben Gott und den Menschen. ...
 Alb. Anker

An Davinet 17. Februar 1895

«Sie haben sicher vernommen, dass Durheim gestorben ist. Einer Erkältung wegen konnte ich nicht an der Beerdigung teilnehmen. Es sind von ihm unzählige Studien vorhanden, darunter etliche sehr gute. Niemand hätte es besser machen können. Da ist z. B. das Interieur einer Malerfamilie in Bethlehem, und finden sich Studien zur Grabeskirche in Jerusalem. Ich habe ihn oft gebeten, sie dem Museum zu geben. Aber Sie wissen wie ich: er hatte seinen Kopf.»

Krankheiten und Lektüre in der warmen Stube – Ich wäre glücklich ohne Bahn!

An Julia Hürner Ins, den 20. Februar 1895

Verehrtestes Fräulein,
 Es freut uns, etwas von Ihnen zu vernehmen und zu sehen, dass Sie bei diesem Schnee und grimmiger Kälte noch gesund und wohl sind. Bei uns waren wir immer ein wenig in Krankheiten, die Tochter in Neuenburg ist noch immer leidend, sie war im Dezember und Januar bei uns, nun haben wir drei Grosskinder von Basel bei uns, die eben Coqueluchen hatten und nun zur Luftänderung hier sind. ...
 Sonst sitzen wir viel beisammen in der warmen Stube und lesen ein nützliches Buch, wie Ihr Onkel Berchtold ehmals sagte. Der Abend vergeht, und oft gehen wir erst um Mitternacht und nehmen die horizontale Stellung ein. Wenn Sie wissen wollen, was wir lesen, so melde ich Ihnen, dass ich eben ein 9-bändiges Werk fertig gebracht habe, Sismondi, Geschichte der italienischen Republiken im Mittelalter. ...
 Und Sie, warum besuchen Sie Ihre Verwandten in Neuenburg nicht hie und da? Vielleicht sind die Welschen bei Ihnen auch ein wenig im Misscredit, so wie sie es im Emmenthal sind; aber da hat man lätz, die Welschen sind die liebenswürdigsten Eidgenossen.
 Albert Anker

Am 8. Mai 1897 ist die Bern-Neuenburg-Bahngesellschaft gegründet worden, und am 1. Juli 1901 sahen die Inser, mit ihnen auch Albert Anker, den bekränzten ersten Zug von Bern her andampfen. In einem Carnet hat der Maler die Landflächen gezeichnet, die er für das Bahntrassee hergeben musste, und in einem andern Carnet hält er dieses mit einem schönen Aquarell auch farbig fest!
 Eine Notiz im Beschwerdebuch der Station Ins verewigt das Erstaunen Ankers und seines Schwiegersohns darüber, dass in Ins keine Billette nach Paris erhältlich sind!

An de Meuron   26. Februar 1895

«... Es scheint mir, dass die Gottfriedkellerstiftung ohne weiteres ein Bild Ihres Vaters ankaufen könnte. Ich werde mit Robert darüber sprechen. Ihr Vater hat einst das Eis gebrochen und hat als erster die Berge nach heroischer Art gemalt. Vorher waren es ‹Tabakdosendeckel›, wie Jacot Guillarmod zu sagen pflegte... An einem Morgen hat hier der Dorfweibel die Inser Bürger zu einer Aussprache über den neuen Bahnbau eingeladen. Die Inser sollten 70 000 Frs. als ihren Anteil abgeben, – sie haben 75 000 offeriert! ... Was mich anbelangt, so sähe ich lieber keine Bahn und wäre ohne sie glücklich, – aus vielen Gründen...!»

Wein für die Damen und eine Einladung – Anker in Solothurn

Ins, den 24. April 1895

Verehrtester Herr Bohni,

Gestern zogen wir den Wein nach 16-tägigem Stehenlassen ab und heute that ich das Fässlein wohlgeschwenkt und eingebrannt auf die Post, durch die es Ihnen franco retourniert werden soll. Ich hoffe, es sei

Hochzeitspaar Zetter-Froelicher

Alles regelrecht gemacht und das Fässlein komme in gutem Zustand in Basel an.

Der Wein ist ausgezeichnet: wir werden einen diskreten Gebrauch davon machen, damit wir noch in spätern Jahren davon haben. Ich danke Ihnen sehr verbindlich dafür, Sie haben uns damit die grösste Freude gemacht. Ich weiss, dass die Damen besonders diesen Wein nach ihrem Geschmack finden; das rechte Ohr wird Ihnen bisweilen klingen, wenn sie den Wein rühmen und ich den Geber...

An Marie Quinche-Anker, Neuenburg

Ins, 1. Juni 1895

... In Solothurn habe ich soeben das Bild des Fräuleins beendet, das ich im Dezember dort begonnen hatte. Nun lädt mich die Familie zur Hochzeit am 18. Juni ein. Das bringt mich in Verlegenheit. Ich gehöre ja nicht dorthin. Und doch sind die Leute überaus nett zu mir gewesen. Als ich hustete, haben sie mich mit Tee und Grogg usw. überschüttet...

(Bei jenem Hochzeitspaar handelt es sich um den Architekten Adolf Richard Zetter und Anna Elisabeth Froelicher. Anker hat beide 1895/96 porträtiert, wie vorher schon Franz Anton Zetter-Collin, den Solothurner Kunsthistoriker und Schwager Alfred Bohni-Collins in Basel, Œuvre-Katalog Nr. 415–418.)

Albert Ankers Hochzeitsgeschenk

Mit der damaligen «Kunstszene Solothurn» war Anker wohlvertraut, vor allem mit Frank Buchser (1828–1890), einem Vorläufer der Impressionisten. Sicher wusste er von der abenteuerlichen Entführung der Solothurner Madonna Hans Holbeins durch Frank Buchser und Franz Anton Zetter senior aus Grenchen nach Solothurn (1864). Sein Kunde und Sohn jenes Gefährten Buchsers, Franz Anton Zetter-Collin, war eben im Jahre 1895 dem Basler Stadtschreiber Johann Gerster als einstigem Auftraggeber des berühmten Bildes auf die Spur gekommen. In der Eidgenössischen Kunstkommission hat sich Albert Anker für das werdende Solothurner Museum eingesetzt.

In einem Brief an A. Bohni erwähnt er die Sitzung jener Kommission in Solothurn, bei der es um Buchsers Nachlass ging und schreibt: «... Obschon man für fernere Acquisition nicht günstig gestimmt ist, könnte man den Solothurnern wohl ein Pathengeschenk zu ihrem neuen Museum machen! ...» (An A. B., 17. Dezember 1899)

Das Museum Solothurn ist am 27. Juli 1902 eröffnet worden.

Bildbestellungen – Portalban – Ankenlehrplätze

Ins, den 17. Juni 1895

Werthester Herr Bohni,

Hiemit zeige ich Ihnen an, dass ich die 280 Fr. richtig erhalten habe, wofür ich Ihnen bestens danke, es ist also als Bezahlung des Öhlbildes Interieur mit der alten Lismerin und dem Mädchen mit der Katze und des Aquarells Kartoffelschälerin am Fenster...

Beinahe hätten wir uns Morgens gesehen. Herr Froelicher's waren so gut und luden mich ans Hochzeit von ihrer Tochter; ich habe aber schliesslich abgelehnt, ich bin alt, vielen der Leute fremd, und nächste Woche heirathet eine Cousine von uns, wo ich auch nicht hingehe. Kurzum, ich habe abgesagt. Ich wünsche Ihnen aber viel Vergnügen...

18. Juni 1895

Werthestes Fräulein Hürner,

Es freute mich, wieder etwas von Ihnen zu vernehmen; wie es scheint ist alles in guter Gesundheit bei Ihnen und geht den gewöhnlichen Gang. Was Ihr freundliches Anerbieten betrifft, einige Tage mit Ihnen auf der Stockalp zuzubringen, würde es mir schon gefallen, allein ich sehe, dass mein Sommer schon durch allerlei Projekte in Anspruch genommen ist. Ich habe allerlei Grümpelarbeiten vor, die ich abliefern soll, sodann muss ich zu Leuten aufs Land und Porträte machen. Sodann will an ein Badeort ohne Kurhaus und Confort gehen, wenn ich es wenigstens dazu bringe; ich war schon vor 2 Jahren nur 3 Tage dort und es hat mir sehr wohl gefallen. Es ist ein kleines Freiburger Nest, katholisch, gerade Neuenburg gegenüber, es heisst Portalban. Das Dorf ist lumpig, aber malerisch, das Ufer und der See sind schön, leider reden die Leute ein Freiburger Patois, das man nicht versteht, ich möchte dort einiges malen, das mir aufgefallen ist. Die Männer sind viel auf und im Wasser; sie fischen viel und laden Sand, das sie in ihren Barken überall am See hinführen, wo man Häuser baut. Um sich bei dieser oft ungesunden Arbeit zu erlaben, saufen sie Schnaps, wie ich es noch niemals gesehen, ohngefähr so wie unsere Leute den Wein trinken; freilich wird er nicht so absonderlich stark sein, die Wirthe werden ihn mit Seewasser genugsam temperieren.

Wir haben nun zwei Mägde für eine; das jüngere ist von Wilderswyl bei Interlaken, aus gutem Haus, aber unerfahren; seine hübsche Sprache erfreut uns. Wenn Sie selbst eine Magd haben, die sich vor sprudelndem Anken fürchtet, so werden Sie wohl allerlei Erfahrungen machen, oftmals eben auch zum Schaden des besagten Ankens, wenn sie Lehrplätze machen. Ich weiss eine in Paris, die, wenn das Holz nicht brennen wollte, Anken auf dasselbe warf.

O weh, ich merke, dass ich auf Papier der Eidgenossenschaft schreibe; ich muss es fortan besser sondern, dass ich mich nicht vergreife.

Aquarellpapier wie die tannenen Hosen – «Ich bin Patriarch geworden»

Ins, den 1. Nov. 1895

Hochgeehrter Herr Bohni,

Ihre Sendung der 100 Fr. und das Aquarellpapier ist mir richtig zugekommen und ich danke Ihnen verbindlich für beides. Das Papier ist wahrscheinlich deutsches Fabrikat; man besitzt englisches Papier in sogenannten Blocks mit 20–30 Stück Papier fest aufeinandergepresst und nur am Rand angeklebt, was zur Folge hat, dass man es netzen kann wie man will, es bleibt immer flach und macht keine Rümpf, exakt wie die tannenen Hosen des Liedes.

... Ich hoffe, Ihnen die drei Aquarelle bald schicken zu können; es gibt also ein Schneider, der Mühe hat, seinen Faden einzuziehen, es dünkt mich, er wolle gut gelingen...

Ins, den 31. Dez. 1895

Verehrtester Herr,

Wir sagen Ihnen schönen Dank, dass Sie daran gedacht haben; uns mit Baslerleckerli die ersten Stunden des Jahres 1896 zu versüssen. Meine Frau und Cécile schliessen sich an und danken ebenfalls. Nur noch 3 Stunden und 1895 ist dahin. Es war für uns und unsere Umgebung kein bösartiges Jahr und wir wünschen nur eine Fortsetzung dessen, was wir besitzen, ohne gebratene Tauben. – Wir wünschen auch Ihnen und Ihrer Familie ein glückliches neues Jahr mit guter Gesundheit; mögen Sie noch etliche Jahrzehnte nach Bern kommen und mit Vetter Giftmischer immer viel Geschäfte machen!

Unsere Frauen sind sehr beschäftigt; unsere Kinder kommen aus Neuenburg und Geschwisterkinder von St. Blaise, wir risquieren 13 am Tische zu sein, wenn wir nicht einen 14. Gast finden. Wenn es gelten soll, geht man ins Atelier, wo ein stattlicher Tisch Platz hat. Nach und nach bin ich der Patriarch der Familie geworden, die ältern sind alle zur grossen Armee abberufen worden.

Genehmigen Sie, verehrtester Herr, unsere besten Wünsche und Versicherung besonderer Hochachtung.

Ihr ergebener Alb. Anker

Des Malers Freude und Leid mit den Schulen

An Herrn Bohni   4. Januar 1897

... Also soll ich Ihnen in Öhl ein Mädchen mit Äpfeln und einem Brief malen, für einen Ihrer Verwandten! Es hat aber seine Schwierigkeit, das hübsche Mädchen, das ich schon mehrere Mal malte, geht noch in die Schule, und um alles in der Welt dürfte es nicht einen Tag oder zwei fehlen; man ist in diesem Punkt ganz streng; dazu hat man seit einem Jahr in unserm Dorf eine Sekundarschule eingerichtet mit zwei Lehrern; wir hatten mit der Wahl derselben ein grosses Glück, sie sind die Liebe und Güte selber und die Kinder gehen ungemein gerne in die Schule. Und die Tage sind so kurz, am Morgen will es nie tagen, die Nacht ist bald da und ein Tagewerk ist nicht sehr bedeutend ...

Ins, den 25. März 1899

Werthester Herr Bohni,

Mit grossem Dank zeige ich Ihnen den richtigen Empfang der 700 Fr. an; Sie hätten nicht so pressieren sollen, ich hatte noch Geld im «Gänterli» für die laufenden Ausgaben.

Wieder drei versäumte Tage, oder fast vollständig versäumt! Wir hatten unsere Examen und als Mitglied der Schulkommission durfte ich nicht ausbleiben. Wir haben seit zwei Jahren eine Sekundarschule und jedermann ist gespannt zu wissen, was die Kinder lernen. Einer der Lehrer ist ein vortrefflicher Mann, aber wir fürchten, er bleibe uns nicht ...

Schulmädchen mit Schiefertafel (Œuvre-Katalog Nr. 196)

Ins, 25. Jan. 1907

Hochgeehrter lieber Herr,

... Das junge Mädchen, die Schülerin, ist ein hübsches Kind, das ich noch viel benutzen möchte, allein sie haben nur den Samstag Nachmittag frei und oft lässt man sie noch an diesem Moment in die Schule kommen, um etwas nachzuholen. Und mit diesen vermaledeiten Schulen verderbt man die Leute und besonders die Mädchen, es will keins mehr an die Sonne, es gibt Lehrerinnen, Kellnerinnen in Sommerplätzen, es ist niemand mehr für die weiblichen Arbeiten auf dem Felde. Mit der Zeit kommen doch noch Italienerinnen oder endlich Chinesen! ...

Inser singen wie die Engelein – Ein denkwürdiger Tag und eine Dummheit, die doch gut endet

An A. Bohni   19. März 1896

... Ich bin gut angekommen und muss jetzt wieder absitzen und bei meiner Sache bleiben. Gestern war hier Markt; abends gehen viele Frauen mit ihren Männern ins Wirthshaus; so zusammen trinken sie nicht viel, singen aber wie die Engelein, nur hie und da etwas falsch...

An P. Robert Ins, April 1896

Gestern fand in Müntschemier eine Abstinenzversammlung statt. Herr Bovet war dort, und da in der Ortschaft kein Gasthof ist, konnte ich ihn bei mir aufnehmen, nachdem ich seine Predigt mit angehört hatte. Ein denkwürdiger Tag!

Ich habe eine Dummheit begangen und eine zu gewichtige Mission übernommen. Auf diplomatischem Wege wurde beschlossen, ein schweizerisches Mitglied in das Preisgericht an der Berliner Ausstellung zu wählen. Man hat mich zur Übernahme dieser Aufgabe bewogen, ich habe angenommen – da ich gerne Berlin und seine Museen wiedersehen möchte. Am 5. Juni geht es um die Medaillen. Meine Seele ist betrübt, ich kann nichts als seufzen und sehe allerlei Missgeschick auf mich zukommen...

Alb. Anker

Ins, den 3. Mai 1896

Werthester Herr Bohni

...Letzthin sah ich in Zürich das neue Landesmuseum. Es ist wohl 4 mal so gross als das Neuenburger Gymnasium. Die Architekten sagen so viel Gutes von demselben als Schlechtes vom Bernermuseum. ...

An Bundesrat Ruffy

Wie seine Inser Schulprotokolle ist auch Albert Ankers Bericht an den Bundesrat über die Internationale Kunstausstellung in Berlin sehr unkonventionell geschrieben. Er berichtet über den Besuch des Kaisers, über das übliche Gerangel der Jurymitglieder, als es darum geht, die goldenen Medaillen diesem oder jenem Künstler zuzuteilen:

«... Als die Jury in der Schweizer Abteilung ankam, fand man allgemein Roberts Frühlingsbild sympathisch. Doch der altehrwürdige, mit ‹Excellenz› angesprochene Vater Menzel hatte dazu etliche Bemerkungen anzubringen: er fuchtelte mit einem grossen Bleistift herum und fand, die kleinen Blumen im Vordergrund seien zu gross geraten, perspektivisch falsch. Es war mir nicht wohl dabei, ich wagte nicht zu widersprechen aus Furcht, alles zu verderben. Ihm einen Vorwurf zu machen, wäre doch zu respektlos dem Manne gegenüber gewesen, den man heute zu Recht als den hervorragendsten Künstler in Deutschland betrachtet... Was mich anbelangt, so habe ich erlebt, dass die Berliner und die Preussen, die ich nicht schätzte, besser sind als ihr Ruf: in den Verhandlungen gingen sie in der Höflichkeit voran, auch in der Gerechtigkeit für alle ohne Ansehen der Person... Gewiss nehmen Sie mir die Länge meines Berichtes mit allerlei hors-d'œuvres nicht übel...»

An P. Robert Ins, 20. Juni 1896

Lieber Freund,

Es freut mich, Ihnen melden zu können, dass Sie an der Berliner Ausstellung eine zweite Goldmedaille gewonnen haben. Der Präsident hat uns gesagt, dass die Entscheide noch nicht endgültig seien, der Kaiser könnte mit seinem letzten Entscheid noch etwelche Änderungen bewirken... Ich habe eine sehr glückliche Fahrt hinter mir. Im letzten Moment geriet ich in Sorgen mit meinen 65 Jahren... aber alles ist gut verlaufen. Die Berliner gehören meiner Ansicht nach zu den nettesten Menschen der Welt...

A. Anker

Abschied von einem weitern Neuenburger Künstlergefährten

Nach dem Tod von Auguste Bachelin muss Albert Anker wenige Jahre darauf von Albert de Meuron Abschied nehmen. An manchen Sitzungen der Eidgenössischen Kunstkommission haben sie sich gemeinsam gegen zentralistische Strömungen in der Kunstförderung gewehrt und sind sie zusammen für Ferdinand Hodler eingetreten.

An Albert de Meuron 4. Januar 1897

...Ehrmann hätte mich gerne auf eine Griechenlandfahrt mitgenommen. Es gelüstet mich gar nicht danach. Ich will mich nicht mit zwei Kollegen in eine Schublade setzen, – in eine Schachtel, die doch kaum grösser als der Kleiderschrank von Hirsch ist. Dann geht man mit 199 Leuten an Land, nur um festzustellen, dass alles genau so aussieht, wie es die Photos zeigen. Und weiter geht die Fahrt: unter der Nase fahren Ihnen viele Landschaften und Dinge weg, welche man gerne in Ruhe zeichnen möchte...

Im März 1897 hat Albert Anker an der Bestattung seines Freundes teilgenommen. Philippe Godet berichtet: «Am Grab sprach Paul Robert ein paar Worte. Er sagte, dass die Neuenburger Künstler ihren Vater verlören. Er habe sie zu einer Familie zusammengeschlossen, ein Mann, welcher in ihrer Mitte immer das höhere Interesse der Kunst habe regieren lassen. Diese gute Bruderschaft in den Künsten müsse weitergehen...» (Ph. Godet, ‹Albert de Meuron›, S.390)

Neuenburg, die gute Stadt – Güllimüggereien – Jury in Basel und München: undankbare Arbeit

An P. Robert 6. April 1897

... Herr P. Jeanrenaud und die Verfechter der «Direkten» stellen sich vor, dass die Vielzahl der Bahnlinien, welche von Neuenburg ausgehen und das neue Casino aus Neuenburg ein zweites Marseille werden erstehen lassen. Aber es ist im Gegenteil die Zuverlässigkeit und der gute Charakter der Bürger, welche Neuenburg zu einer guten Stadt haben werden lassen. Ich denke mir seit langem, dass es der alte Calvinismus mit seiner Strenge ist, welcher aus den Städten der französischen Schweiz so hervorragende Orte gemacht hat...

An die Familie Sarnen, 24.4.1897

... Wenn ich an alle Arbeit denke, die auf mich wartet, – alles Güllimüggereien, so erinnere ich mich der Zeit, da ich aus Paris zurückkam und in Ruhe arbeiten konnte. Es ist schön, wenn man nur *eine* Arbeit vor sich sieht und nicht von 36 andern bedrängt wird...
(Güllimüggerei: ursprünglich = Regenmolch, hier: lästige Kleinarbeit!)

An die Tochter Luise in Basel Ins, Frühling 1897

Liebe Luise,
... Ich werde zum Preisgericht von Basel und München gehören und mithelfen, die Bilder zu placieren, eine höchst undankbare Arbeit... Wie glücklich werde ich sein, einmal da nicht mehr mitmachen zu müssen. Viel lieber möchte ich doch nach dem lieblichen Portalban gehen, anstatt mich in München müde zu laufen und für Unzufriedene zu arbeiten...

An Dr. Bähler, Arzt in Biel Ins, 1897

... Es gibt allerlei Dekorationen für die Neubauten in Bern, der Parlamentsbau hat besonders viele Wände zu dekorieren. Ich hatte im Sinn, die Landsgemeinde zu Sarnen zu malen, die ich eben grosso modo angefangen habe. Es wäre so interessant wie irgend etwas anderes. Ein hübsches Sujet wäre auch Witzwyl. Es ist eidgenössisch und verdammt originell mit dem ungeheuren Horizont wie in Holland. Man hat ihn sozusagen nirgends in der Schweiz. Die Horizontlinie müsste sehr tief sein mit einem unendlich grossen Himmel, dann Heufuder eines nach dem andern mit Leuten an der Arbeit, gross wie Ameisen in diesem Raum. Aber ich bin wohl alt, und dieser Gedanke nimmt mir den Mut. Die Flächen sind gross – ars lunga, vita brevis.

(An Scheidegger?) Ins, den 23. Juni 1897

Mein lieber Vetter,
... Ich war 14 Tage abwesend im Emmenthal, wo ich wieder Zeichnungen machen musste; ich hatte im Sinn, einmal bis nach Huttwyl zu gehen, was ich nie gesehen hatte, man hat mir in Sumiswald die schönsten Beschreibungen dieses alten Städtleins gemacht, und bis dato habe ich geglaubt, es sei nur ein Dorf!

Der Säugling in der Sicht eines liebenden Künstlers und Grossvaters

Im Vorfrühling 1898 muss es gewesen sein, als Albert Anker einem Neuenburger Freundeskreis seine Beobachtungen des kleinen Kindes in einer Plauderei weitergab. ‹La Suisse libérale› hat sie als «véritable étude de maître» unter dem Titel ‹Le premier développement de l'enfant› veröffentlicht. Daraus zwei sehr neuzeitlich anmutende Abschnitte:

... Die *Hand* – für das Kind zunächst ein überflüssiges Ding, wird zum kostbaren Werkzeug. Eine lange Lernzeit steht dem Kleinen bevor; wir können sie mit Leichtigkeit beobachten. Da tauchen neue Probleme auf; die Hand ergreift einen Gegenstand; nach einer Weile öffnen sich die Finger, und das Ding verschwindet. Zu wissen, dass eine Sache einfach so fällt, geht über das so junge Erkenntnisvermögen. Es braucht eine grosse Anstrengung des kleinen Kopfes, um das Fallgesetz zu entdecken, an das unsereiner längst nicht mehr denkt und zu dessen Erkenntnis es viele Experimente braucht. Es ist leicht, beim Kinde *den* Augenblick zu beobachten, an welchem es die Lösung dieses Problems anstrebt: da sitzt es auf seinem Stuhl und lässt zwanzigmal nacheinander einen Gegenstand fallen und zwanzigmal verlangt es wieder danach ohne müde zu werden. Nun gibt es leider Mütter, denen die Geduld ausgeht. Sie mahnen das Kleine: «Pass doch auf, man schlägt dir auf die Hände, wenn du es wieder hinwirfst.» Sie sind ganz im Unrecht, denken nicht daran, dass das Kind Schritt um Schritt seine Überlegungen anstellt: «Sieh da», sagt es sich, «ich halte ein Ding in der Hand, berühre es und dann lasse ich es fallen – plötzlich liegt es dort unten. Zwar sehe ich es, aber meine Hand kann es nicht mehr ergreifen.» Zu der Zeit, da das Fallen der Dinge das Kleine so stark beschäftigt, kann man etwas sehr Ergötzliches miterleben: es entdeckt seine Hände. Schon lange hat es Gegenstände ergriffen, ohne jedoch die Hände zu erkennen. Dann aber kann es sie tagelang beobachten, kann die Finger auf kuriose Weise nach allen Richtungen hin und her bewegen. Es probiert sie aus und entdeckt, dass es ihr Herr ist, dass sie sich also nach seinem Gutdünken bewegen, währenddem andere Gegenstände, etwa die Puppe, der Stuhl, die Spielzeuge sich anders benehmen. Und so unterscheidet es unversehens seine Person von der übrigen Welt...

...Alles und jedes Ding wird dem Kind zum Spielzeug; je einfacher es ist, umso besser. Wenn die Hände etwa im zehnten Monat gelernt haben, zu greifen, zu fassen, zu schütteln und wenn es in seinen Manipulationen sicherer geworden ist, dann kann man ihm eine Riesenfreude bereiten: Man stellt eine Schüssel voll *Wasser* in seine Nähe, dazu einen Schwamm und ein Kesselchen zum Spiel mit dem Wasser. Es wird dabei nass werden, gewiss, aber bei einer angenehmen Temperatur und vor dem Kleiderwechsel gönne man ihm doch dies Vergnügen! Es kann ja nichts Schlimmeres geschehen als dass es eben nass wird. Wie jedes Ding, so ist das Wasser für das Kind etwas völlig Neues, – etwas, das man doch kennenlernen muss. So findet es seine Lust, plätschert darin herum: Sieh, das Ding bewegt sich – man kann mit der Hand hineintauchen, es ist durchsichtig. Wenn sich die Hand hebt, lässt der Schwamm Tropfen fallen, Geräusche ertönen. Es kann den Kessel füllen und wieder ausleeren, aber nicht umstülpen ohne dass alles ausfliesst. Mit ganzer Herzensfreude wird sich das Kind dem Spiel hingeben und tausendmal seine Handlungen wiederholen. Immer neu wird es staunen, wird seine Überlegungen anstellen, – sehr anstrengende Überlegungen für ein noch so neues, zartes Gehirn. Sollte aber jemand das grosse Vergnügen des Kindes an solchem Spiel anzweifeln, so nehme er ihm alles weg, bevor es davon genug hat. Aus seinem Gebrüll wird man sein Nachsinnen über das Wasser heraushören... (‹La Suisse libérale›, Nr. 102, 5. Mai 1898)

Keine Zeit für Spleengedanken – Diphterie in der Nähe

Ins, 20. Februar 1898

Mein lieber alter Freund Hürner,

Es hat mich sehr gefreut, wieder einmal Nachrichten von dir zu erhalten, und deine Tochter hatte eine ganz glückliche Idee, mir zu schreiben, wofür ich ihr bestens danken will...

Ich bin auch immer da; das Aufgebot ist noch nicht an mich gekommen, obgleich der Turnister gepackt ist zum Abmarsch. Ich mag noch immer schaffen und thue es so gerne, wenn ich nach der Natur schaffen kann, wie zu der Zeit, als es mir verbotene Frucht war. So geht mir denn die Zeit rasch vorbei, ich habe nicht Zeit zu Spleengedanken, die einem kommen, wenn man zu sehr über sich selbst hinbrütet. Zudem bin ich diese 2 Jahre so ein eidgenössischer Taglöhner geworden, ein Commis-Voyageur in eidgenössischen Kunstsachen. Ich war voriges Jahr in Berlin, dies Jahr in München als Mitglied einer internationalen Kunstjury...

Wir haben seit November einen neuen Pfarrer, Hr. Wyss, der 4 Jahre Vikar bei uns war. Herr Liebi zog sich in seinem 86. Jahr zurück zu einer Fräulein Kromer vom Gurnigel, die seine frühere Schülerin war und in Nyon eine Pension hat. Allein diese Gegenden sind schon elegant französisch, und wie es scheint, ist er dort nicht recht zu Haus, während er hier in Ins, trotz seines Schmierkittels, den er an Werktagen trug, im Pfarrhause doch ein König war...

An Julia Hürner 24. Februar 1898

Verehrtestes Fräulein,

In Ihrem letzten Brief sagten Sie, Ihr Vater sei unwohl, ich denke seither viel daran, und ich wäre Ihnen äusserst dankbar, wenn Sie mir von seinen Nachrichten geben könnten. ...

Das Wetter ist diesen Winter ganz gelinde, jedoch sind ziemlich viele Leute krank; es starben aber ganz wenige Patienten, in diesem Jahr haben wir, meine ich, nur einen Todesfall. In unserer Nähe war Diphteritis unter den Kindern, in Kerzers, so dass man die Schulen schliessen musste; Sie werden in den Zeitungen auch gesehen haben, wie der Arzt dort Impfungen dagegen vorgenommen hat. Dies Impfen für alle Krankheiten ist sehr in die Mode gekommen seit Pasteur, es nähme mich nicht wunder, wenn ein Spital eingerichtet würde, um Leute zu impfen, die kein Geld in der Tasche haben; es würde so viel nützen als Impfen bei der Lungenschwindsucht! ...

Es geht mir wie dem Annebäbi Jowäger – Religiöse Kämpfe – Die Sekten bereiten mir Freude

Ins, den 14. Aug. 1898

Geehrtester Herr Bohni,

Ihr Brief ist mir richtig zugekommen; sobald ich ein wenig Ruhe habe, will ich gerne wieder etwas malen und Ihren Wunsch erfüllen, die Fabrique geht noch immer, aber bedächtiger als ehmals, nicht mehr so harmlos und leichtsinnig. Wenn ich Etwas gemalt habe, darf ich es fast nicht mehr aus den Händen lassen, es geht mir wie dem Annebäbi Jowäger, ich nehme die Sache zu teuf.

Der Säugling

An E. Michaud, Bern   1898 (?)

Lieber Herr Michaud,

...Ich habe in letzter Zeit während den antisemitischen Kämpfen in Frankreich oft an den Jesuitismus und seine neuerlichen Angriffe auf die Republik gedacht. Da sagte ich mir: Glücklich die Völker, welche die religiösen Kämpfe überstanden haben! Auch das hilft den Frieden garantieren. Diesbezüglich überlegte ich mir auch, dass Karl der Grosse die Situation gründlich verdorben hat. Er war es, welcher dem Papst irdische Macht verlieh und ihm den Kopf mit der Idee füllte, er sei der König der Könige, der Herr aller Herren. Ich verabscheue Karl den Grossen zum Teil: 14 mal hat er die Sachsen «bekehrt», die gewiss mehr wert waren als er selbst. Seine Bekehrungswerkzeuge waren Feuer und Schwert. Er hat seinen Schwiegersohn, den König der Lombarden, entthront. In der Lombardei sah ich die letzten schönen Zeugen lombardischer Architektur...

Ins, 19. September 1898

Lieber Herr Davinet,

...Die Malerei neigt nach der Linken hin. Soll man darüber klagen oder sich freuen? Betrachte ich die Narren, welche man heute in den Himmel hebt, bin ich verwundert. Anderseits glaube ich, dass diese Reaktion ihr Recht hat. Licht und Farbtöne haben sie so eingehend studiert und verwirklicht, dass sie der Malerei Neues gebracht haben – und darum heisse ich sie willkommen. In religiösen Dingen stehn die Dinge nicht anders: da gibt es eine sehr brave, durch den Staat wohl geordnete offizielle Kirche, dann Leute, welche die Sekten an die Stelle der offiziellen Religion setzen. Sie suchen etwas Lebendigeres, das wirklich ans Herz greift. Darf man es ihnen übel nehmen, wenn ihr Herz nach anderem verlangt? Ich bekenne offen: die Sekten bereiten mir Freude, sie entsprechen einem Bedürfnis.

So habe ich es immer auf dem Gewissen, dass ich Ihr hübsches Mädchen nicht gemalt habe. Sie wissen nicht, wie schwer es ist, solche Engelsköpflein zu malen und wie leicht, sie zu verfehlen und schlechtes Zeug zu malen. Da ist ein alter Bauernkopf viel leichter; und eine schlechte, unwürdige Arbeit gibt auch Gewissensbisse.

Ich sage «Engelskopf» nicht um ein Compliment zu machen; es ist einfach so. Wo Engelsköpfe nehmen, wenn man nicht Mädchen von 12 à 14 Jahren nimmt? Die Natur gibt einem nicht Besseres und nichts Schöneres zur Verfügung.

Ich habe im Sinn, wieder einige Tage ins Emmenthal zu gehen, immer für den Jeremias Gotthelf; ich werde nächste Woche dort sein, hoffentlich trifft es nicht mit dem Besuch zusammen, den Sie in Aussicht stellen! Ich will nach Wasen, eine halbe Stunde ob Sumiswald; es gibt dort Schachen oder enge Thäler. Ich kannte früher das Emmenthal gar nicht; es ist, wie man vielfach gesagt hat, der originellste und brävste Theil des Kantons, nicht die Natur, aber die Einwohner! Die Gegend ist monoton hüglig. ...

«In Sachen Hodler...»

Ins, den 1. Dez. 1898

Werthester Herr Bohni,

...Sie sprachen von grossen runden Brillen, dieselben wären mir wirklich willkomm; früher hatten meine alten Modelle noch solche, nun aber hat sich alles verändert und modernisiert; es würde mir lieb sein, wenn Sie mir dieses Curiosum schenken könnten.

Mit dem Gemeindeschreiber wollte es nicht gut gehen. Das ehmalige Modell von 1873 oder 74 ist schon längst gestorben; was ich nun zur Disposition habe, gefällt mir nicht, item ich habe das Gemälde einstweilen liegen lassen und arbeite nun wieder an meinen Zeichnungen, die ich nach und nach abliefern muss. Einstweilen ist also keine Öhlmalerei und keine Aquarelliererei mehr, ich muss einem andern gehorchen.

Gestern war wieder eine Sitzung der Kunstcommission in Sachen Hodler. Man blieb an den alten Beschlüssen fest; wenn Director Angst einen harten Kopf hat, so haben wir einen vielköpfigen Schädel, der nicht nachgeben will. Das Schönste, was geschehen könnte, wäre die Demission des Hr. Angst, der ein böser, herrschtiger und zänkischer Mann ist. Er hat schon jetzt Zank mit allen denen, die nicht nach seiner Geige tanzen oder eher kriechen. Morgen Freitag wird der Bundesrath Beschluss fassen; es wäre einfältig, wenn er sich als kunstrichterliche Behörde gerieren wollte! ...

Zu Ankers Bemerkungen «in Sachen Hodler»:

Im September 1890 schreibt Anker an Ehrmann über Hodlers ersten Entwurf ‹Rückzug der Schweizer bei Marignano› für die Wanddekoration im Landesmuseum: «... Man war an die falsche Adresse geraten und hatte zu viel von einem Mann erwartet, der nicht zu komponieren versteht, jedoch ausgezeichnete Figuren malt...» und in einem Carnet vom Sommer 1898 notiert er: «... ist denn diese Schlacht von Marignano ein gutes Thema, um uns Schweizer als Wanddekoration zu erfreuen? Gewiss: es war die ‹Schlacht der Giganten›, doch was hatten wir in diesen Machtkämpfen überhaupt zu suchen? Wir gingen doch nur nach Italien um üble Sitten zu erlernen. Wenn daraus *ein* glückliches Resultat kam, dann die Tatsache, dass Zwingli dabei war und mit der Überzeugung heimkehrte, dass solche Expeditionen in jedem Fall unser Verderben bedeuteten...» Anker hat in der Eidgenössischen Kunstkommission gegen den Protest des Direktors des Landesmuseums, Angst, *für* die Ausführung der letzten Entwürfe Hodlers gestimmt und damit seine persönliche Ansicht zum Inhalt jener Dekoration zugunsten der künstlerischen Ausführung zurückgestellt.

Selbstkritik – Enkelinnen lernen zeichnen – Point d'honneur der Neuenburger

Ins, April 1899

Werthester Herr Bohni,
Eben erhielt ich auch einen Brief Ihres Schwagers, der unentschieden zu sein scheint, ich schicke ihm Ihren Brief, damit er die Kiste mit einem oder zwei Bildern an Sie sende; er soll übrigens machen wie er will, eins nehmen, oder zwei nehmen oder gar keines, es ist mir gleich.

Diese beiden Bilder gefielen mir nicht ganz, Sie wissen, wenn man fertig ist, freut einem die Arbeit nicht immer, wahrlich man ist oft wie ein armer Sünder, der eine Missethat begangen hat. Wäre lauter Befriedigung in unserem Fache, es wäre zu schön! ...

An die Enkelinnen Ins, 20. April 1899

Meine lieben Kinder,
Hier eure Zeichnungen. Sie gefallen mir; so zeichnet man in der Schule, exakt und sauber sind sie ausgeführt. Ich kenne diese Art Zeichnungen von der Primarschule in Ins her. In der Sekundarschule werden sie komplizierter, ernsthafter – da wird nicht getändelt. Fahrt weiter, aber versucht nicht nur Schulzeichnungen zu machen. Versucht auch nach Natur zu zeichnen: es wäre doch traurig, dass ihr aus einer Malerfamilie stammend, im Alter von 16 Jahren nicht mühelos einige Winkel nach Natur zeichnen könntet. Unterwegs beim Spazieren seht ihr, vielleicht eine Landschaft oder ein originelles Haus oder einen schönen Baum – dann überlegt euch, wie ihr dies darstellen möchtet, wo man sich hinstellen müsste, was man zeichnen und was man weglassen könnte: ihr werdet euren Spass daran haben. Bittet eure Mama um ein Karton mit einer Öffnung. Schliesst ein Auge, schaut durch die Öffnung – dann habt ihr einen Rahmen, der euch die Vorstellung eines Bildes gibt. Eure Zeichnungen sind sehr sauber, die Sauberkeit ist eine Eigenschaft, die ich achte, aber meiner Ansicht nach ist sie drittrangig, anderes gefällt mir besser...

Euer Grosspapa

Ins, den 30. April 1899

Werthester Herr Bohni,
Morgen eröffnen die Neuenburger ihre zweijährige Ausstellung; sie sind dort gute Patrioten, haben nie mit dem schweizerischen Turnus anbinden wollen, sie sagten, wenn einmal ihre Ausstellung eine allgemeine werde, interessiere sie ihr Publikum nicht mehr, und sie hätten selbst Künstler genug. Dies war nicht sehr freundeidgenössisch, aber in der Praxis hat es sich bewährt; es ist unglaublich, was sie in dieser Beziehung gethan haben, ein jeder nahm es aufs point d'honneur auch etwas zu leisten. ...

Ärger mit ‹Pfahlbauerinnen› – Der Mensch interessiert sich für den Menschen – Zum Burenkrieg

An Davinet 6. Mai 1899

‹Der Böse› entführte Herrn Wenger. Dreimal habe ich die ‹Pfahlbauerin› gemalt. Ich hätte es 20-mal tun können. Die erste kam nach La Chaux-de-Fonds. Alle sind nach Modell gemalt. Hoffentlich kauft weder der Bund noch die Gottfriedkellerstiftung das aus England zurückgekommene Bild. Ich werde die Basler warnen und ihnen melden, es handle sich um eine Dublette. So bin ich froh, dass die Berner im Moment kein Geld mehr haben...

Ins, 17. Mai 1899

Lieber Herr Godet,

Da haben Sie in der ‹Suisse libérale› mein Loblied gesungen, wie man es nicht netter tun könnte. Noch mehr wäre aber doch zuviel gesagt! Sie betonen eine Sache, welche ich, soweit ich es vermochte, immer im Auge hatte: das psychologische Interesse, sehr wahrscheinlich ein altes Überbleibsel meiner Theologie. Immer schien es mir, dass ein Bild ohne dies Interesse allen Lichtes entbehrt. Gewiss, das ist überlebtes Zeug aus der Zeit eines Delaroche und Ary Scheffer. Seit jener Zeit ist man vorwärtsgekommen; heute weiss man, dass die Malerei ohne Krücken gehen kann. Und doch: der Mensch interessiert sich für den Menschen, er wird dennoch immer das hervorragendste Modell sein... Die Landschaft ist eine moderne Errungenschaft, nie wurden Farbtöne und Licht so intensiv studiert wie heutzutage – einige Wenige ausgenommen: Claude Lorrain, Cuyp, etc.

...Doch die Landschaft hat ihre Existenzberechtigung in der modernen Welt! Indem der Mensch schöne Landschaften darstellt, verschafft er sich ein Alibi im Blick auf seine vielfältigen Unternehmungen. Was gibt es Besseres als eine Landschaft nach den Dreyfus-Geschichten und ähnlichen Affären!

Alb. Anker

An Julia Hürner 23. November 1899

Geehrtestes liebes Fräulein,

Am 22. Oct. schickte ich Ihrem Vater eine kleine Zeichnung der Kirche in Wimmis; ich habe seither nichts von ihm vernommen und ich frage mich, ob er die Zeichnung nicht erhalten hat, oder ob er vielleicht krank sei; beruhigen Sie meine beängstete Seele mit einigen Worten.

...Der Krieg der Buren wird Ihren Vater auch beschäftigen; ich wenigstens mag nicht erwarten, bis ich die Zeitung bekomme. Viele Leute haben geteilte Sympathien, weil die Engländer missionsfreundlich gesinnt sind, die Buren nicht. Sei es wie es wolle, die Engländer sind ländergierig und Schelmen. Ihr Königreich ist das beste, was man in Europa hat, aber das sogenannte Kaiserreich, wie sie ihren Raubstaat ausserhalb England getauft haben, ist exakt vom gleichen Numero wie das Napoleonische Kaiserreich anno 1804 bis 1813. ...

Man müsste einen Cerberus vor der Tür haben – Winterliche Lektüre – «Es war ein Mädchen in Treiten...»

An Paul Robert Ins, 18. Oktober 1899

Lieber Kollege und Freund,

Es freut mich sehr, dass Sie sich entschlossen haben, den Winter in Florenz zu verbringen: ich hoffe sehr, dass Sie sich in diesen Ferien erholen und frisch und munter zurückkehren. Aber ich wünsche Ihnen auch mehr Ruhe. Hier überlasten uns die Leute mit Arbeit und allem Möglichen; man müsste einen Cerberus vor der Türe haben, der alle Eindringlinge verjagt. Auch rate ich Ihnen, mehr zu essen. Bei einer zu magern Nahrung wird das Blut schlecht. Dazu erinnere ich Sie an die Empfehlung des Paulus an Timotheus: «Trink ein wenig Wein deines Magens wegen...» Von Fiesole bis Florenz wächst ein ausgezeichneter Tropfen, es ist das Land des Chianti, dessen Eigenschaften berühmt sind.

Es freut mich, dass Ihnen ‹La Messe de l'Athéé› gefallen hat...

A. Anker

Ins, 5. Januar 1900

Lieber Hürner,

Grossen Dank für deinen Brief und die Zusendung der Broschüre über den armen Kuhnen. Wie ist es denn gekommen, dass ein so ehrlicher Mann, der mit den ausgezeichnetsten Kenntnissen bewaffnet war, im Rodel der Kirche mit dem fatalen Prädikat «unbrauchbar» bezeichnet war?... Sag deiner Tochter, ich hätte im Sinn gehabt ihr zu schreiben und ihr meine Entschuldigungen zu machen wegen meinem Pressieren und Stürmen...

Ich wollte dich fragen, ob du die Biographie Immers von Pfarrer Trächsel besitzest. Ich möchte das Capitel über sein Steckenpferd ‹Glauben und Wissen› sehen. Einige, z.B. der brave, gute Liebi, unser Klassgenosse, der in Blumenstein gestorben ist, betrachtete ihn als einen Paulus redivivus; ich fand ihn einen ledernen Diktierprofessor, der meinte, es könne dem

Studenten kein Begriff in den Schädel kommen, ausser durch das Collegienheft. Zu meinem Vergnügen lese ich Übersetzungen der alten Griechen und Römer ... an modernen Romanen habe ich gar keinen Geschmack.

(Das Schicksal des Oberländers Friedrich Kuhnen (1828-1899), eines einstigen Kameraden im Theologiestudium, hat Anker stark bewegt. Der hochbegabte Mann, den das Seelenheil jedes Einzelnen so sehr beschäftigte, dass er durch sein Auftreten völlig aus der Reihe bernischer Pfarrer tanzte, wurde nach einem Jahr Amtszeit in Habkern seines Amtes enthoben. Während 40 Jahren hat er darauf, unterstützt von Wohltätern, als freier Wanderprediger gewirkt, ein Sonderling und doch kein «Sektenprediger», in seiner Art auch von Andersdenkenden respektiert. Hürner hat über Fr. Kuhnen ein ansprechendes Lebensbild entworfen; dieses Schicksal eines Aussenseiters muss Anker so nahe gegangen sein, wie jenes des ‹Messespendenden Atheisten›.)

An Julia Hürner 14. Januar 1900

Hochgeehrtes liebes Fräulein,

Es kommt mir auch vor, Ihr Brief sei in der Bitterkeit Ihres Herzens geschrieben worden; als ich den Anfang las, dachte ich das Drama noch viel grösser; jedenfalls haben Sie noch schwere Tage vor sich, es kommt aber nur noch drauf an, wie Sie sich selbst die Zukunft bestimmen werden. ...

Es ist dem armen Mann zu wünschen, der Herr wolle gnädig sein und ihn bald erlösen. Ist es einmal geschehen, so beweinen Sie ihn, so stark Sie können, aber machen Sie es wie die Juden, nach 8 Tagen erscheinen sie wieder vor der Welt und alles soll vergessen sein, sie leben wieder der Zukunft. Freilich wird es Ihnen einen poetischen Nimbus geben, wenn man weiss, dass Sie geliebt und ausgeharrt haben, aber dieser Nimbus kostet schwer.

Es war in Treiten, eine Stunde von Ins, ein Mädchen, das liebte einen Knaben aus unserem Dorfe. Der Vater wollte nichts davon wissen, denn der Zukünftige hatte kein Vermögen, die Mutter war gestorben. Der Knabe erkrankte, bekam ebenfalls die Schwindsucht, das Mädchen hatte ihn dennoch lieb. Am Abend, wenn alles zu Bette ging, sagte es dem Vater: gute Nacht, schlich sich heimlich aus dem Haus und kam dem Moos nach, wo es niemanden antraf, bis zu seinem Schatz nach Ins. Man fragte es, ob es sich nicht fürchte einzig und durch die bösen Mooswege zu wandern, es sagte: nein, ich hatte ihn lieb! Er ist gestorben und sie hat ihm einen schönen Stein aufs Grab setzen lassen. Und zum Glück ist er gestorben und hat sie ihn nicht zum Manne bekommen, denn solche Krankheiten erben sich leicht. Seither ist sie 12 Jahre älter geworden, man könnte sagen eine alte Jungfer, aber sie bleibt immer noch in ihrer Aufopferung, sie besorgt zwei Kinder einer verheiratheten Schwester in Paris, die in einem vornehmen Haus eine gute Stelle hat und die Kinder nicht bei sich haben kann. So haben die einen in der Vertheilung der Lotterieloose des Lebens ein Loos des Leidens bekommen, andere ein Loos der Aufopferung, aber auch einige das Loos des Glücks, aber siehe! – dasselbe ist gewöhnlich nicht in den Palästen. Andere machen sich aus dem Staub, nach dem Spruch: «C'est le moment de nous montrer, cachons-nous!» Ich kannte zwei Personen dieser Art, sie leben noch und sind in meinem Alter. Eine Frau hatte einen kranken Mann, sie machte sich aus dem Staub und liess ihn ganz der Pflege ihrer Schwestern anheim, – der andere ein Pariser: als seine Frau krank wurde, stellte er eine Wache zu ihr und blieb fast immer aus. Beide hatten ein gemeinschaftliches Merkmal, auch keine einzige Runzel im Gesicht, die Stirne war glatt wie die eines Kindes, ich mochte sie nicht sehen. ... Sie werden sagen, dies sei ein sonderbarer Trostbrief! Nun, ich will nicht trösten, sondern nur die Sache mit nüchtern unparteiischen Augen ansehen. – Empfangen Sie die freundlichsten Grüsse

Ihres ergebenen Alb. Anker

Wenn ich mit meinem Vater hätte reden können – Von der Berechtigung verrückter Versuche in der Malerei wie in religiösen Fragen

Die fünf folgenden Briefe Ankers an seinen Freund Hürner verdeutlichen eindrücklich des Künstlers Weitherzigkeit und Toleranz nach vielen Richtungen hin. Darin sucht er auch seinem einstigen theologischen Lehrer A. Immer gerecht zu werden, obschon dessen rationalistische Denkweise mitgeholfen hat, ihn dem Theologiestudium zu entfremden. Mehr imponierten ihm Leute wie Bula und Kuhnen.

An Ludwig Hürner Ins, 15. Januar 1900

Mit grösstem Interesse habe ich das Buch über Immer – ich darf nicht sagen gelesen, denn ich habe nur die Lebensbeschreibung gelesen. Ich hatte eine Pique auf ihn, die von einer Stunde der Hermeneutik her rührte, ich mag mich an den Bank erinnern, wo ich sass. Es war zwischen 3 und 4 Uhr. Es war die Rede von der Inspiration der heiligen Schrift. Ich erinnerte mich an die nüchterne Auseinandersetzung, die mir einen tie-

*Aus dem Buch der Inser Aquarelle und Zeichnungen,
etwa 1879–1889*

Links: ‹Le colonel›, rechts: ‹Vice amiral›
(Büchlein mit Soldatenkarikaturen von 1847)

Fayence-Entwürfe

Erdbeersammler, Ausschnitt aus ‹Erdbeerimareili›, 1884
Œuvre-Katalog Nr. 209

*Marie Anker (Oktober 1885),
gemalt mit blauer Fayence-Farbe*

Mühle Hasle im Emmental, «s/m. Freund Schnyder zum guten Andenken» (um 1898)

Nächste Seite:
Inser Knabe mit Geschwister (undatiert)

Übernächste Seite:
Der Absinth-Trinker, 1908 (siehe Brief an A. Bohni, 12. Mai 1908)

fen Eindruck gemacht hatte. Ich dachte, wenn ich mit meinem Vater hätte reden können wie mit einem Kameraden, hätte ich ihn gebeten, mich zur Medizin umsatteln zu lassen, so sehr kam mir, ohne Respekt vor der Bibel all sein Kram wie eine Boutique vor... An der Biographie sieht man, dass Gewissenhaftigkeit sein Grundcharakter war, die ihn schliesslich zu einem ungemein respektablen Mann gemacht hat... Er hatte nicht Gaben zum Glänzen, er war nicht schön; die Weiber werden ihn nicht bevorzugt haben. Kein Mädchen wird gesucht haben, in sein Auge zu schauen, wie wenn es ein schönes, treues, tiefes Auge wäre... In der Predigt von 1846 in Dachsfelden sind charmante Sachen und viele Gedanken. Wie schön: «Am Tage des Sterbens werden wir nichts besitzen, als was wir gegeben haben.» Dies ist schön. wie von einem Kirchenvater. Und dann: «Pfaffengeschwätz? Nun so komm und widerlege dem gewaltigen Pfaffen, der vor 4 Nächten dort so furchtbar gepredigt hat.» Chrysostomus wird es nicht kräftiger gesagt haben.

Heute habe ich im Bären zufällig einen Neffen von Bula angetroffen, der ein junger Thierarzt ist und in Kerzers etabliert. Ich hatte einen so grossen Respekt vor dem guten Manne, der aber im Leben ein Kind war; seine altväterischen Theorien waren mir wurst. Es war mir leid, dass er nicht in Neuenburg angestellt wurde. Die deutsche Gemeinde dort besteht aus schlichten Bernern und Kühern vom Chaumont, die so einfach sind als er selbst. Dann hatte er ergreifende Predigten, wie die Reden des Jesajas, und es war schön. Hätten dann die Professoren in Neuenburg seine ungeheure Bibelkenntnis entdeckt und seinen strengen Calvinismus, denke, was man dafür einen Respekt bekommen hätte...

Ins, 26. Febr. 1900

Mein Lieber,
Seither habe ich den «Kuhnen» 3–4mal gelesen, und er gefällt mir immer besser. Es ist eine recht sympathische Figur. Ich habe dir gesagt, wie ich mich vom Gymnasium her erinnerte, wie man unter den Schülern sagte: «K. wird einst Professor der Philosophie werden, er habe schon ganze Bände geschrieben, nur sei noch nichts gedruckt.» Hat man nichts gefunden bei ihm? Es würde mich nicht wundern, wenn es so theosophisch mystisches Zeug wäre, das nur die Eingeweihten verstehen. Ich hatte einst einen Kameraden, der las Jakob Böhme und fand ihn ganz klar. Ich habe das Buch noch nie in den Händen gehabt, aber ich bin überzeugt, ich hätte nichts davon begriffen. Es muss ein Versenken sein, und was man da alles in der Versunkenheit denkt und entdeckt, geht wohl ins Aschgraue...

Ins, 4. März 1900

Lieber Freund,
Ich schicke dir die Karte des armen Kuhnen zurück, ich habe sie copiert so gut ich konnte. Die Handschrift und die ganze Karte sind charakteristisch, er ist nicht mehr ganz zurechnungsfähig. Es wäre interessant, seine Wohltäterin einmal zu hören, er wäre eine ausgezeichnete Figur in einem Roman: der brave, harmlose Kerl, an welchem kein böser Faden war. Du hast recht gehabt, ihm einen Nachruf zu weihen...
Es ist Sonntag, die Leute kommen eben aus der Kirche, aber sie sind nicht zahlreich erschienen, das Wetter war zu schlecht, es war ein Schneegestöber. Die Pfarrherren hätten auch predigen können, wie einst der von Schlosswyl:

O wie ist es kalt und kühl
Sehet diese leeren Stühl.
O du lieber Herr Jesus Christ,
Chömet de wenns wärmer ist!

Das Alter kommt, welches allerlei Böses mit sich bringt. Man hat nicht mehr grossen Glauben an die eigene Produktion, man ist als Theorie viel schlimmer, sieht die Dummheiten ein, die man hätte machen können, was die Begeisterung lähmt. Lieber ¼ Wissen und ¾ Begeisterung, als ¼ Begeisterung und ¾ Wissen. Du wirst es auch merken...

Ins, 24. April 1900

Mein Lieber,
Ich musste gestern nach Solothurn gehen und sah beiläufig die Gemäldeausstellung des Turnus. Wie doch bei der Rotation der menschlichen Dinge der Geschmack sich auch verändert, wie veraltet ist das, was man vor 40 Jahren gut fand. Es gibt in der modernen Evolution verrückte Versuche, aber alle haben eine Art Berechtigung. In andern Dingen ist es ähnlich, nimm die Narrheiten der Wiedertäufer, es ist eine Seite, die einem nicht missfällt neben der Haarspalterei der Lutheraner, wo ein so und so formulierter Glaubenssatz selig machte.

Die Besten müssen gehen –
Mühe mit Modellen und Socken –
Die ‹Kirchenfeldbrücke›, das grosse Ding

An Julia Hürner   Auffahrt 1900

Geehrtestes Fräulein,
Der Brief von Freund Ehrmann ist mir richtig zugekommen und merci! Der Sohn ist sehr krank, ist gegenwärtig in Davos, sonst ist er in der Kriegsschule. ...

Berchthold Hürner, Lithographie Ankers (1854, Jena)

Sie erhalten hier ein hübsches Gedicht vom Onkel Berchtold, der ‹Gauligletscher›. Ich suchte in den alten Papieren die Lithographie, die ich in Jena nach ihm gemacht habe und finde sie nicht; wenn sie wieder zum Vorschein kommt, will ich sie Ihnen zuschikken.

Liebe Frau de Meuron,   12. Mai 1900

Durch Hirsch habe ich vom Tod von Charlie, dem Sohn Ehrmanns, vernommen. Ehrmann bittet mich, Ihnen dies zu melden.

Wie schade um den armen Jungen. Er war so gewissenhaft und voll Witz. Die Besten müssen gehen, währenddem Nichtsnutze kaum umzubringen sind. Gottes Wege sind nicht die unsern, – man muss sich beugen...

An die Familie   Solothurn, 3. Juni 1900

Ich versuche rasch zu malen. Die Ungeduld hat schon eins der jungen Modelle erwischt, so muss ich mich beeilen. Heute ist Pfingsten, darum gehe ich zur Messe in die kleine Kirche, an deren Mauer Buchser beerdigt ist. Da ist ein schönes Relief von Leu zu sehen, – der ja auch das Bubenbergdenkmal geschaffen hat...

Nur mit unglaublicher Mühe konnte ich die Stiefel ausziehen, die schwarzen Strümpfe gleiten nicht. Ich habe weisse angezogen, sie rutschen viel besser. Gestern sind hier die Fussböden mit Leib und Leben auf Hochglanz gewichst worden...

                         Solothurn, 5. Juni 1900

Alles verläuft nach Programm. Gestern war ich in der kleinen Kirche. Die Kinder hatten Erstkommunion... Nach Erlach möchte ich nicht zur Sitzung der Kunstkommission gehen. Bei den zwei letzten Sitzungen haben sie einen Toast auf mich ausgerufen, das ist mir höchst peinlich.

Ich möchte den Herren die ‹Kirchenfeldbrücke› ausreden. Was wollen sie sich dies grosse Ding aufhalsen. Das wäre eher etwas für Frau Robert...

                         Solothurn, 6. Juni 1900

Bitte schicke mir doch ein Paar weisse Socken, die schwarzen gleiten nicht... Es besteht die Gefahr, dass ich mir einen Bruch zuziehe, wenn ich die Schuhe mit den schwarzen Socken zusammen anziehen muss... Ich hoffe, dass ihr diese Karte lesen könnt: ich habe sie nach dem Geheimnis von 1880 geschrieben...

Das «Geheimnis der Karten»: Anker hat diese Karten oben zu schreiben begonnen; aber mit der dritten/vierten Zeile beginnt er ganz unten und fährt nach oben weiter. Er hat mit diesem System nicht nur den Inser Posthalter verwirrt!

Die ‹Kinderkrippe auf der Kirchenfeldbrücke›

(Dez. 1900 – Œuvre-Katalog Nr. 68)

Es ist ein grosses Glück, dass sich schliesslich die Herren von der Gottfried Keller-Stiftung dieses «grosse Ding» haben «aufhalsen» lassen und es nun im Berner Kunstmuseum von jung und alt betrachtet werden kann. Jede einzelne Gruppe und jede Figur, dazu die Spatzen auf der Strasse, der ehern aufwärtsschreitende Bernerbär, die Landschafts- und Stadtausschnitte sprechen von grossem Können in der Darstellung. Da ist nichts zufällig hingesetzt. Hinzu kommt das Motiv der Begegnung und der Brücke über dem tiefliegenden Fluss, der grosse, weite Himmel, mit der hohen Laterne davor. Anker hat während vielen Jahren an diesem Bild gearbeitet.

Bedenkliche Hitze –
Lieber Homer als Nietzsche, mit seinem verhurscheten Zeug

22. Juli 1900

Geehrtestes Fräulein Hürner,

Wir haben eine bedenkliche Hitze; mein Atelier, das unter dem Dache ist, wird im Nachmittag völlig heiss, ich spritze dann mit kaltem Wasser, das momentan hilft. Die Reben sind wunderschön und haben fest angehenkt, so dass man auf einen reichen Herbst hoffen darf; ja es zeigt so viel, dass, wenn wir vom

Ausschnitte aus ‹Kinderkrippe auf der Kirchenfeldbrücke› (Œuvre-Katalog Nr. 68)

Hagel verschont bleiben, man nicht Fässer genug besitzt, um allen diesen Segen unterzubringen.

Man arbeitet bei uns, wie ich Ihnen gesagt habe, an der Eisenbahn, die directe Linie, die von Neuenburg nach Bern gehen wird. In ¾ Stunden sind wir dann in Bern, in einer halben in Neuenburg. Gute Gelegenheit zum Spazierengehen und die Arbeit zu verlassen! ...

Ins, 2. October 1900

Lieber Hürner,

ich komme zu dir in Consultation. Es war in der letzten Zeit so viel die Rede vom Philosophen *Nietzsche*; selbst meine bescheidene calvinistische Neuenburger Zeitung, auf welche ich abonniert bin, brachte einen Leitartikel, ja so viel war von ihm die Rede, dass man ganz confus werden konnte. Einmal, als ich in Bern war, sah ich vor allen Buchläden Werke von ihm ausgestellt. Ich habe natürlich kein Wort von ihm gelesen, allein seine Theorie des *Kraft-* und *übernatürlichstarken* Menschen hat mir im höchsten Grade missfallen, es kam mir vor, es sei die Philosophie des Attila, Dschingis-Khan, Napoleon und Cecil Rhodes und Chamberlain. Ich dachte mir, der habe eine Philosophie geschaffen ad usum aller Gewaltthätigen und Herzlosen. Ich denke, diese Theorie wird wohl nur eine ephemere bleiben und die alte Philosophie werde ihre alten Höhen nicht verlassen.

Je länger je mehr sehne ich mich nach Ruhe und stimme mit Hiob 3, 13. Hast du diesen energischen Vers gelesen, wo so nachdrücklich die Sehnsucht nach Ruhe ausgedrückt ist, 4 verschiedene Wörter, um exakt die nämliche Idee 4 mal zu repetieren...

Ich schicke dir eine Copie der Karte von Kuhnen, die du mir einst mitgetheilt hattest. Man wird durch diesen mysteriösen Mann intrigiert, seine Biographie gäbe vielleicht einen guten Roman...

An Robert Ins, 5. Oktober 1900

Gerade haben wir hier Weinlese. Ich beschäftige noch vier Arbeiter, sie nehmen mich allzu sehr in Anspruch. Wie gerne würde ich versprechen, keinen Wein, Schnaps oder Bier mehr zu trinken, wenn ich diese Kellerei aufgeben könnte. Aber das ist für einen hiesigen Hausbesitzer ausgeschlossen...

An Hürner Ins, 15. Nov. 1900

Damit du nicht meinest, ich lese deine Briefe nur oberflächlich, schreibe ich dir diese Epistel, die dir das Gegentheil beweisen soll. Ich schicke dir das Buch des Herrn Moser mit Dank zurück, ich habe alle diese Biographien durchgesehen, allein, es ist viel paradoxes Zeug darin, das Alte gefällt mir noch besser. Und namentlich Nietzsche ist ein Sydian, der gerade das Gegentheil von allem Seienden behauptet... Um aus dem verhurscheten Zeug eines Stürmi den Kopf wieder zurechtzustellen, ist das Beste, man lese etwas aus dem Homer... Dort ist das ewige Modell für alle Zeiten, dort ist Geschmack, Natürlichkeit, Einfachheit, Schönheit, kurz alles Gute zusammengefasst...

Der Ehrendoktor

VIRO PRAENOBILISSIMO ATQUE DOCTISSIMO
ALBERTO ANKER ANETENSI...
HONORIS CAUSA

A. Rytz schreibt:

... Eine ganz besondere Ehrung ward unserem Bernerkünstler zuteil an der Hochschulfeier vom 17. November 1900, indem ihm auf Antrag der philosophischen Fakultät infolge Anregung von Prof. Dr. Michaud und Prof. Haag vom akademischen Senat der Berner Universität die Würde eines Doktor philosophiae zugesprochen wurde... (A. Rytz, a.a. O. S. 65)

Da musste schon ein Welscher auf die Idee kommen – Niklaus Leuenberger – Ein gutes Buch wie Milch und Brot

An Paul Robert   24. November 1900

... Wissen Sie schon, dass ich anlässlich der Hochschulfeier zum Dr. h. c. ernannt worden bin? Herr Michaud hat mich dazu vorgeschlagen, und es wurde einstimmig angenommen. Da musste schon ein Welscher auf die Idee kommen!!! ...»

29. November 1900

Gestern hatten wir eine Sitzung des Komitees für ein Niklaus Leuenberger-Denkmal. Dieser war Anführer im Bauernkrieg von 1653. Vier Dörfer wollten das Denkmal haben: Rüderswil, Langnau, Huttwyl und Sumiswald. Bis heute sind 8400 Frs. gesammelt worden. Man beschloss, das Denkmal in Rüderswil, seinem Geburtsort zu errichten und den andern Orten einen Beitrag zu geben. Mit Recht wurde gesagt, der Mann sei zwar der Anführer gewesen, aber es hätten sich doch alle am Aufstand beteiligt, vor allem hätte die ganze Bevölkerung unter den furchtbaren Repressalien der damaligen Berner Aristokraten gelitten. Jeder dieser gnädigen Herren kam sich als ein Ludwig XIV. vor...

Ins, 1. Dezember 1900

... Ich vergass, Ihnen etwas über das Buch von Meuron zu sagen, das mir so gut gefällt... Die treffliche Familie, die guten Menschen, der treue Vater, dem ich noch eine grosse Kerze schuldig bin. Wie oft hat er meinen Vater zu trösten versucht, welchem meine Malerei so viel Kummer gebracht hat... ein vortreffliches Buch, auch gut für alle, die durch die moderne Literatur abgestumpft worden sind: da ist wieder selbstgebackenes Brot, gute Milch an Stelle von Likör und Kaviar.

                              A. A. in Ins

Von A. Schnyder   Hasle, 27. November 1900

Wenn ich erst jetzt komme, Dir zu der verliehenen Doktorwürde zu gratulieren, so entspringt die Verzögerung keineswegs der Gleichgültigkeit, sondern der physischen Hemmung, unter der ich in diesen Tagen zu leiden hatte... Schade, dass der Dr. h. c. nicht bei Deinem Namen in der illustrierten Ausgabe der Gotthelfschen Werke figuriert. Freuen soll Dich diese Auszeichnung, und bezeuge nur Deine Freude dadurch, dass Du den Dr. fleissig gebrauchst...

Wir wissen von dem schubladisierten Orden der Ehrenlegion her, wie Anker über Ehrungen dachte.

E. Friedli:

«Als ihn der frischgebackene Pfarrer Schneider in Ins bei der ersten Visite gebührenderweise mit ‹Herr Doktor› ansprach, da sagte er mit seinem herzlichsten Lächeln: ‹O, lööt daas numman uf der Siten! Wenn der chrank sit, chönnet Er ämmel ja doch nid zu mier choo›» (Friedli, a.a.O. s.370)

Die Casa Borrani in Ascona

August Schnyder erwähnt in seinem Gratulationsbrief noch ein Renaissance-Haus in Ascona und bedauert, bei dessen Betrachtung keinen Photoapparat mit sich getragen zu haben. Anlässlich seiner denkwürdigen Geburtstagsreise im folgenden Jahr hat Anker dies Versäumnis nachgeholt und die «Casa Borrani» mit schönen Miniaturen in seinem Carnet Nr. 44 verewigt. (Siehe auch ‹I Monumenti d'Arte e di storia del Canton Ticino› Bd. II, S. 50–64)

Von A. Schnyder

... In Ascona, das nahe bei Locarno liegt, ist das Haus des Malers aus dem 16. Jahrhundert – der Name ist mir entfallen. Das Haus hat eine künstlerisch werthvolle Façade. Links das halbgrosse Relief von Adam und Eva, rechts als Pendant David und Bathseba, dort wirft sie verliebte Blicke, hier er. In der Mitte prangt eine feine Madonna mit dem Kinde – im Gegensatz zu der sinnlichen Lust rechts und links, stellt sie das Bild der Hoheit und Reinheit dar. Sehr hübsch sind auch die Arabesken, welche die Mauer zieren. Nun hing über der Hausthür eine Tafel mit der Inschrift: «Maison à vendre». Eine Nachfrage im Hause ergab, dass dasselbe um 30 000 Fr. zu kaufen sei. Das wäre jammerschade, wenn das Haus in fremde Hände käme, die Kunstwerke ausgebrochen und ausser Lande transportiert würden. Nicht leicht dürfte sich eine ähnliche Façade in der Schweiz vorfinden... Leider trug ich keinen Apparat bei mir, sonst hätte ich eine Aufnahme gemacht...

«Liebe, wenn du willst geliebt werden...» – Hürners lateinischer Gratulationsbrief

An Julia Hürner 26. Dezember 1900

Hochgeehrtes Fräulein,

Eben erhielt ich Ihren Brief. Ich will sogleich Ihre Glückwünsche auf's neue Jahr erwidern und Ihnen eine gute Gesundheit, frohe Tage und beständigen guten Humor wünschen; dazu immer eine gewisse Dosis Weisheit, denn der Mensch ist sehr oft seines Glückes

«... Seither hat der Arzt von Erlach eine andere Photo von mir gemacht, die von einer furchtbaren Wahrheit ist ... das Ganze ist ein verwittertes Ding...» (Brief an Julia Hürner, 26. Dezember 1900)

Schmied. ... Ich schicke Ihnen hier meine Photographie, die ich im Laufe des Sommers machen liess, und zwar bei Anlass des 70. Geburtstages von Pfarrer Schnyder in Hasle. Sein Neveu Hahn schrieb mir, die Familie mache ihm eine Fête und bat mich, ich solle meine Photographie schicken, sie hätten die Photographien aller seiner Freunde kommen lassen. Da ging ich schnurstracks nach Neuenburg und siehe, dies war das Resultat...

Gestern haben wir also Weihnacht gefeiert und zwar ziemlich still. Der Schatz unserer Cécile kam aus Genf und war zwei Tage hier, heute musste er wieder den Rückzug antreten. Er ist ein fleissiger guter Kerl, der viel weiss und ein liebevolles Gemüth hat, wie die Ärzte es haben sollten; ich repetiere immer das lateinische Sprichwort: «Ama si vis amari» – «Liebe, wenn du willst geliebt werden», die Leute, das Publicum ist nicht so dumm und merkt gerade, wenn ein Arzt das Herz am rechten Fleck hat...

Wenige Ehrungen dürften Albert Anker mehr gefreut haben als der in Latein abgefasste Brief seines Freundes in Wimmis. Er bewahrt diesen Brief besonders auf und liest ihn hin und wieder.

In seinem Brief wendet der gelehrte Hürner die Erwählungslehre Johannes Calvins auf den Künstler

Albert Anker an. Er vergleicht dann das Schaffen des Malers mit dem Lebenswerk Jeremias Gotthelfs und zitiert schliesslich einige Sätze der Ehrenurkunde:

«... Wie viel deutlicher ... als spitzfindig geschriebene Dissertationen fördert sehr oft die Macht der freien Künste das Einführen in die Erkenntnis der lebendigen Wahrheit... Albert Anker, der Maler und in der Tat auch Kollege des Pfarrers und Schriftstellers Jeremias, entwickelte sich zu einem Gefährten, der des Werkes und deswegen auch der Ehren des Jeremias Gotthelf überaus würdig ist... Verdientermassen hat darum der Senat der Universität Bern ... dem feinfühligen Künstler ... ‹dem sehr vornehmen und gelehrten Albert Anker aus Ins ehrenhalber die Würde, Rechte und Privilegien eines Doktors der Philosophie› feierlich zuerkannt...»

Hürner an Anker   Wimmis, Sylvester 1900

Im Sylvestersturm nur wenige eilige Begleitworte zu meinem «latinisierenden», so spät erst abgehenden Gratulations-Tractatus... Wenn du meinen schwerfälligen Versuch, wieder einmal nach langem etwas Lateinisch zu schreiben, durchläufst, so würdest du wohl noch manchen halben und ganzen «Bock» am Rand anzustreichen finden... Du möchtest also wohl mit gutem Grund dem alten Horn rathen, seine Sache lieber in leserlich geschriebenem Deutsch zu sagen...

Anker an Hürner   Ins, 8. Januar 1901

Lieber Hürner,
    Du machst dir keinen Begriff, was deine lateinische Epistel mir für eine Freude machte; zum ersten rechnete ich es dir hoch an, dass du dir die Mühe gegeben hast, mir ein solches Opus zu dedizieren; wenn du dein Latein schon nicht verschwitzt hast, schüttelt man ein solches Werk doch nicht aus dem Ärmel. Zum zweiten gefiel mir der Grundgedanke und dann noch die Entwicklung, die eine sehr scharfsinnige ist. Du fängst an, wie es einem ernsten Theologen wohl ansteht, mit der imposanten Doctrine der göttlichen Erwählung aus Gnade, dann dehnst du diese Erwählung auf andere Charismata über, was sehr wohlwollend ist, und die ganze Thätigkeit der Künste ordnest du unter die Fittige der Philosophie, was ja auch erlaubt ist. Zum dritten freute es mich, dass wir im Kanton Bern noch Theologen haben, die einen solchen Brief schreiben können; es zeugt von literarischer Freude an der Sache und von ernsten Studien, wie sie (das Latein) ehmals mehr als jetzt betrieben wurden. Beim blossen Durchlesen verstand ich die Sache grosso modo; damit mir aber nichts entfalle, habe ich das Wörterbuch genommen und die Übersetzung geschrieben. Ich will sie nun noch meinen Leuten vorlesen...

Schicksalsjahr 1901

Nach der Verleihung des Ehrendoktors kommt der 70. Geburtstag auf Anker zu, den er auf *seine* Weise plant..., dann der September mit seinen Höhe- und Tiefpunkten: Auftrag der Regierung für Witzwil; Brand von drei alten Strohdachhäusern und Hochzeit der jüngsten Tochter Cécile und das Erleben des ersten Schlaganfalls. Leben und Tod, grösste Freude und ebenso grosse Not in nächster Nähe treffen ihn nicht unvorbereitet. Längst hat er «den Tornister gepackt». Aber seine Zeit ist nicht abgelaufen: er wird die knappen zehn Jahre, die noch vor ihm liegen, voll ausnützen; es wird die Zeit der Aquarelle, der «Demokratisierung» seiner Kunst sein.

Lieber wieder Grösseres anfangen – Die Zeit heilt alle Wunden

Ins, 14. Januar 1901

Mein lieber Hürner,
... Ich habe immer allerlei Krüppelbestellungen und ich möchte lieber wieder etwas Grösseres, Längeres anfangen, da ich die Kraft noch besitze, und nun muss ich aus Höflichkeit meist allerlei Nichtiges ausgäggelen. Wo ist die Zeit, da ich ruhig an meiner Arbeit sass, den ganzen Sommer an der gleichen Arbeit sitzen konnte, ohne dass mir jemand in den Weg kam? Was mich aber freut, ist, dass mir noch allerlei in den Sinn kommt, ich hätte noch mehrere Gemälde vor, der Schädel ist noch nicht ganz ausgetrocknet. Die immerwährende Arbeit hält einem doch noch frisch, relativ, meine ich. Es freute mich auch, allemal wenn ich dich sah und dein Zimmer betrat, siehe, da waren allerlei feste theologische und philosophische Bücher auf dem Plan, und in Gottes Namen, ohne deren Hülfe und Liebe dazu, ist man dahin...

An Julia Hürner   17. Februar 1901

Hochgeehrtes, werthes Fräulein.
... Die Welschen haben ein Wort, um die Enttäuschung auszudrücken: c'est troublant; es macht einem stotzig und mürrisch. Aber die Zeit heilt alle Wunden. Ein Feld mag durch eine Schlacht noch so zerhackt worden sein, es kommt der Frühling mit Blumen und schönem Gras; alles geht, kommt, entsteht und verschwindet, fragen Sie Ihren Vater, ob Heraklit dieses nicht schon alles gelehrt hat, und es muss wahr sein, er wusste dies schon 500 Jahre vor Christi Geburt. –

Wenn Ihr Freund mit dem Stoff seiner Predigten oft in Verlegenheit ist, sagen Sie ihm, er solle gute, feste Bücher lesen, unser Kopf ist nicht ein solcher Spycher, dass man immer daraus nehmen kann, ohne auch hie und da neue Provisionen zu machen. Sodann sagte der Pfarrer von Erlach, man solle fest bei einem Grundgedanken bleiben und denselben erschöpfen, dies sei die Methode, immer neue Sujets zu finden. Im Übrigen will ich nicht sein wie der Blinde, der von den Farben reden will...

An Ludwig Hürner   Ins, 3. Februar 1901

... Wir leben in einer Zeit, wo die Ereignisse an uns vorbeikommen, wie in einem Caleidoscop. Der Tod der Victoria, die an einer Transvalitis gestorben ist, die Fortsetzung des Krieges, der eine bedenkliche Wendung für die Engländer annimmt, der verrückte Zug nach China, man kann nicht warten, bis die Zeitungen kommen. Es nimmt mich wunder, wie die Engländer aus diesem Engpass kommen werden, vielleicht noch wie aus Amerika anno 1771. Es wäre gut für die ganze Welt, wenn dieser Frevel an Menschenrechten gehörig bestraft würde.

Deine lateinische Epistel habe ich übersetzt und einem Freund nach Paris geschickt. Ich sprach dir auch schon von ihm, er heisst Ehrmann. Der Brief hat ihm gefallen, ihn aber ein wenig stutzig gemacht. Du hast es als ein Spiel der Phantasie verfasst, er aber hat alles dies als bitterer Ernst aufgefasst, Calvin und die Prädestinationslehre; was denn machen mit den armen Leuten, die zum Stehlen und zum Unglück prädestiniert waren? Du hast die Analogie zwischen der Prädestination zur Seligkeit hervorgehoben, aber es beweist nicht, dass du dieser Lehre huldigest. Kurz er machte es wie Annebäbi Jowäger, er hat es zu teuf genommen. Dieser Brief freut mich noch immer und ich lese ihn hie und da in der Übersetzung.

Deine geheimnisvolle Reise

A. Rytz zum 70. Geburtstag:

«... eine Huldigung von seiten seiner Zunftgenossen, seiner Freunde, seiner Heimatgemeinde und der bernischen Behörden war ihm zugedacht. Das war aber nicht nach seinem Sinn... er machte sich auf und davon, niemand sollte wissen wohin; die Seinen instruierte er nur, wohin sie ihre Briefe adressieren sollten. Er reiste mit einem Generalabonnement; so wussten sie nicht, wo er war... Ein Ziel dieser Inkognitoreise war unter anderm das Museum Vela in Ligornetto im Tessin...» (A. Rytz, a.a. S. 67)

 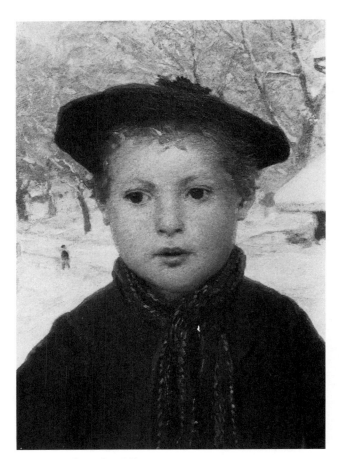

Ausschnitte aus ‹Zwei Kinder in Winterlandschaft›, 1901 (Œuvre-Katalog Nr. 128)

Von der Tochter Louise 30. März 1901

Lieber Papa, ... wir hoffen ein wenig, dass dich deine geheimnisvolle Reise bis nach Basel führt. Aber da wir ja nicht wissen, wo du bist, können wir dir diesen Wunsch nicht melden. Wir hoffen sehr, dass du schöne Ferien in einem zweiten Portalban verbringen kannst. Da wir nicht wissen, was wir dir schenken könnten, habe ich zwei Baumwollhemden schneidern lassen, die du ja liebst... Dora und Elisabeth sind stark mit Examensvorbereitungen beschäftigt...

An Davinet 6. April 1901

«... Vielen Dank für das Telegramm zum 70. Geburtstag. Es wäre an mir, mich bei den Bernern dafür zu entschuldigen, dass ich nicht bei ihnen erschienen bin. Aber die Einsicht war stärker als ich: es beelendet mich, dass die Leute mehr aus mir machen, als ich bin. Ich bin doch nicht so viel wert. Nur noch arbeiten möchte ich, das bleibt meine grösste Freude...»

An L. Hürner Ins, 8. April 1901

Mein lieber alter Freund,

Danke für deine Karte mit den Wünschen. Ich habe bei den kalten Tagen ein Reischen gemacht und zwar mit einem 14-tägigen Generalabonnement. Die erste Station war Langenthal, wo ich am Abend spät anlangte, am Morgen früh nach Madiswyl, wo ich bei Rytz in die Predigt ging. Er ist hellauf und frisch und alles interessiert ihn. Er lebt also mit seinen 2 jüngeren Töchtern, die sehr besorgt sind um ihn. Dann ging ich an die italienische Grenze ins Dörflein Ligornetto, wo der Bildhauer Vela zu Haus war. Er kam als junger Kerl nach Mailand, wo er später Professor wurde und einen grossen Einfluss auf die ganze Bildhauerei der Italiener bekam. Im 60. Jahr kehrte er in sein Dörflein zurück, liess ein Haus bauen und verschenkte dann das Haus und alle seine Arbeiten (die Entwürfe der Statuen in Gips) der Eidgenossenschaft unter der Bedingung, dass alles in diesem Dörflein beieinander bleibe. Es ist ein höchst interessantes Museum, manches ist wohl etwas hypernaturalistisch. Merkwürdig ist sein Napoleon auf St. Helena; sterbend sitzt er in einem Lehnstuhl mit einer Decke und einer Landkarte auf den Knien. Er schaut düster vor sich hin und denkt wahrscheinlich an den Schnee in Russland.

AA

Ins, 12. April 1901

Mein lieber Rytz,

Du sprichst von Pfarrer Wyssmann; ich war in seiner Predigt am Palmsonntag, er hatte die Konfirmation der Mädchen. Du weisst, dass St. Peter Lavaters Kirche war. Die Predigt war recht schön, mit Gewandtheit vorgetragen, ein Gedanke war schön: «Rettet das harmlose, zutrauensvolle Wesen der Kindheit über diesen Tag hinaus ins Leben.» Da kam aber gegen das Ende der Predigt ein recht taktloses Stück, er, als Reformer, hätte ihnen einen Christus dargestellt, ohne alle fremden Anhängsel, die ihm alle Zeiten angehängt haben, etc., so ging es ziemlich lange fort. Da war Grütter weiser, wenn die Töchter nach 3-jährigem Kurs aus dem Seminar kamen, wussten sie nicht, dass es Reformer und Nichtreformer gäbe. – Am anderen Tag am Abend, also am 1. April, brachte ich den Abend auch ein wenig in der Theologie zu, nämlich bei den Geschwistern Finsler, des Antistes Sohn und Schwester. Sie stammen von Lavater ab. Die Familie hatte einen ungeheuren Nachlass von Lavater, der mit der halben Welt in Correspondenz war. Schrieb er einen Brief, so waren fromme Seelen da, die sich eine Ehre daraus machten, diese Briefe abzuschreiben, damit Lavater sie aufbewahren könne...

Die neue Lehrerin –
Der ‹Tod des Gerechten›:
Was kommt unsere Regierung an?

An L. Hürner   Ins, 28. April 1901

Eben haben wir eine Lehrerin gewählt, die in Wimmis erzogen worden ist und die bei dir in der Unterweisung war, es ist Fräulein Maria Trösch...
Jetzt lese ich das «Wesen des Christenthums» von Harnack aus Berlin, es kommt mir etwas schwer vor, aber wie bei den Werken von Rütimeyer: die Form ist etwas ernst, aber die Sache scheint mir nobel zu sein...

An Hürner   13. September, Ins 1901

Dein Brief hat mich sehr gefreut... Möchten wir unsere Zeit so zubringen bis zum Tag, wo wir zur grossen Armee abberufen werden.

Es interessierte mich sehr, den Brief des braven Kuhnen zu lesen. Er war nur zu gut für diese Welt, einfach wie die Tauben, aber nicht klug wie die Schlangen. Zu seinen exquisiten Gaben von Zartgefühl und Güte fehlte ihm das, was einem Sohn der Königin von England fehlte, Albani war, glaube ich, sein Name, er hatte zu wenig oder keine Haut, alles verwundete ihn, ab allem hatte er Schmerz. Schade, dass Kuhnen nicht als Klosterbruder hat leben können, als Prediger oder Professor, wie es deren viele gibt...

Der grosse Tag der Hochzeit Céciles ist der 25. September, also in 12 Tagen. Nachher geht das neue Paar nach Paris, wo der Tochtermann die Spitäler besuchen wird.

... Letzthin kamen unser Regierungspräsident Joliat, Finanzdirektor Scheurer und Kellerhals, Direktor von Witzwyl und bestellten mir ein Gemälde, eine Decoration für Witzwyl. Ich muss die Sache als ernst aufnehmen. Ich dachte gerade an ein Sujet, die Arbeit des Landmannes, Erndte oder so etwas. Da dachte ich auch an den Tod des Gerechten. Ein braver Bauer stirbt von seiner Familie umgeben, selbst Knechte und Mägde haben die Türe diskret geöffnet. Der Tod ist immer ein Kerl und macht Eindruck auf die, welche nur herzwenig an ihn denken...

Ins, 21. Sept. 1901

Werthester Herr Bohni,

Ich habe das Vergnügen Ihnen anzuzeigen, dass ich nun in die zwei Brillen, die Sie mir einst brachten und die vom alten Gatschet in Erlach herrühren sollen, neue Gläser gerade nach meinem Numero habe anpassen lassen; ich glaubte zuerst, solche enorme Gläser existierten nicht mehr! Nun will ich diese zwei Phänomene, die mir exakt passen, zum Gewöhnlichtragen.

Letzthin war unser Regierungspräsident, Hr. Scheurer, der Finanzdirektor, und Hr. Kellerhals, Direktor von Witzwyl hier bei mir und bestellten mir ein Bild für Witzwyl als Dekoration! Ich dachte: Was kommt denn unsere Regierung an, hat sie denn so viel Geldüberfluss, wenn selbst der knappe Herr Scheurer solche Anläufe nimmt? Ich habe den Saal gesehen, aber die Proportionen müssen so gross sein, dass es über meine Kräfte geht, man muss auf einer Leiter stehend malen, dies ist gut, wenn man 30–40 Jahre alt ist. Doch will ich noch sehen.

Inser Strohhaus um 1901

Der Schlaganfall und seine Folgen

Marie Quinche-Anker berichtet:

Wegen grosser Ermüdung und der Erschütterung beim Brand von drei Strohdachhäusern an der Müntschemiergasse gegenüber seinem Hause erlitt Anker im Herbst 1901 einen Schlaganfall. Die Krankheit erreichte am vierten Tag ihren Höhepunkt. Die Lähmung konnte aufgehalten werden. Während mehreren Monaten war der Kranke unfähig, seine rechte Hand zu gebrauchen, da fing er mutig damit an, nicht allein mit der Linken zu schreiben, sondern auch zu malen. Da sass er in seinem Rollstuhl, plauderte heiter mit Freunden, die ihn aus nah und fern besuchten. Er kopierte auch Figuren und Landschaften, welche seine Freunde und seine Familie in Ehrfurcht aufbewahren.
(M. Quinche, a.a.O. S. 182)

Louise Oser-Anker an L. Hürner undatiert

Geehrter Herr, es geht unserem Papa wider Erwarten gestern und heute ordentlich, er ist wieder im Atelier, aber mein Schwager hat ihn hinaufgetragen. Er bereitet alle Sachen auf das Ende vor.

Wir haben schnell aufgegeben, ihn über seinen Zustand belügen zu wollen. Der Doktor sagt aber, dass es sich möglicherweise länger hinausziehen kann. Papa wünscht es aber nicht, und wir möchten auch, dass ihm ein längeres Siechthum erspart bliebe. Es ist ein rechter Gottessegen für uns, diese traurigen und doch schönen Tage mit ihm erleben zu können. Er zieht uns mit sich hinauf zur ewigen Schönheit, wo sein Geist immer gelebt hat, vielleicht abseits von den gewöhnlichen Wegen, aber doch seinem Herrn entgegen...

Hinter dem Ankerhaus, Familienphoto September 1901. Von links nach rechts: Albert Anker, Marie Quinche-Anker, Charlotte Quinche, Cécile Anker, Inser Mädchen

Ins, 27. September 1901

Lieber Ehrmann,

Die Hochzeit hat stattgefunden, aber zur selben Zeit erlitt ich einen Schlaganfall ... nichts weniger als das! Es kann Tage oder auch Monate dauern – könnte ich nur einen Schnellzug besteigen! Die rechte Hand gehorcht mir nicht mehr, so schreibe ich dir mit der Linken. Allmählich hat die Lähmung zugenommen. Hoffentlich geht alles zu Ende bevor das Gehirn in der Nacht versinkt!...

Lebwohl, lieber Ehrmann Dein alter Anker

Aus einem Zeitungsbericht von damals

... Maler Anker hütet infolge eines Schlaganfalles das Krankenlager... Gegenüber der Wohnung Ankers standen drei höchst charakteristische alte Strohhäuser, an denen der Künstler, eine konservative Natur im besten Sinne des Wortes, mit ganzer Seele hing, so sehr, dass er einer armen Familie den Ankauf eines derselben ermöglichte, als es hiess, dasselbe solle niedergerissen werden, um einem Neubau in Stein Platz zu machen... Die Häuser sind vom Erdboden verschwunden, die Flamme hat sie im Nu verzehrt. Der Altmeister sah ihrem Untergang mit feuchten Augen zu ... und an demselben Tage zog aus dem Elternhaus die jüngste Tochter ... das war zuviel auf *einen* Tag...»
(‹Schweizerbauer›, Oktober 1901)

Bös getroffen – Die zwei Pfaffen in Basel

An Dr. Ed. Bähler   Ins, 5. Oktober 1901

Ja, lieber Bähler, ich bin bös getroffen, und es ist mir leid, dass es nicht gerade fertig gemacht hat. Ich wäre jetzt wie Hiob III, 13: nämlich ich hätte Ruhe. Aber dennoch ist es nicht traurig bei uns, die Kinder sind hier, und wir lachen bisweilen wie in den guten Zeiten. Die rechte Hand ist völlig tot, der Fuss ebenso – wie es herauskommen wird, weiss niemand. Aber das

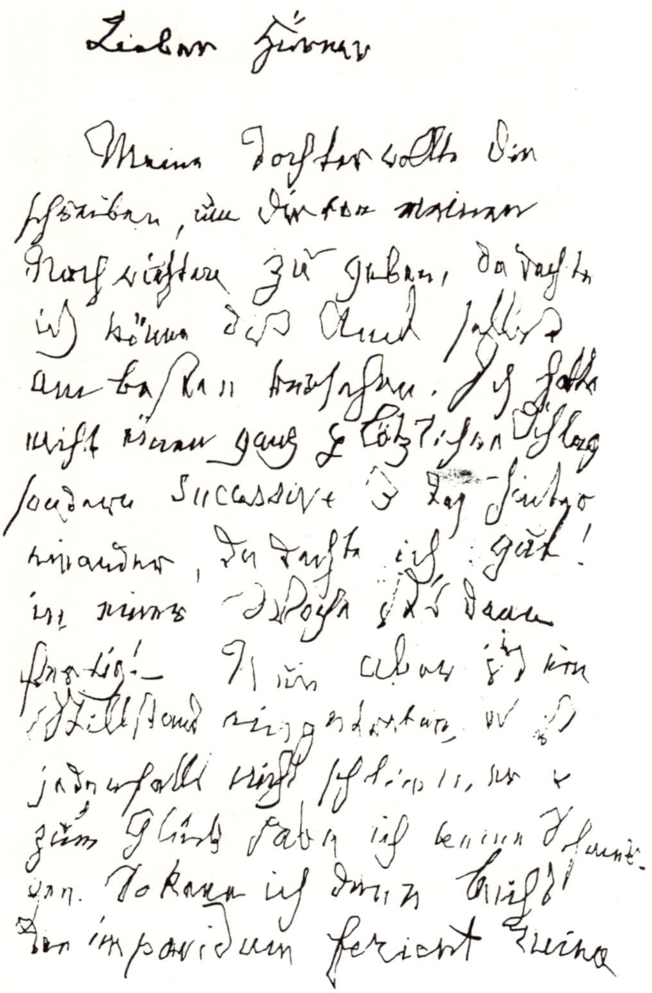

Brief Ankers, mit linker Hand geschrieben (Oktober 1901)

weiss ich, dass ich sobald als möglich versuchen werde, mit der linken Hand zu arbeiten. Das Resultat wird Null sein, jedoch es wird mir Zeitvertreib sein, en attendant.

Unterdessen grüsst aufs freundlichste alle Deine lieben Leute

Dein alter Anker

Oktober 1901 Ins

Lieber Hürner,

... die Sache ist nach und nach gekommen, etwa in 4 Tagen, da dachte ich, es sei dann in 8 Tagen vorbei, nun hat es einen Stillstand gegeben und ich will erwarten, was da kommen soll. Aber vor der Hölle fürchte ich mich nicht, das sind so orientalische Ideen, mit denen ich aufgeräumt habe.

Ich denke noch mit Freuden an die paar Spaziergänge, die wir in deiner Umgebung machten; was ist doch die Sonne und das schöne Wetter für eine herrliche Sache, leider denkt man nicht genug daran.

Weisst du die Geschichte der zwei Pfaffen am Basler Concil? Sie gingen einst in der Zwischenzeit der Birs entlang spazieren, das Wetter war schön: Da sagt der eine: «Sieh, wie das Wetter so schön ist, das Laub so frisch und wie die Vögel lustig singen.» Da sagt der andere: «Lasst uns fliehen, dies sind lauter Lockungen des Teufels.» Und sie verkrochen sich in ihre Zimmer ...

Grüsse an Julia.

An A. Schnyder   Ins, 28. November 1901

Grossen Dank für deinen freundlichen Brief. Deine Reise hatte einen guten Verlauf. Seit meinem Unglück bin ich immer ängstlich, wenn ältere Leute sich auf den Weg machen. Ich fürchte immer, es könne ihnen auch ein schlechter Spass passieren.

Mir geht es immer langsam besser. Ich mache da immer kleine Aquarelle und fürchte, ich werde niemals mehr Gemälde machen können. Das ist mir nun fix im Kopf und darüber mache ich mir keinen Kummer mehr, on fait ce qu'on peut ...

Ich hoffe, ich werde bald mit der rechten Hand schreiben können, es dünkt mich, mein Linksschreiben sei nicht mehr so leserlich wie zuerst ...

Viel Glück, guten Mut! – Michelangelo und der Papst – Godets Meinung zur lateinischen Epistel

An seine Kinder Luise, Marie und Cécile

Ins, Dezember 1901

Meine Lieben alle,

... bei uns ist alles ruhig und still. Tagsüber versuche ich Stilleben zu machen, am Abend lese ich nach einem kleinen Schlaf in dicken Büchern. Mama führt eine Korrespondenz gleich einem grossen Geschäftshaus, ich werde mir ein grösseres Tintenfass anschaffen müssen ...

Dies schreibe ich mit der rechten Hand, den Anfang mit der Linken. Die Rechte setzt schönere Buchstaben hin, die Linke gehorcht besser ... Zuweilen scheinen mir die Finger am frühen Morgen wieder beweglich zu sein, so dass ich mich wieder wie einst hinter die Arbeit setzen möchte, aber wenn's ernst gilt, sieht alles anders aus. Ich ziehe mir immer die «Siebenmeilenstiefel» an, sie halten mich in den vier Wänden zurück, sonst wäre ich schon lange in die Schule oder zu Freund Gfeller gegangen ...

Lebt wohl, Kinder, viel Glück, guten Mut.

Der alte Vater

An P. Robert Ins, 3. Dezember 1901

Ich nehme es Ihnen keineswegs übel, dass Sie mich nach meinem Schlaganfall nicht besucht haben. Ich weiss doch, dass Sie sehr beschäftigt sind, und bin froh Sie an der Arbeit zu wissen. Damit bereiten Sie Ihren Freunden die grösste Freude. Ich erinnere Sie an einen Ausspruch Michelangelos zum Papst: Als dieser ihm vorwarf, er zeige sich zu wenig, um bei ihm ein Pfeifchen zu rauchen: «Ihre Heiligkeit bedenke, dass ich Ihr im Atelier am wirkungsvollsten diene!» Das schreibe ich mit der linken Hand. Ich hatte ja gedacht, innert einer Woche sei es zu Ende mit mir. Nun muss ich wieder von vorn anfangen. Dabei habe ich über 70 Jahre auf dem Buckel, habe bei guter Gesundheit arbeiten können, war glücklich und zufrieden...

An L. Hürner Ins, 27. Dezember 1901

Dies schreibe ich dir mit der rechten Hand... Noch vor 4 Wochen hing diese Hand an meiner Seite wie ein Stück Lehm.

Kurz nachdem ich deinen Brief erhalten hatte, kam Dr. Chatelain hierher mit Prof. Godet von Neuenburg. Der Doktor frug nach dir, ich konnte ihm gute Nachrichten von dir geben und erzählte ihnen wie du mir zur Doktorei einen ausführlichen lateinischen Gratulationsbrief geschrieben habest, und dass ich mich meine, dass Pastoren bei uns dies noch könnten. Da sagte Godet, der das ganze Neuenburger Ministerium kennt, dass dort nur der einzige Felix Bovet dies könne...

Letzte Inser Zeit 1901–1910

Ulrich Dürrenmatt bittet für einen jungen Maler

Wir wissen bereits, dass Albert Anker ein eifriger Zeitungsleser gewesen ist. Ins hinterste Emmental liess er sich seine Zeitungen – die Neuenburger ‹Suisse libérale› und Ulrich Dürrenmatts ‹Buchsi-Zeitung› – nachschicken, und in einem Carnet vermerkt er einmal empört, dass man im Bahnhofbuffet Zürich nur Zeitungen aus Deutschland vorfinde, aber keine einzige aus der welschen Schweiz.

Herzogenbuchsee, den 15. Januar 1902

Hochverehrter Herr!
Durch die Zeitungen habe ich zu meiner grossen Freude vernommen, dass Sie von Ihrer schweren Erkrankung wieder auf dem Wege der Genesung sind.

Fast weiss ich nicht, ob ich bei Ihrem gegenwärtigen Befinden es wagen darf, Sie um einen Dienst zu bitten... Vielleicht wären Sie im Falle, bei Ihrem Kollegen Paul Robert, Mitglied der schweiz. Kunstkommission, zwei Zeilen der Empfehlung des jungen Malers Gottfried Herzig von Obersteckholz zur Erlangung eines eidg. Stipendiums aus dem Kunstkredit des Bundes zu Handen der genannten Kommission einzulegen. Herzig ist jener junge Künstler, den ich im Jahre 1891 nach Einholung Ihres Gutachtens zum Besuch der Münchner Akademie veranlasste... Er hat die Hoffnungen, welche seine Freunde auf sein Talent und sein Können setzten, vollauf gerechtfertigt, und er verdient diese Unterstützung auch um seines bescheidenen und tüchtigen, aber nur allzu schüchternen Charakters willen, und dass er gänzlich unbemittelt ist, brauche ich nicht beizufügen...

Anker an Paul Robert 15. Januar 1902

...Es wird mir ein junger Maler Gottfried Herzig von Obersteckholz bei Herzogenbuchsee empfohlen. Man bittet mich, Ihnen zu schreiben, damit Sie als Mitglied der Eidgenössischen Kunstkommission ein gutes Wort für ihn einlegen. Er hat in München studiert und

Skizzen für Aquarelle

schon etliche Bilder gemacht. Aber er hat kein Vermögen. Ein Stipendium würde ihm helfen, damit er ein grösseres Bild machen kann. Ich kenne den jungen Mann, er kann etwas. Seine Hauptfehler sind zu grosse Scheu und Bescheidenheit...

Ulrich Dürrenmatt dankt:

Herzogenbuchsee, den 31. Jan. 1902

Mein hochverehrter Herr Anker!

Mit Ihren hochgeschätzten Zuschriften vom 17. und vom 29. ds. haben Sie mir wahrlich eine gewaltige doppelte Freude bereitet. Ich betrachte es wirklich als eine Gnade der Vorsehung, dass Sie nach Ihrer schweren Erkrankung wieder die Kraft erlangt haben, Feder und Pinsel zu führen und auch für die Unterstützung eines strebsamen und talentvollen jungen Künstlers mit einer Energie zu wirken, die manchem Gesunden abgeht. Aber auch der Erfolg Ihrer Bemühungen für Herzig hat mich von Herzen gefreut...

Das Berner Münster zum Trost – Dem alten Professor den Puls greifen – «Le petit allemand» und Ferienpläne

Ins, 8. Februar 1902

Lieber Hirsch,

Gross war meine Überraschung, als ich die drei Ansichtskarten mit den Fragmenten der Tapisserien von Bayeux erhielt. Sicher sind die Photos nach den Originalen gemacht. Das möchte ich, neben der Kirche von Moissac, in meinem Leben noch sehen... Zum Trost kann ich das Berner Münster anschauen. Einst war der Turm unvollendet, jetzt ist er bis zur Höhe ausgeführt und gleicht allen grossen gotischen Türmen. Nichts fehlt mehr daran, alles gleicht frischer Butter, so trägt es zur Erbauung der Berner bei.

Mit Freuden melde ich Ihnen, dass ich nun wieder in meinem Atelier installiert bin. Ich habe mit der rechten Hand ein kleines Aquarell begonnen... Wir werden sehen, ob es mir gelingt, auch wieder in Öl zu malen; seit langem habe ich es nicht mehr versucht. Ich bin sehr glücklich, wieder in meinem alten Atelier arbeiten zu können, so ist mir auch die gute Laune wieder geschenkt. Nun gehe ich wieder an die Schul-

kommissionssitzungen. Da diskutieren wir alle drei Wochen über das Heil des Vaterlandes, seine zeitliche und ewige Zukunft.

Ihr Freund Anker

Auguste Alexandre Hirsch (1833-1912) arbeitete mit Albert Anker zusammen 1856 im Atelier von Charles Gleyre; Historien- und Porträtmaler aus dem Elsass.

An L. Hürner   Ins, 12. März 1902

Hast du gesehen, dass im letzten Heft der «Bernischen Biographien» auch diejenige des Hr. Prof. Immer ist... Wenn ich dir dies schreibe, so ist es nicht ohne persönliche Absichten, ich möchte dich nämlich fragen, ob du seine Hermeneutik besitzest. Ist es der Fall, so schicke mir diese zu, ich möchte das Kapitel über ‹Glauben und Wissen› lesen, dies war eines seiner Steckenpferde. Ich möchte dem alten Professor den Puls greifen und sehen, ob er aus Berlin nicht eine pseudohegelianische Philosophie nach Bern gebracht hat. Indessen «amicus Plato, sed magis amica veritas». Das ist noch der festeste Standpunkt der Menschen!

(Den lateinischen Spruch zitiert Anker auch anderswo. Er bedeutet: Über alle Zuneigungen stelle ich doch die Liebe zur Wahrheit.)

17. März 1902

Lieber Freund,

Grossen Dank für das Buch, das ich richtig empfangen habe, es ist ein grosser Block, an dem herum ich mich hie und da wagen werde. Ein Buch von Harnack, das mir Rytz gegeben, war auch eine verhängnisvolle Lektüre und kam mir negativer vor als alles, was man in unserer Zeit in Hörsälen hörte, und doch ist er der eigentliche Träger der Theologie in Berlin. Die Amerikaner, als praktische Leute, ignorieren alle diese Fragen und handeln. Die Doktrinen sind ihnen alle gut.

An Fr. Ehrmann   Frühjahr 1902

...Du siehst wie leserlich meine Schrift geworden ist. Ich schreibe mit der Rechten, – aber langsam wie einst, als ich in der so kleinen Klasse lange Zeit der Hinterste auf der letzten Bank war. Ich war als «le petit allemand» angekommen, dem der Lehrer Grand ab und zu deutsche Erklärungen geben musste. Das war 1837, vor 65 Jahren. Gerne möchte ich ja von vorn anfangen, aber da müsste man mir vorher ein wenig von Lethes Lebenselixier zu trinken geben und mir zusichern, dass ich diesmal weniger Dummheiten anstelle...

Du frägst mich, wo ich diesen Sommer die Ferien verbringen will: Ich notiere mir die Orte, wohin ich gerne reisen möchte, nehme mir die Landkarte vor und verfolge darauf genau die Route. Voraussichtlich werde ich zuhause bleiben!! Unsere Matte genügt mir unter dem Sonnenschein, und in meinem Fall muss ich ja auch immer damit rechnen, dass infolge von Ermüdung oder Aufregungen ein zweiter Schlaganfall eintritt. Da möchte ich meiner Familie nicht den übeln Streich spielen, dass sie mein Gerippe aus der Ferne herschleppen müssen...

Über Theologen: so werde ich «grüseli» milde – Liebe Bergsteiger – Jungfraubahn und «altes Zeug»

An Hürner   Ins, 3. Mai 1902

Hier schicke ich dir die Hermeneutik zurück, hie und da nahm ich einen löblichen Anlauf, aber das Buch war zu fuhrig für mich, es hat mich aber recht heimelig an Herrn Immer gemahnt. Wenn ich aber das Buch nicht durchgeochset habe, wie es das verdient hätte, habe ich dies Frühjahr doch auch Theologisches gelesen, nämlich die Geschichte des Volkes Israel von Renan, und auch von den Bänden, die als Fortsetzung seines Lebens Jesu dienen... Diese Bücher sind äusserst schön und einfach geschrieben; in allen diesen Bänden ist auch nicht ein Wort Effekthascherei, Affektiertheit und Pedanterie, alles läuft wie Öl, mit reichem Wortmaterial; und nicht selten wird er warm und poetisch, er begeistert sich für seinen Gegenstand, z.B. den zweiten Jesajas. Ich glaube nicht, dass jemand schöner von ihm gesprochen hat...

So werde ich denn je länger je mehr «grüseli» milde und schonend in meinem Urtheil über andere, wenn ich denke, wie man ein schwankendes, schwaches Rohr ist.

An Albert und Marie Quinche-Anker
in Champex/Valais   14. Juli 1902

Liebe Bergsteiger,

Hier geht alles gut... Lolotte spielt mit Freund Gyp, am Nachmittag strickt sie mit dem Nachbarstöchterlein. Mündi ist mit der vollen Milchbrente umgefallen, er war eine Zeitlang bewusstlos. Man holte den Arzt; er hat sich rasch wieder erholt. Heute las er wieder die Zeitung...

In der Kirche wird tüchtig renoviert, die Grabmäler wurden versetzt. Da wird Herr Pfarrer froh darüber sein...

Aquarell und Skizze eines Mannes

An Fr. Ehrmann   28. Juli 1902

Du wirst schöne Ferien erleben. Schade, dass Postkutschen, Pferdegespanne, Maultiere etc. nicht zu deiner Spezialität gehören, wie es bei Simon, einem Berner, der Fall war. Er war mit Jacot-Guillarmod befreundet, ging völlig in der Kunst auf und starb allzufrüh, nicht 30 Jahre alt ...

Ich hegte den verrückten Plan, mit der Jungfraubahn in höchste Höhen zu reisen. Aber ich sah ein, dass solches übertrieben wäre, so reise ich nur noch mit Hilfe meiner Landkarten.

Ich gratuliere dir zur Grossreinigung deines Ateliers. Ich hätte gerne mit alten Büchern und Papieren aufgeräumt, aber ich wage es nicht, damit zu beginnen. Da habe ich noch viel altes Zeug aufbewahrt, das nur fürs Feuer taugt ...

Noch immer male ich Aquarelle. Die Ölmalerei ermüdet mich allzu sehr ...

Ein schweres Aufsatzthema! –
Nicht mehr im Sinn zu sterben ...

An seine Enkelin Dora   Ins, 31. August 1902

Liebe Dora,

Wenn dein «Räuber» M. St. sich einbildet, ein Aufsatz zum Thema ‹Dichtung, Prosa und Malerei› sei einfach, so täuscht er sich, er täuscht sich auch, wenn er meint, ich hätte viel dazu zu sagen. Gewiss war im Gymnasium von Bern in einem Kurs parallel zur deutschen Literatur von ähnlichen Themen die Rede. In diesem Kurs wurden die Themen, welche in den einzelnen Kapiteln zu behandeln waren, nach den fünf Richtungen der Künste dargestellt: Dichtung, Musik, Malerei, Bildhauerei und Architektur. Ich nehme an, euer «Räuber» möchte das Thema in dieser Richtung behandelt wissen. Was kann man über Prosa sagen? Sie ist uns gegeben, um Positives, Wahres, Erdnahes auszudrücken – die Sprache des Alltags. So wird unser Schulinspektor nicht den Pegasus besteigen, um auf Jahresende hin seinen Rapport für die Erziehungsdirektion abzufassen. Die ganze Naturgeschichte, die Wissenschaft mit ihren unzähligen Entdeckungen – so unvorhergesehen und staunenswert sie auch sein mögen – verwenden nur Prosa. Ganz allgemein gesehen nimmt das moderne Leben mit seiner unmässigen Hast eine eher prosaische Wende.

Aber nun etwas anderes: ein Dichter hat einem Glockenguss zugeschaut. Diese Glocke ist an sich schon ein geheimnisvolles Wesen, sie gehört allen – trägt ihren ehernen Klang über alle hin und ist ihr Sprachrohr, da sie in heitere oder traurige Ereignisse verwickelt ist. Solche Ereignisse tragen unbestritten poetische Züge: hier haben wir es nicht mehr bloss mit Zahlen zu tun, nur mit dem Realistischen, da kommt die Phantasie auf ihre Rechnung, poetische Form entschuldigt manche Übertreibung.

Die Malerei behandelt verschiedene Themen. Kann ein Maler die mütterliche Liebe mit ihrem ganzen Zauber zum Sprechen bringen? Wenn er die Formen eines schönen Modells wiedergeben kann, dann kann er auf der Leinwand mit seinen Pinseln Dinge festhalten, welche Worte weder in Dichtung noch in Prosa wiedergeben können, denn da zeigt sich etwas völlig Neues. Man kann mit Worten eine Schönheit bewundern, kann ihre Gründe darstellen, aber ist es dasselbe, wie wenn in der Malerei vor den Augen aller eine oft aussergewöhnliche Kraft ausgestrahlt wird?

Ich denke, M. St. möchte andere Attribute erfahren, welche der Dichtung und der Malerei beigegeben werden können. Die Malerei gibt das «nebeneinander», die viel freiere Dichtung gibt das «nacheinander». In ihrer Beweglichkeit kann sie das «nebeneinander» auch gestalten, aber nur bis zu einem gewissen Punkt: wenn sie zu sehr beschreibt und in die Einzelheiten gerät, will sie es der Malerei gleichtun und geht in die Irre. In diesem Kapitel sind gewisse moderne Romanschriftsteller wahre Wilde, sie beschreiben in kleinsten Einzelheiten Dinge, welche sie doch den Malern überlassen müssten. Um mit Glück und Genie die Themen «von gehobener Stimmung» zu behandeln, bedürfen wir der Hilfe der Göttin Minerva. Diese gute Göttin ist oft ein bisschen launisch und giesst ihre besten Gaben über Menschen, die nicht die Gradlinigsten sind, andere aber, die Saubern, Exakten, Höflichen, Wohlerzogenen, die alles besitzen, lässt sie oft links liegen. Kannst du mit meinem Geschwätz etwas anfangen? Sag nur M. St., er habe euch ein zu schweres und abstraktes Thema aufgegeben. Dazu braucht es Kenntnisse der Literatur, Erfahrung und Reife, die euch noch abgehen.

Vor 150 Jahren hat Lessing im ‹Laokoon› alle diese Fragen zur Kunst und ihren Abgrenzungen abschliessend behandelt. Davon werdet ihr noch hören, denn

Beileidsbrief schreibende Frau (Aquarell)

man kann gewisse Themen nicht behandeln ohne diesen Mann und sein Werk mit Respekt zu beachten.

Herzliche Grüsse von allen   Der Grosspapa

An A. Schnyder   Ins, 23. August 1902

... Ich muss mich oft verwundern, wie die Sachen, die ich ehmals im Nu machen konnte, heute unsägliche Mühe verursachen. Hingegen zeige ich grosse Energie im Abliegen auf das Ruhbett zu jeder Tageszeit, da fürchte ich keinen Rivalen...

Ich habe nicht mehr im Sinn zu sterben, wie anfangs, wo ich fürchtete ein Krüppel zu bleiben, sondern ich spare dies für später und denke nicht daran...

Wovon die Maler leben – Endlich der letzte Tag! – Von guter und fader geistiger Nahrung

An Louis Favre   9. Sept. 1902

«... Als ich Ihnen von Malern berichtete, die um 1830–1840 Hunger gelitten haben, da vergass ich den einzigen zu erwähnen, der eine Ausnahme machte: Calame! Er war von Jugend auf berühmt. Seine Bilder gehörten zu den allerbesten, sein Ruf wurde auch durch Lithographien weit verbreitet... Wenn heute die Jungen seine Malerei erblicken oder von ihm reden hören, fallen sie gleich in Ohnmacht. So hat sich die Sicht verändert. Aber sie bedenken nicht, dass sie selber auf den Schultern dieses Titanen sitzen. Er hat sich ein Riesenvermögen erworben. In dieser Zeit ist Vater Lugardon verarmt. Und heute jammern sie, wenn ihnen der Bund nicht alle ihre Bilder abkauft!

Ich bin stolz darauf, dass mir der Bund keinen einzigen Sous gegeben hat. Ich habe meine Bilder selbst verkauft, ohne Unterstützung. Darum allen Respekt vor Vater Lugardon!

Ins, Herbst 1902

Lieber Hürner,
Möge deine Convalescenz einen rechten Fortgang nehmen... Ich wünsche dir noch Tage der Serenität mit schönem Abendglanz, man geniesst diese Zeit, die einem noch geschenkt wird! Endlich aber wird der letzte Tag kommen, aber wir haben es nicht mehr mit einem bösen Moloch zu thun, der zur Sühne unschuldige Kinder verbrennen muss, diese Ideen sind ferne von uns...

Ins, 8. Oktober 1902

Dein Brief hat mich gefreut. Ich wusste, dass viele deiner Kollegen dich ehren wollten durch ein Album. Ich gab gerne mein Scherflein dazu: so hast du das Bild des Herdkörblimachers erhalten...

Strickendes Mädchen (Aquarell)

Aus der Predigt, die ich gehört habe, sehe ich, dass du dein Amt noch wacker und mit Leichtigkeit versiehst. Es war nicht schwer herauszufinden, dass du einen reichen Vorrath von Gedanken zu deiner Disposition hast und eine feste männliche Stimme, mit welcher du auch die Mauern von Jericho umrennen könntest, du geniessest jetzt die Frucht deines Schaffens, du warst immer in der Philosophie, du bist immer in Kontakt geblieben mit den besten und grössten Geistern, die existiert haben und dieselben tragen dich nun in deinem Alter.

Wie gefährlich es ist, wenn ein Pfarrer sich mit keinem festen Buch mehr beschäftigt, sah ich beim Haas in Gampelen, der las nur noch die wohlgemeinten und faden Erzählungen, verfasst von gutmeinenden Neuenburger Damen, deren Zweck es wäre, die schlipfrigen französischen Romane zu verdrängen. Kam man mit Haas zu einem ernsten Wort, so tönte es hohl wie ein leeres Fass...

Bedenke dann noch, dass du beliebt bist, die Leute lassen dich nicht fahren. Übrigens bist du erfahren und kannst alle Gründe am besten erwägen.

Letzthin las ich eine Neuenburger Dissertation über Paulus. Es war ledernes, trockenes Zeug... Da

Alter Mann mit Pfeife (Aquarell)

nahm ich den Paulus von Renan zur Hand, dies ist ein anderes Bild, da sieht man die Bedeutung des Mannes in culturhistorischer Beziehung – sodann, dass Paulus die Theologen oder die Leute überhaupt befreit hat vom Joch der kleinlichen Werkheiligkeit, Luther, Port Royal, Calvin. So bin ich nun wieder versöhnt, nachdem ich ihn als auf dem Holzweg stehend betrachtet habe.

Wir sind bald an unserer Weinlese. Die Qualität wird nicht gut, hingegen die Quantität ist befriedigend. Die Leute sollten dabei Anlass haben, nicht zu viel zu trinken, freilich, wenn der Wein schlecht ist, trinken sie Schnaps, was noch ärger ist...

Trost bei alten Meistern

Ins, den 25. November 1902

Lieber Herr Bohni,

... Ich suche meinen Trost bei keinen geringern als bei den alten Meistern; wenn man dem Perugino einen Heiligen bestellte, machte er so ziemlich die gleichen Gewänder und Köpfe, nur hatte der eine als Attribut ein Schwerdt, einen Schlüssel, einen Rost, St. Antonius, ein Schwein. So gleiche ich denn den alten Meistern, ich gebe auch allerlei Attribute, eine Pfeife, ein Glas Wein, eine Zeitung und anderes mehr. Diesen Trostgrund fand ich letzthin und derselbe verscheuchte alle Gewissensbisse...

Die alte Frau

Einem grossen Glücksfall verdanken wir es, dass Ankers Briefe zu diesem Aquarell an dessen einstigen Besitzer, Hafnermeister Künzi in Bern, erhalten geblieben sind. Albert Anker hatte eine erste Variante des Bildes einem Missionsbazar für eine Versteigerung zur Verfügung gestellt. Es war dort von der Besitzerin des Schlosses von Amsoldingen/Thun ersteigert worden. Das Ehepaar Künzi hatte an ihm Gefallen gefunden und eine zweite Darstellung der Frau beim Maler bestellt. So liess Anker die unbekannt gebliebene Inserin wieder in sein Atelier kommen.

Wir sehen sie, wie sie sich auf die offene, abgegriffene Bibel stützt. Verwerkte, schmale Hände, tiefliegende Augen lassen ein langes und mühseliges Leben erkennen. Helle Augen, die ganze Haltung der Frau bezeugen ein festes Gottvertrauen.

Hochgeehrter Herr,

Als Antwort auf Ihren Brief melde ich Ihnen, dass ich Ihnen die verlangte Mutter noch gerne einmal malen werde, es werden einige Varianten sein, wie es zu geschehen pflegt, wenn man nach Natur malt. Die Frau lebt noch, war im Herbst noch hellauf, und zu ihrer grossen Freude hat sich ein Sohn mit einem braven Mädchen aus grundehrlicher Familie verheirathet, dazu ist dieser Sohn noch temperent! Ich hoffe, das zweite Stück werde noch besser ausfallen als das erste... Es freut mich, dass Ihre werthe Frau auch Freude an dieser armen Frau gehabt hat. Das Sujet ist traurig, aber von einer höhern Kunst als meine halbleinigen Männer. Es ist ein psychologisches Interesse dabei und ein Stück nur allzubitterer und täglicher Wahrheit. Genehmigen Sie mit Ihrer geehrten Frau Gemahlin die Versicherung besonderer Hochachtung
Albrecht Anker

Ins, 31. Oct. 1902

Der Ausdruck «psychologisches Interesse» in den Spätbriefen Ankers meint immer ein besonders schweres Lebensschicksal des betreffenden Inser Modells und die Weise, wie dieses ertragen worden ist. Er lässt stets auch des Künstlers Mitfühlen erkennen.

Wie der Maler sich hinter die Arbeit macht, kommen ihm auf einmal Gewissensbisse:

Die alte Frau (Aquarell)

Familienphoto. Von links nach rechts: Anna Anker, zwei Bekannte, Albert Anker, Charlotte Quinche, Cécile Du Bois-Anker

Hochgeehrter Herr,
Die alte Frau ist nun fix und fertig, jedoch jetzt kommen mir allerlei Gedanken, ob ich nicht recht thäte, das Aquarell nicht zu verkaufen. Sie wissen, was mit dem ersten Exemplar geschehen ist, es wurde am Bazar der Mission verkauft, jedenfalls versteigert für 250 Fr. und zwar an Fräulein Rosa v. Tscharner von Amsoldingen. Nun dünkt es mich nicht recht, wenn dies Fräulein vernehmen sollte, dass ich exakt das Gleiche um 100 Fr. verkaufe...

Ins, den 17. Dezember 1902

Herr Künzi hat mit jener Dame gesprochen und den Künstler beruhigen können. Darauf war die Sache in Ordnung und Hafnermeister Künzi kam zum gewünschten Bild!

Ars longa, vita brevis

Das Jahr 1903 steht für Albert Anker im Schatten von Krankheit und Tod. Der Abschied von seinem alten Freund in Wimmis und die Sorge um dessen Tochter Julia lassen ihn nicht los: über zwanzig Briefe gehen in diesem Jahr allein nach Wimmis und nach Därstetten im Simmental, wohin Julia Hürner sich zurückgezogen hat.

Die Byse ist gekommen – Das Bankett

An Ludwig Hürner Ins, Januar 1903

Die Byse ist gekommen mit ihrem Gefolge von Husten und Rhümen. Seit gestern habe ich das Atelier geschlossen. Es ist schwer, dort zu heizen, mit meinen beiden Öfen bringe ich es zustande, aber es braucht eine Masse Kohlen und die Tage sind so kurz. So habe ich denn die Boutique geschlossen und bleibe im untern Zimmer, wo ich allerlei lesen will. Ich habe mich in neuere Lektüre verstiegen, aber wenn ich etwas von den Griechen wiedersehe, so kommt es mir vor, dies sei der wahre Jakob. Dann will ich noch einiges von Renan lesen... Der Mann hat mir oft grosse Freude verursacht...

Ich bin wieder hellauf und schaffe morgens und nachmittags und zwar mit dem grössten Vergnügen, wenn ich nach der Natur arbeiten kann...

Ins, 4. März 1903

Durch deine Tochter vernehme ich, dass du leidend bist, es ist mir unendlich leid, dies zu vernehmen. Deine gute Constitution wird der Influenza hoffentlich bald Meister werden. Allein böse Tage wechseln mit den guten ab, und da müssen wir an die Philosophie Hiobs denken, der seiner ungeduldigen Frau sagte: «Was, wir würden nur die guten Tage annehmen, die bösen aber nicht.» Es hat niemand einfacher und vernünftiger gesprochen als dieser Erzvater aus dem Lande Uz. Wir gehen übrigens dem Frühling zu, die schönern und längeren Tage werden nicht nur die Vegetation erquicken, sondern auch die alten Pfarrherren; aber die alten Maler haben die Sonne auch nöthig, um die alten Knochen zu erwärmen. Im Übrigen sind wir in Gottes Hand, er schalte und walte wie er will, mir ist alles gleich, der Tornister ist gepackt, das Aufgebot kann kommen.

Ich weiss nicht, ob du das Buch von Marcus Aurelius kennst, es hat niemand über Tod und Leben schöner geschrieben als dieser Stoiker auf einem Thron, der ihn allmächtig machte, aber demüthig liess...

Ins, 31. März 1903

Lieber Herr Davinet,
...Wenn ich mein Leben überdenke, so muss ich an das lateinische Sprichwort denken «ars longa, vita brevis». Ja, das Leben ist kurz, die Kunst aber weit ausgedehnt! Ich denke an alles, was ich noch gerne ausgeführt hätte und ich bedaure, nicht mit neuen Kräften von vorne anfangen zu können. Aber eben, der Augenblick naht, an welchem man an den Ort reist, wo es keine Bilder mehr zu malen gibt. Dies Schicksal blüht allen Künstlern, auch die gewitzigsten enden im Tale Josaphat. Aber soll man darüber betrübt sein? Man sollte zufrieden sein damit, dass man an diesem Bankett teilnehmen durfte, das seinen Reiz hat. Der Gastgeber, der uns dazu empfing, wird uns auch in Zukunft mit Wohlwollen behandeln.

Ihr A. A.

Was wird nun aus Ihnen geschehen? – Ein Mann von unermesslicher Güte – Berns Unglück mit jungen Malern

Von Julia Hürner   Wimmis, 14. April 1903

Lieber Vetter,
Unser lieber Vater ist diesen Abend an einem Hirnschlag unerwartet schnell gestorben. Er hatte gottlob ein sanftes, müheloses Ende.
Mit frd. Grüssen an Sie und Ihre w. Familie

Ihre erg. J. Hürner

Die Beerdigung findet Freitag nachm. 1 Uhr statt.

An Julia Hürner   17. April 1903
Beerdigungstag von Pfr. Hürner

Geehrtestes Fräulein,
Unterdessen haben wir einen starken Schneefall gehabt und heute Freitag als wir aufstunden, war alles weiss; gegenwärtig, es ist ein Uhr, die Stunde wo Ihr Ihren lieben Vater beerdigt, weht eine starke Bise, obschon der Schnee ein wenig verschwunden ist. Ich denke, die traurige Feierlichkeit wird auch bei frostigem Wetter stattfinden. Ich bin in Gedanken auch dabei und denke, wie sie den guten Freund in die Erde versenken werden. Aber dort ist es ihm wohl und bei meinem vorgerückten Alter muss ich auch daran denken, dass ich ihm bald nachfolgen werde; ich habe ihm es schon mehrmals geschrieben, dass mein Tornister fix und fertig gepackt ist, und dass das Aufgebot kommen kann, wann es will. Ich hoffte, ihn noch hie und da zu sehen und von allerlei mit ihm zu reden, von den alten gemeinschaftlichen Erinnerungen, und dann auch vom Gegenwärtigen; er war in den philosophischen Wissenschaften so beschlagen, dass man immer etwas von ihm lernen konnte.

...Was wird nun aus Ihnen geschehen? ...

23. April 1903

Werthestes Fräulein,
...Mich nimmt es auch wunder, was aus Ihnen werden soll. ... Fräulein Trösch hat mir den Artikel des Simmenthalerblattes vorgelesen, durch den man Mehreres vernahm und wo auch die Liebe der Gemeinde zu Ihrem Vater vorgehoben war. An ihm bewährte sich ein altes lateinisches Sprichwort: *«Liebe, wenn du willst geliebt werden.»* Er hatte die Leute gern, war leutselig und wohlwollend gegen jedermann, und wie man in den Wald schreit, so tönt es wieder heraus. Bei ihm war auch gar kein Haschen nach Popularität, das Geheimnis ist die Güte und Milde. Ist dies nicht gute Lebensphilosophie, über die man ein Semester lesen sollte den Medizinern und Theologen?

Ins, April 1903

Lieber Hirsch,

Morgen gehe ich ins Oberland, um die Familie meines Freundes Pfarrer Hürner zu besuchen, der am 14. April plötzlich gestorben ist. Er hatte einen schönen Tod, nachdem er noch zwei Tage vorher eine vortreffliche Predigt gehalten hat. Nach 50 Jahren Pfarrdienst wollte er zurücktreten – nun sind ihm die Mühsale des Umzuges erspart, er hat seine «casa suprema», welche er nicht mehr zu verlassen braucht!

Vorgestern hat man einen Mann beerdigt, welcher in Bern eine bedeutende Stellung eingenommen hat: ein Herr Bovet, Pfarrer der Eglise libre. Er war von unermesslicher Güte, erfüllt von Liebe zu den Allerärmsten, den grössten Trinkern, den Lasterhaftesten.

Er war der Begründer und Unterstützer aller Abstinenzvereinigungen. Dabei war er auch begabt: Ich habe ihn einmal in der Nähe bei Bauern predigen gehört: zuweilen klang es ganz familiär, dann stieg er in höchste Höhen, hob den Arm und schien zweimal grösser zu sein. Er hat mich an die alten Propheten erinnert, überzeugend, einleuchtend – manchmal flösste er auch Furcht ein, aber alles ohne Gefühlsduselei, immer einfach. Jeden Monat ging er zu den schlimmsten Strafgefangenen; sie haben für sein Begräbnis einen Kranz gespendet.

Ihr alter A. Anker

An Dr. Engelmann, Apotheker, Basel   10. Mai 1903

Hochgeehrter Herr,

Grossen Dank für die Sendung der Zeichnungen, es freut mich zu sehen, dass Sie mich nicht vergessen haben. Die Sammlung ist hübsch und zeugt von einer gewissen Phantasie. Dem Namen nach war der Künstler ein Berner, und wiederum bestätigt es sich, dass der Kanton Bern mit seinen jungen Malern Unglück hat. So viele sind gestorben, bevor sie das Mass ihres Könnens gegeben haben. So Boss, ein Studienkamerad von Stauffer, Lutz, gleich alt, Kötschet, ein Jurassier, der nicht 30 Jahre alt wurde, und Fritz Simon, der etwas älter war als ich und 30 Jahre alt starb, für den war es ausserordentlich schade. Und noch mehr für Stauffer, der es mit seinem Hudelleben zum Grössenwahn und zum Tode brachte. Wahrlich, man sollte dem Bär ein Leidband anthun als Trauerzeichen für seine jungen Künstler. Wie schade, dass ein väterlicher Freund nicht in der Nähe von Stauffer gewesen ist und ihm gesagt: Du, die Begriffe und Gesetze der Moral gelten für den Künstler so gut wie für den Philister...»

Das nächste Mal Tingeltangel – Niklaus Leuenberger – Landschaft überschwemmt alles

An Julia Hürner   2. Juni 1903:

Hochgeehrtes Fräulein,

...Am Freitag haben wir einen Ausflug gemacht und zwar nach Hindelbank, mit unserer Mutter und zwei Fräulein Gatschet, des Oberrichters Töchter, meine Cousinen. Aber ich gehe nicht mehr mit Frauen dorthin, das Werk war ihnen wurst. Ich meinte, die Weiber hätten ein weicheres Herz und ein offenes Verständnis. Das nächste Mal gehe ich mit ihnen in den Circus oder in den Tingeltangel, diese Litteratur ist verständlicher. Wenn Sie je dahin gehen, gehen Sie ganz einzig, so wird es seinen Eindruck nicht verfehlen.

Seit diesem Tag von Hindelbank bin ich nicht recht im Strumpf, es war an jenem Tag eine bedenkliche Hitze. Ich möchte gern, sie hätten im Himmel bald einen Maler nöthig, da ist wenigstens ein Heiliger abzumalen, der in die nämliche Porträtgalerie kommen wird, wie der heilige Cyprian und der Hieronymus, es ist Herr Pfarrer Bovet. Könnte ich verschwinden wie Ihr Vater, so rechnete ich es als einen schönen Tag...

(Das Grabmal in Hindelbank erwähnt Anker in manchem Brief. Es ist vom Bildhauer J. A. Nahl für die 1751 jungverstorbene Frau Langhans geschaffen worden. In einem Brief vom 16.6.1894 an Dr. E. Blösch schreibt Anker darüber unter anderm:

«Die Idee ist und bleibt wunderschön und ergreifend. Aber das Werk bleibt doch etwas *unter* dem Begriff der Skulptur, die wie keine andere Kunst, schöne Formen wiederzugeben vermag... Es gibt Skulpturen von höherem Flug und grösserer Meisterschaft, allein man wird wenig aufweisen können, ... wo die Hoffnung der Unsterblichkeit so klar wiedergegeben ist.»)
(‹Bund›, 8.4.1931)

An Davinet   Juni 1903

«...Ich bin gespannt auf Einzelheiten zu der Einweihung des Leuenberger-Denkmals in Rüderswil. Da ich ja der Commission angehört habe, wäre ich gerne hingegangen. Aber ich fürchtete eine zu grosse Ermüdung. Es ist eine sympathische Sache, vor allem für die Bauern. Schade, dass der Aufstand ohne Erfolg blieb. Dem Kanton Bern wären manche Wirren erspart geblieben. Wie beim ersten Bauernaufstand zur Zeit Luthers gab es darunter gute Elemente, – man

167

hätte sie nur etwas mässigen sollen. Aber hinterher ist leicht zu sagen: So und so hätte man es anpacken müssen, schade, dass *ich* nicht dabei gewesen bin...»

Ins, 2. Juni 1903

Lieber Hirsch,

Ich bin ganz verwirrt darüber, ein so schönes und kostbares Buch zu erhalten, welches die Kirche von Moissac beschreibt... Diese frommen Bildhauer standen schon mit einem Fuss im Himmel und mussten den 1. Mai nicht mit roten Fahnenumzügen feiern! Unendlichen Dank für diesen Band. Wie alle zwei Jahre, ist in Neuenburg am 1. Mai die Gemäldeausstellung eröffnet worden. Trotz der Kälte bin ich hingegangen in der Hoffnung, das «Tout-Paris» von Neuenburg anzutreffen. Die Säle waren weniger bevölkert als auch schon – des Regens wegen – und doch bin ich einigen wohlbekannten Häuptern begegnet, einstigen Schulkameraden und andern Bekannten. Die Landschaft überschwemmt alles, doch sieht man noch einige Porträts. Wie ich hinausging dachte ich, dass Jules Dupré nicht zu Unrecht gesagt hat, er möchte nur noch alte Museen besuchen. Wir gehören einem andern Zeitalter an!

Vom Wert alter Briefe – Die schwarze Spinne – Gefahrvolles Bergsteigen – Lob der Unverheirateten

An Julia Hürner   8. Juli 1903

Geehrtestes Fräulein,

Zuerst muss ich Ihnen gratulieren, dass das schwere Werk des Zügelns hinter Ihnen ist. ...

Sie werden wohl jetzt die Correspondenzkisten durchsehen und das wichtigere und interessantere bei Seite legen; ... es dünkt mich immer, ein hundertjähriger Brief sei schon wegen seinem Alter aufzubewahren, und in früheren Zeiten war ein Brief ein Ereignis. Sie waren seltener und mit grösserer Andacht und Aufmerksamkeit geschrieben als heute, wo die Postkarten die Literatur der Väter und besonders der Mütter ersetzt hat. ...

15. Juli 1903

Liebes Fräulein,

Ich muss Sie um etwas anfragen: besitzen Sie allenfalls die Schwarze Spinne von Jeremias Gotthelf? Ich habe die deutsche Ausgabe nicht, nur die welsche und ich möchte nachsehen, ob ein Satz, der mir in Erinnerung geblieben ist und das Lob des Kantons Bern ausposaunt, nicht auf eine elende und schwache Weise übersetzt worden ist. Sie werden doch Ihre Jeremias alle, die ja meist in den Originalausgaben da waren, doch nicht alle der Bibliothek von Wimmis geschenkt haben? Es wäre des Guten zuviel! ...

26. Juli 1903

Hochgeehrtes Fräulein,

... Die Quinche, also unsere Tochter Marie und ihr Mann, haben im Sinne, die nächste Woche auch auf das Stockhorn zu gehen. ... Aber noch eine Tour haben sie vor, sie wollen auf das Lauberhorn; nicht dass diese beiden Ascensionen von den gefährlichsten sind, sie haben schon viel schwierigere gemacht, auf welchen man seine Knochen aufs Spiel setzt, ich machte ihnen schon oft Vorwürfe, sie sollten nicht so waghalsig sein, aber was sind die klügsten Räthe für Alpinisten? Ich rathe ihnen den Wistlacherberg, den Jolimont und den Gurten, dort riskieren sie wenigstens nichts.

11. August 1903

Geehrtestes Fräulein,

... Ich dachte hie und da an Sie in den kalten Tagen vor 14 Tagen und dachte, Sie würden auf der Stockenalp frieren, nun kommen sehr schöne Tage. Ich wollte, ich könnte auch dahin gehen mit meiner Farbenschachtel, ich möchte den ganzen Berg, alle Tannen und Felsen, alles Vieh und dann noch den Senn und seinen Käs mit heimbringen; der Wille wäre da, aber das Vollbringen nicht, und in meinen alten Tagen sehe ich ein, dass das Leben kurz und die Kunst lang ist, nach dem antiken Sprichwort.

... Ich habe in meinem Leben etliche unverheirathete Personen gesehen, die waren besser als andere Menschen, aber alle hatten eine Lebensaufgabe und haben für andere gelebt und gedacht. Und auch jetzt ist eine schon ältere Tante in unserem Dorf, die war ein Segen für die ganze Familie; sie hat für eine ganze Schar Kinder gesorgt, die nun alle gut ausgefallen sind. Aber was will ich Ihnen Moral predigen, ich weiss wohl, dass Sie Weisheit genug besitzen und Ihren Kahn nicht auf Felsen und Sturmfluth reisen werden. ...

Es hat mich interessiert, einige Worte zu vernehmen über das Loos der zahlreichen Bücher Ihres Vaters; verkauft haben Sie also die wenigsten oder gar keine? Es freut mich, dass Sie, als Liebhaber des Lesens, die meisten behalten haben, la vie, sans les lettres est la mort, sagte ein altes Sprichwort. ...

Zeitung statt Bücher –
Schaffensfreude in Paris –
Ernsthafte Studien

An Fr. Ehrmann   7. September 1903

«... Ich will nach Bern gehen, um in der Kinderkrippe einige Skizzen zu machen. Am Nachmittag möchte ich die Töchter meines verstorbenen Freundes, des Pfarrers von Wimmis (der mit dem lateinischen Brief) treffen...
Über deinen Tadel gegenüber unserem Freund habe ich noch nachgedacht: Er liest kein Buch mehr, begnügt sich mit Zeitungslektüre. Du lieber Gott: das ist nun der Geschmack unserer Zeit. Die Zeitung ersetzt alle andere Lektüre!!!

An Albert und Marie Quinche-Anker   12. Oktober 1903

Wir waren glücklich zu vernehmen, dass ihr euch in Paris bequem eingerichtet habt. Ihr werdet euch in kürzester Zeit in dem so gastfreundlichen Leben der grossen Stadt zurechtfinden und euch jedes an seinem Ort für die Arbeit begeistert sehen. Da findet man Seinesgleichen, es entwickelt sich eine Schaffensfreude, wie es hier nicht möglich ist. Die kommt von aussen, währenddem in unserem Lande zu viele Dinge einen von der künstlerischen Arbeit wegführen...

An Julia Hürner   21. Oktober 1903

Geehrtestes Fräulein!
Wie ist es Ihnen im Laufe dieser zwei Wochen ergangen? Haben Sie nun mit den Kindern gute Bekanntschaft gemacht? Dies nimmt mich wunder und ich würde lügen, wenn ich sagen würde, ich hätte nicht oft daran gedacht. Wie ein Ätti bin ich darüber besorgt. Ich hoffe das Beste, obschon überall noch allerlei Haken zu befürchten sind...
Als Truppen hier durch das Dorf kamen, war auch Herr Strasser von Grindelwald dabei; er kam mich zu grüssen und wir sprachen auch lange von Ihrem Vater; er that als mit aller Hochachtung und Freundschaft. Ich dachte dabei und wir sagten uns, dass es eine schöne Sache bei den Menschen sei, wenn sie nicht an sich selbst immer denken, man spürt die Sache unwillkürlich; die Leute haben ein feines Gefühl dafür. Immer mehr denke ich, dass seine philosophischen Bücher und Studien seine Ideen in eine reinere Sphäre gebracht haben, die ihn irdische Dinge haben sehen lassen, wie sie sind. Aber wahrscheinlich wird jedes andere Studium, wenn es ernst und fortwährend betrieben wird, die nämliche Wirkung haben. Unser Dubois ist immer auf seinem Mikroskop, der Verkehr mit dem wunderbar unendlich Kleinen ist auch eine noble Sache...

Von Julia Hürner   Bern, 16. Dez. 1903

Lieber Herr Vetter,
Am Abend bin ich selten allein, die Kinder gehn bei Zeiten ins Bett, Herr Schneider bleibt am Abend meistens zu Hause, er ist sehr musikalisch und spielt gut Cello, ich spiele Klavier und so machen wir viel Musik zusammen, was sehr angenehm ist.
Über Tag disputieren wir ziemlich viel, aber am Abend beim Musizieren werden wir ganz friedfertig und so kann man sagen: Ende gut, Alles gut. ...
Ich hoffe auch bald wieder auf einen Brief Ihrerseits, dieselben sind immer hochwillkommen. Nun gut Nacht und herzl. Grüsse an Sie und die Ihrigen
       von Ihrer ergebenen   J. Hürner

       20. Dezember 1903

Geehrtestes Fräulein,
Ihr Brief ist mir richtig zugekommen und sein Inhalt hat mich gefreut, denn ich sehe, dass es Ihnen gut geht. Dass Sie das Leben versüssen mit Musik ist eine schöne Sache, dies ist eben die noble Seite der Kunst, Horaz sagt ganz gut: «Sie veredelt die Sitten und macht, dass die Menschen nicht wild werden.» So hat ein Mann gesprochen kurz vor der Geburt des Heilandes, Sie werden doch einem so ehrwürdigen, imposanten Ausspruch glauben, viel mehr, als wenn es nur ich, Albrecht Anker, gesagt hätte! ...
Also wenn Sie nächsten Monat kommen, will ich meine Bleistifte spitzen; ich will, ich werde es Ihnen gesagt haben, versuchen Ihr Conterfei zu machen. Möge mir Merkur, der Gott des Glückes, in dieser Arbeit beistehen! Bei dem kalten Wetter und glatten Wegen ist es schöner, nicht zu weit vom Ofen, die Jungen können sich bewegen und sich dabei erwärmen, aber die Alten müssen ihre Knochen und ihre armen Knie nahe beim Feuer halten, ach, ich spreche nicht von Ihnen, wenn ich von den Alten rede, Gott bhüt is noch einmal davor! ...
       A. A.

Fröhliche Weihnacht und glückliches neues Jahr wünsche ich Ihnen auch; wie ich sehe, hat mein Mann mich zu erwähnen vergessen.
       Anna Anker

Aquarelle und Mähdrescher – ‹Wilhelm Tell› im Bären: Die Stauffacherin

An Cécile   Ins, 4. Dezember 1903

Liebe Cécile,

Ich habe dir nichts Eindrückliches zu berichten, für ein oberflächliches Auge scheinen unsere Tage verzweifelt eintönig dahinzufliessen, aber für das Auge eines Philosophen sieht es doch anders aus. Denn dieser würde sagen, dass der Mensch nur in der Einsamkeit wirklich lebt. Meine grosse Erholung sind die Aquarelle, ich bin ständig an der Arbeit, und in der Hälfte der Zeit sitzen Modelle vor mir ...

Der grosse Dampfmähdrescher arbeitet den ganzen Tag über mit viel Lärm in unserer Nachbarschaft. Achtzehn bis zwanzig Männer bedienen diese Maschine. Alles verursacht einen Lärm wie beim grossen Brand. Niemand drischt mehr sein Korn in der Scheune; mit der neuen Arbeitsweise wird viel Zeit gewonnen.

Herzlichen Gruss an deinen Mann.
                                        Dein alter A. A. à A.

An die Enkelin Charlotte Quinche   30.12.1903

Ich wünsche dir, wie den Eltern ein gutes neues Jahr. Dora und Elisabeth sind seit 3 Tagen hier ... Du möchtest sicher wissen, wie es unsern stillen Freunden Gyp und der Katze geht. Sie leben ein beschauliches Dasein. Der Hund liegt oft auf dem Ofen. Am Morgen eilt er hinaus und seine Freunde grüssen ihn. Die Katze ist an ihrem Auge wieder gesund. Sie hat nach altem Rezept fasten müssen, lag still auf dem Ofen, dabei litt sie vielleicht Schmerzen, vielleicht aber meditierte sie die Licht- und Schattenseiten des Lebens.

Bewahre dir deine saubere, klare Schrift, werde darin nicht nachlässig wie viele Damen, die meinen, eine schlampige Schrift sei ein Zeichen von Genie.

Bei Stucky haben sie Schweine geschlachtet, nun gibt es wieder Bratwürste und so viele andere Dinge, welche dies gute, bescheidene Tierchen uns Menschen schenkt. Du hast grosses Glück, dass du einige Monate in Paris leben darfst ...»

An Tochter Marie (im gleichen Brief)

«... Über den Sonntag war Theater im ‹Bären›. Ich ging hin, um zu sehen, wie sie den Saal hergerichtet haben und um Frl. Läderach zu hören, deren Spiel so gerühmt wird. Es war wirklich ausgezeichnet ... Bald wird auch der ‹Wilhelm Tell› aufgeführt. Ich habe ihr die Rolle der Stauffacherin empfohlen ... Du weisst vielleicht, dass die Schweizer Frauen ihr ein Denkmal errichten möchten. Das Geld wäre vorhanden, aber die Pläne dafür sind noch nicht genehm: es ist ein zu heikles Thema. Die Frau scheint ihrem Mann ständig Vorwürfe zu machen, der zuviel getrunken haben soll. Man denkt dabei nicht daran, dass Gessler der grosse Schuldige ist ...»

Vom ‹Tell› zur ‹Schöpfung› – Le cochon qui sommeille

An Davinet   19. Januar 1904

«Das Tagblatt meldet, dass in Bern eine Segantini-Ausstellung stattfindet. Ich möchte gerne seine Bilder aus den Bergen mit ihren Bewohnern sehen, – seine Madonnen dagegen interessieren mich nicht ...»

Von Julia Hürner   Bern, 2. Februar 1904

Lieber Herr Vetter,

Haben Sie wohl viel gelesen und was? Schreiben Sie mir doch bald wieder, es kommt mir vor, ich müsse hier geistig etwas verdummen, Herr Schneider ist ein durch und durch materieller, ziemlich sinnlicher Mann wie es ja in den Beamtenkreisen der guten Stadt Bern deren viele gibt. Zum Glück hatte ich im lb. Vater sel. ein anderes Vorbild vor Augen und habe mir das für mein Leben gut eingeprägt und es ist mir dies hier speziell sehr gut zustatten gekommen. ...

An Marie Quinche-Anker   16.2.1904

Liebe Marie,

nach einigen Tagen im Bett, will ich wieder an die Arbeit gehen. Wir haben deswegen ein grossartiges Schauspiel verpasst: den ‹Wilhelm Tell› von Schiller. Sie haben 300 Fr. Reingewinn gemacht. Es ist eben ein Stück, das viel Volk anzieht. Seitdem Mama und Lina die Rolle der Hedwig gespielt haben, wurde das Stück nicht mehr aufgeführt. Es war das Maximum, das Ins bieten kann. Frl. Läderach ist eine geborene Schauspielerin.

Mama muss viel Geduld für mich aufbringen. Sie hat mir das Essen ans Bett gebracht – neben die Geschichte Englands von Hume, die 19 Bände, welche ich an den Quais von Paris erstanden habe ...

PS von Frau Anker: Liebe Marie, Papa hat dir alles Nötige geschrieben. Er will morgen wieder arbeiten. Ich bin froh für ihn und für mich. Dieses eingekapselte Leben passt mir nicht, ich habe mich oft gefragt, wie lange ich es noch aushalten würde ...

Winter in Ins (Aquarell)

An Julia Hürner   20. März 1904

Geehrtestes Fräulein,

Sie werden vielleicht die grosse Neuigkeit auch vernommen haben, dass die Inser heute die Schöpfung von Haydn aufführen, wenigstens war die Anzeige im Neuenburger Feuille d'Avis. Wir haben hier einen Dr. Hagen, von dem Sie vielleicht schon gehört haben, dessen Familie in der Musik lebt; im Dorf waren genug singende Elemente, um einen grossen Chor zu bilden, wie aber dessen Qualität ist, ist eine andere Frage. Solisten hat er von Bern und noch ein Orchester, meine ich; er hat sich da eine grosse Mühe aufgesalzen...

                                       31. März 1904

Hochgeehrtes Fräulein,

... Sie haben nun den Winter hinter sich und derselbe hat Ihnen allerlei Interessantes, Lehrreiches und Unangenehmes gebracht, ich wünsche Ihnen, dass Ihnen nur noch eine gute Erinnerung davon bleibe! Fast glaubte ich, die Harmonien der Musik würden noch andere Harmonien bringen, allein meine Ahnungen haben sich nicht verwirklicht. Die Männer, Sie wissen es vielleicht noch nicht, sind nicht vollkommen, es existiert ein französischer Vers, den ich Ihnen fast nicht schreiben darf, doch sind Sie nicht mehr ein Kind und der Vers ist in Wirklichkeit so traurig wahr: «Chacun porte en son cœur un cochon qui sommeille.» Und nur wegen dem schlafenden Subjekt ist ein Mensch noch nicht als ganz bös zu betrachten. Wenn der Zufall uns wieder einmal zusammenbringt, wollen wir dann davon reden, fürchten Sie sich jedoch nicht vor dem schlummernden Camerad, er schläft schon fest, man könnte sagen er sei todt. ...

Ich sehe, dass ich Ihnen da Sachen berichte, die ich füglich bei Seite lassen könnte, wenn unsere Mutter dies lesen würde, käme eine Strafpredigt in wenigstens drei Abtheilungen: 1. von der Reinheit des Herzens, 2. von der Nothwendigkeit, den Damen nichts als Ernstes vor die Augen zu bringen, 3. von den alten Sündern, welche die ewige Verdammnis verschuldet haben. – So tragisch ist die Sache nicht, die Wirklichkeit ist an Sie herangetreten, warum nicht wahr von ihr reden? So macht mir denn die Mittheilung des bösen Verses keine Gewissensbisse. ...

Lehrplätz in Bern – Gastfreundschaft im Moos/Därstetten – Freude am Nichtstun – Längizyti

Von Julia Hürner   Moos, 10. April 1904

Lieber Herr Vetter,

Der Lehrplätz, den ich in Bern gemacht, hat mir gar nicht geschadet, im Gegentheil. Die Wirklichkeit des Lebens ist eben sehr plötzlich nahe an mich herangetreten. Wenn ich mich jetzt in aller Ruhe besinne, so kann ich Vieles besser begreifen, möchte auch gar nicht abschätzig über Herrn Schneider reden, für welchen Vieles an mir neu und wahrscheinlich schwer zu begreifen war. Nun, wir sind ja nicht im Unfrieden auseinander gegangen, aber Längizyti habe ich keine nach ihm und er wahrscheinlich auch nicht nach mir, ich taugte nicht zu ihm. ...

30. April 1904

Hochgeehrtes Fräulein,
... Ihr Brief hat uns gefreut, weil er einen klaren Bericht über Ihre Sommerprojekte gab, und auch weil er uns anzeigte, dass Sie in Bern fertig geworden sind und zwar in aller Minne auseinander gekommen, ohne zwar gegenseitige Längiziti davon zu tragen. So sollte es sein, alles ernst aufnehmen, aber nicht von der tragischen Seite; so machte es Annebäbi Jowäger, das Alles zu «teuf» nahm.

Sie sind so gut und offerieren mir Gastfreundschaft in Ihrem Moos; aber dürfen Sie dies thun gegenüber einem holden Jüngling, wie ich einer bin? Ich fürchte, Sie kämen ins Gerede und in die Mäuler der Frauen; es wäre vielleicht besser, ich gehe einfach ins Wirtshaus. Nämlich ich hätte im Sinn am Samstag abends oder Sonntag morgens anzulangen und meuchlings in die Predigt Ihres Schwagers gehen; nun aber weiss ich aus Erfahrung, dass es etliche Pfarrherren geniert, wenn uneingeweihte oder bekannte Zuhörer da sind; es wird wohl irgend ein dunkler Platz in der Kirche sein, wo man mich nicht sieht; aber wann dies geschehen wird, werden wir noch ausmachen; ist das Wetter einmal sehr gut mit Schein der Beständigkeit, so achte ich nicht auf die Predigt.

22. Mai 1904

Werthestes Fräulein,
Es ist doch in der Ordnung, dass ich Ihnen melde, wie sich die Rückkehr nach Haus gestaltet hat: es ging alles gut und programmgemäss, der Zug nach Bern war ein Schnellzug, es war noch Tag als wir anlangten, hingegen war ein wolkenbruchartiger Regen. ... Ich kam mit dem letzten Zug nach Haus, müde wie ein Hund. Den andern Tag ging es nicht gut, besonders weil ich ein Bild vollenden wollte, das nicht gut ist, es ist aber nun fertig und mir ab dem Magen.
Wenn ich an die drei Tage denke, wo ich nicht einmal ein Bleistift gespitzt habe, so thue ich es mit apartiger Freude, das Nichtsthun bei schönem Wetter bei artigen Leuten ist so ein Blümlein, das man auch pflükken muss, wenn man dazu kommt. ...
Nach diesem langen ausführlichen Bericht bitte ich freundlich zu grüssen Ihre Schwester, den Schwager, das Marguerite von aux Ponts, Frau Knutti nebst dem Köbeli und dem Emilie; Sie aber genehmigen Sie mit meinem Dank, den ich bald vergessen hätte, die herzlichsten Grüsse des unterthänigsten und gehorsamsten Dieners.

A. Anker

Von Julia   Moos, 26. Mai 1904

Lieber Freund,
Ich weiss zwar nicht ob ich diese Anrede wagen darf, da ich immer nur «geehrt und werth» bin! Nun also Ihr lb. Brief, den ich am Pfingstsonntag erhielt, wo ich ohne grosse Andacht zur Kirche ging, machte mir grosse Freude, sah auch daraus, dass Sie glücklich, wenn auch müde wieder zu Hause angekommen sind. Nach Ihrem kleinen Besüchli hier hatte ich recht «Längizyt» nach Ihnen. Sie mahnen uns in vielem an den lb. Vater, dazu bewundere ich Ihr vieles und gediegenes Wissen und komme mir dabei so dumm und unwissend vor, ich wollte ich könnte alle Tage bei Ihnen in die Schule gehn, weiss zwar nicht, ob das gut heraus käme! ...

Berns Atmosphäre –
Alte Kirchen und bernische Einfachheit, die flöten geht

An Louis Favre   17. Juni 1904

Es freut mich sehr, dass man an die Rehabilitation von Fritz Simon denkt. Er ist von Bern abscheulich behandelt worden. Das Wort von Moritz Sohn, fällt mir ein: «Berns Atmosphäre ist für Künstler tödlich.» Damals führte das grosse Wort der Chemieprofessor Brunner, Präsident der Gesellschaft der Kunstfreunde. Als Simon aus Rom heimgekehrt war, wollte jener seine Bilder sehen. Simon legte ihm alles vor: Skizzen, Zeichnungen, auch Gemälde. Da war dieser Herr Professor sehr verblüfft, als er lauter Pferde, Tiere und Bauern zu Gesicht bekam. Bevor er ging sagte er nur: «Wie schade, geht doch ein Berner nach Rom, kommt aber ohne Raffael und Michelangelo zurück, nur gerade Tiere und barfüssiges Volk hat er vorzuweisen.» Solches fand der Herr unverzeihlich. Die Erinnerung an das allzu kurze Leben dieses Künstlers bedrückt mich. Meine Frau weilt in Dresden. Sie besucht dort eine einstige Russlandschülerin, eine Witwe, Mutter von mehreren Kindern...

Inser Gegend

An Lehrer Siegfried, Gemeindeschreiber in Wachseldorn, Heimenschwand

4. August 1904

Lieber Vetter,

Merci für Ihre Karte mit dem Bild von Heimischwand, das ich erst durch Hürners Biographie von Pfarrer Kuhnen habe kennenlernen. Der hohe Berg im Hintergrund wird wohl der Hohgant sein.

Das ganz alte Kirchlein, von dem Sie sprachen, intrigiert mich...

Ihr Vetter Anker

Offenbar hat Lehrer Siegfried mit diesem Kartengruss auf das Kirchlein von Würzbrunnen als der ältesten Berner Kirche hingewiesen.

15. August 1904

Lieber Vetter,

Ihre Karte mit dem alten Kirchlein ist mir richtig zugekommen und ich danke Ihnen bestens dafür. Ich mache Ihnen hier eine Zeichnung der Michaelskirche zu Einigen bei Spiez, die sonst als die älteste Kirche galt. Ich bin nicht competent genug, um zu entscheiden...

Wir in Ins haben auch einen alten Turm, eine Verhunzung ist ihm nahegestanden, ich bin froh, dass unser Pfarrer fort ist, der hatte alle Jahre etwas an dieser Kirche zu niggeln. Jetzt ist der Thurm in den historischen Monumenten...

24. August 1904

Lieber Herr Vetter,

... Ich habe die Kirchen verwechselt, die Kirche des Schweizerdorfes in Genf soll diejenige von Leissigen sein, hingegen die von der letzten Ausstellung in Paris ist allerdings die Ihrige...

Das Dörflein des Oberlandes, Gimmelwald, wo Sie ausstationiert waren, muss furchtbar einsam gewesen sein. Das Schulhaus sieht primitiv aus, so mögen die Schulen noch im Anfang des Jahrhunderts gewesen sein, wo der Lehrer zugleich Schuster oder Wagner war. Ich habe noch Leute gekannt, die in solchen Schulen gewesen sind. Nun sind die Lehrer nicht mehr Magister des Knieriemens, sondern sind gelehrt oder wollen gelehrt sein wie Professoren der Philosophie. Die ganze Wissenschaft haben sie inne, wie zur Zeit Aristoteles, und es bleibt kaum ein Rest für die andern. Die Einfachheit und Naivität geht flöten im Kanton Bern ...

Herzinnigstgeliebtes Fräulein

Von Julia Hürner Moos, 29. Sept. 1904

Lieber Herr Vetter,

Wahrscheinlich sind Sie so sehr mit dem «Leset» beschäftigt, dass Sie gar keine Zeit haben, mir zu schreiben ...

Letzthin brachte mein Vetter Willy Züricher ein paar Tage bei mir zu. Er wusste viel zu erzählen, den Sommer hat er theilweise auf Rügen, theilweise in Dänemark zugebracht. Für nächste Woche habe ich seine Schwester Bertha, die Sie auch kennen, eingeladen, sie ist mir zwar nicht sehr sympathisch und ihre Art Malerei gefällt mir nicht, ich bin zu dumm, um sie zu begreifen.

Habe ich Ihnen gesagt, dass ein älterer, etwas sonderbarer und ziemlich reicher Kauz mich noch heirathen möchte? Die Sache gefällt mir aber nicht...

An Julia Hürner 3. Oktober 1904

Herzinnigstgeliebtes Fräulein,

Sie haben mir einmal Ihre Unzufriedenheit ausgedrückt über meine Anreden, ich entlehne nun diejenige eines Sattlers von Ins an eine hiesige Lehrerin. Und dieser Ausdruck der wärmsten Liebe nützte nichts, sie nahm einen andern, er aber, nicht verlegen, dachte, diese Wesen seien nicht so rar und heirathete eine viel schönere, die aber weniger gelehrt und nicht einen so guten Charakter hatte; da er aber ein energischer rascher junger Mann ist, kann man erwarten, dass er sie dressieren wird. Sollte Ihnen dieser doppelte Roman Spass machen, so kann ich später die Fortsetzung folgen lassen. Wie es scheint, werden Sie bald zügeln in die neue Heimath, die Ihnen nicht unbekannt ist, ich wünsche von Herzen, dass die Zwischenzeit bis dahin Ihnen nicht zu unangenehm sei. Die Abende sind nun lang, aber Sie haben die Bücher nicht auf dem Strich und haben die Musik, Sie sind

Julia Hürner

nicht zu bedauern. – Ihre Nachricht vom Heirathsantrag hat uns interessiert, und wir haben nicht so absprechend davon geredet; dass Sie ihn nicht lieben, so wie Sie in jüngern Jahren lieben konnten, kommt uns ganz natürlich vor. Wenn er wirklich etwas Vermögen hat, ist die Sache noch zu erwägen, so gehören Sie doch jemandem an. Freilich wenn Sie in Thun ein passables Pensionshaus errichten können, ist es auch etwas, aber sind Sie geizig, häbig und interessiert genug, um dabei Ihr Auskommen leicht zu finden? ...

– Wenn Fräulein Bertha Züricher diejenige ist, die zur Zeit auch in Ins gewesen ist, so lasse ich sie freundlich grüssen; ich will nicht den Mentor oder Pädagog machen, aber wenn ich den Jüngern etwas rathen könnte, wäre es, nach Basel zu gehen und Holbein copieren, das ist ein guter Meister für unsere ein wenig undisziplinierte Zeit. ...

Herr Pfarrer Schneider von Rüderswyl ist erwählt. Die Wahl war zwischen ihm und dem jungen Pfarrverweser Hr. Lehmann; die frommen Weiblein meinen, dieser wäre ein besserer Jünger Christi gewesen.

Auch unsere Mutter lässt Sie grüssen; wenn ich dieses Détail hie und da vergessen sollte, so denken Sie, dies sei sousentendu.

Freimaurer und Papst – Das Pferd in der Stube

Thun, 6. Dezember 1904

Lieber Herr Vetter,

Da ich gern wieder einmal etwas von Ihnen hören möchte, so will ich Ihnen mittheilen, dass ich seit einem Monat hieher übergesiedelt bin. Ein Hauptgrund dafür, dass ich so bald Därstetten verliess, war eigentlich mein Schwager, der mich sehr oft merken liess, dass er meiner Gegenwart nichts nachfrage. So ging ich nicht mehr viel ins Pfarrhaus und das plagte dann wieder meine Schwester. Doch jetzt Schwamm darüber. Ich bin nun ziemlich eingehaust und es ist mir hier heimelig. Man hat die Sonne noch etwa 6 Stunden im Tag, wenn sie scheint, und das weiss ich zu schätzen, da sowohl Därstetten wie Wimmis Schattenlöcher waren. Ich habe wieder die alte Magd genommen, die über Vaters Tod bei uns war, so hausen wir einträchtig und zur gegenseitigen Erbauung lese ich am Abend aus ‹Annebäbi Jowäger› vor. Der Blick ist hier viel weiter und schöner als in Därstetten und das ist mir sehr wohlthätig...

Ich freue mich, in meiner Einsamkeit bald einen Brief von Ihnen zu erhalten und grüsse indessen Sie und Ihre lb. Frau Gemahlin herzlich.

Ihre erg. J. Hürner, Seefeld Thun

An Fr. Ehrmann Ins, 4. Dezember 1904

...Eure Diskussion um die Freimaurer freut hier alle nachdenklichen Leute. Der Neuenburger Grossmeister dieser verfluchten Bande wird sachte wieder human, seitdem seine Tochter mit ihrer Engelsstimme in den Konzerten singt. Quinche lässt sie in den Orgelkonzerten auftreten, die der Gemeinderat veranstaltet. Da siehst du auch, wie unsere Behörden die guten alten Kunsttraditionen fortsetzen...

...Unsere Zeiten gebären die phantastischsten Theorien und verkünden sie dementsprechend laut. Die stillen und weisen Menschen, alle, die in Ruhe leben und arbeiten möchten, geraten in Furcht, sie wissen nicht, an welchen Heiligen sie sich wenden können, und in ihrer Verzweiflung hoffen sie, das Heil beim Papst zu finden, welcher unbeweglich auf seinem Thron von St. Peter sitzt. Doch diese Rückkehr zum Papst beweist den Wert und die Tugend des Papstes keineswegs, sie beweist höchstens die Schwäche der Leute, vor allem der Rentner, unversiegbare Schwäche der menschlichen Rasse... Ich habe auf meiner Generalstabskarte umsonst den Ort Eures Aufenthalts in den Cevennen gesucht. Gerne möchte ich in die Stuben schauen, in welche, wie in der Bretagne, selbst Schweine geraten. Im Naturzustand leben die

Menschen in engster Gemeinschaft mit den Tieren. Selbst Jacot-Guillarmod, der sie liebte und so oft gemalt hat, hat mir gesagt: «Die Tiere haben mich glücklich gemacht, vor allem die Kühe.» Als ich Kind war, kam mein Vater einmal mit einem Pferd in unsere grosse Stube, diese Stube, welche heute so ernst wirkt und in der wir einen schönen Teppich liegen haben!

Heute Sonntag wollen unsere Leute den neuen Pfarrer hören. Er entgeht mir nicht!

Dein alter Anker

Die Zeit der Aquarelle

Albert Rytz:

«...Auf Ölmalerei musste er nach dem Schlaganfall verzichten, weil er die Hand auf dem Tisch oder Zeichnungsbrett auflegen musste und nicht mehr, wie beim Malen an der Staffelei, sie freihaltend, den Pinsel sicher zu führen vermochte... Umso fleissiger malte er seine hübschen, köstlichen Aquarelle, welche Freunde und Liebhaber bei ihm bestellten. ‹Sieh, was ich wieder für eine Arbeit bekommen habe!› und wies dem ihn besuchenden Freund ein grobes Packpapier vor, auf welches er bald mit Kohle oder Kreide, Rotstift oder Bleistift die Adresse der Besteller notiert hatte...» (A. R., a. a. O. S. 73–74)

Das ‹Livre de vente› weist vom 22. März 1902 bis 8. Juli 1910 die Zahl von mindestens 600 Aquarellen auf, ferner ein paar wenige Bilder und Skizzen in Öl und etliche Zeichnungen.

Dazu Hans Zbinden:

...Das letzte Jahrzehnt war ausgefüllt mit dem unermüdlichen Malen der Aquarellblätter, die zu Hunderten seine Werkstätte verliessen. Die Beliebtheit dieser Blätter rührt zumeist mehr von den abgebildeten Modellen als von ihren malerischen Qualitäten her... Für diese Aquarelle hatte Anker einen festen Preis, 100 Franken. Das war zu Beginn unseres Jahrhunderts schon ein recht niedriger Preis für einen so bekannten Künstler... Anker hielt an diesem Preis selbst dann fest, wenn ihm einer mehr bieten wollte... In den ersten Pariser Jahren, da es bei ihm doch recht schmal zuging, und er wenig einnahm, besuchte ihn ein Amerikaner, um ein Bild zu kaufen. Nach dem Preis befragt, erwiderte der Maler «c'est cent francs, Monsieur». Der Käufer verstand «sept cent francs», legte sieben Hunderterscheine auf den Tisch und empfahl sich. Ankers Ateliergenossen, die dies zuerst bemerkten, wollten ihn lachend zu diesem erfreulichen Irrtum beglückwünschen – Anker aber eilte in aller Hast

Strickendes Mädchen (Aquarell)

dem Käufer die vier Treppen hinunter nach, erwischte ihn noch an der Haustüre, drückte dem Verblüfften sechs der blauen Scheine wieder in die Hand... (Hs. Zbinden, ‹Albert Anker in neuer Sicht›, Berner Heimatbuch 81–83, 1961, S. 20)

Aus den vielen Aquarell-Kundenbriefen bringen wir hier eine Auswahl: sie zeigt uns den alternden Maler in der Bescheidenheit, mit dem Humor und der erstaunlichen Frische des Geistes, welche uns aus seinen frühern Briefen bekannt ist. Ein Satz kehrt immer wieder – er lautet ungefähr: «...hier das Aquarell. Sollte es aus diesem oder jenem Grund nicht gefallen, so schicken Sie dasselbe ruhig zurück...» Anker dachte gering von seinen letzten Werken. Nur wenige von ihnen kommen in der Qualität den Aquarellen *vor* dem Schlaganfall im Herbst 1901 gleich. Und doch steht hinter jedem des Künstlers Gewissenhaftigkeit, auch sein stetes Bemühen, sich nicht zu wiederholen und in billiger Manier blosse Kopien zu verkaufen: Dieselben Inser Männer und Frauen, Buben und Mädchen – und doch immer neu gesehen und gemalt.

An Ph. Godet   7. Oktober 1904

... ein Mann aus Müntschemier hat mich letzthin nach meinem Befinden gefragt. Ich antwortete ihm: «Ausgezeichnet geht es mir. Ich habe wieder ein Abkommen auf 25 Jahre abgeschlossen.» Er überlegte eine Weile, rechnete im Stillen nach und sagte dann: «Das scheint mir doch ein bisschen gewagt zu sein!»

Tag für Tag mache ich meine Aquarelle mit einer einzigen Figur. Ich verkaufe sie laufend, und habe Bestellungen auf Monate hinaus. Seit einem Jahr demokratisiert sich meine Malerei. Einst hatte ich Aristokraten und grosse Tiere als Kunden, jetzt sind es Handwerker, Bäcker, Spengler, Weinhändler und Perückenmacher. Etliche habe ich näher kennengelernt: sie arbeiten tagsüber, und am Abend gehen sie an den Stammtisch. Alle verdienen gut und werden Hausbesitzer. Das sind die Nachfahren jener braven Leute, welche Klöster gestiftet und unterstützt haben, die Leute, welche Rudolf von Erlach vor der Schlacht bei Laupen so nett angesprochen hat: «Wo sind sie die heitern Genossen, die Gerber, Metzger, die ersten zum Tanz mit der Feder auf dem Hut? Heute gehts zu einem andern Tanz, es geht ums Wohl und die Ehre unserer Stadt.» – Ein Sprichwort bei uns lautet: «Handwerk hat goldigen Boden».

An Julia Hürner   2. Juni 1904

Geehrtestes Fräulein,

Ihrem Wunsche gemäss schicke ich Ihnen einen Brief nach Lauenen, Sie sehen, welch ein gehorsamer und ergebener Freund Sie im Seeland besitzen. ...

Ich arbeite immer an meinen Aquarellen und komme nicht viel aus dem Haus. Ich soll eine gewisse Anzahl junger Mädchen malen, ich will sie in Landestracht machen, wenn man sie in den gewöhnlichen Kleidern darstellt, meinen die Leute, es seien Porträts und es interessiert sie nicht. Man hat mir zur Zeit ein altes Jupon verehrt, welches ganz zerrissen und verplätzet ist, eine wahre Bettlermondur, aber alle Mal, wenn ich es male, gibt es schöne Arbeit, natürlich male ich die Löcher und Plätze nicht; es ist dunkelblau, macht ganz schöne Falten, kurz es ist mir sehr nützlich. Den Stoff nannte man hier «Oberländer und Frutigenzeug»; einige sagen, man mache diesen Stoff nicht mehr, doch sagte mir eine Krämerin, die Commis offerierten ihn hie und da. Ist es wahr? ...

Nicht zu empfehlen

Ins, 22. Aug. 1905

Lieber Herr Bohni,

Hier erhalten Sie schon das 11-jährige Mädchen mit dem rosenfarbigen Rock, Martha Böhlen, dessen Initialen auf der Tafel sind. Es ist schade, dass Herr Engelmann dies Stück nicht bekommt, ich habe schon mehrere, etwas ältere Mädchen für ihn angefangen, sie fielen aber nicht nach meinem Willen aus, ich durfte sie nicht herzhaft empfehlen, unterdessen kam jemand anders und nahm sie weg. Wenn die Leute das Werk gesehen haben, so habe ich keine Gewissensbisse mehr, wenn sie es also gut finden. ...

An Frau Küpfer-Güder, Bern   ohne Datum

Frau K. war die Tochter eines Studienfreundes Ankers – Mitglied der «Société van-der-Croûte» von 1849 (siehe Seite 25)

Liebe Frau,

Hier wieder eine Ladung. Vielleicht habe ich etwas Falsches getan, Ihnen diesen grossen Kopf zu senden, aber Sie können ihn mit Leichtigkeit zurückschicken. Das arme Geschöpf wird bald dahinscheiden, es hat, wie mir scheint, ein psychologisches Interesse, das andere nicht besitzen.

Ins, 5. September 1905

Lieber Herr Bohni,

Hiemit zeige ich Ihnen den richtigen Empfang der 100 Fr. an, als Bezahlung des Mädchens mit roserothem Rock, und danke Ihnen verbindlich dafür. Dieser Rock hat mir so gut gefallen, dass ich ihn seither bei zwei andern, ganz andern Sujets angebracht habe. Die Farben der Kindskleider sind vielfach erdfarben, die Mädchen haben für die Schule ein enormes Fürtuch, auf dem man die Tintenflecken nicht sehen soll. Ein trauriges Zeug!

Vom rechten Einrahmen und Geschmack

An Ludwig v. Stürler (1852–1920)   18. November 1906

... Da der Hintergrund der Aquarelle weiss ist, wäre es vielleicht gut, das Papier der Einrahmung etwas grau zu wählen.

Einige rahmen sie ein wie Ölbilder, und lassen das Gold unmittelbar an die Farbe kommen, besonders, wenn das Bild dunkel ist. Dies kommt mir verkehrt vor. Übrigens chacun son goût, einem jeden Narren gefällt seine Kappe. Ich habe einmal einen sagen hören: le bon Dieu est bon et il a daigné faire en sorte que quand les grenouilles coassent dans leurs étangs, elles trouvent leur musique belle...

Im Atelier: Albert Anker zeichnet ein Inser Mädchen (Frühjahr 1907)

Um Photographien – Junge und alte Inser Modelle – Antikrampffeder und Schreibmaschine

An Herrn Morgenthaler-Luz, Bern
(zum Photo mit Inser Mädchen im Atelier)

3. März 1907

Hochgeehrter, lieber Herr,

Grossen Dank für die Zustellung der beiden Photographien. Die Gruppe ist charmant ausgefallen, es ist ganz holländisch. Ich bin so andächtig an der Arbeit, und die paar Möbel sind so gut angebracht. Selbst der alte commune Stuhl, der sich da grosstellt als wäre er eine Standsperson, ist, wie mir scheint ganz unerwartet schön an seinem Platz. Ich danke Ihnen denn ganz verbindlich für das schöne Werk. Der Ofen kommt etwas ungeschickt gerade auf die Kappe. Die alten ägyptischen Priester trugen oft solche Monumente auf dem Kopf...

Die Ansicht unseres Hauses schicke ich nach London, wo wir eine Grosstochter haben. Sie war immer so gerne in Ins. Einmal im Dezember schrieb es eine ‹Bittschrift an meine Eltern›, da bat sie um Erlaubnis in den Neujahrsferien nach Ins zu kommen, sie verzichte sonst auf jedes Neujahrsgeschenk. Es rührte uns, als wir sahen, dass das Mädchen auf die Neujahrswoche in unsere Einsamkeit kommen wollte, wo sonst in Basel allerlei los war.

10. März 1907

Als Sie hier waren, arbeitete ich an einer schönen kleinen Schülerin, die nun fertig geworden ist, ich dachte, ich wollte Ihnen das anzeigen, weil das Bild Sie interessieren könnte.

Wie ist die Photographie geraten? Ich hoffe doch wohl, dass kein Unfall an Ihrem Stillschweigen schuld ist ...

Schreiben mit der Maschine ist auch eine gute Sache besonders weil die Schrift so leserlich wird, sondern sobald man sich an die Maschine gewöhnt hat, ist es so expeditiv als mit der Hand.

Das kleine Mädchen fragt immer, ob die Photographie noch nicht gekommen ist; ich fürchte, der Kopf sei zu sehr von vornen, man hätte daran denken sollen.

Mit Hochachtung & herzlichem Gruss Ihr ergebener

A. Anker

Auch meine Empfehlung an Frau Morgenthaler

Ins 23 März 1907

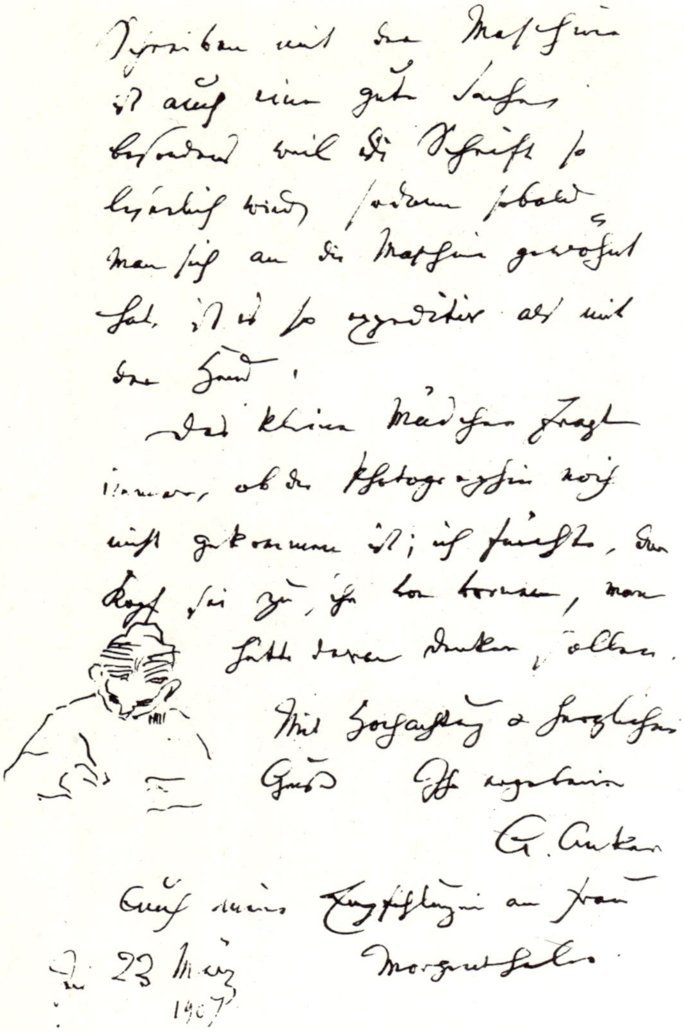

Briefausschnitt: «...das Mädchen erkundigt sich nach der Photo»

13. März 1907

Hier erhalten Sie die zwei versprochenen Alten. Hoffentlich werden Sie nicht reuig werden, sich dieselben aufgesalzen zu haben. Der eine, der Witzwyler, hat, so wie es in der alten Bernerliturgie heisst, die Widerwärtigkeiten des Lebens vielfach erfahren, der andere aber war ein vermöglicher, glücklicher Mann. Er hat in seinem Leben verwirklicht, was viele machen könnten: in seiner Jugend war er im Welschland im Tausch, sein Gegentausch und er wurden so befreundet, dass keiner im Leben etwas Wichtiges vornahm, ohne einander consultiert zu haben, und zwar bis zu seinem Tode. So gross blieb die Freundschaft und das Zutrauen...

Mit herzlichem Gruss, auch von unserer Mutter...

18. März 1907

Hier ist nun das schreibende Mädchen, hoffentlich wird es ohne Unfall in Ihre Hände gerathen. Das Übel ist repariert, so gut ich konnte, wenn der Rahmen einmal da ist, wird man nicht viel vom Unglück sehen. Ihre Sendung der Photographien ist mir auch zugekommen und hat mich gefreut. An den hiesigen Häusern ist immer etwas Malerisches, so hier die Eingangstüre, der Brunnen, das kleine Gatter und dann die charmanten Ästlein des Busches rechts.

Wie Sie sagen ist ein Freund, der auch etwas haben möchte. Doch die leidige Influenza hat mich bös hergerichtet, es kommt mir vor, ich sei zu nichts mehr gut. Möge uns der Himmel doch wieder einmal die liebe Sonne scheinen lassen, es dünkt mich, mir wäre dabei geholfen.

A propos von Schreibkrampf sind die gekauften Federhalter zu dünn und besonders zu glatt. Ich musste zur Zeit Federzeichnungen machen, da habe ich grobe und sehr rauhe Federhalter gemacht, «et je n'étais plus agacé».

Zu gleicher Zeit erhalten Sie eine Antikrampffeder.

Ich habe schon Gelegenheit gehabt, solche mitzutheilen und die Leute waren zufrieden. Das Schreiben mit der Maschine ist auch eine gute Sache, besonders weil die Schrift so leserlich wird, sobald man sich an die Maschine gewöhnt hat, ist es so expeditiv wie mit der Hand.

Das kleine Mädchen fragt immer, ob die Photographie noch nicht gekommen ist. Ich fürchte, der Kopf ist zu sehr von vorne, man hätte daran denken sollen.

2. April 1907

Das Mädchen hatte eine unendliche Freude an ihrem Bild. Ich sagte ihm an einem Abend, die Photographie sei angelangt, am andern Tag sagte es, es habe vor Freude nicht schlafen können. Es war ein Ereignis! Heute haben sie Examen, es wird gut bestehen, denn es ist eine gute Schülerin.

Wir haben heute wieder Byse, sonst ist es wärmer geworden, es ist als wäre man im Himmel, und die Strassen sind nicht mehr schlipfrig oder kothig.

Wenn ich nach Natur malen kann, bin ich glücklich

Au Colonel Edouard Jacky 8. Juni 1908

Sehr geehrter Herr,

Vielen Dank für Ihren so liebenswürdigen Brief. Ich bin ganz glücklich zu erfahren, dass Ihnen eine gute Erinnerung an Ihren kurzen Besuch bei uns geblieben ist. Dazu scheint es auch, dass Ihnen damals die beiden Aquarelle im Gedächtnis geblieben sind: der ‹Absinth-Trinker› und das ‹Mädchen, welches eine Nadel einfädelt› – nun: die beiden sind weg, das Mädchen in Bern, der ‹Absinth› in Basel. Der letztere hätte nach Bern gehen sollen, wo die Absinth-Frage so gründlich und so lange diskutiert worden ist. Sie möchten eins der beiden Aquarelle haben. Nichts ist mir lieber, als mit Freude eine Bestellung auszuführen, – ich habe Glück, dass ich bei meinem hohen Alter noch immer arbeiten kann und dass ich es mit Freuden tue. Wenn ich nach Natur malen kann bin ich glücklich wie in jungen Jahren...

An Frl. Brunschwyler   31.10.1908

Die Sendung der 100 Fr. ist mir richtig zugekommen, und ich danke Ihnen verbindlich dafür.

So wären denn unsere Geschäfte abgethan. Durch Ihren werthen Brief sah ich mit Freuden, dass Sie mit dem Bilde zufrieden sind. Ich bin nun ein alter Kerl, aber allemal wenn ich eine Arbeit versende, fürchte ich, sie könnte den Liebhabern missfallen. Es ist immer ein Vergnügen, wenn ich das Gegentheil konstatieren kann.

An Herrn und Frau Hörning   16. November 1908

Was den alten Mann als Pendant betrifft, ist derselbe angefangen, er liest eine Zeitung und sitzt am Tisch. Er trägt ein Burgunderhemd, was hier noch sehr in der Mode ist, ein klassisches Kleidungsstück in unserer Gegend...

                                       5. Januar 1909

Merci für Ihr Lebenszeichen und Ihre Wünsche. Wir auch, wir wünschen Ihnen ein glückliches neues Jahr.

Über die Festtage waren wir in Genf, wo unsere jüngste Tochter mit einem Arzt verheiratet ist. Sie haben 3 muntere schöne Knaben, und unsere Mutter wollte den Spektakel des Weihnachtsbaumes sehen. Sie wohnen in einem neuen, chaletartigen Haus mit allen neuen Einrichtungen von Elektrizität, Zentralheizung etc. Da braucht man nur an einen Knopf zu drücken, kommt einem das Glück stromsweise entgegen. Item, die Modernen verstehen die confortablen Einrichtungen eines Baues anzuordnen.

Mit meinem Magenweh geht es ein wenig besser, aber noch nicht mächtig. Wie es herauskommen wird, werden wir diesen Frühling sehen.

«Candidat fürs Paradies» – Die drei Bundesbrüder – Der März hat nachgemacht

An Julia Hürner   Ins, 4. Februar 1905

Gerne wäre ich diesen Monat einmal nach Bern gegangen, erstens um den armen wassersüchtigen Freund Schnyder zu besuchen und dann um den Concours der Rütligruppe im Bundesrathaus zu sehen. Sie sind auf die barocke Idee gekommen, die drei Bundesbrüder nicht mehr mit den drei Armen und drei Fingern in die Höhe zu machen, wie sie auf dem Berner hinkenden Boten zu sehen sind; nicht zehn Prozent der Leute werden errathen, was das für Männer sind; zudem sind sie fast antik drapiert, so dass man sie leicht für die drei gestrengen Richter der Unterwelt wird ansehen. Alles soll nun neu und anders werden und wäre es noch so einfältig...

                                       27. März 1905

Liebes Fräulein,

... Der Winter war hier in Ins ein sehr leidlicher, ja guter, es waren wenig Kranke und fast keine Todesfälle. Der März dagegen hat nachgemacht, innert

Photo: Das Ankerhaus (Frühjahr 1907)

8 Tagen starben zwei Greise exakt von meinem Alter 1831, morgen beerdigt man einen von anno 1834. Vor 14 Tagen war es die Tour der besten Person des Dorfes, einer alten Jungfer, die in ihren guten Jahren ihrem Vater, dann ihrem Onkel fertig abgewartet hatte. In ihrem Haus waren Stündeler, aber man hatte so einen Respekt vor der braven und gewissenhaften Person, dass niemand ihr etwas sagte. Sie war von anno 1832, früher unsere Nachbarin. Nun ist noch einer von anno 1834 auf dem Piket. Es bleiben nun noch drei 1831ger. Als wir vom Leichenbegängnis heimkamen, tranken wir einen Trostschoppen, oder einen Furchtschoppen. ...

Hier und da lese ich noch Stücke des lateinischen Briefes des Vaters. Die Gedanken sind nobel, der Gedankengang scharfsinnig, allemal thut es mir leid, dass dieser gute Mann gestorben ist; jedoch schüttelt jedermann eine schwere Bürde ab, wenn er stirbt. ...

Vom Verdingbub zum Professor – L'immense quantité de curés ...

An A. Rytz   Ins, Sommer 1905

Du wirst das Leben von Prof. Lutz gelesen haben, hättest du es nicht, so steht es dir zu Diensten. Es ist interessant, es ist schön zu sehen, wie der arme kleine Verdingbub von Krauchthal es zum Prof.theol. bringt, dies zeugt von einem sozialen Zustand Berns, der ganz nobel war ...

Ausnahmsweise schickt Anker zwei Postkarten: darum des Inser Posthalters wegen das Französische!

An Julia Hürner   1. August 1905

Mademoiselle,

... Aujourd'hui je suis allé à Berne à l'enterrement du pauvre ami Schnyder qui est mort enfin, non de l'hydropise dont il souffrait depuis longtemps, mais de faiblesse. Rytz y était aussi, nous étions là deux patriarches avec un 3e, Stettler, auquel nous devons encore le respect de 3 ans. –

Un moment notre maison a été pleine d'enfants et de petits-enfants avec du tapage. ...

                                     17. August 1905

Ayant été à Berne hier pour faire des commissions, je suis revenu par Fribourg qui est une ville ravissante. Mais une chose frappe, c'est l'immense quantité de curés! La religion catholique n'est pas encore déracinée en Suisse.

Et vous, comment allez-vous? Vos rêves se sont-ils réalisés? ...

Der comfortabelste Ecken – Säbelrassler im Dorf – ‹Julian Apostata› – Wo man die Flöhe husten hört.

An Julia Hürner   26. Oktober 1905

Liebes Fräulein,

... Bei uns ist alles wieder in seinem alten stillen Gang. Der Sommer ist oft lebhaft gewesen, Kinder und Kindeskinder sind alle da gewesen, nun ist alles wieder im Winterquartier. Zudem hatten wir wieder Soldaten im Dorf, Genietruppen, die allerlei Arbeiten vornahmen, auch Telegraphenlegungen; bei uns waren zwei Offiziere einquartiert, wenigstens 14 Tage; man hat sie bei bösem Wetter drangsaliert und cujoniert, mehr, als nöthig war. Die Säbelrassler übertrieben es, es freut mich, wenn ich lebhafte Manifestationen gegen ihre Pedanterie und Wichtigthuerei sehe. Sie retten alle das Vaterland mit ihrem Blut und oft mit ihrem Saufen. Vor einiger Zeit war der Champagner bei ihnen in der Mode, Champagner, während Frau und Kinder kaum Rösti zu essen vermögen! Oder sind Sie vielleicht auch eine Säbelrasslerin?

Empfangen Sie die herzlichen Grüsse von unserer Mutter und besonders von Ihrem gehorsamen und ergebenen Diener

                                             A. Anker

                                     29. Oktober 1905

Liebes Fräulein,

Ja, wir sind nächsten Donnerstag zu Hause und ganz froh, Sie wieder einmal zu sehen. Sie werden in der Apotheke schlafen, dem confortablesten Ecken des Hauses zum Schlafen, obschon unsere Mutter allerlei Einwendungen macht gegen dies gemütliche und warme Stübli.

Da wir in wenig Tagen des längeren kannegiessern und tampen werden, schliesse ich mein Epistel. ...

(Die ‹Apotheke› war das einstige Ordinationszimmer der Tierärzte Rudolf und Samuel Anker.)

An seine Kinder   Ins, 16. Januar 1906

Liebe Kinder,

... Eben habe ich den ‹Julian Apostata› zu Ende gelesen. Wie habe ich mich gefreut, Einzelheiten über das Leben meines Freundes zu vernehmen ...

                                       Euer alter A. A. à A.

An Julia Hürner 17. Februar 1906

Liebes Fräulein,

Ihre Nachrichten haben uns erfreut, wir waren froh wieder etwas von Ihnen zu hören; nun kommt die Nachricht von Ihrer veränderten Lebensstellung! ...

Sie werden also den Kanton Bern verlassen und gehen in den Kanton Thurgau oder St. Gallen; dies ist eine Bevölkerung, welche die Flöhe husten hört, sie betrachten uns Berner wie Lastträger. Ich wünsche von Herzen, dass Sie einen artigen Patron finden, einen Gentleman. In der Geschichte der frommen Institute, ja der Klöster, Frauenklöster, sieht man vielfach, dass sie so angefangen haben wie Sie jetzt, alle aber, wenn sie gediehen, getragen von einem frommen einfältigen Sinn, die alte gute Orthodoxie regierte da noch und der Glaube an eine ewige Vergeltung. Ich hörte vor noch nicht langer Zeit die Geschichte von Ingebohl bei Schwytz, das Institut wurde gegründet durch drei Personen vor 56 Jahren, nun sind deren mehr als fünfhundert und dehnt sich immer noch aus; man kann vielleicht sagen obscurante Leute, jedoch sind sie eine Macht gegen die Hypermodernen, deren Prinzip ist: la propriété c'est le vol. ...

«Solange ich ein Gleich kann rühren...» – Die Modelle fehlen mir – Wunderbares Gilet

An Julia Hürner 22. August 1906

Behauptet mir nicht letzthin ein sehr gescheidter St. Galler, wir im Bernerland könnten keine guten Würste machen, nur bei ihnen esse man gute Bratwürste! Und doch ist der Bankdirektor bei ihnen ein Berner!

Mit dem Beinbruch unserer Mutter geht es ganz gut, so dass sie jetzt marschieren kann wie ehmals, nur wird sie müde, wenn sie lang darauf steht. ...

Unsere Mutter will nächstens ins Bad nach Baden gehen und dann über den Gotthard nach Magadino am Lago Maggiore eine alte Freundin zu besuchen. Ich hingegen mache meine Villegiature hier im Garten und in der Matte, die Absenzen gerathen mir nicht wohl, ich werde immer zu müde. Dazu habe ich das Glück immer noch arbeiten zu können, was ich auch gerne thue, obschon ich oft müde bin; ich habe es aber wie eine alte Nachbarin, die sagte: «So lang ich ein Gleich kann rühren, gebe ich nicht ab.» Ist das nicht gesunde Philosophie? ...

An Marie Quinche-Anker 21.1.1907

...Mama fährt wohl am Mittwoch nach Bern an eine Gesellschaft von Damen, welche die Christenheit erneuern möchte ... Das Atelier ist leer, alles ist weg. Ich beginne von Neuem, aber habe kaum mehr etwas Interessantes vor. Die Modelle fehlen mir.

Ende dieser Woche gehe ich noch zu Dr. Bähler, mit dem es noch vor dem Frühling zu Ende gehen könnte...»

24. Januar 1907

Ich habe dein wunderbares Gilet erhalten: vielen Dank für dies denkwürdige Geschenk. Nach grossväterlichem Brauch werde ich es am nächsten Sonntag zum Predigtbesuch das erste Mal tragen, dann aber immer wieder. Ich werde Anweisung geben, dass man es mir dereinst anzieht, wenn es vor Abraham zu treten gilt ...

Kinderbrei – Um Ankers Memoiren – Ein hartes Nein!

Letzter Brief an Julia Hürner 10. Dezember 1908

Geehrtestes werthes Fräulein,

In der letzten Zeit hatte ich mit dem Magen zu thun: in meinem langen Leben spürte ich nie, wo der Magen ist, auch wenn ich ihn missbrauchte. Nun ist es anders, man hat mich zu Kinderbrei gezwungen, der allein seligmachend sein soll. Nichts destoweniger schaffe ich immer, es ist nicht ein Übel zum Bettliegen, aber bei meinem Brei geht die Kraft dahin. Ich dachte, ich sei auf dem Weg alles Fleisches, doch lassen in den letzten Tagen die Schmerzen nach und kommt die Hoffnung wieder zu accordieren, wie man bei uns sagt. Dass Sie hie und da Längizyti nach dem Vater haben ist begreiflich, er war nobel, gelehrt und so viel ich weiss nicht wunderlich; mit ihm war gut auszukommen, und Menschen so gut wie er war, sind nicht dick gesäet; alle seine Zeitgenossen haben ihn in gutem Andenken.

Von Ihrem Schwager kann ich Ihnen auch ganz guten Bericht geben; er kommt gut aus mit den Leuten, mit denen er Takt hat, mehr als seine zwei Vorgänger, die doch gute Gaben hatten. Kutter ist nach Zürich gekommen und hat dort eine neue Religion gegründet, ohngefähr wie die ersten Christen zur Zeit von Ananias und Saphira, er mischlet das Christenthum und die Anarchie; das ist nicht ganz neu, im ersten und zweiten Jahrhundert haben die Gnostiker auch das Christenthum mit den absurdesten Lehren des extremen Orients zu einem Chrausimausi amalgamiert; jedoch wird der liebe Gott sie auch zu seiner Seligkeit aufgenommen haben! ...

Zeichnung: Letztes Selbstbildnis

Von Philippe Godet   25. Januar 1909

Was Sie mir alles von frühern Zeiten berichtet haben gibt mir Mut, Sie dringend um das Folgende zu bitten; Sie erweisen uns damit einen grossen Dienst: Schreiben oder diktieren Sie Ihre Erinnerungen nieder. So manches wissen nur Sie noch. Bitte schreiben Sie – auch kreuz und quer durcheinander, wie es Ihnen einfällt. Sie sind uns so manche Einzelheit schuldig. Wäre ich nicht mit Arbeit überhäuft, so käme ich dreimal die Woche nach Ins, um Ihr Diktat aufzunehmen. Bitte willfahren Sie meinem Wunsch; es ist nicht nur der meine.

Ins, 27. Februar 1909

Lieber Herr Godet,

Schon lange hätte ich Ihren Brief vom 25. Januar beantworten sollen, in welchem Sie mich um meine Erinnerungen bitten. Vor etwa 15 Jahren habe ich daran gedacht, einige Erinnerungen für meine Kinder niederzuschreiben. Aber was soll ich sie mit so altem Zeug beschäftigen? Sie haben doch anderes zu tun! Sodann: was ich kenne, ist herzlich wenig und bezieht sich auf unbedeutende Geschehnisse und wenig berühmte Menschen, darum sage ich mir: Lasset die Toten die Toten begraben, und soll gestorben sein, dann sterben wir! Herr Weber, der klassische Zeichner, hat seine Memoiren geschrieben. Aber sein Manuskript ruht in einer vergessenen Schublade...

Von Paul Robert   17. Dezember 1909

...Seit langem habe ich nichts von Ihnen vernommen. Aber ich kenne Ihr Heim gut, zum mindesten die Wohnstube und das Atelier, und ich sehe Sie in Gedanken beim Lesen oder Malen... Es wurde mir gesagt, dass Sie an Ihren Memoiren sind. Auch andere haben die Gelegenheit erfasst, um in die Vergangenheit zu gehen und uns so kostbare Zeugnisse von Menschen und Dingen aufzubewahren. Falls Sie tatsächlich hinter dieser Aufgabe sitzen, so werden Sie Ihren Nachkommen eine Fülle interessanter Nachrichten hinterlassen. Damit leisten Sie aber auch einen wertvollen Beitrag zur Geschichtsschreibung der zweiten Hälfte des vergangenen Jahrhunderts...

Der ‹Absinth-Trinker›

Die im Frühjahr 1907 mit 167 814 Unterschriften eingereichte Volksinitiative zum Verbot des Absinths wurde im Dezember desselben Jahres dem Parlament vom Bundesrat zur Verwerfung unterbreitet. Dagegen die Resolution des ‹Schweizerischen Vereins der Ärzte›:

«Der ärztliche Zentralverein begrüsst das Initiativbegehren, in welchem 168 000 Schweizerbürger das Verbot der Fabrikation, des Verkaufs und der Einfuhr von Absinth und ähnlichen Getränken verlangen, und fordert seine Mitglieder auf, mit allen Kräften für die Annahme dieses Begehrens durch das Schweizervolk zu wirken.»

Und Ulrich Dürrenmatt in der ‹Buchsi-Zitig›:

    ‹Absinthgötti›

Absinth, der höllische Unheilstifter
Zur Zeit in Untersuchungshaft,
Der Kindermörder und Massenvergifter,
Fand plötzlich hohe Gevatterschaft.

Vieltausendstimmig stärker und stärker
Sein Todesurteil fordert das Land.
Doch sieh' da reicht ihm in den Kerker
Der Bundesrat die rettende Hand.

...

Der Bundesrat war schlecht beraten,
Er hatte einen schwachen Tag;
Drum, Volk, ermann' dich selbst zu Taten,
Mit fester Faust zum Riesenschlag.

Albert Anker schreibt am 12. Mai 1908 seinem Kunden und Freund in Basel, Alfred Bohni:

«Es ist so viel von Absinth die Rede, dass ich auch ein Aquarell davon machen will; ein alter Säufer betrachtet das Glas und sagt: Ce n'était parbleu pas la peine de faire tant de tapage pour une verte»...

Die Abstimmung am 5. Juli 1908 ergab eine erstaunlich hohe Zustimmung zum Absinth-Verbot: 236 582 Ja gegen 135 888 Nein.

Der ‹Absinth-Trinker› von 1908 ist das letzte Bild in der Reihe der Darstellungen, welche Anker dem Thema Alkoholismus gewidmet hat. Dazu gehört der Trinker – ‹Le pauvre homme› von 1869, von dem Anker eine Radierung gezeichnet hat und 1899 eine Variante dazu. Hinzu kommen Illustrationen zu Erzählungen Gotthelfs ‹Dursli, der Branntweinsäufer› und ‹Wie fünf Mädchen jämmerlich im Branntwein umkommen›.

In einem Carnet von 1897 finden wir auf zwei Blättern den Versuch Ankers, einen Inser Mitbürger zur Alkoholabstinenz zu bewegen. Die Enthaltsamkeitsverpflichtung von Ed. Probst enthält den Nachsatz Ankers: «Ich halte es ebenfalls.»

Es geht alles krumm zu –
Mein alter Freund Ehrmann gestorben –
Nach Natur malen bereitet mir Vergnügen, wie einst

An Albrecht Rytz   1. April 1910

Dein Bild hat mich gut gefreut, es ist sehr gelungen. Ich habe es sogleich an die Wand genagelt, wo die Freunde und Commilitonen sind, und siehe, es ist die reinste Necropole, alles ist uns vorangegangen und hat uns den Weg gezeigt, den wir bald antreten müssen. Ich muss gestehen, dass ich hoffe, bald die Reise antreten zu können, ich bin müde und lebenssatt. Und dann gefällt mir die jetzige Zeit nicht mehr, es geht alles krumm und liederlich zu, in der Gemeinde, wo sie unsern Wald ausbeuten wie die Räuber und sich dann rühmen, wie die Gemeinde so reich ist und vermag Schulden zu machen. Auch das Fuhrwerken im Kanton Bern gefällt mir nicht... So bleibe ich ein treuer Abonnent der ‹Buchsizeitung› die auch nicht zufrieden ist.

Dein Bild an der Wand ist gerade neben der kleinen Büste des Herrn Prof. Fueter, die ich bei meinen Leuten in St. Blaise genommen habe und die nicht wussten, wer der Mann war...

An die Enkelin Dora

Ins, 10. April 1910

Liebe Dora,
... Du hast mir zum Geburtstag am 1. April alles Gute gewünscht. Ich danke dir – doch für mich ist es ein Tag, den ich kaum mehr liebe. Ein Geburtstag, der zum 79. Mal wiederkehrt, ist nicht besonders heiter. Es ist das Alter der Patriarchen – und wie sie bin ich «alt und lebenssatt»... Du wirst gehört haben, dass mein alter Freund Ehrmann gestorben ist. Er lag mit grossen Schmerzen darnieder – eine schwere Zeit für ihn und die Seinen. Man hat alles unternommen, um ein Leben zu verlängern, das nicht mehr viel wert war. Seit seinem Tod habe ich hier nichts mehr zu suchen...

‹Le pauvre homme› Radierung Albert Ankers zu ‹Der Trinker› (Œuvre-Katalog Nr. 317)

Albert und Anna Anker-Rüfly (um 1905)

An Frau Ehrmann   Juni 1910

Liebe Frau Ehrmann,
... Sie hatten die Güte, mich wissen zu lassen, dass Sie mir gerne einen Gegenstand schicken würden, den François gemacht hat oder der ihm lieb gewesen ist ... Die Kinder haben mir erzählt, er habe nach meinen Hinweisen eine Art Leuchte angefertigt, welche ihn beim Lesen im Bett nicht blendete. Vielleicht wünsche ich mir zuviel, und doch dürfte es ein schön bearbeitetes Stück sein. Gerne hätte ich die Sache noch gesehen, deren ich mich leider kaum lange noch werde bedienen können. Von Tag zu Tag nehmen meine Kräfte ab, aber noch immer habe ich das Glück, arbeiten zu können. Am besten geht es mir, wenn ich ganz still an meinem Tisch sitze. Nach Natur zu malen bereitet mir Vergnügen, wie einst als ich noch im Theologiestudium war und es mir verboten war.
                             Ihr ergebener A. Anker

Marie Quinche-Anker:

Am 16. Juli (1910), nach einigen Tagen der Aufregung und des Unwohlseins, erlag A. Anker gegen 5 Uhr morgens einem letzten Schlaganfall. Er war aufgestanden und hatte sein Fenster geöffnet. Es war ein strahlender Morgen. Beim Anziehen der Kleider fiel er tot zu Boden. Er war müde und erschöpft. Das war das schöne Ende eines langen, arbeitsreichen Lebens. (M. Quinche, a.a.O. S. 202)

Erasmus Künzle

Wir erinnern uns: Anker hat im Sommer 1858 in Biberach im Schwarzwald geweilt und sich dort des taubstummen Knaben «Rasi» angenommen. Von der Frau des dortigen Oberlehrers sind uns zwei Briefe erhalten geblieben, die sie an Frau Marie Quinche-Anker in Neuenburg und Frau Anker in Ins geschrieben hat. Daraus ein paar Zeilen:

                           Biberach, 5. Juli 1911

Geehrte Frau Quinche-Anker!
    Durch unsern Herrn Pfarrer erhielt der taubstumme Rasi die Todes-Anzeige Ihres verehrten Herrn Vaters ... Unser Bruder gab Rasi auf Anweisung Ihres Vaters Unterricht im Lesen und Schreiben ... Rasi lebt noch, ist jetzt 66 Jahre alt. Seine Lieblingsbeschäftigung, das Zeichnen, konnte er nicht durchführen, da er von Jugend auf gezwungen war, so viel in seinen Kräften stand, zu verdienen, um seiner armen Mutter eine kleine Beihilfe zu leisten ... Ich glaube, das Andenken an Ihren Herrn Vater ist der einzige Sonnenschein in seinem Leben. Seine Adresse lautet: Erasmus Künzle in Biberach.
                           Hochachtungsvoll grüssend
                           Frau Anna Schweiss-Epting

                         Biberach, den 21. November 1911

Geehrte Frau Anker,
    ... Mit Interesse und Wehmut lasen wir seine Biographie ... Herr Anker sang am Sonntag bei unserm Gottesdienst mit dem Kirchenchor in der Regel ein Solo; so ruhig er sprach, so sang er auch ... Rasi haben Sie recht glücklich gemacht, er ist sehr stolz, ein Andenken von Herrn Anker zu haben und seine Kleider tragen zu dürfen ... Die Kleider und das Geld sind jetzt doppelt gut gekommen, da im August der Blitz ins Armenhaus schlug, in dem er noch mit einem taubstummen Bruder wohnte. Es verbrannte ihm alles, nur mit Glück konnte er seinen Koffer retten ... Bett, Kleider, alles verbrannte. Seither wohnt er bei einer Schwester, deren Mann ein Taglöhner ist. Entschuldigen Sie gütigst, dass ich mir erlaubte, Ihnen so weitläufig zu schreiben ...
    Ein Vergelts Gott von Rasi und herzliche Grüsse
                           Frau Anna Schweiss-Epting

Stimmen hernach 1911–1981

Sie führen uns aus der Zeit unmittelbar nach dem Tod Albert Ankers bis ins Jahr 1981. Zuletzt kommt die junge Generation zu Wort: Es sind Gedanken zweier «Laien», die doch Wesentliches und Bleibendes gemerkt haben.

«Albert Anker, neuchâtelois»

Wie sehr die Neuenburger Albert Anker geschätzt haben, beweisen die vielen Briefe, welche er von dort in seinem Schreibtisch aufbewahrt hat. Diese Verbundenheit erkennen wir aus den Zeilen, welche ihm Philippe Godet im Sommer 1910 gewidmet hat.

Neuenburg, 17. Juli 1910

Es ist keine Anmassung meinerseits, wenn ich den alten Meister für unsere Stadt beanspruche. In Ins geboren, war er durch seine Erziehung und seine ersten Freundschaften ein Neuenburger. Er war Kamerad und Freund Auguste Bachelins. Eins seiner ältesten Werke ist eine Lithographie des 1848 gestorbenen Professors Monvert... Anlässlich eines meiner letzten Besuche in Ins sprach er noch von seinen Theologiestudien in Halle. Doch die Kunst obsiegte... Welch eine Freude mit diesem Manne zu plaudern: er wusste so viel, hatte sich einen Reichtum von Erfahrungen, Beobachtungen, Gedanken angeeignet – und dies alles sprudelte daher in oft unerwarteter Frische... Dann seine Briefe: mit so vielen überraschenden Wendungen, mit ungekünstelter Originalität... Ein seltenes Gleichgewicht des Geistes und des Herzens haben ihn vor unfruchtbarem Bedauern und einem überschwenglichen Enthusiasmus bewahrt. So ist auch seine Malerei von den kindischen Albernheiten verschont geblieben, welche die Genremalerei oft ungeniessbar machen. Er war von intellektueller und moralischer Redlichkeit erfüllt – dieser Berner, den Neuenburg als den Seinen betrachtet... (Ph. G. in der ‹Gazette de Lausanne›, 19.7.1910)

«Herr Hoch, sofort das Buch zurück!»

In seinem 28. Konfirmandenbrief – Ostern 1953 – berichtet der Basler Pfarrer Walter Hoch von einem Besuch bei seinen Verwandten Albert und Marie Quinche-Anker, die um 1905 ihre Ferien in Ins verbrachten:

Im Atelier: Auf mein schüchternes Klopfen tönte von innen der Ruf «nummen-ihne». Anker arbeitete an dem Aquarell eines Dorfmädchens. Es sass ungeniert vor ihm, wie vor einem Grossvater. Nach der Begrüssung fragte er mich: «Weit Ihr es Härdöpfel-Bronz?» Schnaps war nicht mein Fall, höflich dankend lehnte ich ab, erbat mir aber die Freiheit, seine herrliche Bücherei zu durchgehen... Allein bald genug wurden meine schaulustigen Augen von einem unaussprechlich schönen Riesengemälde über der kleinen Eingangstüre des Ateliers angezogen. Ich wagte die Frage, wer diese paradiesische Blumenwiese gemalt habe. Paul Robert (1851–1923), der Spross einer ausserordentlichen Künstlerfamilie jener Gegend habe diese Vision ‹Premier printemps› auf die Leinwand gezaubert... Nun hatte ich in der Bücherfülle auch ein Buch entdeckt, von dem mir Sensationelles und Kritisches zu Ohren gekommen war. Ich bat Herrn Anker, es für einige Tage leihen zu dürfen... Später stutzte ich am Abend, auf hoher Leiter stehend, eine Buchenhecke... Plötzlich hörte man eine starke Männerstimme rufen: «Wo ist Herr Hoch? Ich muss ihn sofort haben.» Ich steige eilends zu Boden... Herr Anker erscheint in höchster Erregung mit einem Ausdruck in seinem Gesicht, der mich bis ins Innerste trifft... «Herr Hoch, geben Sie mir sofort das Buch von Haeckel zurück. Es ist ein schlechtes und gefährliches Buch.» Ich antwortete: «Herr Anker, ich habe es noch nicht geöffnet. Wenn es aber auch ein fragwürdiges Buch ist, so muss doch auch ein späterer Theologe vieles lesen können, das ihm sehr fremd ist.» «Herr Hoch, ich will nicht schuldig sein, wenn Sie durch dieses Buch an Ihrem Glauben und in Ihrem Gewissen Schaden leiden!»

Mitten drin in seinen Motiven

Walter Hugelshofer in ‹Albert Anker›, Reihe ‹Schweizer Künstler›, herausgegeben von Oskar Reinhart 1941:

...Er war kein einsamer Sucher neuer Ziele, kein kühner Revolutionär, der unverstanden abseits stand... Er hat das Neue erst spät bemerkt... In den Siebzigerjahren wird Anker zum wirklichen Maler, dessen schönste und dauerndste Werke vor allem durch das geistige Mittel der Farbe zu den Sinnen des Beschauers sprechen. Er hatte die herrliche Musik der Farben und die köstliche Poesie der Töne gefunden... Was Albert Anker mit seinen reinsten Werken hinaushebt aus der Schar der blossen Genremaler, ist einmal, dass er seinen Gegenstand völlig ernst nimmt, dass er nicht darüber, sondern mitten drin in seinen Motiven steht und dass er sie mit männlicher Liebe und schöner Wärme darstellt; zum andern, dass er sie adelt durch einen kostbaren und mit entwickelter Sensibilität des Auges – mit geläutertem farbigem Ausdruck...

Genremalerei rehabilitiert

Carl Albert Loosli in der Zeitschrift ‹DU› 1942 Nr. 2:
... Es gibt wohl keinen Schweizer Künstler, dessen Werk sowohl von den Kennern, den Künstlern, wie dem breiten Volk so einmütig und so gerechtfertigterweise geschätzt und bewundert wird. Die Ausstellungen von 1928 und 1931 haben sogar die während mehr als drei Jahrzehnten wohl allzu sehr verpönte Genremalerei wiederum weitgehend rehabilitiert, weil man sich gerade an den Werken Ankers bewusst wird, dass es schliesslich weniger darauf ankommt, was, als wie es gemalt wird...

Ein Mensch, dem alles Menschliche nahegeht

Fritz Wartenweiler in ‹Albert Anker›, Verlag des Vereins abstinenter Lehrer und Lehrerinnen (ohne Jahrzahl):
Warum hat er nach seinem ‹Hiob› keine biblischen Bilder gemalt?... Warum hat er sich nicht dahinter gemacht, Christus zu malen oder doch Jünger? Warum hat er nach allen Freuden, nach allem Leiden doch noch am Ende seines Lebens den Hiob noch einmal darzustellen versucht?... Wir wissen es nicht.... Anker hat über seine Kunst keine Abhandlungen geschrieben, ebensowenig hat er Erinnerungen hinterlassen. Die Briefe enthalten darüber nur spärliche Aufschlüsse. Sie zeigen uns einfach einen Menschen, dem alles Menschliche nahegeht, einen Menschen, der nur versucht, in Familie und Gemeinschaft seine Pflicht zu tun und andern Freude zu machen...

...abseits den eigenen Weg

Max Huggler in der Einleitung zu ‹Albert Anker, Katalog der Gemälde› 1962, S. 17:
Die historische Analyse des Werkes ergibt, dass Albert Anker im künstlerischen Geschehen der Zeit abseits den eigenen Weg fand – den man wohl als denjenigen des schweizerischen Malers im 19. Jahrhundert auffassen darf. Vieles in sich vereinigend, machte er die heimische Überlieferung fruchtbar und verband den deutschen mit dem romanischen Anteil, die beide nah in seinem Dorf Ins zusammentreffen. Seine Bilder von Kindheit und Jugend, von der Erziehung in

Elisabeth Oser (Aquarell)

Schule und Haus sind die schönsten Zeugnisse, die für die Wirksamkeit Pestalozzis in unserem Lande zu finden sind. Gegen den Realismus stellt er ein vertrauend gläubiges Bild vom Menschen, so dass seine Kunst sich die Liebe des Volkes gewann und erhielt, wie dies selten einem Künstler beschieden war.

...mehr als nur harmloser Abklatsch

J. Gantner in ‹Kunstgeschichte der Schweiz› 1968, S. 267:
... Es gibt bei Anker keine dynamischen Bilder, keine Darstellung der Arbeit, auch wenn er durchaus den werktäglichen und alltäglichen Menschen schildert. Das Kontrastreiche, Romantische, das Abgründige sind dem Maler fremd... Dennoch ist Ankers Kunst mehr als nur harmloser Abklatsch der Wirklichkeit, auch in psychologischer Hinsicht. Sie strahlt schlichte, dichte Menschlichkeit aus. Sie ist das figürliche Gegenstück zur realistischen Ideallandschaft Zünds. Behutsam – seelsorgerlich, ärztlich werden

menschliche Tiefen, Nöte und Freuden angefasst... Von hohem Symbolgehalt sind die unzähligen Bilder lesender Menschen im Œuvre Ankers...

Wendung zur modernen Malerei

Christoph Trachsel, Schüler an der Kunstgewerbeschule Bern, in einem Vortrag Februar 1979:

...Ich verabscheue alles Herrichten, ich sehe die wahre Stärke darin, die Gestalten schön zu malen, die man täglich sieht.» In diesem Satz, den Anker seinem Malerfreunde Ehrmann im Jahre 1891 schrieb, hat er sein künstlerisches Glaubensbekenntnis in wenigen Worten zusammengefasst. Anker ging es niemals bloss darum, nur das Gesehene wiederzugeben. Er geht von einem Menschenbild, das er sich vorstellt, aus und versucht, diesen inneren Eindruck in ein Bild umzuwandeln... Sein letztes grosses Gemälde ‹Kirchenfeldbrücke› weist in Farbe und Komposition ganz neue Züge gegenüber «konventionellen» Ankerbildern auf... Es ist ein aufschlussreiches Beispiel, das zeigt, wie in ihm eine Wendung zur modernen Malerei stattfindet ohne die ihm eigene Bahn allzusehr zu verlassen...

Photo: Albert Anker in seinem Dorf

Vorliebe für das Friedvolle, Ruhige

Lilian Anker in ‹Diplomarbeit über den Berner Maler Albert Anker› für die Frauenschule Bern, 1980:

Es ist sicher nicht einfach, über eine Person, die vor fast 100 Jahren gestorben ist, eine Arbeit zu schreiben, die persönlich wirkt und nicht nur Klischees beinhaltet... Anker versuchte für das Malen und für die Familie gleichzeitig da zu sein. Er wollte beides miteinander verbinden. Das Kämpferische, Wagemutige lag nicht in Ankers Natur. Für die Kunst hatte er auf jeden Fall nicht die häusliche Geborgenheit, den Frieden, die harmonischen Lebensumstände, die Sicherheit und das bürgerliche Ansehen geopfert, wie dies andere Maler taten, z.B. van Gogh, Rembrandt, Michelangelo. Er war sehr rücksichtsvoll und war schnell bereit, seine Wünsche für die anderer aufzugeben... Ankers Vorliebe für das Friedvolle, Ruhige bestimmte seinen Kunstgeschmack. Raffaels stille Harmonie sagte ihm mehr zu als Michelangelo, den er bewunderte, aber nicht lieben konnte. Auch im Politischen stiess ihn das Aufwühlende, Masslose und Umstürzende ab... Anker hatte einen offenen, kritischen Blick für die sozialen und geistigen Zustände seiner Zeit. Das Los der notleidenden Schichten ging ihm besonders nahe. Mit wachsender Unruhe verfolgte er den Gang der modernen Zivilisation. Er setzte sich für Toleranz gegenüber neuen Gedanken und neuem Schaffen ein...

Anliegen und Bitte

Lieber Herr Anker, lieber Vetter,

Hie und da werde ich gefragt, wie es denn eigentlich zu diesem Buch gekommen sei. Die Gründe dafür sind verschieden und mannigfach. Zum ersten sind Sie mir – wie ich Ihnen berichten möchte – in den letzten Jahren in beinah abenteuerlicher Weise immer näher gekommen. Zum andern hat es mich einige Mühe gekostet, Nachrichten über Ihr Leben da und dort zu finden, zu vergleichen und zu entwirren. Da wollte ich mir über etliches klar werden, nicht nur für mich, sondern für so manche junge und betagte Mitmenschen, denen Ihr Werk viel bedeutet. Für jene wie für mich selbst wollte ich alles zusammentragen, womöglich auch Fehlmeldungen berichtigen wie sie bis in unsere Zeit entstanden sind. Schliesslich lag mir viel daran, Ihr Bild von allzu golden-gemütvoller Patina zu befreien, indem ich Sie selbst in Briefen und Bildern zu Wort kommen liess.

In jenen von düstern Wolken verhangenen Dreissigerjahren habe ich als Schulbub im Emmental erstmals mit Ihnen Bekanntschaft gemacht. Da wirkte im Rüegsauschachen der Lehrer Walter Laedrach, dem es ein Anliegen war, seine Schüler mit dem Leben bedeutender Männer vertraut zu machen. Ihr hundertster Geburtstag nahte, und Ihr Werk lag jenem Pädagogen besonders am Herzen. So kam es, dass ich im Frühjahr 1931 in der Schulhaushalle die ‹Bourbakis› – die ‹Turnstunde› – den ‹Trinker› – ‹Pestalozzi in Stans› und viele andere Werke Ihrer Hand entdeckte. Ich geriet ins Staunen. Die Jahre gingen, jene Bilder und Sie selbst rückten wieder aus meinem Gesichtskreis. Ich lernte Rembrandt, den grossen Holländer, kennen und lieben, später Ihre Zeitgenossen van Gogh und Hodler, dann Paul Klee. Im Frühjahr 1977 besuchte ich in Ins die grosse Ausstellung und hatte dabei das Glück, die Stuben des schönen Gemeindehauses zu durchwandern, als sich die vielen Besucher verzogen hatten. So fand ich Musse, mich in Ihre Briefe zu vertiefen, mich zu wundern über den Maler, der seine Aquarelle mit der Bitte ausschickt, man möge sie doch – falls sie missfallen – ruhig zurücksenden! Dann betrat der Ausstellungsleiter jenen Raum mit einer Gruppe und erläuterte Bilder und Dokumente. Bei allem Zuhören tauchte unversehens in mir die Erinnerung an einen Cousin auf: vor vielen Jahren hat er mir einmal von Bildern und Briefen Ihrer Hand berichtet, die ihm von seinem Grossvater her zugekommen waren. Das war aber niemand anderes als August Schnyder, einst Pfarrer in Hasle, nahe meinem Geburtsort. Im Hause Ihres Kommilitonen haben Sie in den Neunzigerjahren oft geweilt, um die Illustrationen zu Gotthelf vorzubereiten, die Arbeit, welche Ih-

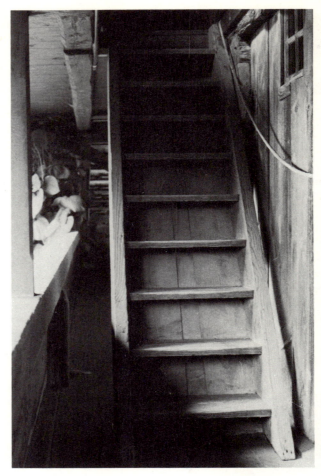

Ankerhaus: Treppe mit Seilgeländer zum Atelier

nen allzu oft ein Albtraum gewesen ist. Nach dem Besuch der Ausstellung hat jener Verwandte mir eines Tages alles hingelegt: Briefe, Zeichnungen, Dokumente. Dies und jenes hat in mir gezündet, und ich begann, den Stationen Ihres Weges nachzugehen. Ein Abenteuer voll Überraschungen stand mir bevor. (Ihre Briefe: eine Schrift, die mir immer lieber wurde und mit ihr die Sprache aus Ihrem vertrauten Neuenburg. Freilich haben mir hie und da sämtliche Wörterbücher den Dienst versagt. Wieviel Kopfzerbrechen hat mir allein Ihr «lisier» bereitet, von dem Sie einmal aus einer Tischrunde in einem Emmentaler Gasthof nach Hause berichteten! Bis mir die liebenswürdige Mitarbeiterin in der Neuenburger Stadtbibliothek aus der Patsche half: «lisier»? – mais voyons donc – cela doit bien être du purin!» – «Purin» aber – dies konnte sie mir sogleich sagen, heisst vorndeutsch «Jauche» und ist jene Substanz, die gewiss im ganzen Bernbiet von Ihrem weiten Seeland bis in die engsten Emmentaler Krächen schlicht «Bschütti» genannt wird.)

Ihr Name hat mir bei vielen Menschen die Tür geöffnet, nicht zuletzt in Ihrer eigenen Wohnstätte. Wie oft bin ich in Ins am schönen Garten und am plätschernden alten Brunnen vorbei zur Türe getreten, die mir der gute, Ihnen treuergebene Hausgeist in steter Gastlichkeit öffnete. Und wie oft bin ich dann jene Treppe hinauf zum Atelier gestiegen, neben welcher an der Wand noch immer das Seilgeländer hängt, das Ihnen Ihre verehrte Frau Anna nach dem Schlaganfall sorglich hat anbringen lassen. Ihre Arbeitsstätte: Das hohe Fenster, welches helles Licht auf so manches fallen lässt, das Ihnen in den vielen Jahren teuer geworden ist: Staffelei, Pinsel und Palette, Bibliothek und Schreibtisch, dazu die Andenken an Freunde und Reisen. Nun durfte ich mich nach dem Studium Ihrer eigenen Briefe, die mir von da und dort unterbreitet worden waren, auch in diejenigen Ihrer Künstlergefährten vertiefen und deren oft knifflige Handschriften kennenlernen. Wie habe ich über die Sorgfalt gestaunt, mit der Sie die Papiere gebündelt haben, über die Liebe zu kleinen Dingen, die unser Leben doch köstlich machen. Dabei dachte und denke ich noch immer an vieles, das mir mein Cousin und andere vertraute Menschen von Ihnen erzählt haben. Lebendig wusste mir Ihre Enkelin von schönen Erlebnissen in Ins zu berichten, auch von Ihren Aufenthalten im fernen Paris. «Grossvater war von Natur Impressionist», hat mir die Künstlerin in einem Gespräch gesagt und damit angedeutet, wie frei und offen Sie für neue Eindrücke und auch für neuere Kunstströmungen gewesen sind. Es ist kein Zufall, dass Vincent van Gogh Sie zu seinen bevorzugten Künstlern zählte. (Brief an Theo vom Januar 1874)

Sie sind mir wieder nähergekommen, und darum gestatte ich mir die Anrede «lieber Vetter», die auch andern geläufig wurde, wiewohl sie mit Ihnen weder blutsverwandt noch als Zofinger mit studentischer Namengebung vertraut waren. Zum Näherkommen gehört für mich Ihr lebenlanges Bemühen um die Gotteslehren, welche Ihnen mit allerlei spitzfindig Kuriosem, oft mit mancher menschlich-allzumenschlichen Eitelkeit einiges Kopfzerbrechen verursacht haben. Doch unterliessen Sie es, das Kind je einmal mit dem Bade auszuschütten: Sie sind beim Wesentlichen und Klarsten aller echten «Theo-Logie» geblieben. In der grossen Liebe Ihres «Beesis», der treuen Patin Anna-Maria, haben Sie es ja vorbildhaft erfahren. Es geht heimlich durch Ihre Briefe, lässt sich hinter vielen Bildern und Zeichnungen Ihres Werkes erspüren. Deshalb wundert es mich nicht mehr, wenn sich viele Menschen aus allen Schichten unseres Volkes von Ihren Darstellungen angezogen fühlen. Sie ahnen dahinter das Unnennbare, vor dem auch der grösste «Theologe» zum unwissenden Kind wird. Doch bleibt mir Ihre tiefe Abneigung gegen jegliche Verehrung bewusst: Lobhudeleien waren Ihnen im Innersten zuwider. Den Künstlergenossen aber haben Sie allen Erfolg von Herzen gegönnt. Sie haben das peinliche, oft bösartige Ausspielen «alter» gegen «neue» Kunst nie mitgemacht. In der Unbefangenheit des Kindes auch seltsam Neuem gegenüber sind Sie bis zuletzt jung mit den Jungen geblieben.

Mein Weg mit Ihnen dürfte kaum zu Ende sein. Doch lag es mir daran, Sie mit diesen Zeilen auch um Nachsicht für manches zu bitten, mit dem ich Ihnen nicht habe gerecht werden können.

Mit einem herzlichen «nüt für unguet» grüsst Sie dankbar

Ihr Robert Meister

Bümpliz, zum 1. April 1981

Herzlich danke ich

Fräulein Elisabeth Oser, Kunstmalerin, für so manchen klärenden Hinweis in der Erinnerung an die Inser Grosseltern und für den Gedankenaustausch im Blick auf damals und heute –

Frau Lidia Brefin-Urban, Konservatorin des Ankerhauses in Ins, für ihr grosses Vertrauen und alle ihre guten Ratschläge –

Frau und Fräulein Ruth und Marianne Michel in Bümpliz für die unentbehrliche Hilfe im Kopieren, in der Reinschrift von Briefen, Carnets und andern Dokumenten und für alle weiteren, trefflichen Anregungen –

und den nachfolgenden Persönlichkeiten, welche mir Zugang zu Briefen und Bildern verschafft oder sonstwie mit viel Entgegenkommen geholfen haben:

Fräulein Lilian Anker – Frau Elisabeth Aeschbacher-Bärtschi – Herrn und Frau Dr. R. Banderet – Herrn Vinzenz Bartlome – Frau Klara Berger-Tobler – Herrn Walter Berger† – Herrn und Frau Dr. A. Bigler – Herrn Dr. H. Böschenstein – Fräulein Helene Brefin – Herrn und Frau Pfr. Matthias Brefin – Herrn und Frau Paul Bula – Herrn und Frau Dr. O. Clottu-Jacot-Guillarmod – Herrn und Frau Hans Dietiker – Herrn und Frau Ing. Jean Du Bois – Herrn Prof. Dr. P. Dürrenmatt – Herrn Hans Eggenberg – Herrn Dr. J. Ehrmann – Herrn und Frau Pfr. Robert Gautschi-Züricher

– Herrn M. Golay – Frau Martha v. Greyerz – Herrn Dr. Hans Gugger – Herrn Erwin Heimann – Herrn Manfred Hesselbein – Herrn Hans-Rudolf Hubler – Herrn Pfr. Dr. Walther Hutzli – Herrn und Frau Ing. Hans Jordi – Familie Dr. Kehl-Riser – Herrn Eberhard Kornfeld – Herrn Jules Lüscher – Fräulein Madeleine Meister – Fräulein Monique Morand – Herrn Prof. Dr. Willy Mosimann – Herrn Pfr. Heinrich Münger † – Herrn Albert Nydegger – Herrn Dr. F. Probst – Herrn Hans Reber – Herrn Hans Riser – Frau Maria Röthlisberger-Stucki – Familien Rytz – Herrn Hans Sarbach – Frau Käthi Schärer-v. Bonstetten – Herrn und Frau Dr. E. Schmid-Brandenberger – Herrn Gerold Schnyder – Herrn und Frau Ernst Schuster-Spiess – Herrn Fritz Schwab – Herrn Walter Siegfried – Herrn Prof. Dr. Sven Stelling-Michaud – Herrn und Frau Prof. Dr. W. A. Stoll – Frau Gerda Störi – Fräulein Maryse Surdez – Herrn Christoph Trachsel – Herrn Paul Vischer – Herrn Hans Willimann – Herrn und Frau Prof. H.-U. Winzenried – Herrn Dr. Rolf Witschi – Herrn und Frau Otto Wüthrich-Stucki – Herrn Dr. R. Wyler – Herrn und Frau E. Zurschmiede-Reinhart

sowie den nachstehenden Institutionen für alle gute Mitarbeit:

Schweizerische Landesbibliothek – Burgerbibliothek Bern – Stadtbibliothek Neuenburg – Kunstmuseum Bern – Kunstmuseum Basel – Kunstmuseum Lausanne – Kunstmuseum Neuenburg – Kunsthaus Zürich – Staatsarchiv Bern – Staatsarchiv Neuenburg – Galerie Kogal;

Kirchgemeinderat und Pfarrkollegium Bümpliz – Synodalrat der evangelisch-reformierten Landeskirche des Kantons Bern – Direktionen des Erziehungs- und des Kirchenwesens des Kantons Bern – Zytglogge-Verlag und Buchdruckerei Stämpfli, Bern.

Namensverzeichnis

Anker (Familie)
  Rudolf (Grossvater) 12, 94, 180
  Matthias 13, 14, 21, 42, 46, 108
  Rudolf 15, 25, 46
  Anker, Charlotte (Tante) 25, 26, 29f, 33, 35, 38, 42, 43, 45, 48, 52
  Samuel (Vater) 12ff, 17f, 23, 28, 30ff, 37f, 40, 42, 44, 46f, 54, 175, 180
  Anna-Maria (Tante) 12, 13, 14, 46f, 49, 55f, 72, 87, 189
  Marianna Gatschet (Mutter) 12, 17, 46
  Anna Rüfly (Frau) 10, 12f, 24, 38, 41, 54ff, 66, 72, 74, 76, 78, 87, 130, 132, 170, 184, 189
  Louise (Schwester) 12f, 15, 23, 29, 47, 54
  Rudolf (Bruder) 12, 15, 17, 21, 29, 47, 127

Anker (Kinder)
  Louise 56, 64, 82, 86, 132, 139, 152, 154
  Rudolf 59f, 76
  Emil 47, 63, 66, 76
  Marie Quinche 9f, 15, 55, 58, 68, 82, 87, 90ff, 124, 132, 134, 160, 168, 169f, 181, 184, 185
  Maurice 74ff, 82f, 87f
  Cécile 50, 82f, 87, 124, 130, 132f, 136, 149, 151, 153, 170, 179

Anker (Enkelkinder)
  Dorothea 92f, 108, 134, 142, 152, 161, 170, 177, 183
  Elisabeth 47, 96, 134, 142, 152, 170, 186, 189
  Charlotte 113, 120, 160, 170

Agamemnon 131
Andrieux 107
Angst 142
Anker, Lilian 187
Aristoteles 173
Assisi, Franz von 121
Attila 50, 147
Augustinus 90, 120, 121
Ayer 92f

Bachelin 13f, 15, 17f, 19, 35, 51, 62, 66, 74, 86, 92, 102, 128, 133, 138, 185
Bachmann 106
Bähler 71f, 117, 139, 155, 181
Balzac 120, 131, 143
Beethoven 20
Berthoud 36, 59, 89, 128
Bertrand 52
Bismarck 119
Bitzius 71, 90
Blösch 167
Bocion 102
Böcklin 133
Böhme 145
Bohni 77, 106, 124, 133, 135f, 140f, 153, 164, 176, 182
Bonardet 36
von Bonstetten 64, 84
Böschenstein 106
Boss 167
Bourbaki 63
Bovet, Arnold 118, 138, 167
Bovet, Félix 119, 157
Brefin, Lidia 9, 108
Brefin, Matthias 12
Brockhaus 107
Brunschwyler 179
Brunner 172
Buchser 102, 135, 146
Bula 26, 32f, 128, 144
Bühler 100
Burckhardt 120
Burnand 100, 106, 133

Calame 19, 20, 99, 162
Calvin 121, 122, 149, 151, 158, 164
Carpaggio 115
Chamberlain 147
Chrysostomus 145
Cérésole 15, 106
Cézanne 74
Clément 25, 36
Corneille 20
Corot 61
Correggio 31, 50
Courbet 36
Cuyp 143
Cyprian 167

Dardel 51
Davinet 11, 88f, 92, 104, 133, 134, 141, 143, 152, 166, 167, 170
Decamps 19
Deck 36, 57ff, 71, 89
Degas 74
Delaroche 36, 143
Dietler 70
Doré 107
Dreyfus 119, 143
Droz 17
Dschingis Kahn 147
Du Bois 82
Dufour 119

Dupré 168
Durheim 56, 62 f, 79, 70 f, 74, 80, 83, 94, 99, 104, 128, 129, 134
Dürrenmatt 90, 119, 120, 158, 182

Ehrmann 21, 36, 47 f, 52, 56 f, 59, 63, 69, 72, 76 f, 85, 91, 97, 102 f, 105, 115, 129, 138, 142, 145, 151, 154, 160, 161, 174, 180, 183, 184
Engelmann 167
Elisabeth von Österreich 119
Epiktet 120
von Erlach 176
Euripides 120

Favre 54, 57, 72, 76, 100, 162, 172
Fehr 108
Fénelon 32
Fetscherin 32
Finsler 153
France 120
Franck 180
Franz, Kaiser 50
Franz I. 97
Friedli 11, 13, 33, 119, 149
Friedrich der Grosse 131
Froelicher 63, 135

Gamaliel 66
Gantner 186
Gatschet 94, 167
Gehri 106
Gessler 10
Girardet 19
Giron 133
Gleyre 35 ff, 47, 57, 80, 100, 101 ff, 128, 133, 160
Goethe 9, 91, 115, 120, 121 f, 130
Godet 10, 15, 17, 34, 35, 51, 84, 92, 103, 120, 138, 143, 157, 176, 182, 185
van Gogh 188 f
Göpner 32
Gotthelf 90, 100, 106 ff, 120 f, 126, 141, 148, 150, 168, 183, 188
Goupil 37, 77, 85
von Greyerz 30, 32, 38, 40
Grisel 27, 32
Gross 72
Güder 22
Gugger 72

Haag 148
Haas 112, 163
Haeckel 185
Hagen 171
Haller 115

Harnack 153, 160
Haydn 171
Heraklit 151
Herzig, Chr. 15
Herzig, Gottfried 158
Hieronymus 127, 167
Hiob 100, 155, 166
Hippokrates 99
Hirsch 36, 47, 50, 52, 57, 85, 138, 159, 167, 168, 180
Hoch 185
Hodler 123, 142, 188
Holbein 101, 135, 174
Homer 15, 17, 90, 120, 147
Hörning 179
Huch 72
Hugelshofer 185
Huggler 186
Hugo 120
Hume 170
Hunziker 15, 32, 98
Hupfeld 25
Hürner, Berchtold 134, 146
Hürner, Julia 19, 21, 104, 105, 108, 126, 132, 134, 136, 140, 143 f, 147, 149, 151, 156, 164, 166 ff, 170 ff, 179 ff
Hürner, Ludwig 21, 108, 113, 122, 126, 129, 140, 144, 147, 150 ff, 156 f, 160, 163, 169, 172, 173, 181

Immer 31, 144, 160
Ingres 123

Jacky 178
Jacot-Guillarmod 44, 52, 100, 102, 135, 161, 175
Joliat 153
Julianus Apostata 121, 180
Jutzi 123

Karl der Grosse 141
Kehrli 61
Keller 120
Kellerhals 153 f
Kirsch 50
Klee 188
Kocher 102
Köhl, Emil 54, 87
Köhl, Karl 87
Kornfeld 61
Kötschet 167
Kübler 96
Kuhnen 143 ff, 153, 173
Künzi 164
Künzle 41, 43 f, 184
Küpfer-Güder 176
Kutter 181

Lachat 71f
Lädrach 82, 188
Laederach 170
La Fontaine 11
Langhans 132
Lavater 86, 91, 120, 121, 123, 130, 153
Lessing 99, 162
Leu 146
Leuenberger 123, 148, 167
Liebi 133, 140
Loertscher 15, 22, 86
Loosli 107, 186
Lorrain 20, 143
Ludwig XIV. 123, 148
Ludwig XVIII. 86
Lugardon 162f
Lüthardt 12, 14, 33, 42
Luther 90, 121, 164, 167
Lutz 167, 180

Macaulay 72, 120
Macchiavelli 120
von Mandach 107
Manet 74
Marc Aurel 120, 166
Melley 72
Menn 133
Menzel 138
de Meuron, Albert 12, 34, 36, 47, 51, 54, 57, 84, 92, 102, 106, 127, 128, 131, 138, 148
de Meuron, Maximilien 51, 135, 148
de Meuron, Paul 15
Meyer 120
Meyerbeer 20
Michaud 99, 121, 141, 148
Michelangelo 19, 97, 99, 134, 156, 172, 187
Michelet
Mieg 86
Moll 31
Mommsen 120
Monet 74, 96, 102
Monod 32
Montaigne 120
Monvert 185
Moosbrugger 102
Moraz 36
Morgenthaler-Lutz 177
Moritz 15, 27
Münger 110
Muyden 22

Nahl 147f
Napoleon I. 15, 59, 99, 143, 147, 152
Napoleon III. 61, 62, 83

Nicolas 15
Nietzsche 147f
Niklaus von der Flüe 121

Ochsenbein 119
Oliva 36, 38, 48
Oser 82

Pascal 90, 120, 131
Pasteur 140
Paulus 143
Perugino 164
Pestalozzi 63ff, 79, 80, 120, 186
Pétion 130
Plato 99, 120, 160
Plutarch 120
Pisarro 74
Poussin 22ff, 36
Praxiteles 122
Probst 60, 130
de Pury 74, 82, 111

Quinche 82, 174, 185

Racine 20
Raffael 19, 94, 97, 123, 128, 172, 187
Rambert 72
Ranke 120
Rembrandt 12, 19, 88, 91, 187, 188
Renan 90, 120, 160, 164, 166
Renoir 12, 74, 102
Rhodes 147
Robert, Leop. 15, 99, 104, 118, 133
Robert, Paul 34, 88, 100, 103f, 118, 123, 131, 133f, 138, 143, 147, 157, 182, 185
Rödiger 31
Rosa 20
Rossel 12
Roulet-Anker 91, 103
Roux 24, 22, 36
Ruffy 138
Rütimeyer 153
Rytz 11, 21, 22, 25, 37, 41, 68, 79, 117, 148, 151, 152, 160, 175, 180, 183

von Salis 67
Scheffer 100, 143
Schenk 106
Scheurer 167
Schiller 120, 170
Schliemann 72
Schneider 82, 149, 174
Schnyder, August 110, 112, 113, 114, 132, 148f, 156, 162, 179, 180, 188

Schnyder, Frau 132
Schnyder, Johanna 132
Schuller 128
Schüpbach 111, 115
Schütz Ida 112
Schweiss 41, 184
Segantini 170
Simon 102, 133, 161, 167, 172
Siegfried 173 ff
Sigri 52
Sisley 74, 102
Sismondi 134
Sokrates 120
Sommer 126
Sophokles 120
Spiess 36
Stauffer 167
Stapfer 104
St-Beuve 119
Steffen 111
Stein, Frau von 130
Steinhausen 21
Steinlen 102
Sterchi 22
Stettler 180
Stoll 64
Strasser 169
von Stürler 176

Tasso 126
von Tavel 107
Tertullian 121
Tholuck 25, 28, 31
Timotheus 143
Titian 49
Trachsel 187
Trächsel 143
Trösch 153, 166
von Tscharner 164 f

Vautier 106, 133
Vela 151 f
Verne 76
Veronese 19
Vigier 106
Viktoria, Kaiserin 99, 151
Vinci 19
Vinet 74, 120

Wagner 80
Wallinger 15
von Walterskirchen 37
Walthard 102
Wartenweiler 9, 186
Weber 84, 182
Welti 106
Welti-Escher 133
Wertegen 74
Whistler 102
Wild 35
Wilhelm I. 133
Wilhelm II. 124
Wyss, Pfarrer 129, 140, 173
Wyss, Professor 33

Zahn 78, 106, 113
Zbinden 19, 54, 56, 107, 175
Zetter, F. A. 135
Zetter, Richard 135
Ziegler 83
Zola 119, 120
Zürcher, Bertha 173
Zürcher, Dr. 111
Zürcher, Willy 126, 173
Zwingli 142